LE GUIDE DU TOURISME ET DES LOISIRS FERROVIAIRES

THIERRY PUPIER

D1726790

AIGUILLAGES

La vie du **Rail**

LE GUIDE DU TOURISME ET DES LOISIRS FERROVIAIRES

© La Vie du Rail
Éditions La Vie du Rail, 29, rue de Clichy, 75009 Paris
www.laviedurail.com
Dépôt légal : 2e trimestre 2022
ISBN : 978-2-37062-103-0

LE GUIDE DU TOURISME ET DES LOISIRS FERROVIAIRES

THIERRY PUPIER

AIGUILLAGES

La vie du Rail

PRÉFACE

Une nouvelle édition pour le Guide du Tourisme et des Loisirs Ferroviaires ! Cette fois-ci, c'est une invitation à redécouvrir la France et ses pays voisins, mais toujours en train, qui vous est lancée. Vous trouverez désormais dans ce livre plus de 1000 idées d'excursions touristiques ou ferroviaires. Les visites proposées dans les 13 régions françaises ont fait l'objet d'une complète mise à jour. Des incursions dans neuf pays européens sont également détaillées. Fidèle à sa ligne éditoriale, ce guide vous indiquera comment vous rendre et circuler dans les meilleures conditions vers les destinations choisies, et vous révélera les visites incontournables à réaliser sur place. Il met en valeur les initiatives prises dans les pays visités pour préserver et faire vivre le patrimoine ferroviaire.

Sur le site **https://www.aiguillages.eu**, à la rubrique Guide, vous trouverez des compléments d'informations et leurs éventuelles mises à jour entre deux éditions du livre papier, mais aussi des reportages vidéos produits pour la chaîne Aiguillages, que j'anime sur Youtube, qui viendront utilement compléter les informations données sur les sites dont la visite est suggérée. Lignes remarquables, trains touristiques, vélorails, musées, réseaux de trains miniatures, hébergements insolites sont quelques-unes des propositions de visites qui vous sont faites, auxquelles ce guide ajoute également des balades à entreprendre hors les rails, mais accessibles en train. Mode de transport apparu au XIXe siècle, le chemin de fer a permis à des millions d'individus autrefois condamnés à ne jamais dépasser les frontières de la commune ou du canton où ils étaient nés, faute de moyen de locomotion, de s'affranchir de cette contrainte pour partir à la découverte de leurs voisins, et pourquoi pas, du monde ! A l'heure qu'il est, nous sortons d'une drôle de période qui nous a pendant un long moment fait revivre ces contraintes en limitant nos déplacements au strict minimum. Il est grand temps de se souvenir de cette liberté conquise par nos aïeux, de revivre et de voyager de nouveau.

Dans le contexte d'un monde qui vit de profonds changements, partir à la rencontre de l'autre pour mieux le comprendre est une urgence toute aussi grande que celle qui concerne le climat. Le train est le mode de transport idéal pour répondre à la première dans le respect de la seconde. Alors, rendez-vous, ce guide en poche, à la gare la plus proche. J'ai hâte de vous y retrouver pour partager avec vous mes plus belles découvertes ferroviaires !

Thierry PUPIER

BOURGOGNE-FRANCHE-COMTÉ //

Le Vélorail des Gorges du Doux

TABLE DES MATIÈRES

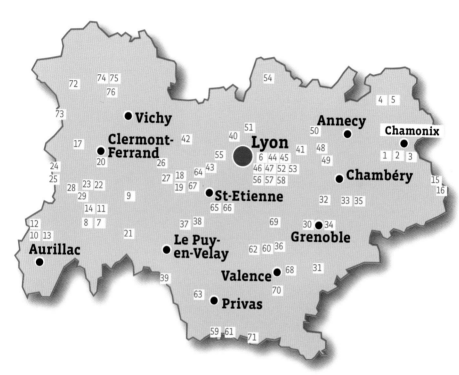

Comment venir en train

Les points d'entrée dans la région sont nombreux. Au départ de Paris, le premier qui vient à l'esprit est Lyon. Avec le TGV, il vous faudra moins de 2h pour rejoindre l'une des gares de la capitale des Gaules, un temps de parcours irréalisable en voiture. De là, vous pourrez décider de poursuivre votre voyage jusqu'à Grenoble, ou Saint-Etienne, dans les Alpes vers Annemasse, Annecy, Chambéry ou même Chamonix, ou encore plus au sud vers Valence. Lyon est également très facilement accessible en 2h depuis Genève, ou 1h depuis Marseille. Sa gare principale est celle de la Part-Dieu, mais quelques TGV sont à destination de celle de Lyon-Perrache. Clermont-Ferrand, la deuxième capitale régionale est d'un accès un peu moins aisé. Depuis Paris, les trains sont au départ de la gare de Bercy, et le meilleur temps de trajet est de 3h, pour un train quotidien sans arrêt. Depuis Lyon, il faut compter entre 2h et 2h30. La ligne reliant les deux villes n'est que partiellement électrifiée. D'autres villes auvergnates desservies par le train et qui peuvent constituer un bon point de départ pour partir explorer la région sont Aurillac, Le Puy-en-Velay, ou Montluçon.

Le TER Auvergne-Rhône-Alpes

Le territoire compte 335 gares, inégalement réparties. Seulement 80 sont situées dans le périmètre de l'ancienne région Auvergne. Il compte une soixantaine de relations et, est intégré au réseau Oùra que gère le Conseil Régional. L'agglomération lyonnaise accapare une grande partie du trafic voyageur. La gare de la Part-Dieu est la première de province en termes de nombre de voyageurs. Des travaux d'importance y sont en cours, pour en augmenter la capacité. Le réseau ferré régional est complété par des lignes de bus départemen-

tales, dont la région reprend progressivement la gestion sous le label « Cars Région Express ». Les grandes villes disposent de leurs propres réseaux de transports urbains. Celles de Clermont-Ferrand, Grenoble, Lyon, et Saint-Etienne, exploitent un réseau de tramways. La ville de Lyon est la seule à avoir développé également un réseau de métro.

Le Léman-Express

Mis en service en décembre 2019, le LEX comprend six lignes et dessert 45 gares autour de Genève, de chaque côté de la frontière. En France, il roule dans les départements de l'Ain et de la Haute-Savoie. C'est le premier RER transfrontalier d'Europe. Son réseau est constitué de 230 km de voies, dont une artère centrale, appelée « CEVA » qui relie Genève à Annemasse et qui doit son nom aux trois principales gares où il s'arrête : Cornavin, Eaux-Vives, Annemasse. Son parcours de 16,1 km se fait pour l'essentiel en tunnel. Sur les lignes du Léman-Express les trains roulent selon un horaire cadencé dont la fréquence varie de 10 à 30 minutes en fonction des dessertes. Ainsi chacune des gares implantées sur le parcours du LEX voit passer au minimum deux trains par heure dans chaque sens. Les rames qui y roulent sont des Flirt de Stadler Rails (CFF) et des Régiolis d'Alstom (SNCF).

Le Léman-Express

© Patrick Laval / Photorail

Le tramway du Mont-Blanc

© S. Abrial

Le matériel engagé par les chemins de fer Suisses est maintenu au Centre d'Entretien de Genève, situé à Sécheron, près de la gare de Genève-Cornavin. Les trains français, dans le technicentre d'Annemasse construit à cet effet.

Bons Plans

Pour les voyageurs occasionnels, la région TER Auvergne-Rhône-Alpes propose des petits prix sur certaines liaisons : Valence-Grenoble pour 12 €, Vichy-Clermont-Ferrand à 8 €, Lyon-Genève pour 15 €. La difficulté étant de tomber sur un horaire auquel ces prix sont pratiqués et qui corresponde à vos besoins. Pour des voyages réalisés par 2 à 5 personnes le samedi, ou pendant les vacances scolaires, les tarifs « Illico Promo Samedi » ou « Illico

Promo Vacances » vous feront profiter de 40% de réduction. Pour bénéficier de tarifs avantageux en voyageant en solo ou en dehors de ces périodes, il peut être intéressant de se procurer pour 30 € par an, la carte Illico Liberté. Sur tous les trajets réalisés, elle offre une réduction de 25% la semaine, 50 le week-end et les jours fériés. Les samedis, dimanches et jours de fête, ses avantages sont étendus au porteur de la carte et à 3 accompagnants. Le Léman-Express de son côté a mis en place différents pass qui peuvent également intéresser les voyageurs occasionnels venus découvrir la région. Les formules permettent des voyages illimités entre la France et la Suisse, pour une durée allant de 90 minutes à 5 jours, sur l'ensemble des réseaux partenaires, autorisant des déplacements combinant le train, les trams, le bus et même le bateau !

ANNECY

La ville est surnommée « La petite Venise des Alpes » tant l'eau y est omniprésente. Trois canaux qui autrefois servaient à alimenter les douves qui la protégeaient, en quadrillent le centre historique. C'est ici que le lac se déverse dans le Thiou, une rivière, affluent du Fier, qui lui-même ira un peu plus loin grossir les eaux du Rhône. La ville est située sur l'axe du sillon alpin. Chambéry se trouve 50 kilomètres plus au sud, Genève, à 40 vers le nord. Elle fut d'ailleurs la résidence historique des comtes de Genève, avant de devenir celle des ducs de Savoie, et pour un temps, la capitale régionale. Sa gare est située sur les lignes d'Aix-les-Bains-le-Revard à Annemasse et Annecy à Albertville. Elle a été construite par le PLM en 1866. Un pôle multimodal lui a été adjoint en 2012. La gare est desservie par la ligne L2 du Léman Express, les trains TER de la région Auvergne-Rhône-Alpes et des TGV effectuant des rotations vers Paris, rejoignant la LGV à la hauteur de la gare de Mâcon-Loché-TGV ou de Lyon. Les TER ont pour principales destinations finales, Annemasse, Chambéry, Evian, Genève, Lyon, Saint-Gervais-les-Bains ou Valence.

Comment s'y rendre ?

De Paris : 5 TGV assurent une liaison quotidienne directe depuis la gare de Lyon, en environ 4h.

De Lyon : Des trajets directs existent entre les deux villes pour une relation parcourue entre 1h50 et 2h30.

De Marseille : Ce parcours suppose une ou deux correspondances à Lyon et Aix-Les-Bains. Il est possible en TGV et TGV Ouigo sur la section Marseille-Lyon et prend 4 à 5h.

De Rennes : Ce trajet peut se faire en passant par Paris et Lyon ou Lyon uniquement en optant pour une relation directe depuis la capitale bretonne, en 7 à 8h.

De Strasbourg : Ce parcours est accessible via des correspondances à Lyon, Mâcon ou Chambéry en 7 à 8h.

A voir et à faire à Annecy

La vieille ville : Avec ses rues pavées, ses canaux sinueux, ses maisons aux couleurs pastel, ses arcades et ses passages voûtés, c'est un but de balade incontournable lors d'un séjour à Annecy.

Le palais de l'Isle : Son architecture très particulière et sa localisation sur un îlot triangulaire sur le canal du Thiou, ne manquent pas d'attirer le regard. Aujourd'hui lieu d'exposition, il a tour à tour été une résidence seigneuriale, avant de devenir un palais de justice et finalement une prison.

Le château : On y accède après un bon effort, car il faut grimper dur pour le rejoindre depuis la vieille ville. Mais le panorama qu'il offre est une belle récompense pour ceux qui s'aventurent jusque-là.

Le lac : Il passe pour être celui d'Europe dont l'eau est la plus pure. Il existe bien des manières d'en profiter. Se balader sur ses berges, piquer une tête, ou en faire le tour en bateau.

A voir et à faire dans les environs d'Annecy

Le Mont-Blanc Express
Desserte ferroviaire régulière présentant un fort intérêt touristique
Dans sa partie française, ce train circule entre Saint-Gervais-les-Bains-Le-Fayet et Vallorcine. Au-delà il poursuit son chemin jusqu'à Martigny, en Suisse. Il dessert dix gares et neuf arrêts pleine ligne dont cinq où l'arrêt est facultatif, et offre un accès rapide à divers sites touristiques majeurs, tels Chamonix, l'Aiguille-du-Midi, la Mer de Glace... Pour mieux profiter du paysage et des panoramas époustouflants qui se succèdent tout le long du parcours, les voyageurs prennent place à bord de voitures panoramiques. La vue sur le massif du Mont-Blanc est imprenable ! La voie est à l'écartement métrique, les ouvrages d'art sont nombreux : dix ponts, trois viaducs, six tunnels. Malgré les rampes très importantes (jusqu'à 90 pour mille), le parcours se fait en adhérence simple. La ligne est électrifiée au moyen d'un troisième rail latéral. Elle a été ouverte en 1908 par le PLM, dans le but de désenclaver la vallée de Chamonix. Dès lors, les nombreux adeptes de l'alpinisme, une toute nouvelle discipline dont la ville est devenue la capitale mondiale, allaient pouvoir se rendre plus facilement que jamais directement au pied des massifs alpins. La ligne a également servi à la compagnie du Paris-Lyon-Méditerranée pour tester la traction électrique dans une région où la production de cette énergie

Le Mont-Blanc Express

© DR

était facilitée par la présence de nombreux cours d'eau. L'électricité était alors produite dans deux usines hydroélectriques installées à Servoz et aux Chavants, appartenant au PLM. Les liaisons sont nombreuses et ouvertes tout au long de l'année. Il y a au moins un train dans chaque sens chaque heure. Le service est renforcé les week-ends des vacances scolaires. Bon à savoir, si vous pouvez justifier de la réservation d'un hébergement dans la vallée, vous pourrez obtenir auprès de l'office du tourisme une carte d'hôte pour vous déplacer librement en train, ou en transports publics.

74170 Saint-Gervais-les-Bains
GPS : *45.9066,6.70123*
Accès : *Correspondance en gare de Saint-Gervais-les-Bains avec les TER en provenance d'Annecy, Annemasse et Lyon.*
Circulations : *Toute l'année*
Longueur de la ligne : *37 km*
Durée du trajet : *90 minutes environ.*
Fiche Aiguillages : *222*
A proximité : *Sur place : Le Tramway du Mont-Blanc et le Petit Train du Parc Thermal, Cha-*

monix (l'Aiguille-du-Midi, le Train du Montenvers, la Mer de glace).

Le Tramway du Mont-Blanc
Train Touristique
Ce train à crémaillère sur voie métrique, ouvre les portes de la haute montagne à tout un chacun, alpinistes chevronnés, skieurs accomplis, randonneurs aguerris ou simples touristes en quête d'un grand bol d'air pur. Rejoignant le Plateau de Bellevue à 1800 mètres d'altitude l'hiver, il prolonge son parcours beaucoup plus haut l'été. Jusqu'au Nid d'Aigle à 2372 mètres. C'est le plus haut train à crémaillère de France. Lorsqu'il a été construit, le projet était de continuer jusqu'au Mont-Blanc, mais la Première Guerre mondiale a mis fin à ce rêve, les budgets n'étant plus disponibles pour le poursuivre. Les trois automotrices historiques baptisées Anne, Marie et Jeanne, les prénoms portés par les trois filles du directeur de l'époque, ont fait leurs derniers tours de roue. Elles seront remplacées par des rames articulées Stadler. Dès cet été, les nouvelles rames qui auront un certain

air de ressemblance avec les anciennes en reprendront les mêmes prénoms. Une quatrième baptisée Marguerite, prénom porté par la quatrième fille du directeur du TMB à sa création, rejoindra le parc prochainement. Des acquisitions qui s'inscrivent dans un plus vaste plan de développement touristique du site, porté par le département de la Savoie, et confié à la Compagnie des Guides de Chamonix-Mont-Blanc dont la concession pour l'exploitation de la ligne vient d'être renouvelée pour quinze ans. Outre la modernisation du matériel roulant, est prévue la construction d'une nouvelle gare au Fayet, et d'une autre à Bellevue, totalement intégrée au site, ainsi qu'un court prolongement de la ligne au Nid d'Aigle pour y intégrer un nouveau terminus beaucoup mieux aménagé que l'actuel.

74170 Saint-Gervais-les-Bains
GPS : *45.8981, 6.71111*
Accès : *La gare du TMB est à deux pas de celle de la SNCF*
Longueur de la ligne : *8 km*
Durée du trajet : *1h15 environ*

Tarifs : *Forfait famille : 21 € - Aller adulte : 31,30 € - Aller-retour adulte : 39 € - Aller-retour enfant (5-14 ans) : 33,20 €. Gratuit pour les moins de 5 ans.*
Téléphone : *+33(0)4 50 53 22 75*
E-mail : *info@compagniedumontblanc.fr*
Site web : *https://cutt.ly/nvi7XDA*
Fiche Aiguillages : *221*
A proximité : *Sur place : Le Mont-Blanc Express et le Petit Train du Parc Thermal, Chamonix (l'Aiguille-du-Midi, le Train du Montenvers, la Mer de glace).*

Le Train du Montenvers
Train Touristique

De la gare de Chamonix au site du Montenvers, les petits trains rouges (six rames électriques et deux diesels) emmènent leurs voyageurs à flanc de montagne jusqu'au pied de l'Aiguille des Drus, de l'Aiguille Verte et des Grandes Jorasses. Le terminus se fait en surplomb du glacier de la Mer de glace, qu'il est possible de rejoindre en empruntant une télécabine. Attention toutefois, le glacier

Le Train du Montenvers
au-dessus de la Mer de glace

reculant d'année en année, il reste un bout de sentier et 500 marches à parcourir à pied pour rejoindre la grotte depuis la station inférieure de celui-ci. Chaque saison, des tailleurs de glace sculptent une nouvelle version de la grotte, qui se déplace au rythme du glacier. A l'intérieur, des mannequins installés dans un chalet témoignent en costume d'époque, du mode de vie montagnard aux siècles derniers.

Gare du Montenvers -
74400 Chamonix-Mont-Blanc
GPS : 45.9223, 6.87495
Accès : La gare du Train du Montenvers est située à quelques mètres de celle de la SNCF, en traversant la passerelle au-dessus des voies.
Ouverture : Toute l'année, sauf du 15 novembre au 15 décembre
Caractéristiques de la ligne : longueur 5,1 km, pente maximale : 220 pour mille, dénivelé : 871 mètres.
Temps de parcours : 20 minutes
Tarifs : Adulte : 35 €. Enfant (5-14 ans) : 29,80 € - Forfait famille : 108,60 € - Gratuit pour les moins de 5 ans.
Téléphone : +33(0)4 50 53 22 75
E-Mail : info@compagniedumontblanc.fr
Site web : https://cutt.ly/Fvi79eV
Fiche Aiguillages : 224
A proximité : Sur place : Le Mont-Blanc Express, l'Aiguille-du-Midi. Saint-Gervais-les-Bains (Le Petit Train du Parc Thermal).

Le Funiculaire de Thonon-les-Bains
Funiculaire
Ce funiculaire relie le centre-ville aux bords du lac Léman. Il a été conçu au début du siècle pour acheminer des marchandises arrivant au port à bord de barques vers le centre-ville et faciliter les communications entre ces deux points géographiques proches, mais séparés par un fort dénivelé. Il était à l'origine en bois et comptait deux classes. Rénové en 1989, un siècle après son inauguration le jour de Pâques en 1888, il fonctionne maintenant en

Le funiculaire de Thonon-les-Bains

© Otourly / Wikimedia Commons

mode automatique. Du personnel est présent à la station du bas pour percevoir les droits de passage. Le trajet est court : trois minutes, et les départs fréquents, toutes les cinq minutes en moyenne, selon l'affluence.

Port de Rives – Belvédère - 74200 Thonon-les-Bains
GPS : 46.3736, 6.47763
Accès : Situé en centre-ville, le funiculaire est accessible en quelques minutes à pied depuis la gare. Il est intégré au réseau de transport urbain But, les Bus Urbains Thononais.
Caractéristiques de la ligne : Longueur : 243 mètres. Traction : Electrique. Dénivelé : 46 mètres. Pente moyenne : 20%.
Ouverture : Toute l'année. Du 1er au 30 Septembre, tous les jours de 8h à 21h. Du 1er octobre au 1er mai du lundi au samedi de 8h à 12h15 et de 13h15 à 18h30. Dimanche de 10h30 à 12h15 et de 13h15 à 18h. Du 2 mai au 30 Juin : Tous les jours de 8h à 21h. En juillet et en août : Tous les jours de 8 h à 23h.
Tarifs : Aller : 1,10 € - Aller-retour : 1,80 € - Carnet

Le funiculaire d'Évian

de 10 tickets : 9 €. Gratuit pour les porteurs d'un « Pass Léman ». Voir à ce propos, l'article consacré au Léman Express.
Téléphone : *+33 (0)4 50 26 35 35*
E-Mail : *funiculaire.thonon@transdev.com*
Site web : *https://cutt.ly/Yvi5aWQ*
Fiche Aiguillages : *206*
A proximité : *Evian (les rues piétonnes, les sources, les thermes, le lac, le funiculaire), Yvoire (village médiéval)*

Le Funiculaire d'Evian
Funiculaire
Inauguré en 1907, il avait été établi pour transporter les curistes des grands hôtels installés sur les hauteurs de la ville, à la source et à l'établissement thermal (Palais Lumière), en remplacement d'un tramway électrique. Fermé en 1969, il a été rouvert en 2002 après 6 ans de travaux et classé monument historique. Une sixième station n'est plus desservie pour des questions de sécurité. Le matériel roulant date de 1913, et se compose de deux cabines

auxquelles sont attelés deux wagonnets pour le transport des poussettes et des vélos. L'ouverture et la fermeture des portes se font manuellement et sont opérées par un cabinier présent dans chaque convoi. La machinerie datant de 1912 a été conservée, mais remplacée par un équipement plus moderne au moment de sa remise en service.
Rue du Port - 74500 Evian-les-Bains
GPS : *46.4011, 6.59229*
Accès : *La gare de départ du funiculaire est accessible à moins d'une demi-heure à pied de celle de la SNCF.*
Ouverture : *Du 24/04 au 26/09/2021 de 10h à 12h30. Et de 13h15 à 19h20 (dernier départ à 19h10). Ouvert le mardi et vendredi dès 9h15. Cette année, le funiculaire sera ouvert entre 12h et 14h les mardis et vendredis jour de marché du 14 juillet au 15 août.*
Caractéristiques de la ligne : *Longueur : 771 mètres dont 140 en souterrain – Ecartement : métrique. Traction : Electrique. Dénivelé :125 m - Pente moyenne :16,48 %. Pente maximale :*

22 %. *Trois stations intermédiaires desservies. Départ toutes les 20 minutes. Temps de parcours : de sept à quinze minutes, en fonction du nombre d'arrêts desservis (arrêts à la demande).*
Tarifs : *Gratuit*
Téléphone : *+33 (0)4 50 75 04 26*
Site web : *https://cutt.ly/Rvi5vga*
Fiche Aiguillages : *207*
A proximité : *Thonon les bains (Le funiculaire, le lac), Yvoire (cité médiévale)*

Le Petit Train du Parc Thermal
Mini-trains
A deux pas de la gare des grands trains, il est possible d'en emprunter de beaucoup plus petits et amusants, circulants sur un circuit en 7 pouces ¼. L'Amicale du Petit Train du Parc Thermal de Saint-Gervais-Le-Fayet anime dès les beaux jours, le site. Officiellement de mi-juin à mi-septembre, mais s'il fait beau les circulations peuvent commencer plus tôt et se poursuivre plus tard dans la saison. Sur le circuit circulent des rames sur lesquelles petits et grands prennent place, assis à califourchon. Elles sont tractées soit par une locomotive à vapeur, soit par une machine électrique fonctionnant sur batterie. Pour le plaisir, on peut y voir rouler un chasse-neige fonctionnel !
Parc Thermal - 74170 Saint-Gervais-les-Bains
GPS : *45.8971, 6.70573*
Longueur du circuit : *800 mètres.*
Ouverture : *De Pâques à fin septembre. Les week-ends de 14h à 18h d'avril à juin et en septembre. En juillet et août, les mercredis, samedis, dimanches et jours fériés de 10h à 12h et de 14h à 18h.*
Téléphone : *+33(0)6 15 74 58 67*
E-Mail : *laurent.suchaire@orange.fr*
Site web : *https://aptpt.blog4ever.com/*
Accès : *Le Parc thermal est accessible en quelques minutes à pied depuis la gare SNCF.*
Fiche Aiguillages : *223*
A proximité : *Sur place : Le Tramway du Mont-*

Blanc, *le Mont-Blanc Express. Chamonix (l'Aiguille-du-Midi, le Train du Montenvers, la Mer de glace).*

Sites ferroviaires valant le coup d'œil

Le Viaduc Sainte-Marie
Situé dans un cadre magnifique, il est desservi par une halte sur la ligne de Saint-Gervais-les-Bains-Le-Fayet à Vallorcine. Réalisé en maçonnerie, c'est l'ouvrage d'art le plus imposant de la ligne. Il enjambe l'Arve, tout en décrivant un « S ».
74310 Les Houches
GPS : *45.8973, 6.78503*
Accès : *Halte de Viaduc Sainte-Marie sur la ligne Saint-Gervais-les-Bains-Vallorcine.*
Fiche Aiguillages : *507*
A proximité : *Saint-Gervais-Les-Bains (le Tramway du Mont-Blanc, le Mont-Blanc Express. Chamonix (l'Aiguille-du-Midi, le Train du Montenvers, la Mer de glace).*

Le Tunnel des Montets
74400 Argentières
GPS : *46.0053, 6.92809*
Fiche Aiguillages : *508*
A proximité : *Chamonix (l'Aiguille-du-Midi, le Train du Montenvers, la Mer de glace). Vallorcine (Terminus du Mont-Blanc-Express)*

Sites touristiques accessibles en train, en bus ou en bateau

Abondance
L'abbaye, les maisons à l'architecture typique de la région
74360 Abondance
GPS : *46.2809,6.72035*
Accès : *Bus n°121 depuis la gare de Thonon-les-Bains*

Le téléphérique
de l'Aiguille du Midi

L'Aiguille-du-Midi
Portes de la haute montagne
74400 **Chamonix**
GPS : *45.8799,6.88772*
Accès : *Gare de Chamonix-l'Aiguille du midi +
téléphérique*

Chamonix
Capitale mondiale de l'alpinisme
74400 **Chamonix**
GPS : *45.9229,6.87379*
Accès : *Gare de Chamonix-Mont-Blanc*

Divonne-les-Bains
Station thermale à la frontière Suisse
01220 **Divonne-les-Bains**
GPS : *46.3582,6.13606*
Accès : *Bus n°Reg33 depuis la gare de Belle-
garde-sur-Valserine*

Genève
En Suisse, mais si proche de la France !
1200 **Genève**

GPS : *46.2097,6.14314*
Accès : *Gare de Genève-Cornavin*

Les Gorges du Fier
Curiosité naturelle remarquable
74330 **Lovagny**
GPS : *45.8977,6.04304*
Accès : *Bus n°8 ou 12 (prévoir 20 à 30 minutes
de marche ensuite)*

Sixt-Fer-à-cheval
Un des plus beaux villages de France
74740 **Sixt-Fer-à-cheval**
GPS : *46.055,6.77584*
Accès : *Bus n°111 depuis la gare de Cluses*

Vallorcine
Terminus Français du Mont-Blanc Express
74660 **Vallorcine**
GPS : *46.0327,6.93272*
Accès : *Gare de Vallorcine*

© MaloBC / Wikimedia Commons

AURILLAC

Au cœur du Massif Central, la ville s'est développée sur les rives de la Jordanne. De longue date on y travaille le laiton, pour fabriquer des casseroles, marmites et autres objets liturgiques. Mais la ville est devenue la capitale d'un accessoire bien utile par mauvais temps : Le parapluie ! Dans l'entre-deux-guerres, la moitié de la production française de cet ustensile, soit un million de pièces, était produite ici. C'est pourquoi, les rues piétonnes du centre historique se couvrent régulièrement de parapluies multicolores. Il ne pleut pourtant pas plus à Aurillac qu'ailleurs, pas plus qu'il n'y fait plus froid. La ville traîne pourtant cette réputation. En cause ? Elle abrite la station météo la plus en altitude de France et lorsque les bulletins météo télévisés présentent les températures relevées dans le pays, c'est toujours dans ce coin du Cantal que la carte affiche les valeurs les plus basses. La ville s'est développée grâce à l'arrivée du chemin de fer en 1866. Sa gare se trouve sur la ligne de Figeac à Arvant. Elle a été créée par la Compagnie du Grand Central, et reprise par la suite par celle du Paris-Orléans. Elle est en relation directe avec Toulouse, Clermont-Ferrand et Brive.

Comment s'y rendre ?

De Paris : Ce trajet se fait nécessairement en deux parties. Il est possible d'opter pour un premier parcours entre la gare de Bercy et Clermont-Ferrand ou la gare d'Austerlitz et Brive-la-Gaillarde. Une correspondance permet ensuite de rejoindre Aurillac

De Lyon : Le parcours le plus simple, passe par Clermont-Ferrand, une alternative est possible par Toulouse et Brive-la-Gaillarde.

De Marseille : Un seul parcours en train possible par jour. Il impose de passer par Lyon et Clermont-Ferrand.

A voir et à faire à Aurillac

Le cœur historique : Entièrement piéton, il se recouvre régulièrement de parapluies colorés qui sont là pour rappeler que la ville est la capitale de cet accessoire indispensable, mais seulement les jours de pluie !

La place du square : Elle fait le lien entre la vieille et la nouvelle ville. C'est le cœur de la cité. Elle a récemment été réaménagée en espace piétonnier.

L'abbatiale Saint-Géraud : Il ne reste pas grand-chose de cette abbaye cistercienne qui fit la grandeur de la ville, si ce n'est son église dont les parties les plus anciennes remontent au XIIIᵉ siècle.

Le Muséum des volcans : Abrité par une aile du château Saint-Etienne, il propose une découverte ludique et interactive du volcanisme.

A voir et à faire autour d'Aurillac

La ligne des Causses
Desserte ferroviaire régulière présentant un fort intérêt touristique
Cette ligne relie Béziers à Neussargues via Millau. Ce qui la rend particulièrement intéressante, ce sont les caractéristiques hors normes de son tracé. Il ne fut pas facile aux ingénieurs de le dessiner. Le point le plus délicat était le franchissement de la vallée de la Truyère, pour lequel il faudra faire appel au génie de Gustave Eiffel, qui construira non

loin de Saint-Flour un viaduc audacieux : celui de Garabit. Mais la ligne est jalonnée de nombreux autres ouvrages d'arts : ponts en maçonnerie ou métalliques, mais aussi tunnels, on en compte trente-huit, et rampes sévères pour le chemin de fer, atteignant les trente-cinq pour mille. La voie dessine de nombreuses courbes, souvent assez serrées. La ligne est désormais à voie unique sur l'ensemble de son parcours. Les amateurs relèveront ici, la caténaire type Midi. C'est en effet la Compagnie du Midi qui procéda à partir de 1930 à l'électrification de cette ligne en 1500 volts continu. De nos jours cette ligne souffre d'un cruel manque d'entretien qui a conduit à ce qu'elle soit à plusieurs reprises fermée pour des périodes plus ou moins longues. Après plusieurs mois de fermeture à partir de l'été 2021, la ligne est de nouveau circulée.
15170 Neussargues-Moissac
GPS : *45.1255, 2.97931*
Accès : *Différentes gares tout au long de la ligne.*
Fiche Aiguillages : *303*
A proximité : *Murat (cité médiévale). Saint-Flour (capitale de la Haute-Auvergne). Le Puy Mary (un époustouflant panorama sur l'Auvergne).*

La ligne du Lioran
Desserte ferroviaire régulière présentant un fort intérêt touristique
Il s'agit en réalité de la ligne reliant Arvant à la rivière du Lot, près de Figeac, et desservant la gare du Lioran, dans le département du Cantal. Celle-ci est établie à 1153 mètres d'altitude. La ligne à voie unique a été construite par la Compagnie du Chemin de fer de Paris à Orléans, il y a un peu plus de 150 ans. Elle fut totalement circulée à partir de 1968. Son principal intérêt était alors de pouvoir relier Clermont-Ferrand à Montauban et au-delà Toulouse, mais également Lyon à Bordeaux. Elle traverse tout le département du Cantal.

RGP à Prévenchères sur la ligne des Cévennes

© DR

La gare du Lioran est l'une des plus haute de France, mais surtout elle se trouve dans un cadre naturel d'une beauté époustouflante. La ligne comporte un grand nombre d'ouvrages d'arts, des viaducs, et un très long tunnel, celui du Lioran. Sa construction a représenté un travail considérable. Située au fait de la ligne, l'installation d'un château d'eau était indispensable pour alimenter les locomotives en eau, qui en avaient consommé beaucoup dans la montée. Plusieurs étaient établis dans différentes gares, mais celui du Lioran est le seul à avoir subsisté dans son état d'origine. Il est pour cela inscrit à l'inventaire des monuments historiques. Il a été construit en 1867, sur un modèle architectural propre aux lignes du Cantal. Il est bâti sur un soubassement en pierres du pays, sur lequel est installé un réservoir pouvant contenir cent mètres cubes d'eau. Le bardage en bois qui l'entoure, le protège du gel. Les trains qui circulent aujourd'hui sur la ligne permettent toujours de relier Clermont-Ferrand à Aurillac ou à Murat, respectivement préfecture et sous-préfecture du Cantal. L'hiver, la gare du Lioran est utilisée pour acheminer les skieurs, qui ont un accès direct aux pistes, dès leur descente du train.

15300 Laveissière
GPS : *45.0908, 2.7534*
Accès : *Gare du Lioran*
Fiche Aiguillages : *304*
A proximité : *Les Monts du Cantal (idéal pour les amateurs de randonnée). Le Puy Mary (un époustouflant panorama sur l'Auvergne). Le viaduc de Garabit (chef-d'œuvre de Gustave Eiffel).*

Ligne des Cévennes
La desserte ferroviaire régulière présentant un fort intérêt touristique

C'est une portion de la ligne de Saint-Germain-des-Fossés à Nîmes-Courbessac qui est ainsi surnommée dans sa partie reliant Langeac à Alès. Elle a été construite par le capitaine d'industrie Paulin Talabot. Fondateur de la Compagnie des Mines de la Grand'Combe et des Chemins de Fer du Gard, pour desservir les gisements de charbon du bassin d'Alès, son buste est visible en gare de Nîmes. La ligne passe au travers de plusieurs départements de la région Auvergne-Rhône-Alpes (l'Allier, le Puy-de-Dôme, la Haute-Loire et l'Ardèche) avant de rejoindre en Occitanie la Lozère et le Gard. A la Bastide-Saint-Laurent-les-Bains, elle atteint son point culminant à 1025 mètres d'altitude. Le profil de la ligne est particulièrement difficile. Elle est jonchée de tunnels et de viaducs. La ligne aurait dû fêter son 150e anniversaire durant l'été 2020. La crise sanitaire en ayant décidé autrement, les différentes manifestations programmées à cette occasion ont été reportées à 2021. Depuis 1955, elle est parcourue par « Le Cévenol » entre Vichy et Nîmes. Il fut un temps prolongé jusqu'à Marseille. Du fait de son intérêt touristique indéniable, outre par des rames tractées traditionnelles, certaines relations étaient assurées par des autorails panoramiques.

43360 Lorlanges
GPS : *45.3658, 3.31066*
Accès : *Différentes gares tout au long de la ligne.*
Fiche Aiguillages : *305*
A proximité : *Brioude (La basilique Saint-Julien). Usson (l'un des plus beaux villages de France). Issoire (son église romane).*

Le Gentiane Express
Train Touristique
Ce train touristique reprend pour partie l'exploitation de la ligne de Bort-les-Orgues à Neussargues, sur la portion située entre Riom-ès-Montagnes et Lugarde. Cette ligne qui offrait une autre liaison de Paris à la Méditerranée a été coupée par la mise en eau d'un barrage à Bort-les-Orgues. La gare de cette ville est occupée par l'association du Chemin de Fer de la Haute-Auvergne qui s'en sert de base arrière pour l'entretien et le remisage du matériel roulant. Le voyage se fait avec vue sur le parc des volcans d'Auvergne, en direction du plateau du Cézallier via le col de Pierrefitte que le train franchit à 1061 mètres d'altitude. Un arrêt photo y est d'ailleurs aménagé sur le chemin du retour. Le parc matériel est constitué d'autorails. Les X2233, X2238, X2908, X3900, X2403 et RGP1, d'une remorque XR 7415 et de deux draisines Billard et DU65. L'association préserve également un autorail apte à circuler sur le réseau ferré national, l'X2403. A son bord, elle organise ponctuellement des voyages un peu de partout en France.

La gare - 15400 Riom-ès-Montagnes
GPS : *45.2816, 2.66043*
Accès : *Bus n°132 au départ d'Aurillac*
Ouverture : *Circulations régulières de mi-avril à fin octobre*
Tarifs : *17 €, aller simple : 12 €. Enfant : 10 €*
Téléphone : *+33(0)5 87 51 12 06*
E-Mail : *infocfha@gentiane-express.com*
Site web : *http://gentiane-express.com/*
Fiche Aiguillages : *121*
A proximité : *Bort-les-Orgues (le barrage). Salers (cité médiévale). Le Puy de Sancy (le plus haut sommet du Massif central).*

Le vélorail du Cézallier
Vélorail
Le site propose six parcours différents qui peuvent être pratiqués sur une longueur totale de 32 km de voies ferrées. Trois sont au départ de la gare de Landeyrat, trois autres de celle d'Allanche. Des vélo-rails à assistance électrique sont mis à la disposition de ceux qui préfèrent une balade moins sportive. Il est aussi possible de réserver son panier-repas, constitué de produits locaux pour pique-niquer en cours de route, ou s'offrir une pause goûter dans l'après-midi.

La Gare 15160 Landeyrat
GPS : *45.2744, 2.86424*
Ouverture : *D'avril à octobre les week-ends ou sur réservation. En semaine et ouverture 7j/7 en juillet et août. Gare d'Allanche : ouverture de mai à juin sur réservation et ouverture 7j/7 en juillet/Août*
Tarifs : *Forfait famille : de 27 à 51 € (tarif par vélo-rail, variable par circuit)*
Téléphone : *+33 (0)4 71 20 91 77*

Le Gentiane Express

© Mossot / Wikimedia Commons

E-Mail : *contact@velorailcantal.com*
Site web : *https://www.velorailcantal.com/*
Accès : *Bus n°124 depuis Neussargues*
Fiche Aiguillages : *141*
A proximité : *Riom-ès-Montagne (le Gentiane Express). Le parc des volcans d'Auvergne (chaîne des puys, monts du Cantal).*

Le vélorail du Pays de Mauriac
Vélorail
La balade se fait sur l'ancienne ligne de Miécaze à Bort-les-Orgues et permet une découverte du patrimoine ferroviaire de cette ligne plus que centenaire. Le parcours est long d'un peu plus de sept kilomètres et aboutit à la cascade de Salins. Il comprend trois tunnels et trois viaducs. Deux parcours peuvent être envisagés au départ de la gare de Mauriac, d'une durée de deux heures trente ou trois heures trente. Un autre de deux heures est accessible depuis celle de Drugeac.

Gare 15140 Drugeac
GPS : *45.22, 2.33661*
Accès : *Bus n°124 depuis Neussargues*
Ouverture : *Du 1ᵉʳ juin au 30 septembre. Hors saison du jeudi au dimanche - Juillet / août tous les jours - Départ à 11h / 14h30 / 17h30.*
Tarifs : *22 € par Vélo-Rail*
Téléphone : *+33 (0)4 71 40 54 18*
E-Mail : *velorail@paysdemauriac.fr*
Site web : *www.velorail.paysdemauriac.fr*
Fiche Aiguillages : *144*
A proximité : *Mauriac (la basilique et le monastère). Salers (cité médiévale). Riom-ès-Montagnes (le Gentiane Express).*

Le pédalorail du Grand Pays de Salers
Vélorail
Pas d'effort à déployer, les vélorails ici, sont électriques pour ceux qui le souhaitent ! Plusieurs circuits sont proposés allant de 3 à 14 kilomètres aller-retour qui peuvent être réali-

La gare du Lioran

© MOSSOT / Wikimedia Commons

sés en 35 minutes à 2 heures. Le départ se fait dans l'ancienne gare de Drignac-Ally.

La Gare de Drignac-Ally 43380 Ally
GPS : 45.1646, 2.35839
Accès : Bus n°137
Téléphone : +33 (0)4 71 69 15 15
E-Mail : olive.prat@free.fr
Site web : https://cutt.ly/avoylN4
Fiche Aiguillages : 146
A proximité : Mauriac (la basilique et le monastère), Salers (cité médiévale).

Le pédalorail des lacs de Nieudan
Vélorail
Au départ de la gare de Nieudan, près de Laroquebrou, une balade dans le Cantal entre deux lacs et sans efforts, à bord de vélorails électriques.

La gare 15150 Nieudan
GPS : 44.9969,2.2655
Téléphone : +33 (0)4 71 69 15 15
E-Mail : olive.prat@free.fr
Site-web : https://cutt.ly/PH0o08T
Fiche Aiguillages : 147
A proximité : Mauriac (la basilique et le monastère), Salers (cité médiévale).

© DR

Pédalorail des lacs de Nieudan

Hébergements insolites

Le Wagon des Estives
Cet hébergement a été aménagé dans un ancien wagon de marchandises datant des années 50.

15160 Landeyrat
GPS : 45.2744, 2.86424
Accès : Bus n°124 depuis Neussargues
Site web : https://cutt.ly/Bvoyb9Q
Fiche Aiguillages : 211
A proximité : Riom-ès-Montagnes (Le Gentiane-express). Saint-Flour (la cathédrale Saint-Pierre, le musée de la Haute-Auvergne).

Sites ferroviaires valant le coup d'œil

Le Château d'eau du Lioran
Ce dernier témoin d'un ensemble de châteaux d'eau semblables qui jalonnaient la ligne du Lioran, est désormais classé monument historique. Il a été restauré en 1983 et a pu retrouver ainsi son bardage en bois.

15300 Laveissière
GPS : 45.0909, 2.75327
Accès : Gare du Lioran
Fiche Aiguillages : 505
A proximité : Les Monts du Cantal (idéal pour les amateurs de randonnée). Le Puy Mary (un époustouflant panorama sur l'Auvergne). Le viaduc de Garabit (chef-d'œuvre de Gustave Eiffel).

Le Viaduc de Garabit

Le Viaduc des Rochers noirs

© Mossot / Wikimedia Commons

DR

Le Viaduc de Garabit

Construit par Gustave Eiffel, entre 1880 et 1884, il culmine à 122 mètres au-dessus de la rivière. L'association AMIGA propose de le découvrir en train. Voyages commentés au départ de Saint-Chély-d'Apcher, Saint-Flour ou Chaudes-Aigues.

15320 Ruynes-en-Margeride
GPS : *44.9755, 3.17711*
Site : *https://www.amisgarabit.com/*
Fiche Aiguillages : *258*
A proximité : *Saint-Flour (la cathédrale Saint-Pierre, le musée de la Haute-Auvergne), Andelat (le château de Sailhant).*

Le Viaduc de la Sumène

C'est le deuxième plus long du Cantal, après celui de Garabit. Le tablier en acier est de type pont-cage. Il est inscrit au titre des monuments historiques.

15240 Bassignac
GPS : *45.298, 2.3898*
Fiche Aiguillages : *261b*
A proximité : *Salers (l'un des plus beaux villages de France). Riom-ès-Montagnes (le Gentiane-Express).*

Le Viaduc du Mars

Construit en 1883, il est composé de trois travées soutenues par deux piles.

15200 Jaleyrac
GPS : *45.2747, 2.38991*

Fiche Aiguillages : *268*
A proximité : *Salers (l'un des plus beaux villages de France). Riom-ès-Montagnes (le Gentiane-Express).*

Le Viaduc des Rochers noirs

C'est un pont suspendu qui franchit la Luzège. Il était situé sur la ligne du Transcorrézien. Après la fermeture de la ligne, il a été transformé en viaduc routier, avant d'être réservé aux piétons, et finalement interdit à toute circulation. Sur la liste des sites prioritaires du loto du patrimoine, un budget a été débloqué pour le restaurer.

19550 Lapleau
GPS : *45.2691, 2.18303*
Fiche Aiguillages : *269*
A proximité : *Mauriac (la basilique et le monastère). Corrèze (le centre historique). Les Tours de Merle (ensemble de châteaux médiévaux en ruines).*

Sites touristiques accessibles en train, bus ou bateau

Salers
Cité Médiévale
15140 Salers
Accès : *Bus n°134 depuis Aurillac*

Laroquebrou
Le château, les bords de la rivière
15150 Laroquebrou
Accès : *Bus n°103 depuis Aurillac*

CHAMBÉRY

Blottie dans les Préalpes, la capitale historique des Etats de Savoie est située à un carrefour donnant accès à plusieurs vallées alpines. A l'époque où le train est arrivé ici, la région n'était pas encore rattachée à la France. C'est donc la Compagnie Victor-Emmanuel, du royaume de Piémont-Sardaigne qui est à l'origine de la création de sa gare en 1856. L'important dépôt auquel étaient attachées de nombreuses locomotives à vapeur s'est vu doté de la plus grande rotonde ferroviaire jamais construite en France. Du fait de leur proximité avec la frontière italienne, la ville, mais surtout la gare et ses installations furent bombardées par les Américains à la fin de la seconde guerre mondiale, pour ralentir de potentiels mouvements de troupes ennemies et préparer ainsi le débarquement en Normandie. La gare se trouve sur le passage de la ligne Culoz-Modane, dite « Ligne de la Maurienne » connue pour avoir été un temps, alimentée en électricité par un troisième fil de rail. Elle constitue également l'une des extrémités de la ligne longeant le lac d'Aiguebelette, et ayant comme autre terminus la gare de Saint-André-le-Gaz. Chambéry accueille des TGV en provenance de Paris, ou Marseille, mais également de Milan et Turin. Les liaisons régionales se sont développées vers Annecy, Evian-les-Bains, Grenoble, Lyon et Saint-Gervais-les-Bains, mais aussi Bourg-Saint-Maurice par la vallée de la Tarentaise. Dans le passé la gare de Chambéry se trouvait également sur le chemin de plusieurs trains de nuit et de quelques grands express : « La malle des Indes » reliant Londres à Brindisi à la veille de la seconde guerre mondiale, « Le Mont-Cenis » allant de Lyon à Milan, ou encore le « Catalan Talgo » assurant la relation Genève-Barcelone.

Comment s'y rendre

De Paris : Plusieurs liaisons quotidiennes sont réalisables en moins de trois heures. Des parcours alternatifs sont envisageables avec correspondance à Lyon à Bellegarde-sur-Valserine.

De Lyon : Des liaisons TER directes et fréquentes sont établies entre les deux villes. Elles se font en 1h30 en moyenne.

De Marseille : Ce parcours peut se faire au départ de Marseille en TGV ou TGV OuiGo à destination de Lyon dans un premier temps, en faisant correspondance à Lyon avec un TER.

De Grenoble : Les deux villes sont proches et reliées entre elles par de fréquentes liaisons TER. Le parcours moyen dure de 40 à 50 minutes.

A voir et à faire à Chambéry

Les quatre sans cul : C'est le surnom donné à la fontaine des éléphants. Quatre pachydermes en fonte de fer projettent de l'eau par leur trompe, dans un bassin octogonal. C'est le monument le plus célèbre de la ville.

Le château des ducs de Savoie : Cet ancien château fort devenu palais princier, un temps occupé par les comtes et les ducs de Savoie, est composé de bâtiments dont l'origine remonte au XIIIᵉ siècle.

La vieille ville et ses traboules : Il n'y a pas qu'à Lyon que l'on trouve des traboules, ces passages couverts qui permettent de traverser d'une rue à l'autre au travers d'immeubles. Le cœur historique de Chambéry en abrite également.

A voir et à faire autour de Chambéry

La Rotonde
Bâtiment ferroviaire préservé

Située à quelques centaines de mètres de l'entrée nord de la gare de Chambéry, la rotonde a été construite par le PLM à partir de 1906 et mise en service en 1911. C'est la plus grande rotonde qui n'avait jamais été construite, avec un diamètre de 108 mètres et une superficie de 9500 mètres carrés. Il a donc fallu recourir à des techniques de construction nouvelles pour l'ériger. Plutôt qu'une structure en bois, c'est une charpente métallique qui fut réalisée, selon les techniques mises au point par Gustave Eiffel. Elle repose sur 18 piliers qui s'enfoncent à 17 mètres de profondeur. Les premières années elle abritait des locomotives à vapeur. Mais très vite vinrent la rejoindre, des machines électriques. Les 36 voies que la rotonde abrite peuvent accueillir 72 locomotives.

Vouée à la démolition, elle ne doit son salut qu'à une poignée de passionnés qui réussit à faire classer ce bâtiment à l'inventaire des monuments historiques. Toujours en activité, quatre voies ont été isolées du reste du site, pour constituer un Centre d'Interprétation de l'Architecture et du Patrimoine, et une association de préservation de locomotives historiques a pu y élire domicile.

731 chemin de la rotonde
73000 Chambéry
GPS : 45.5772, 5.9165
Accès : En sortant de la gare, il vous faudra marcher ou emprunter les transports publics de la ville sur quelques centaines de mètres pour rejoindre l'entrée de la rotonde, située de l'autre côté des voies.
Ouverture : Des visites guidées sont organisées toute l'année.
Durée de la visite : 1h30
Tarifs : Plein tarif - 6 € (visite guidée) Tarif réduit :

La rotonde de Chambéry

4,50 € (visite guidée). Gratuit pour les moins de 12 ans mais visite possible avec des enfants de plus de 8 ans uniquement.
Téléphone : *+33(0)4 79 33 42 47*
E-Mail : *accueil.chambery@chamberymontagnes.com*
Site web : *https://cutt.ly/IvoiZw6*
Fiche Aiguillages : *202*
A proximité : *Aix-Les-Bains (la ville, le lac). Belley (la cathédrale, le centre historique). Talloires (le village).*

L'APMFS
Préservation de matériels roulants historiques

Une partie du matériel roulant de l'APMFS est abritée sous la rotonde de Chambéry et visible lors des visites de celle-ci. L'Association pour la Préservation du Matériel Ferroviaire Savoyard a été créée à l'origine pour prendre en charge la préservation et la restauration d'une première locomotive de type 2CC2, elle a ensuite eu très vite eu l'opportunité de récupérer d'autres machines, mais c'est le montage d'un dossier de partenariat avec une homologue italienne, qui lui a permis d'obtenir les financements pour mener à bien ses projets, et finalement accueillir en son sein de nouvelles machines. Ponctuellement, elle organise des circulations sur le Réseau Ferré National
Chemin de la rotonde
GPS : *45.5772, 5.9165*
Mail : *svp@apmfs.fr*
Site Web : *http://www.apmfs.fr/*
Fiche Aiguillages : *918*
A proximité : *Aix-Les-Bains (la ville, le lac). Belley (la cathédrale, le centre historique). Talloires (le village).*

L'Entrée monumentale du tunnel du Mont-Cenis
Bâtiment ferroviaire préservé

L'Association du Musée de la Traversée des Alpes a aménagé le site de l'ancienne entrée du tunnel du Mont-Cenis, appelé souvent à tort tunnel de Fréjus. L'ouvrage classé monument historique est le débouché, côté France, du 1er tunnel ferroviaire réalisé le siècle dernier entre la France et l'Italie.

Une vieille locomotive à vapeur avec, son tender ont été installés sur le site, ainsi que deux wagons qui abritent une exposition de documents et d'objets, à l'aide desquels est retracée cette formidable aventure humaine de la première percée des Alpes.

2877 Route de Bardonnèche

73500 Fourneaux

GPS : *45.1908, 6.65945*

Accès : *En train, arrivée à la gare internationale de Modane, puis compter une bonne demi-heure à pied.*

Ouverture : *en juillet et août : de 14h à 18h30 sauf les mardis et vendredis, ou sur réservation pour les groupes constitués d'au moins 20 personnes.*

Téléphone : *+33(0)4 79 05 01 50*

E-Mail : *mtafortsaintgobain@hotmail.com*

Site web : *https://cutt.ly/qvooudz*

Fiche Aiguillages : *220*

A proximité : *La Vanoise (parc national). Briançon (les fortifications Vauban). Les Ecrins (parc national)*

Les Arcs Express
Funiculaire

Depuis 1990, ce mode de transport sur rail remplace un téléphérique qui avait été construit en 1974 au moment du développement de la station de ski des Arcs. La gare inférieure se trouve à Bourg-Saint-Maurice près de la gare ferroviaire. La gare amont est située à Arc 1600, à proximité directe du front de neige principal et de la gare routière d'où partent les navettes vers les autres stations des Arcs. Le parcours se fait pour l'essentiel à l'air libre, la ligne franchissant plusieurs viaducs dont un sur l'Isère. La dénivellation est irrégulière.

Pour le confort des voyageurs, le plancher des rames s'incline en conséquence. Un évitement leur permet de se croiser. Il est encadré par les stations intermédiaires desservies sur la ligne : Les Granges et Montrigon. Une particularité de l'exploitation est que, vu que la distance entre ces haltes et les gares de départ et d'arrivée n'est pas la même, lorsque l'un des véhicules est arrêté au quai de l'une d'elles, l'autre se retrouve à l'arrêt en pleine voie. A la gare supérieure, les personnes intéressées pourront apercevoir grâce à des

Les Arcs Express

© DR

vitres, la salle des machines. Les passagers ont la possibilité de profiter d'un salon panoramique pour bénéficier de la vue qui s'ouvre à l'avant des rames.

Parking Arc-en-ciel Avenue de l'Arc-en-ciel - 73700 Bourg-Saint-Maurice
GPS : *45.6186, 6.76955*
Accès : *Le funiculaire est accessible depuis la gare SNCF de Bourg-Saint-Maurice grâce à une passerelle située à l'extrémité des quais.*
Caractéristiques de la ligne : *Longueur : 2875 mètres. Pente maximale : 39%*
Ouverture : *De décembre à avril et de fin juin à fin août*
Durée de la visite : *Durée du parcours : 7 minutes sans arrêt*
Tarifs : *Aller simple : Adultes : 9 €, enfants : 7 €. Aller-Retour Adultes : 14 €, enfants 11 €, gratuit pour les moins de 5 ans et les plus de 75 ans.*
Téléphone : *+33 (0)4 79 07 12 57*
Site web : *https://cutt.ly/3voofvq*
Fiche Aiguillages : *200*
A proximité : *Beaufort (l'une des plus petites stations de ski des Alpes). Saint-Gervais-les-Bains (le Mont-Blanc Express, le Tramway du Mont-Blanc).*

Le funiculaire de Tignes
Funiculaire

Egalement baptisé « Le Perce-Neige », ce funiculaire-là est entièrement souterrain et a une allure très particulière, tout en rondeur. Partant de Tignes Val Claret à 2100 mètres d'altitude, il emmène ses passagers pratiquement 1000 mètres plus haut, où il donne accès au glacier de la Grande Motte à 3032 mètres. C'est la perspective des Jeux Olympiques d'hiver devant se dérouler à Albertville qui poussa la station de Tignes à renouveler le parc de ses remontées mécaniques. La décision fut prise de remplacer l'une des télécabines du site par un funiculaire, beaucoup plus capacitaire. L'autre avantage de ce mode de transport étant sa totale inté-

gration dans le paysage, puisqu'entièrement souterrain, et son insensibilité aux aléas climatiques. Le parcours commence par une longue ligne droite en pente douce. Mais très vite, la déclivité se fait plus sévère et le tunnel se divise en deux pour permettre le croisement des rames. Après une longue ligne droite, le train entre dans la gare supérieure. L'arrivée se fait au pied des pistes, où s'ouvre un magnifique panorama.

La Daille 73320 Tignes
GPS : *45.448, 6.98023*
Caractéristiques de la ligne : *Longueur : 3890 mètres. C'est le plus long funiculaire de France. Pente moyenne : 31%*
Durée de la visite : *Durée du trajet : 7 minutes.*
Tarifs : *Pour ceux qui ne skient pas et ne possèdent par définition, pas de forfait leur permettant d'emprunter les remontées mécaniques, il existe une formule piéton. 20 € par Adulte, 16 par enfant. Pass journée : 21 € par adulte, 16 par enfant.*
Téléphone : *+33(0)4 79 40 04 40*
Site web : *https://www.tignes.net/*
Fiche Aiguillages : *201*
A proximité : *Bonneval sur Arc (Le village). La Vanoise (Parc national).*

Site ferroviaire valant le coup d'œil

Le Tunnel de Brison
Construit en 1857, le PLM qui reprend l'exploitation de la ligne après le rattachement de la Savoie à la France, fait construire deux tours crénelées aux extrémités du tunnel pour y loger des gardes-voies.

73100 Brison-Saint-Innocent
GPS : *45.7596, 5.87209*
Fiche Aiguillages : *301*
A proximité : *Aix-Les-Bains (la ville, le lac). Belley (la cathédrale, le centre historique).*

© Fabien1309 / Wikimedia Commons

CLERMONT-FERRAND

Née de la fusion de deux communes celles de Clermont, et de Montferrand, la ville s'étale au pied de la plus grande chaîne de volcans d'Europe. Elle est probablement elle-même installée dans le cratère du plus ancien d'entre eux. Sa cathédrale dont la couleur noire ne manque pas d'étonner, a été construite à l'aide de pierres taillées dans de la roche volcanique : La pierre de Volvic. D'un point de vue ferroviaire, la ville passe, à l'image du reste de la région, pour un parent pauvre. Nombreuses sont les lignes qui étaient desservies à partir de la capitale auvergnate, qui ont été fermées. Même la liaison avec Paris, se fait dans des conditions moins bonnes que celles assurées avec des villes pourtant plus éloignées.

Aucun TGV ne passe par Clermont-Ferrand. Pour y venir, il faut emprunter un train Intercité à réservation obligatoire, dont le départ se fait depuis la gare de Paris-Bercy, pour cause de saturation de la gare de Lyon. Les déplacements de et vers les autres villes de la région situées à l'est ou à l'ouest ne sont guère plus facilités. Il faut ainsi 2h30 pour rejoindre Lyon, malgré la mise en place d'un raccordement qui permet d'éviter un rebroussement en gare de Saint-Germain-des-Fossés. Dans les autres directions, la dégradation généralisée des dessertes ferroviaires dans le Massif central se fait également sentir. Les relations intra-régionales réalisables en train, étant de moins en moins nombreuses.

Comment s'y rendre

De Paris : Il existe des liaisons directes en trains Intercités. Elles se font au départ de la gare de Bercy, en 3h environ.

De Lyon : Les deux capitales régionales peuvent être jointes en empruntant des trains directs qui mettent cependant tous plus de 2h30 pour réaliser ce parcours.

De Marseille : Ce trajet est réalisable uniquement au prix d'une correspondance à Lyon. Le meilleur temps de parcours est de 4h10.

A voir et à faire à Clermont-Ferrand

Le tramway : La ville de Clermont-Ferrand ne dispose que d'une seule ligne, la A. Sur une longueur de 15,7 km elle dessert 34 points d'arrêt. Les rames roulent sur pneumatique et sont guidées par un rail central. Elles utilisent la technologie Translohr de la société Lohr Industrie. Trente-et-une rames ont été livrées. Elles sont remisées en fin de service et entretenues dans le dépôt Champratel, situé au nord de Clermont-Ferrand.

La cathédrale : De style gothique, elle a été édifiée à partir de 1248. Elle doit sa couleur noire à l'utilisation de la pierre de Volvic.

L'aventure Michelin : Comment évoquer Clermont-Ferrand sans parler à un moment ou à un autre de l'entreprise Michelin qui y a son siège ? L'histoire de la compagnie y est racontée, mais surtout les amateurs de chemin de fer pourront y admirer l'un des rares exemplaires d'une authentique « Micheline », un engin ferroviaire automoteur roulant sur pneus pour le plus grand confort de ses passagers.

Le quartier médiéval : Il est constitué d'un secteur sauvegardé de Montferrand. Il s'agit de l'un des plus anciens quartiers médiévaux de France. Il est jalonné d'hôtels particuliers et de belles demeures datant pour certaines du XVIIIe siècle. C'est le quartier de naissance du philosophe Blaise Pascal.

A voir et à faire autour de Clermont-Ferrand

Le Panoramique des Dômes
Train Touristique

Depuis 2012, le train à crémaillère est l'unique moyen de transport permettant de rejoindre le sommet du volcan. Il est le lointain héritier d'un premier train à vapeur qui amenait les promeneurs sur le site au début du XXe siècle. Le voyage est sans arrêt. Il offre un panorama exceptionnel sur la ville de Clermont-Ferrand, les volcans de la chaîne des Puys, et le Massif du Sancy. Il arrive au sommet du Puy-de-Dôme dans une gare semi-enterrée pour mieux se fondre au paysage. De là, les visiteurs partent à la découverte des vestiges du temple de Mercure, ou empruntent l'un de sentiers aménagés pour explorer le sommet.

La Font de l'Arbre Chemin du Couleyras -
63870 Orcines
GPS : 45.7727, 2.98768
Accès : Une navette relie le centre de Clermont-Ferrand à la gare du Panoramique des Dômes. (1,60€ - Gratuit pour les enfants de moins de 6 ans)
Ouverture : *De fin mars à fin juin, tous les jours de 9h à 19h20. Du 1er juillet au 31 août, tous les jours de 9h à 21h. De début septembre à début novembre, tous les jours de 9h à 19h20. Fermeture du 8 au 12 novembre 2021 pour maintenance. Et du 13 novembre au 31 décembre.*
Durée de la visite : *Aller : 15 minutes*

Le Panoramique des Dômes

© DR

Tarifs : *Aller-Retour Adulte de 14,10 à 15,30 €, enfant de 11,60 à 12,60 €, selon la saison basse ou haute.*
Téléphone : *+33(0) 826 399 615 (0.18 €/min)*
E-Mail : *contact@panoramiquedesdomes.fr*
Site web : *https://cutt.ly/zvosG10*
Fiche Aiguillages : *120*
A proximité : *Clermont-Ferrand (la cathédrale, l'aventure Michelin). Orcival (l'église romane). Saint-Nectaire (l'église).*

Les Trains de la découverte (Agrivap)
Train Touristique

D'Ambert à La Chaise-Dieu, cette relation est la plus longue ligne touristique de France (96 km), gérée par une association. Elle reprend une portion de la relation Vichy-Darsac. Dans le sens de circulation Ambert-La Chaise-Dieu, elle gagne 500 mètres d'altitude au prix d'une très longue rampe de 30 pour mille. On peut y voyager à bord d'autorails classiques, comme les X2800, Picasso, mais aussi Panoramique. L'association en préserve trois, dont un seul pour l'heure est en l'état de circuler. Un deuxième pourrait prochainement le rejoindre. Un troisième vie à travers les autres autorails préservés, ayant servi de banque de pièces pour leur remise en état. Un dernier qui était préservé par Renault, vient d'arriver à Ambert.
Place Jean Berne - 63600 Ambert
GPS : *45.5492, 3.73806*
Accès : *Bus n°2 Express*
Tarifs : *Gare d'Ambert / Gare de La Chaise-Dieu Adulte – 17€ / Enfant – 13€ / Forfait famille – 52€ Tarifs A/R – Gare d'Arlanc / Gare de La Chaise-Dieu Adulte – 18€ / Enfant – 13,50€ / Forfait famille – 55€*
Téléphone : *+33(0)4 73 82 43 88*
E-Mail : *train@agrivap.fr*
Site web : *https://agrivap.fr/*
Fiche Aiguillages : *227*
A proximité : *Le Mont-Dore (ville thermale). Orcival (l'église romane). Murol (le Château)*

L'association des Trains Touristiques du Sud de la France
Préservation de matériels roulants historiques
Le matériel préservé par l'association se trouve sur le même site que celui des Trains de la Découverte, à savoir en gare d'Ambert. Elle organise ponctuellement des circulations sur la ligne Ambert-Estivareilles à bord de son autorail X5845, issue d'une série où les engins sont surnommés « La Mobylette », ou de son autorail Picasso. Elle possède également un autorail Billard dont la restauration est à venir, et différents véhicules remorqués : un fourgon postal, et un autre de type T.
Place Jean Berne - 63600 Ambert
GPS : 45.5492, 3.73806
Accès : Bus n°2 Express
Téléphone : +33(0)7 68 22 53 69 ou +33(0)6
E-Mail : romain.lavandier@orange.fr
Site web : https://cutt.ly/MvodF38
Fiche Aiguillages : 299A proximité : Le Mont-Dore (ville thermale). Orcival (l'église romane). Murol (le Château)

Le Train à vapeur d'Auvergne / Association de la 141R420
Circulations sur le réseau ferré national
L'association préserve une locomotive à vapeur de type 141R et des rames de voitures historiques, à bord desquelles elle organise des voyages dans la région Auvergne-Rhône-Alpes essentiellement.
La locomotive phare de l'association, la 141R420, est entrée dans une longue période de révision pendant laquelle ce sont des locomotives diesels qui assurent le relais. A l'été 2022, l'association fera rouler chaque mercredi entre Clermont-Ferrand et Langogne son Train Touristique des Gorges de l'Allier, un voyage commenté et animé sur la ligne des Cévennes, ainsi qu'un train à destination de la Fête des lumières à Lyon, le 10 décembre.
139 avenue Jean Mermoz - 63000 Clermont-Ferrand
Téléphone : +33 (0)7 83 22 42 58
E-Mail : 141r420@netcourrier.com
Site web : http://trainvapeur-auvergne.com/
Fiche Aiguillages : 124

Circulation assurée par l'Association de la 141R420 / Le Train à vapeur d'Auvergne

© David Antoine

Le Train Touristique des Gorges de l'Allier
Circulations sur le réseau ferré national
Cet été, l'association du Train à Vapeur d'Auvergne organisera, en partenariat avec les offices de tourisme de Blesle, Langeac, Lavoûte-Chilhac, Pradelles, et Saugues, une série de voyages sur la portion de la ligne des Cévennes comprise entre Langeac et Langogne. Les trains circuleront tous les mercredis du 14 juillet au 1er septembre, au départ de Clermont-Ferrand, Brioude et Langeac. Les voyages sont commentés par un guide touristique. Le retour se fait en début d'après-midi à Langeac, et milieu d'après-midi à Clermont-Ferrand. Les voyages se font à bord d'une confortable Rame Réversible Régionale préservée par l'association, tractée par une locomotive diesel de la SNCF.
Gare SNCF 43300 Langeac
GPS : 45.0985, 3.49435

Le Train Touristique des Gorges de l'Allier

© DR

Accès : *Montée des voyageurs possible dans les différentes gares desservies.*
Téléphone : *+33 (0)4 71 77 70 17*
Site web : *www.train-gorges-allier.com/*
Fiche Aiguillages : *123*

Le Funiculaire du Capucin
Funiculaire
Construit en 1898, c'est le plus ancien funiculaire à traction électrique de France. Il fonctionne toujours à l'aide de sa machinerie d'origine que l'on peut voir à l'arrivée à la gare supérieure. Il donne accès au Salon du Capucin qui se trouve à 1245 mètres d'altitude en avalant un dénivelé de 175 mètres à la vitesse de 1 mètre par seconde.
Rue Dr Rémy Moncorget - 63240 Mont-Dore
GPS : *45.5715, 2.80933*
Accès : *Bus n°CF1800*
Caractéristiques de la ligne : *Longueur : 448 mètres, pente maximale : 56%*
Ouverture : *Du 1er mai au 27 avril et du 30 août au 26 septembre, du mercredi au dimanche de 10h à 12h et de 14h à 17h30, du 3 juillet au 29 août, tous les jours de 10h à 12h et de 14h à 18h30*
Tarifs : *Adultes : Aller simple 8,00 € Aller-retour 10,00 € Enfants (jusqu'à 11 ans) Aller simple 6,50 € Aller-retour 8,00 €*
Téléphone : *+33(0)4 73 65 01 25*
E-Mail : *funiculaire.capucin@orange.fr*
Site web : *https://cutt.ly/Avod5og*
Fiche Aiguillages : *229*
A proximité : *La Bourboule (ville thermale, le sentier découverte de l'ancien funiculaire). Murol (le château). Orcival (l'église romane).*

Fun Rail
Bâtiment ferroviaire préservé
Ce funiculaire était installé à La Bourboule, petite station thermale située en plein cœur du Massif du Sancy. Dans la première moitié du XXe siècle, les curistes pouvaient l'emprunter pour aller s'oxygéner sur les

hauteurs de la ville. Beaucoup arrivaient directement de Paris, en train. Le mode d'exploitation du funiculaire était tout à fait particulier. Les voyageurs montaient dans une voiture à la station inférieure, mais devaient en changer à mi-parcours, alors que le trajet ne mesure pas plus de 600 mètres. La raison est liée à l'étroitesse de la plateforme qui ne permettait pas d'envisager un évitement. De l'eau était transvasée d'une voiture à l'autre pour leur permettre de poursuivre leur parcours, en faisant office de contrepoids. L'exploitation s'est arrêtée en 1958. Les infrastructures ont été abandonnées, jusqu'à ce qu'une poignée de passionnés les redécouvrent et se lancent dans sa restauration. Leur rêve, refaire fonctionner le funiculaire sur une partie du parcours au moins.

GPS : *45.5878, 2.73869*

Accès : *Bus n° Cf1800*

Caractéristiques de la ligne : *Ecartement : normal. Pente maximale : 62%. Longueur : 600m.*

Ouverture : *Une « balade du funiculaire » a été créée sur place. Il s'agit d'un sentier découverte, dont le parcours débute à l'office du tourisme. La gare du bas est ouverte au public pour les journées du patrimoine.*

Téléphone : *+33(0)6 52 35 54 63*

E-Mail : *fun-rail-la-bourboule@orange.fr*

Site web : *https://fun-rail-la-bourboule.fr/*

Fiche Aiguillages : *506*

A proximité : *Le Mont-Dore (ville thermale). Orcival (l'église romane). Saint-Nectaire (l'église).*

Minérail
Musée ou bâtiment ferroviaires ouverts au public

Le site doit son nom au rôle important du chemin de fer dans l'histoire de la mine. La production était expédiée par le rail, et un petit train, circulant aujourd'hui en plein air, servait au transport des mineurs dans les galeries. Le musée est tenu par d'anciens mineurs qui ont à cœur de faire perdurer la mémoire de ce site industriel qui a fonctionné jusque dans les années 80.

Les visites sont guidées.

Les Gannes 2 allée des sorbiers - 63750 Messeix

GPS : *45.6183, 2.56067*

Accès : *Bus Transdôme*

Ouverture : *Du 1er avril au 30 septembre de 14h00 à 18h00, fermeture hebdomadaire le mardi*

Durée de la visite : *2 heures*

Tarifs : *Adulte : 7 €, enfant : 4 €*

Téléphone : *+33(0)4 73 21 45 63*

Site web : *http://daniel.learnwordpress.fr/*

Fiche Aiguillages : *130*

A proximité : *La Bourboule (ville thermale, le sentier découverte de l'ancien funiculaire). Orcival (l'église romane). Murol (le château).*

Le Musée du Train et de la Miniature
Musée

Créé par Pascale et Jean-Claude Pasquier ce musée est celui d'un collectionneur qui au fil de quarante ans a récupéré des jouets anciens, dont des trains. Au milieu du musée se trouve un réseau de 100 mètres carrés, construit à l'échelle HO.

Lieu-dit Corneloup - 63950 Saint-Sauves-d'Auvergne

GPS : *45.601, 2.69154*

Accès : *Bus n°Cf1800*

Téléphone : *+33(0) 4 73 65 54 61*

Site : *https://cutt.ly/Qvofx61*

Fiche Aiguillages : *131*

A proximité : *La Bourboule (ville thermale, le sentier découverte de l'ancien funiculaire). Orcival (l'église romane). Murol (le château).*

Le Vélorail des volcans
Vélo-Rail

Sur l'ancienne ligne Billom - Vertaizon, au cœur de la Toscane d'Auvergne, le parcours offre de très belles vues sur la campagne environnante et les anciens Puy Volcaniques de Courcourt, Pileyre et du Turluron.

15 Route de Chas - 63160 Espirat
GPS : *45.7494, 3.32909*
Ouverture : *Du 01/04 au 31/10/2020, tous les jours. 01/04-30/06 et 01/09-31/10 WE et vacances scolaires départ 14 h et 15 h 30 01/07-31/08 départ à 10 h et 11 h30, 14 h, 15 h 30 et 17 h*
Durée de la visite : *1h30*
Tarifs : *Adulte : 29 € (5 pers maxi / vélo-rail)*
Téléphone : *+33 (0)6 65 03 09 24*
E-Mail : *velorail.volcans@gmail.com*
Site web : *https://cutt.ly/GvofYPb*
Fiche Aiguillages : *126*
A proximité : *Billom (Maisons à colombages), Thiers (capitale de la coutellerie). Usson (L'un des plus villages de France).*

Le Vélorail d'Ambert
Vélo-Rail

Empruntant une partie de l'ancienne ligne Vichy-Darsac construite par le PLM, le départ du vélo-rail se fait à proximité de la gare d'Ambert. Trois parcours sont proposés, avec jusqu'à trois départs par jour en saison, auxquels s'ajoutent des vélos-rails à thème. Vélo-rail au clair de lune : Départ à 19h les mardis du 7 juillet au 25 août, sur réservation. Vélo-rail barbecue, pour les groupes de 25 personnes au moins. Un barbecue attend les participants au bout du parcours aller. Le retour se fait de nuit.

La Gare Place Jean Berne - 63600 Ambert
GPS : *45.5492, 3.735*
Accès : *Bus n°2 Express*
Ouverture : *D'avril à novembre tous les samedis, dimanches et jours fériés et vacances scolaires à 14h30. Les autres jours sur réservation. En juillet et août, départs de la gare d'Ambert tous les jours à 10h30, 14h30 et 16h30*
Durée de la visite : *Parcours Découverte : 1h, 8km aller-retour. Nature : 1h45, 14 km aller-retour. Tunnels : 2h, 18 km aller-retour*
Téléphone : *+33 (0)4 73 82 43 88*
E-Mail : *train@agrivap.fr*
Site web : *https://cutt.ly/Kvoh4s5*
Fiche Aiguillages : *140*
A proximité : *La Chaise-Dieu (L'église). Usson (L'un des pus beaux villages de France). Billom (Ses maisons à colombages)*

Le Vélorail d'Ambert géré par l'association AGRIVAP

Le Vélo-Rail de la Sioule
Vélo-Rail

Les grands champs 63800 Le Mayet-d'Ecole
GPS : *46.1604, 3.23121*
Accès : *Bus ligne K depuis la gare de Gannat.*
Ouverture : *D'avril à fin octobre*
Durée de la visite : *Circuit de Gannat : 1h15, circuit de la Sioule : 2h, grand parcours : 3h15*
Tarifs : *Par vélo-rail pour 5 personnes. Circuit de la Sioule : 37 € - Circuit de Ganat : 29 € - Grand Parcours : 56 €*
Téléphone : *+33(0)658053271*
E-Mail : *velorail.sioule@gmail.com*
Site web : *https://cutt.ly/fvojaC3*
Fiche Aiguillages : *232*
A proximité : *Vichy (ville thermale). Lapalisse (le château). Thiers (capitale de la coutellerie).*

Le Petit train du Parc Fenestre la Bourboule
Petit Train

Dans un parc de 12 hectares, ce petit train du Far-West fait partie des nombreuses attractions ludiques proposées sur le site. Il permet de circuler de l'une à l'autre.
63150 La Bourboule
GPS : *45.5859, 2.73895*
Accès : *Bus n°23*
Ouverture : *Du 1er avril au 31 août et les trois premiers week-ends de septembre*
Tarifs : *1 jeton (3 €). Des pass donnent accès à toutes les attractions le jour de leur achat.*
Site web : *https://www.parcfenestre.com/*
Fiche Aiguillages : *128*
A proximité : *Le Mont-Dore (ville thermale). Orcival (l'église romane). Murol (le Château)*

Hébergements insolites

Les chambres d'hôtes de l'Ormet
Au cœur du Val de Sioule, au sud de l'Allier, ce gîte est installé dans l'ancienne ferme du château de l'Ormet. Ce qui en fait l'originalité est la présence d'un circuit de trains en 5 pouces dans le jardin du propriétaire.
03330 Valignat
GPS : *46.1762, 3.07501*
Accès : *A 30 km de Vichy, et 50 km de Clermont-Ferrand.*
Site web : *www.chateaudelormet.com/*
Fiche Aiguillages : *134*
A proximité : *Vichy (ville thermale). Volvic (les sources). Clermont-Ferrand (la cathédrale, l'aventure Michelin)*

Sites ferroviaires valant le coup d'œil

Le Viaduc des Fades
Sur la ligne de Lapeyrouse à Volvic, ce viaduc ferroviaire, le plus haut de France, traverse la vallée de la Sioule. Au moment de sa construction, il était même, le pont le plus haut du monde. Son tablier repose sur deux piles de 92 mètres. Il est rectiligne, et mesure 470 mètres. Il n'est plus circulé depuis fin 2007, en raison de problèmes de sécurité liés à un défaut d'entretien. Il est néanmoins inscrit à l'inventaire des monuments historiques. Depuis 1992, l'association Sioule et patrimoine s'attache à promouvoir les richesses naturelles, historiques et architecturales de la vallée de la Sioule et œuvre pour la sauvegarde du viaduc ferroviaire des Fades. Ses activités passent par l'organisation de conférences et d'expositions
63770 Les Ancizes-Comps
GPS : *45.971, 2.80375*
Fiche Aiguillages : *133*
A proximité : *Volvic . Clermont-Ferrand (cathédrale, Michelin). Orcival (l'église romane).*

Le Viaduc de Barajol
15190 Saint-Amandin
GPS : *45.3036, 2.69402*
Fiche Aiguillages : *260*

Le viaduc de Barajol

© Cramos / Wikimedia Commons

Le viaduc du Chavanon

© Fabien1309 / Wikimedia Commons

Le viaduc de la Sioule

© Mossot / Wikimedia Commons

A proximité : Riom-ès-Montagne (le Gentiane-Express). La Bourboule (ville thermale, le sentier découverte de l'ancien funiculaire). Salers (l'un des plus beaux villages de France).

Le Viaduc de Neuvial
03800 Mazerier
GPS : 46.1288, 3.16654
Fiche Aiguillages : 266
A proximité : Vichy (station thermale). Lapalisse (château). Clermont-Ferrand (la cathédrale, l'aventure Michelin).

Le Viaduc de la Sioule
03800 Saint-Bonnet-de-Rochefort
GPS : 46.1374, 3.14864
Fiche Aiguillages : 267

A proximité : Vichy (station thermale). Lapalisse (le château). Clermont-Ferrand (la cathédrale, l'aventure Michelin).

Le Viaduc du Chavanon
63750 Messeix
GPS : 45.6243, 2.48001
Fiche Aiguillages : 275
A proximité : Clermont-Ferrand (la cathédrale, l'aventure Michelin). Billom (maisons à colombages). Orcival (l'église romane).

L'ancienne gare de Néris-les-bains
03310 Néris-les-Bains
GPS : 46.2863, 2.652
Accès : Bus n°H depuis Montluçon
Fiche Aiguillages : 302
A proximité : Hérisson (centre historique, château en ruine). Montluçon (centre historique, rotonde). Moulins (centre historique).

Sites touristiques accessibles en train, bus ou bateau

Vulcania
Parc à thème
63230 Saint-Ours
GPS : 45.814, 2.94263
Accès : Bus n°CI

© Shan Zhao / Wikimedia Commons

GRENOBLE

Tout à fait au sud-est de la région, Grenoble est idéalement située au pied des montagnes. Entre les massifs du Vercors et de la Chartreuse, celui du Taillefer et la chaîne de Belledonne, au cœur des Alpes Françaises la ville s'étire le long de l'Isère. Sa première gare a été établie en 1858, mais entièrement reconstruite un siècle plus tard, alors que Grenoble s'apprêtait à recevoir les Jeux Olympiques d'hiver, en 1968.

Les amateurs de montagne sont encore nombreux à se rendre dans les stations qui entourent la ville pour y pratiquer le ski ou la randonnée. Une dizaine de TGV fait la relation quotidiennement depuis Paris, mais il est aussi possible de venir par le même moyen de Marseille, Lille ou Nantes. Les liaisons régionales desservent Lyon et Valence, et débordent souvent sur la région Provence-Alpes-Côte-d'Azur voisine, notamment par le biais de la ligne des Alpes ouvrant la voie vers Gap et Briançon, ou même Marseille, via l'étoile de Veynes. Grenoble a été l'une des toutes premières villes de France à se doter d'un réseau de tramways moderne, après avoir déferré celui établi au début du siècle. Il comporte de nos jours cinq lignes.

Comment s'y rendre

De Paris : Les TGV assurant la relation Paris-Lyon sont assez nombreux chaque jour à poursuivre leur trajet jusqu'à Grenoble. Le temps de parcours est de 3h en moyenne.

De Lyon : Deux TER par heure sont en partance pour la capitale des Alpes au départ de la gare de la Part-Dieu. Leur horaire est cadencé. Départ à h16 et h46 pour une arrivée 1h23 plus tard.

De Strasbourg : Des trajets sont possibles via Paris ou Lyon pour des temps de trajet variant d'un peu plus de 5 heures à un peu plus de 7.

De Marseille : La ligne des Alpes étant fermée pour travaux, les seuls parcours possibles passent par Lyon ou Valence.

A voir et à faire à Grenoble

Le tramway : Son réseau dessert en plus de la ville, un ensemble de 10 communes. C'est le deuxième des tramways de nouvelle génération mis en service en France - il a été inauguré en 1987 – et le premier au monde à avoir opté pour des rames à plancher bas, du moins sur une partie de la rame. Le parc roulant est constitué d'une centaine de tramways Alsthom TFS et Citadis. Ils sont entretenus et remisés dans les dépôts d'Eybens et de Gières.

Les bulles : C'est le surnom donné aux cabines du téléphérique de Grenoble-Bastille. Inauguré dès 1934, il fut le premier téléphérique urbain construit en France. Il dessert le site touristique du fort de la Bastille d'où un large panorama s'ouvre sur la ville. Les bulles ont été mises en service en 1976. Succédant à des cabines beaucoup plus conventionnelles, elles sont devenues l'emblème de la ville.
Le fort de la Bastille : Accessible par les cé-lèbres « Bulles », il s'agit d'un ancien fort qui abrite maintenant un musée des troupes de montagne, un centre d'art contemporain, ainsi que des restaurants.

Le Parc Paul-Mistral : Le poumon vert de la ville s'étend sur 21 hectares. On y trouve différents vestiges d'équipements datant de 1968, année où la ville a été l'hôte des Jeux Olympiques d'hiver.

A voir et à faire autour de Grenoble

La Ligne des Alpes
Desserte ferroviaire régulière présentant un fort intérêt touristique
38000 Grenoble
GPS : 45.1916, 5.71458
Accès : Cette ligne est fermée pour toute l'année 2021 pour cause de travaux de rénovation. Le retour des trains est prévu en 2022.
Fiche Aiguillages : 286

Le Chemin de Fer de la Mure
Train Touristique
L'année 2021 avait été marquée par le retour de ce train touristique dont les circulations avaient été interrompues à la suite d'un éboulement intervenu sur la ligne en 2010. La reprise des circulations ne concernera néanmoins que la partie supérieure de la ligne, au départ de La Mure et à destination des Grands Balcons. Un belvédère surplombant le lac du Monteynard, que les passagers du train peuvent rejoindre à pied au bout d'un sentier de 400 mètres. Le train marque un arrêt en gare de La Motte-d'Aveillans pour laisser le temps à ses passagers ayant opté pour la formule, Train + Musée de découvrir la Mine Image. Des trains à thèmes sont proposés en juillet et août : trains du coucher de soleil, trains des gourmets, visites théâtralisées …

Le Chemin de Fer de la Mure

© Le Chemin de Fer de la Mure

Gare de La Mure Route Napoléon -
38350 La Mure
GPS : 44.9229, 5.77645
Accès : Bus n°4110.
Ouverture : D'avril à octobre
Durée de la visite : 40 minutes
Tarifs : Haute saison : Adultes : 25 €, enfants de 4 à 15 ans : 20 €. Basse saison : Adultes : 23,5 €, enfants de 4 à 15 ans :18,5 €
E-Mail : contact@lepetittraindelamure.com
Site web : https://lepetittraindelamure.com/
Fiche Aiguillages : 165
A proximité : Vizille (le château). Grenoble (le téléphérique, la Bastille). Clelles-Mens (la gare).

Le Funiculaire de Saint Hilaire du Touvet
Funiculaire
Avec une pente de 83 %, c'est le funiculaire qui parcourt la déclinaison la plus forte de France. Il a été construit il y a un siècle pour desservir le sanatorium situé sur le plateau des petites roches. De nos jours, en plus des touristes, il est très utilisé par les parapentistes. À la gare haute, on peut visiter le "laboratoire d'Icare", un espace muséographique et de découverte de l'univers aérien qui présente les expériences de Da Vinci, Newton et Galilée, sur l'air, la gravité et le vol. Durant l'hiver 2021 la gare de départ et la voie du funiculaire ont été dévastées par un torrent en crue qui a tout emporté sur son passage au cours d'un épisode de très fortes pluies, associé à la fonte d'un glacier en surplomb, en raison d'un réchauffement des températures. Les dégâts sont conséquents et tels que le funiculaire ne pourra pas reprendre ses allers-retours avant de nombreux mois. Ses exploitants espèrent une reprise des circulations en 2024, année ou cette installation fêtera son centenaire.
1 chemin du polonais -
38660 Lumbin
GPS : 45.2997, 5.8988
Accès : Par la ligne Transisère 6020 Grenoble – Meylan – Crolle. Descendre à l'arrêt « Le Coteau » à Crolles. Ligne Transisère 6060 Grenoble – Chapareillan – Chambéry, arrêt « Montfort funiculaire » à Crolles.
Ouverture : Fermé en 2022
Durée de la visite : Voyage aller : 20 minutes
Téléphone : +33(0)4 76 08 00 02
Site web : https://www.funiculaire.fr/
Fiche Aiguillages : 166
A proximité : Grenoble (le téléphérique, la Bastille). Vizille (le château). Chambéry (les quatre éléphants, la rotonde).

Le Dôme Express
Funiculaire
Circulant entièrement en souterrain, ce funiculaire permet en partant du glacier des Deux-Alpes à 3095 mètres d'altitude, de rejoindre le Dôme du Puy Salié à 3 384 mètres, ce qui en fait le funiculaire le plus haut de France et le deuxième plus haut du monde.
38860 Mont-de-Lans
E-Mail : client2alpes@sataski.com

Fiche Aiguillages : 225
A proximité : La Grave (l'un des plus beaux villages de France). Le Parc des Ecrins (parc national naturel). Notre-Dame-de-la-Salette (l'église).

Standard 216 – Histo Bus Grenoblois
Musée
Bien que consacré aux transports en commun de l'agglomération Grenobloise, ce musée est mentionné ici car dans l'une de ses salles est abritée une maquette à l'échelle HO du Chemin de fer de la Mure.
2 Avenue Charles de Gaulle - 38800 Le Pont-de-Claix
GPS : 45.1375, 5.70346
Accès : Bus n°64 arrêt Flottibulle
Visites gratuites sur rendez-vous.
Téléphone : 06 15 58 65 55
Site : http://www.standard216.com/
Fiche Aiguillages : 168
A proximité : Vizille (le château). Grenoble (le téléphérique, la Bastille). Clelles-Mens (la gare).

Le Grésivaudan Vapeur Club
Mini-trains
Ce circuit en 5 pouces et 7 pouces ¼ est installé sur le site de l'ancien chemin de fer touristique de la Bréda. Constitué d'une boucle initiale de 180 mètres, il a été prolongé par une seconde de 40 mètres. Les trains sont tractés par des locomotives à essence, électriques ou vapeur. Les passagers prennent place à bord de différents wagons marchandises ou de baladeuses, fabriqués par le club.
512 rue Jean Pellerin - 38530 Pontcharra
GPS : 45.4294, 6.00875
Accès : A 400 mètres de la gare de Pontcharra
Site web : http://www.gvc-pontcharra.fr/
Fiche Aiguillages : 241
A proximité : Chambéry (les quatre éléphants, la rotonde). Aix-les-Bains (ville thermale, le lac). Grenoble (le téléphérique, la Bastille).

Le Jardin Ferroviaire
Train de jardin
Dans un véritable jardin paysager, une trentaine de trains évoluent dans un cadre naturel sur plus de 1200 mètres de rails. Chaque année, chacun d'eux parcourt ainsi plus de 7000 kilomètres ! Le site a été créé par un passionné, Christian Abric qui a commencé par poser quelques rails dans son verger, avant d'avoir l'idée de l'ouvrir au public. Les constructions reproduisent des sites appartenant au patrimoine du Dauphiné : Le Palais Idéal du Facteur Cheval, l'abbaye de Saint-Antoine, les maisons suspendues de Pont-en-Royans... Le Jardin Ferroviaire fonctionne par tous les temps, 50% des allées sont couvertes. Par mauvais temps, des parapluies sont mis à la disposition du public.
26 route de Lyon - 38160 Chatte
GPS : 45.1523, 5.28422
Accès : Bus n° Rom02 ou 5250
Ouverture : De février à début novembre
Tarifs : Adulte : 11,50 €, Ado/étudiant : 10,50 €, enfants de 3 à 12 ans : 8 €. :
Téléphone : +33(0)4 76 38 54 55
E-Mail : contact@jardin-ferroviaire.com
Site web : www.jardin-ferroviaire.com/
Fiche Aiguillages : 169
A proximité : Pont-en-Royans (Les maisons médiévales suspendues). Romans-sur-Isère (La collégiale Saint-Bernard). Hauterives (le Palais idéal du Facteur Cheval).

LE PUY-EN-VELAY

En plein cœur du département de la Haute-Loire, au sud-est du Massif central, la ville est entourée de plateaux volcaniques. Elle est surtout connue pour sa dentelle, mais aussi ses lentilles vertes, et ses deux principaux monuments : la statue Notre-Dame de France et l'église Saint-Michel sise sur le Mont Aiguilhe. Au XVe siècle, sur le chemin de Saint-Jacques-de-Compostelle la ville était un haut lieu de pèlerinage, ce qui fut à l'origine de l'essor de la dentelle dans la ville. Cette pratique est inscrite à l'inventaire du patrimoine culturel immatériel français. La lentille verte du Puy bénéficie quant à elle d'une Appellation d'Origine Contrôlée. Elle est produite exclusivement dans les environs de la ville, à l'intérieur du département de la Haute-Loire. Le train est arrivé au Puy-en-Velay en 1866, en provenance de Saint-Etienne. Sa gare est desservie par le TER Auvergne-Rhône-Alpes. Elle est située sur la ligne de Saint-Georges-d'Aurac à Saint-Etienne. Les principales liaisons ferroviaires sont assurées vers Clermont-Ferrand via Langeac et Brioude et Saint-Etienne-Châteaucreux via Firminy. La ligne ouverte en 1912, dont elle était à l'origine vers Langogne est aujourd'hui désaffectée. Elle permettait un accès via le rail, à la ligne des Cévennes. Une autre, envisagée vers Aubenas, n'a jamais été achevée.

Comment s'y rendre

De Paris : Les parcours les plus simples se font au départ de la gare de Lyon à destination de Saint-Etienne, d'où une correspondance pourra être prise pour rejoindre Le Puy-en-Velay.

De Lyon : La destination peut être atteinte en 2h30 à 3h30 en train, avec une correspondance en gare de Saint-Etienne Châteaucreux.

De Clermont-Ferrand : Des liaisons directes sont établies entre les deux villes. Le temps de parcours moyen est de 2h15.

De Toulouse : Réaliser ce parcours en train suppose de faire un détour par Paris ou Lyon et Saint-Etienne. Il se fait en 8 à 10h.

A voir et à faire au Puy-en-Velay

Le Rocher Saint-Michel d'Aiguilhe : Il s'agit d'un piton volcanique sur lequel une église a été édifiée. On y accède après avoir franchi 268 marches.

La statue Notre-Dame de France : Elle fut érigée au sommet du rocher Corneille en 1860, à la suite du lancement d'une souscription. Celle-ci n'ayant pas permis le bouclage du financement nécessaire à son installation, Napoléon III offrit à la ville des canons, prise de guerre récupérée lors du siège de Sébastopol, pour qu'ils soient fondus. C'est de cette matière que la statue est faite.

La cathédrale : Elle est classée au titre des monuments historiques. Considérée comme un monument majeur de l'art roman. On y trouve une vierge noire qui fit l'objet de nombreux pèlerinages.

La cathédrale Notre-Dame-du-Puy : Cet édifice monumental surplombe la ville. Son porche semble suspendu dans le ciel. Son cloître est l'un des plus beaux de l'architecture romane en Europe. La cathédrale est également l'un des points de départ possibles sur le chemin de Saint-Jacques-de-Compostelle.

A voir et à faire autour du Puy-en-Velay

Les Voies Ferrées du Velay
Train Touristique
Au départ de Raucoules, le Velay-Express circule dans le département de la Haute-Loire avant de rejoindre celui de l'Ardèche où il a son terminus en gare de Saint-Agrève. Il dessert les gares de Tence et Chambon-sur-Lignon. Le parcours offre une vue sur les Monts Mézenc et Gerbier de Jonc.

43290 Raucoules
GPS : *45.1679, 4.29379*
Accès : *Bus n°30 puis 39*
Ouverture : *Du 1ᵉʳ mai au 31 octobre tous les mercredis, jeudis et dimanches. Les dimanches de mai à octobre. Les dimanches, mercredis et jeudis en juillet et août.*
Tarifs : *Adulte : de 13 à 19 € Enfant : de 10 à 16 € (tarif pour les enfants de 4 à 12 ans)*
Téléphone : *+33 (0)4 71 59 68 06*
E-Mail : *com.internet@velay-express.fr*
Site web : *http://www.velay-express.net*
Fiche Aiguillages : *122*

A proximité : *Sainte-Croix-en-Jarez (Un des plus beaux villages de France). Le Puy-en-Velay (Le Mont Aiguilhe, Statue Notre-Dame de France). Pélussin (Le château).*

Le Vélorail du Velay
Vélo-Rail
Le site est ouvert d'avril à octobre. Un parcours accessible uniquement en vélo-rail d'1h15 ou un parcours de 2h réalisable au choix en vélo-rail seul ou avec l'aide du train pour la montée. Réservation conseillée.
Ancienne gare 1 rue d'Annonay - 43220 Dunières
GPS : *45.2116, 4.3498*
Accès : *Bus n°30 puis 39*
Durée de la visite : *Grand parcours : 2 heures*
Tarifs : *Adulte : 12 ou 15 € (petit ou grand parcours) - Enfants de 5 à 12 ans : 5 ou 8 €*
Téléphone : *+33(0)6 33 73 34 83 - +33(0)7*
E-Mail : *velorailduvelay@orange.fr*
Site web : *http://www.velorailduvelay.fr/*
Fiche Aiguillages : *142*
A proximité : *Sainte-Croix-en-Jarez (un des plus beaux villages de France). Le Puy-en-Velay (le Mont Aiguilhe, Statue Notre-Dame de France). Pélussin (le château).*

Le Vélorail de Pradelles
Vélo-Rail
Sur l'ancienne ligne Le Puy-Langogne, le vélo-rail de Pradelles est installé dans l'an-cienne gare. Les vélos sont à assistance électrique.
La Gare - 59190 Pradelles
GPS : *44.7699, 3.88202*
Ouverture : *De début avril à fin octobre*
Durée de la visite : *Deux parcours : Découverte : environ 1h, des viaducs : 1h30 à 2h*
Tarifs : *Petit parcours Basse saison : 34 €. Haute saison : 36 €. Grand parcours : Basse saison : 40 €. Haute saison : 42 €*
Téléphone : *+33 (0)4 71 00 87 46*
E-Mail : *velo-rail@ccpcp.fr*
Site web : *www.velorail43.com*
Fiche Aiguillages : *149*
A proximité : *Le Puy-en-Velay (le Mont Aiguilhe, Statue Notre-Dame de France). Meyras (le village, le Petit musée de Dédé l'Ardéchois). Arlempdes (village, château en ruine).*

Hébergements insolites

Gîte de groupe de la Voie Verte
43220 Dunières
GPS : *45.2117, 45.2117*
Accès : *Bus n°30 puis 39*
Fiche Aiguillages : *228*
A proximité : *Sainte-Croix-en-Jarez (un des plus beaux villages de France). Le Puy-en-Velay (le Mont Aiguilhe, Statue Notre-Dame de France). Pélussin (le château).*

Site ferroviaire valant le coup d'œil

Le Viaduc de la Recoumène
43150 Le Monastier-sur-Gazeille
GPS : *44.9315, 4.01758*
Fiche Aiguillages : *276*
A proximité : *Arlempdes (village, château en ruine). Le Puy-en-Velay (le Mont Aiguilhe, statue Notre-Dame de France). Pradelles (l'un des plus beaux villages de France).*

© DR — Le Vélorail de Pradelles

LYON

Au confluent du Rhône et de la Saône, la ville porte les traces de 2000 ans d'histoire. En témoigne l'amphithéâtre des Trois Gaules, sur les pentes de la Croix-Rousse, où se serait déroulé l'épisode du martyr de Sainte-Blandine au début de notre ère. La ville fut un temps appelée « Lugdunum » et le siège de la capitale des Gaules. Son territoire est accidenté. Il est marqué par deux collines, celle de Fourvière, la colline qui prie et celle de la Croix-Rousse, la colline qui travaille, selon le mot de Michelet. Cette topographie particulière a donné naissance à des lignes de funiculaires. La première au monde, dite « Ficelle de la rue Terme » a été établie en 1862. Elle a été transformée depuis en tunnel routier. Deux lignes de funiculaires sont toujours en service et intégrées au réseau de transport en commun. La ville s'est également dotée de quatre lignes de métro dont une à crémaillère et de sept de tramways. Sa gare principale est celle de La Part-Dieu, mais quatre autres sont toujours en activité. Lyon est un point de passage obligé pour les lignes ferroviaires à destination du sud de l'Europe.

Comment s'y rendre

De Paris : Les relations sont quotidiennement nombreuses au départ de la gare de Lyon. Les meilleurs temps de parcours sont de 1h50 environ. Il est possible d'arriver en gare de La Part-Dieu ou de Perrache.

De Lille : Des liaisons directes sont établies quotidiennement au départ de Lille-Flandres ou Lille-Europe et mettent les deux villes à 3h l'une de l'autre.

De Rennes : Une liaison directe par jour mais réalisée en 6h environ. Plusieurs autres trajets sont possibles en passant par Paris avec un temps de parcours variant d'un peu plus de 4h à un peu plus de 5.

De Strasbourg : Deux à trois relations directes sont réalisées chaque jour en 3 à 4h.

De Marseille : Les relations quotidiennes entre les deux villes sont fréquentes. Le meilleur temps de parcours se situe autour de 1h30.

© Otourly / Wikimedia Commons

entièrement automatique. La B est en cours d'équipement pour le devenir. La A, est historiquement la principale artère du réseau. Elle traverse toute la ville. La C est exploitée en mode crémaillère sur une partie de son parcours.

Le tramway : Il comporte à ce jour huit lignes dont sept urbaines et la desserte de l'aéroport Lyon-Saint-Exupéry par le « RhônexPress », ce qui fait de ce réseau, le 2e de France après celui de la région parisienne. Le parc de matériel roulant dépasse la centaine d'unités. Ce sont des Citadis d'Alstom. Elles sont entreposées et entretenues dans les dépôts de Meyzieu et Saint-Priest. Le réseau du Rhônexpress est indépendant de celui des transports urbains lyonnais, mais il le partage avec le T3 sur une partie de son parcours. Ses rames, des Tango de chez Stadler sont garées également à Meyzieu, mais dans un bâtiment spécifique.

De Toulouse : En moyenne 3 liaisons quotidiennes sont proposées, pour une durée de trajet d'environ 4h.

A voir et à faire à Lyon

Les gares : Historiquement celle de Perrache fut la première. Elle a été construite par la Compagnie du Lyon-Méditerranée, avant d'être reprise par le PLM après la construction du tunnel de Saint-Irénée qui en marque l'entrée côté nord. Celle des Brotteaux qui était dotée d'une magnifique verrière est toujours en place, mais désaffectée. Elle sert de dépôt aux rames ayant pour origine ou terminus, la gare de La Part-Dieu qui l'a remplacée. La gare de Saint-Paul est une gare terminus située à deux pas du Vieux Lyon. Elle est à ce jour utilisée par le tram-train de l'Ouest Lyonnais. Les autres gares sont celles de Jean-Macé et Vaise.

Le métro : Son réseau est composé de quatre lignes numérotées de A à D. Cette dernière est

Le Vieux Lyon : Ce quartier s'étale en bordure de Saône, au pied de la colline de Fourvière. Ses maisons datent du moyen âge et de la renaissance. On y trouve, tout comme à la Croix-Rousse, des traboules, des passages piétons traversant des cours d'immeubles pour se rendre d'une rue à l'autre.

La Croix-Rousse : Longtemps commune indépendante, le quartier a été rattaché à la ville de Lyon après la révolte des canuts. Ces ouvriers tissant la soie occupaient des immeubles aux appartements très hauts sous plafond et aux grandes fenêtres, pour bénéficier de la lumière et pouvoir loger leurs métiers à tisser.

Le parc de la Tête d'Or : C'est le plus grand des parcs lyonnais. Il abrite un zoo, une roseraie, un jardin botanique, des serres et un lac et s'étend sur plus de 100 hectares.

A voir et à faire autour de Lyon

Le Chemin de Fer Touristique d'Anse
Train Touristique

Une originalité en France. Cette association est la seule à faire rouler un train touristique en voie de 38 cm. En Angleterre en revanche, il existe même des lignes régulières utilisant cet écartement, correspondant à 15 pouces. C'est de cette inspiration qu'est née l'association de la voie de 38. Pendant les grèves de 1968, une poignée de passionnés, au chômage technique, s'est lancée dans la construction de matériel roulant, sans vraiment, savoir où il pourrait les faire circuler un jour. Une première opportunité s'est présentée à Trévoux, mais à la suite d'un changement de municipalité, il a fallu déménager le train, qui a trouvé un nouveau point de chute à Anse. Les trains étaient alors assurés par de petits autorails, reproduction de vrais, fonctionnant avec des moteurs de 2 CV. En 1983 l'équipe s'est lancée dans la construction de toutes pièces d'une locomotive à vapeur. Le chantier sera achevé en 2015 !

560 route de Saint-Bernard - 69480 Anse
GPS : *45.9437, 4.72627*
Accès : *Gare d'Anse, le terminus de Anse-Pont est à quelques centaines de mètres à pied. Compter 20 à 30 minutes de marche pour rejoindre le dépôt et principal point de départ.*
Ouverture : *D'avril à fin octobre*
Tarifs : *Adulte : 6 € - Enfant : 4 €*
Téléphone : *+33 (0)4 74 60 26 16*
Site web : *http://www.cftanse.fr/*
Fiche Aiguillages : *188*
A proximité : *Oingt (l'un des plus beaux villages de France). Pérouges (village médiéval). La Dombes (les étangs).*

Le Chemin de fer du Haut-Rhône
Train Touristique

Une promenade à bord d'un train à vapeur du début du XXe siècle entre Montalieu Vallée Bleue et le pont de Sault-Brénaz. Le Chemin de Fer du Haut-Rhône a été construit en 1988 sur l'ancienne plateforme du PLM qui reliait Montalieu-Vercieu à Ambérieu-en-Bugey et dont le trafic cessa le 19 juin 1940 à la suite de la destruction du pont qui enjambait le

Le Chemin de fer du Haut-Rhône

© DR

Rhône. La gare de départ est l'ancienne gare du Chemin de Fer de l'Est de Lyon et date de 1895.

Parc d'activités de la Vallée Bleue rue des Carrières - 38390 Montalieu-Vercieu
GPS : 45.8158, 5.40345
Ouverture : De mai à septembre
Durée de la visite : 1 heure
Tarifs : Adultes : 10 € - Enfants de 4 à 12 ans : 6 €
Téléphone : +33 (0)7 83 78 46 70
E-Mail : haut.rhone@aol.fr
Site web : http://www.cft-hr.com
Fiche Aiguillages : 164
A proximité : Crémieu (les remparts). Pérouges (village médiéval). La Dombes (les étangs).

Le petit Train Touristique des Belvédères
Train Touristique

Tout près de Roanne, le train de la Loire propose une promenade commentée le long de la Loire. Sur le trajet de 3,5 kilomètres entre les belvédères de Commelle et de Magneux, les passagers découvrent un point de vue imprenable sur le lac du barrage de Villerest et sur les paysages du Roannais.

Lieu-dit "Le Belvédère"
42120 Commelle-Vernay

Petit Train Touristique des Belvédères

© DR

GPS : 45.9987, 4.05985
Ouverture : De mai à septembre
Durée de la visite : 1h30 environ
Tarifs : Adultes : 6 €. Enfants de 3 à 12 ans : 3,50 €
Téléphone : +33 (0)4 77 68 58 12
E-Mail : traindelaloire@roannais-agglomeration.fr
Site web : www.aggloroanne.fr/?id=324.html
Fiche Aiguillages : 176
A proximité : Lapalisse (le Château). Oingt (l'un des plus beaux villages de France). Anzy-le-duc (le Prieuré).

Le chemin de Fer touristique de la Brévenne
Train Touristique

L'association poursuit son travail de préservation du matériel qu'elle a en sa possession et l'animation du site de la gare. La ligne sur laquelle elle circulait a été fermée à tout trafic. Les bénévoles s'affairent à son entretien et à la recherche d'une solution pour l'emprunter au moins partiellement de nouveau, mais cela ne devrait pouvoir se faire avant 2023.

5 Place de la gare - 69610 Sainte-Foy-l'Argentière
GPS : 45.7091, 4.46718
Accès : Les Cars du Rhône assurent une liaison depuis Lyon.
Téléphone : 33 (0)6 07 27 88 42
Site web : https://cutt.ly/EvsEtAz
Fiche Aiguillages : 242
A proximité : Sur place : Mini-Train des Monts du Lyonnais. Courzieu (le parc animalier). Eveux (le monastère de la Tourette).

La ligne C du métro
Métro

L'ancienne Ficelle à un sou, qui reliait le bas des pentes de la Croix-Rousse à son plateau, a été remplacée par un métro à crémaillère intégré au réseau du métro de Lyon, dont elle constitue la ligne C. Sa particularité est d'être à voie normale, pour une partie à crémaillère et pour l'autre en adhérence. La ligne dessert 5 stations. Un morceau de rocher datant de l'ère glaciaire, découvert lors du creusement du tunnel lors de la création du funiculaire n'ayant pu être dynamité avec les moyens de l'époque, a été roulé jusque sur le plateau, ou il est devenu l'emblème du quartier de la Croix-Rousse. Il s'agit du "Gros Cailloux" qui trône au bout du boulevard, face au Mont-Blanc dont il est issu.

Terminus de Cuire – 69300 Caluire
GPS : *45.7796, 4.82443*
Ouverture : *Toute l'année*
Tarifs : *Tarification TCL en vigueur*
Site web : *https://www.tcl.fr/*
Fiche Aiguillages : *213*

Le funiculaire Saint-Just
Funiculaire
Funiculaire intégré au réseau de transport urbain Lyonnais, desservant le Théâtre Romain de Fourvière et Saint-Just, au départ du vieux Lyon.

Station de métro - Avenue du Doyenné - 69005 Lyon
GPS : *45.7599, 4.82654*
Ouverture : *Toute l'année*
Tarifs : *Tarification TCL en vigueur*
Téléphone : *+33 (0)4 26 10 12 12*
Site web : *https://cutt.ly/lvsEkGs*
Fiche Aiguillages : *190*

Le funiculaire de Fourvière
Funiculaire
Intégré au réseau de transport en commun de la ville de Lyon, il dessert la basilique de Fourvière, au départ du Vieux Lyon. La ligne débute au pied de la colline à la station Vieux Lyon - Cathédrale Saint-Jean par une voie unique encadrée de deux quais, l'un pour la montée des voyageurs et l'autre pour la descente, située juste au nord par rapport à celle du funiculaire de Saint-Just et à 30 mètres environ au-dessus de celle de la ligne D du métro, les trois sta-

tions étant complètement reliées entre elles, et se finit à la station Fourvière, située en souterrain en face de la basilique.

Station de métro Avenue du Doyenné - 69005 Lyon
GPS : *45.7599, 4.82654*
Ouverture : *Toute l'année*
Tarifs : *Tarification TCL en vigueur*
Téléphone : *+33 (0)4 26 10 12 12*
Site web : *https://cutt.ly/kvsEQWi*
Fiche Aiguillages : *191*

L'association Rhône-Alpine de Conservation d'Engins Thermiques (ARCET)
Circulations sur le réseau ferré national
L'ARCET préserve deux locomotives diesels. Une CC72000 et une BB67000. L'association est en cours d'obtention des autorisations pour réaliser ses premiers trains sur le réseau ferré national, prochainement:
Mail : *arcet@outlook.fr*
Site : *http://site.asso-arcet.com/*
Fiche Aiguillages : *179*

Simil500
Circulations proposées par des associations sur le réseau ferré national
L'association Sauvegarde Intégrale de Machines de Ligne de type 6500 (Simil500), préserve deux anciennes machines électriques de la SNCF, dans le but de les remettre en tête de trains historiques.
Site : *http://www.simil500.fr/*
Fiche Aiguillages : *189*

L'association pour le Tramway Touristique et Historique de l'Agglomération Lyonnaise (ATHALY)
Préservation de matériels ferroviaires
L'association préserve 4 tramways anciens en voie métrique : Motrice n°439 ex-OTL, motrice n°1103 ex-OTL, motrice n°41 et remorque n°114 ex-TN (Suisse), motrice n°525 ex-SNELRT (Lille). L'association a également pris en charge

Le Musée du Cheminot

© Olivier Vellay

la préservation d'une ancienne motrice du tramway de Vienne à voie normale. Elle l'a fait rouler sur les voies du Rhônexpress lors des journées du patrimoine.

190 rue Antoine Becquerel – 69330 Meyzieu
GPS : *45.7671, 5.03518*
Site web : *https://www.athaly.fr/*
Fiche Aiguillages : *192*

Les Cyclo-draisines de la Vallée Bleue
Vélo-Rail

Les Cyclo-draisines de la Vallée Bleue

© DR

Circuit d'environ 1h en cyclo-draisine en forêt puis le long du Rhône tous les jours en juillet et août et les dimanches et jours fériés le reste de la saison.

Parc d'activités de la Vallée Bleue 5 rue des Carrières - 38390 Montalieu-Vercieu
GPS : *45.8097, 5.4049*
Téléphone : *+33 (0)6 83 78 46 70*
E-Mail : *haut.rhone@aol.fr*
Site web : *http://www.cft-hr.com/*
Fiche Aiguillages : *167*
A proximité : *Crémieu (les remparts). Pérouges (village médiéval). La Dombes (les étangs).*

Le Musée du Cheminot
Musée

Ambérieu est une ville qui a grandi avec le chemin de fer, depuis la création des lignes en provenance de Lyon et celle de Bourg-en-Bresse en 1856. L'année suivante, celle vers Chambéry est ouverte. Mais si Ambérieu est devenue un site ferroviaire important, c'est parce que les frontières de Genève et Modane ne sont pas loin. Or ces deux villes ne disposent pas d'assez de place dans leurs gares respectives, pour stocker tous les wagons qui y arrivent et y stationnent en attente de leur dédouanement. Un nouveau site est recherché pour pouvoir les garer en attente de pouvoir les recevoir. Ce sera, Ambérieu, à l'entrée des Montagnes du Jura. Dans l'autre sens, les wagons dédouanés sont reçus pour être triés et dispatchés dans toute la France. Dans les années 30, près du quart des habitants travaillent aux chemins de fer. Le musée a été créé en 1987, par une petite équipe de mécaniciens du dépôt qui partent alors en retraite. Au début de leur carrière, fraîchement formés à l'électricité et à l'électromécanique, ils ont bien conscience de vivre la fin d'une époque. Celle de la vapeur. Ils chercheront alors à en sauver quelques objets pouvant en témoigner. Des reliques qu'ils conserveront précieusement chez eux. Pour raconter comment était la vie au chemin de fer à l'époque, ils décident de créer un musée pour y déposer ce que les uns et les autres avaient en leur possession, qui pourrait servir à raconter les métiers du chemin de fer.

46 bis, rue Aristide 01500 Ambérieu-en-Bugey
GPS : *45.9582, 5.35451*
Accès : *Le musée est situé à quelques centaines de mètres de la gare.*

Ouverture : *Toute l'année les samedis et dimanches de 14h à 18h. Pendant les vacances scolaires de la zone A, du mardi au vendredi de 14h à 18h. Fermé les jours fériés.*
Tarifs : *4 €, gratuit pour les moins de 14 ans*
Téléphone : *+33(0)6 40 06 51 14 ou +33(0)*
E-Mail : *musee.cheminot@free.fr*
Site web : *http://musee.cheminot.free.fr/*
Fiche Aiguillages : *151*
A proximité : *Pérouges (village médiéval). Crémieu (les remparts). Ambérieu (le Château des Allymes).*

Le Musée de Rochetaillée
Musée
Dédié principalement au transport automobile, le musée conserve dans l'une de ses salles, d'anciens tramways ayant appartenu à l'OTL, ancêtre des actuels Transports en Commun Lyonnais.
645 rue du musée -
69270 Rochetaillée-sur-Saône
GPS : *45.8453, 4.83754*
Accès : *Rochetaillée se trouve dans le périmètre des transports urbains Lyonnais.*
Fiche Aiguillages : *243*
A proximité : *Anse (chemin de fer touristique de la voie de 38). Eveux (le monastère de la Tourette). La Dombes (les étangs).*

Perrache Poste 1
Bâtiment ferroviaire préservé
Remplacés par l'informatique, les postes d'aiguillage de la gare de Lyon-Perrache ont été fermés en novembre 2016. Celui se trouvant au nord de la gare présentant un indéniable intérêt historique, et patrimonial a été préservé. Son architecture et son équipement datent des années 50. C'est l'association Rails et histoire qui a été chargée de mener à bien ce sauvetage. Le projet consiste à remettre en route l'ensemble des équipements du poste, désormais bien sûr totalement déconnectés de la voie, au travers d'un simulateur qui permettra au public intéressé de s'initier au métier somme toute méconnu d'aiguilleur. Le poste ouvrira au public de manière régulière à partir de septembre 2022.
Quai Rambeau - 69002 Lyon
GPS : *45.7503, 4.8218*
Site web : *www.poste1.fr*
Fiche Aiguillages : *246*

Mini World Lyon
Réseau de trains miniatures
Mini World est né de la passion de son créateur Richard Richarté, pour les mondes miniatures. Découvrant Miniatur Wunderland en Allemagne, et surtout que rien d'équivalent n'existe en France, il décide de se lancer dans une grande aventure. Trois premiers mondes à l'échelle HO s'étendant sur plus de 400 mètres carrés sont créés dans un premier temps. Il s'agit d'univers totalement imaginaires, à l'exception de la reproduction du barrage de Vouglans dans le Jura, sur un petit bout de la maquette. Ce premier coup d'essai se révélant être un succès, l'équipe d'une vingtaine de maquettistes, s'est alors lancée dans un projet encore plus ambitieux. Reproduire le plus fidèlement possible une grande partie des monuments les plus emblématiques de la ville de Lyon. C'est ainsi que la basilique de Fourvière, la place Bellecour, le quartier de La Part-Dieu et bien d'autres monuments encore ont donné naissance à un quatrième monde, baptisé Mini Lyon. Ces mondes miniatures sont truffés de saynètes bourrées d'humour. Ils sont peuplés par 70 000 mini-habitants, et 4 000 véhicules. Dans les trois premiers mondes essentiellement, trois kilomètres de rails ont été posés. On y trouve naturellement une grande gare, mais aussi de magnifiques viaducs. Une Ligne à Grande Vitesse se déploie sur tout le fond de la maquette. Plusieurs autres réseaux évoquant des lignes à simple ou double voies se développent sur toute la surface des mondes. Une ligne électrifiée, l'autre non, ainsi qu'une

évocation d'un chemin de fer à voie métrique Suisse trouvent leur place dans cet ensemble. L'expérience offerte au visiteur est multisensorielle. L'orage gronde, une odeur de barbe à papa se diffuse près de la fête foraine. Les murs sont recouverts par les scènes d'un spectacle sons et lumières. Ici, même le temps est à l'échelle 1/87e, et il fait nuit toutes les 20 minutes ! Mais le coq chante, et le jour revient très vite sur ce monde féerique, avant que ne se déclenche une très attendue Fête des Lumières, reproduisant les tableaux projetés sur les monuments de Lyon au fil des différentes saisons qu'a connu le Festival des Lumières depuis qu'il existe dans la ville, chaque fin d'année, autour du 8 décembre.

Centre commercial le carré de soie - 69120 Vaulx-en-Velin
GPS : 45.7657, 4.92509
Ouverture : *Toute l'année. Vacances scolaires de la zone A : Tous les jours du lundi au dimanche de 10h à 19h. Hors vacances scolaires : Du mercredi au dimanche : 11h-18h en semaine et 10h-19h le week-end Fermé lundi et mardi. Ouvert tous les jours fériés sauf 25/1*
Durée de la visite : *Pass valable pour la journée*
Tarifs : *Adulte : 14 €, enfant (de 4 à 17 ans) : 9 €*
- Visite technique des coulisses : 10 €
Téléphone : *+33 (0)4 28 29 09 19*
E-Mail : *contact@miniworld-lyon.com*
Site web : *https://miniworldlyon.com/*
Fiche Aiguillages : *196*

Le Musée du train miniature
Réseau de trains miniatures
Le musée du train miniature de Châtillon sur Chalaronne est l'œuvre de Patrick Crolle, un passionné de miniatures. Faute de pouvoir trouver un local adapté à Lyon, il a créé ici une maquette de 200 mètres carrés, divisés en trois mondes. A l'entrée, le visiteur découvre la montagne, au travers d'un site totalement imaginaire. Puis il se dirige vers la ville de Lyon, dont il reconnaîtra de nombreux bâ-

timents, parmi lesquels, la gare historique de la ville : celle des Brotteaux, mais aussi le boulevard des Belges ou le parc de la Tête d'Or. Les voies franchissent alors le Rhône pour se séparer en trois lignes partant vers Genève, Paris et la rive gauche de la Saône. Enfin, un troisième univers se révèle : la Provence. La maquette est truffée de saynètes amusantes et interactives, inspirées de la vie quotidienne.

96 place des Halles
01400 Châtillon-sur-Chalaronne
GPS : *46.1187, 4.95703*
Accès : *Bus n°102 depuis la gare de Villars-les-Dombes.*
Ouverture : *Ouvert les samedis, dimanches, jours fériés et congés scolaires (zone A) de 10h à 12h et de 14h30 à 18h (sauf le lundi jour de fermeture). En été, du 1er juillet au 31 août : ouverture du mardi au dimanche, de 10h à 12h et de 14h30 à 18h. Pour les groupes.*
Tarifs : *Adulte : 6 € Enfant (de 4 à 12 ans) : 4 €*
Téléphone : *+33(0)4 74 55 03 54*
E-Mail : *pcrolle@wanadoo.fr*
Site : *www.museedutrainminiature.com/*
Fiche Aiguillages : *152*
A proximité : *La Dombes (les étangs). Bourg-en-Bresse (la cathédrale). Solutré (la roche).*

Le Mini Train des Monts du Lyonnais
Mini-trains
Depuis 1992, l'association construit et entretien un parc ferroviaire et de nombreux engins à l'échelle du 1/8e. Il s'agit de trains sur lesquels il est possible de prendre place, assis à califourchon sur des baladeuses tirées par des locotracteurs ou une locomotive à vapeur. Le circuit est constitué d'une boucle et d'une extension au bout de laquelle les locomotives sont changées de direction, sur une plaque tournante. Il est en 5 pouces et 7 pouces ¼.
188 Place de la gare -
69610 Sainte-Foy-l'Argentière
GPS : *45.7083, 4.46667*

Le Mini Train des Monts du Lyonnais

© DR

Accès : *Les Cars du Rhône assurent une liaison depuis Lyon.*
Ouverture : *certains dimanches, les jours fériés et les mardis des vacances scolaires de 14h à 18h. Voir le calendrier sur le site de l'association.*
Tarifs : *Entrée du parc gratuite. Voyages en train : Adultes : 3,50 €. Enfants de 2 ans à 12 ans : 3,00 €. Tours supplémentaires : 2,50 €*
Téléphone : *+33(0)6 72 81 16 41*
E-Mail : *minitrain.ml@free.fr*
Site web : *http://minitrain.ml.free.fr/*
Fiche Aiguillages : *244*
A proximité : *Sur place : Mini-Train des Monts du Lyonnais. Courzieu (le parc animalier). Eveux (le monastère de la Tourette).*

Le Train du Parc de la Tête d'Or
Petit Train
Le train fait le tour d'une île se trouvant sur le lac du Parc de la Tête d'Or.
Allée de Bellevue 69006 Lyon
GPS : *45.7771, 4.84495*
Ouverture : *Toute l'année, tant que les conditions climatiques le permettent*

Tarifs : *1 place : 2,50 €. Moins de 1 an : gratuit*
E-Mail : *contact@lepetittrainduparc.fr*
Site web : *www.lepetittrainduparc.fr*
Fiche Aiguillages : *195*

Sites ferroviaires valant le coup d'œil

La gare des Brotteaux
Construite au début du XXᵉ siècle au moment de la construction de la ligne vers Genève, cette gare se révélant trop petite a été désaffectée avec l'arrivée du TGV et la construction de la gare de La Part-Dieu. Ses façades et sa toiture ont été classées monuments historiques.
14 place Jules Ferry - 69006 Lyon.
GPS : *45.7674,4.85963*
Fiche Aiguillages : *510*

Le dépôt ferroviaire de Lyon-Mouche
C'est un ensemble architectural remarquable, constitué d'une rotonde datant de 1867, d'un magasin général, d'un foyer des roulants, d'une école de soudure, de bâtiments admi-

nistratifs, d'un atelier de levage, d'une cantine et de bâtiments de stockage.

Rue Croix Barret - 69007 Lyon
GPS : *45.7372, 4.83689*
Ouverture : *Des visites sont ponctuellement organisées par l'association Ateliers La Mouche*
Site web : *http://atelierslamouche.fr/*
Fiche Aiguillages : *193*

Le pont de la Mulatière
Construit en 1916, le long du pont routier, ce viaduc en fer est situé sur la ligne Lyon-Saint-Etienne.

69350 La Mulatière
GPS : *45.7313, 4.81547*
Fiche Aiguillages : *511*

Le viaduc de Cize-Bolozon
A la fois pont ferroviaire et routier, il traverse la rivière l'Ain. Il s'agit d'un pont en arc d'une longueur de 273 mètres pour 73 mètres de haut. Construit une première fois entre 1872 et 1875, il l'a été de nouveau en 1945/46 après avoir été détruit à la fin de la guerre.

01450 Bolozon
GPS : *46.2166, 5.45115*
Fiche Aiguillages : *306*
A proximité : *Pérouges (cité médiévale). La Dombes (les étangs). Belley (la cathédrale et le centre historique).*

Le viaduc de Tarare
Situé à la sortie du tunnel de Tarare, ce viaduc est l'un des plus importants de la région. Il traverse la ville, à 30 mètres du sol. Il est constitué de 21 arches en plein centre.

69170 Tarare
GPS : *45.8956, 4.42361*
Accès : *Le viaduc se trouve en ville, à quelques centaines de mètres de la gare.*
Fiche Aiguillages : *512*
A proximité : *Sainte-Foy-l'Argentière (le Mini*

Train des Monts du Lyonnais). Claveisolles (la boucle). Eveux (le couvent de la Tourette).

La boucle de Claveissolles
Ici, la ligne de Paray-le-Monial à Givors repasse deux fois par le même endroit, le temps de prendre de l'altitude. Le viaduc «Chez Aulas» enjambe la sortie du tunnel de Claveissolles. Le train y parvient après avoir décrit une boucle de 4 kilomètres.

69870 Saint-Nizier-d'Azergues
GPS : *46.0868, 4.48096*
Accès : *Gare de Saint-Nizier-d'Azergues*
Fiche Aiguillages : *513*
A proximité : *Oingt (l'un des plus beaux villages). Anse (le chemin de fer de la voie de 38). Solutré (la Roche).*

Le viaduc de la Côtière
C'est l'un des plus impressionnants ouvrages de la ligne TGV contournant l'Est de Lyon. Il mesure 1 kilomètre 728 et compte 26 piles dont la hauteur varie de 4 à 26 mètres, puisque ce viaduc est en pente.

01120 La Boisse
GPS : *45.8355, 5.02263*
Fiche Aiguillages : *514*
A proximité : *Pérouges (cité médiévale). La Dombes (les étangs). Crémieu (les remparts).*

Le viaduc de Longeray
Ce viaduc enjambe le Rhône dans un site grandiose. Il s'agit du deuxième viaduc construit à cet endroit, le premier ayant été saboté pendant la Deuxième Guerre mondiale.

74270 Clarafond-Arcine
GPS : *46.1136, 5.88978*
Fiche Aiguillages : *515*
A proximité : *Annecy (la vielle ville, les canaux, le lac). Divonne-les-Bains (ville thermale). Belley (la cathédrale).*

PRIVAS

© Anotine / Wikimedia Commons

Comptant à peine plus de 8000 habitants, la ville passe pour être la moins peuplée de toutes les préfectures françaises. Elle est située dans la vallée de l'Ouvèze, au cœur de l'ancienne province du Vivarais. Elle a vu naître Charles Marie Clément Faugier, en 1861, connu pour être le créateur d'une société spécialisée dans les produits alimentaires à base de châtaignes, qui porte son nom. En 1882 il lance la production de marrons glacés, puis en 1885, celle de la célèbre crème de marron, pour éviter de perdre les brisures des marrons glacés. On en trouve toujours les boîtes dans les rayons de nos supermarchés. Le train est arrivé à Privas avec le PLM. La ville était située sur la ligne de La Voulte-sur-Rhône à Livron sur Drôme. Après sa fermeture, elle est devenue la seule préfecture française à ne plus être desservie par le train. Celui-ci passe un peu plus loin le long des berges du Rhône en ignorant superbement les Ardéchoises et les Ardéchois.

Comment s'y rendre

Le département de l'Ardèche ayant le triste privilège d'être le seul de France à ne dis-

poser d'aucune gare voyageurs desservie par le train, il n'est malheureusement pas possible d'envisager de partir le visiter en privilégiant ce mode de transport. Les gares les plus proches sont celles de Valence-Ville, Valence-Rhône-Alpes-Sud TGV, et Montélimar à partir desquelles il vous sera possible de poursuivre votre trajet en bus si vous souhaitez privilégier les transports publics, en voiture sinon...

A voir et à faire à Privas

Le centre historique : Pour le découvrir, un document d'aide à la visite est mis gracieusement à la disposition des visiteurs à l'office du tourisme.

La Tour Diane de Poitiers : Construite au XVe siècle, elle abrite un escalier à vis desservant des appartements. Cette tour fut offerte par le roi Henri II à sa maîtresse, Diane de Poitiers.

Le pont sur l'Ouvèze : Appelé aussi « Pont Louis XIII » car le roi ordonna de le réparer à la suite de combats contre les insurgés protestants afin de permettre aux troupes de rentrer plus vite dans la ville en cas de révoltes. Il est classé monument historique.

A voir et à faire autour de Privas

Le train de l'Ardèche
Train Touristique
Entre Saint-Jean-de-Muzols et Lamastre, sur la ligne de l'ancien "Mastrou", le train de l'Ardèche propose plusieurs parcours. Celui qui a conservé le nom est le plus long. Il remonte la vallée du Doux sur 28 kilomètres, en passant par des sites inaccessibles en voiture. Le train des gorges fait un aller-retour jusqu'à Colombier. Le Boucieu vapeur remonte jusqu'à Boucieu-le-Roi. Le Lamastre Express poursuit le chemin jusqu'au terminus de la ligne. Le train du marché dessert toutes les gares pour permettre à ses passagers d'aller faire le plein de provisions à Lamastre. Deux locomotives à vapeur de type Mallet assurent tour à tour le service des trains. Plusieurs voitures dont trois de première classe permettent de constituer différentes rames. Un fourgon à bagages peut embarquer poussettes et vélos. Quant aux autorails, ce sont des "Billard" typiques de ceux ayant arpenté la ligne.

07300 Saint-Jean-de-Muzols
GPS : 45.0683, 4.78871
Ouverture : Du 5 avril au 28 novembre
Tarifs : En fonction du parcours choisi. Adulte : 16,50 à 22,50 € - Jeunes de 10 à 13 ans : 8 à 11 € - Gratuit pour les moins de 10 ans
Téléphone : +33(0)4 75 06 07 00
E-Mail : contact@trainardeche.fr
Site web : https://www.trainardeche.fr/
Fiche Aiguillages : 235
A proximité : Hauterives (le Palais idéal du Facteur Cheval). Soyons (le Jardin des trains ardéchois). Pélussin (le château).

Le Vélorail des Gorges du Doux
Vélo-Rail
Le site propose plusieurs parcours de difficultés variables. La descente des Etroits : 12 km, facile. La descente des châtaigniers : 8 km, facile. La descente des viaducs : 12 km, moyen. La descente de la grande aventure : 20 km, sportif. La descente se fait en pédalant, le retour en autorail.
111 route du grand pont -
07270 Boucieu-le-Roi
GPS : 45.0682, 4.78864
Accès : Bus n°5
Ouverture : Du 5 avril au 7 novembre
Durée de la visite : Selon le parcours, de 1h45 à 4h
Tarifs : En fonction du parcours. Adulte : de 16

© DR — Le train de l'Ardèche

© Pascal Bejui — Le Vélorail des Gorges du Doux

à 34 €. Enfant de 4 à 13 ans : de 10 à 19 €
Téléphone : +33(0)4 75 08 20 30
E-Mail : contact@velorailardeche.com
Site web : https://www.velorailardeche.com/
Fiche Aiguillages : 236
A proximité : Sur place : Le train de l'Ardèche.
Tournon sur Rhône (le centre historique). Hauterives (e Palais idéal du Facteur Cheval).

Le Vélorail sud Ardèche
Vélo-Rail
Un parcours de 10 km aller-retour, traversant 5 viaducs et un tunnel. L'aller se fait en descente, le retour en montée.
Quartier Nivet - 07580 Saint-Jean-le-Centenier
GPS : 44.5919, 4.54225
Accès : Bus n°Reg07, ou Reg74 ou Reg76
Ouverture : Du 3 avril au 30 septembre
Tarifs : Adulte (+ de 12 ans) : 13 € - Enfant (5 à 12 ans) : 9 €
Téléphone : +33(0)7 68 30 63 47 - +33(0)7
Site web : https://www.velorail.fr/
Fiche Aiguillages : 237
A proximité : Voguë (le village, le château). Vallon Pont d'Arc (les gorges de l'Ardèche). Soyons (le jardin des trains ardéchois).

La SGVA
Train Touristique
L'association Sauvegarde et Gestion de Véhicules Anciens s'attache à la préservation du patrimoine ferroviaire du Vivarais, et plus particulièrement de la ligne de Tournon à Lamastre, le Mastrou.
Elle travaille également à l'heure actuelle à la remise en état d'une locomotive bi-cabine centenaire et unique.
La gare 265 B Route du Pont du Roi - 07270 Boucieu-le-Roi
GPS : 45.0368, 4.67881
Accès : Bus n°5
E-Mail : contact@train-du-vivarais.com
Site web : https://train-du-vivarais.com/

Fiche Aiguillages : 238
A proximité : Sur place : Le train de l'Ardèche. Tournon-sur-Rhône (le centre historique). Hauterives (le Palais idéal du Facteur Cheval).

Le petit musée de Dédé l'Ardéchois
Musée ou bâtiment ferroviaires ouverts au public
Alors que l'Ardèche n'est plus desservie par le train depuis 1969, ce musée relate l'histoire des lignes qui l'ont jalonné par le passé. Créé par un passionné de chemin de fer et d'histoire local, l'espace est assez petit, mais l'exposition est régulièrement renouvelée. La visite est gratuite et guidée, mais attention, Dédé, est intarissable !
07380 Meyras
GPS : 44.6813, 4.26688
Accès : Bus n°01, 5 ou 16
Fiche Aiguillages : 247
A proximité : Aubenas (le Château). Voguë (le village, le château). Saint-Jean-le-Centenier (vélo-rail du Sud de l'Ardèche).

Site ferroviaire valant le coup d'œil

La statue de Marc Seguin
Le chemin de fer doit beaucoup à Marc Seguin, l'inventeur de la chaudière tubulaire et créateur de la seconde ligne de chemin de fer en France entre Saint-Etienne et Lyon. Et Marc Seguin, est né à Annonay en 1786. Une plaque figure par ailleurs sur sa maison natale, au 2 de la rue de Trachin.
07100 Annonay
GPS : 45.2398, 4.67082
Accès : Bus n°Reg75
Fiche Aiguillages : 516
A proximité : Pélussin (le château). Tournon-sur-Rhône (le centre historique). Hauterives (le Palais Idéal du Facteur Cheval).

Le Haut-Forez

© DR

SAINT-ETIENNE

Sur la ligne de partage des eaux entre l'Atlantique et la Méditerranée, la ville est implantée au cœur d'un bassin houiller de première importance. Le travail de la métallurgie s'y est développé très tôt, avant de devenir une très importante industrie au XIXe siècle. On fabriquait à Saint-Etienne des armes, mais aussi des couteaux ou des vélos. Pour transporter le minerai extrait des mines environnantes le train s'est avéré un outil particulièrement adapté. C'est ainsi qu'est née tout près d'ici à Andrézieux, la première ligne de chemin de fer établie sur le continent européen. Dès 1827, des wagons, tirés par des chevaux circulaient sur 23 km pour rejoindre les bords de la Loire

d'où leur chargement était transvasé dans des bateaux. La première ligne permettant également le transport de voyageurs est ouverte entre 1830 et 1832 entre Saint-Etienne et Lyon. Elle fut concédée à Marc Seguin, qui de retour d'un voyage en Angleterre où il avait rencontré George Stephenson, l'un des ingénieurs à l'origine du développement du chemin de fer dans son pays, était convaincu de l'avenir de ce nouveau moyen de transport. La ville présente également la caractéristique d'être la seule de France à avoir exploité sans discontinuer son réseau de tramways, de ses origines en 1881 à nos jours. De ce fait, le réseau stéphanois est toujours à l'écartement métrique.

Comment s'y rendre

De Paris : De nombreux TGV engagés sur la ligne Paris-Sud-Est poursuivent leur parcours jusqu'à Saint-Etienne.

De Lyon : Sur cette liaison qui est la plus fréquentée de France en dehors de celles de la région parisienne, les relations sont nombreuses et établies en 45 minutes à 1h, au départ des gares de La Part-Dieu ou de Perrache.

De Clermont-Ferrand : La liaison ferroviaire directe existante ayant été fermée, les relations directes ne sont plus assurées que par des bus. En train, il faut prendre une correspondance à Roanne.

A voir et à faire à Saint-Etienne

Le tramway : Le plus ancien réseau de France comprend trois lignes, compte 16 km de voies et dessert 43 stations. Les rames sont remisées au dépôt de Transpôle, près de l'hôpital Nord, où se trouve également le siège de la STAS, la société exploitante et le musée des transports.

Le centre historique : La ville aux sept collines est truffée de petites rues pittoresques et chargées d'histoire. L'un des plus anciens quartiers est celui de Saint-Jacques. On y trouve de belles maisons datant du XIIe siècle, ainsi que quelques traboules.

Le musée de la mine : On ne peut comprendre Saint-Etienne, sans s'intéresser à la mine. Le puits Couriot qui en abrite le musée permet de se plonger dans cet univers très particulier. De la salle des pendus, à la galerie reconstituée, le visiteur se met dans la peau d'un mineur. Port du casque compris !

A voir et à faire autour de Saint-Etienne

Le Chemin de Fer du Haut Forez
Train Touristique
Ce train touristique circule sur une ligne longue de 41 km, à cheval sur les départements de la Loire et de la Haute-Loire, au départ d'Estivareilles et à destination de La Chaise-Dieu. Il traverse le Parc Régional Naturel du Livradois-Forez et dessert les gares d'Usson-en-Forez, Craponne-sur-Arzon, Jullianges et Sembadel. En raison de travaux sur la voie, les circulations 2022 seront limitées au tronçon Estivareilles/Craponne-sur Arzon. *La Gare 557 route du musée - 42380 Estivareilles*
GPS : 45.4161, 4.00888
Accès : Bus n°120
Ouverture : Trains réguliers du 15 juin au 15 septembre. Trains à thèmes et affrétés toute l'année.
Tarifs : Adulte-parcours aller-retour complet : 16 €. Enfant de 2 à 12 ans : 9 €. Tarifs dégressifs en fonction de la longueur du parcours réalisé.
Téléphone : +33 (0)4 77 50 82 03
Site web : www.cheminferhautforez.com
Fiche Aiguillages : 178
A proximité : Ambert (les trains de la découverte). La Chaise-Dieu (l'église). Le Puy-en-Velay (le Mont Aiguilhe, Statue Notre-Dame de France).

Le musée de la mine Puits Couriot
Musée
Fermé depuis 1973, le site de la mine du Puits Couriot revit sous la forme d'un musée. Dans son aménagement, il a conservé la trace du travail des mineurs. La salle des pendus, le grand lavabo, ou encore celle des compresseurs sont ainsi restées intactes. Une partie de la visite de la mine se fait à bord du train des mineurs, dans une galerie reconstituée.
42000 Saint-Etienne

GPS : *45.4409, 4.37097*
Accès : *Gare du Clapier*
Ouverture : *Le musée est ouvert tous les jours sauf le lundi et les 1ers janviers, 1ᵉʳ mai, 14 juillet, 15 août, 1ᵉʳ novembre et 25 décembre, de 10h0 à 18h0.*
Tarifs : *Visite guidée de la galerie : Plein tarif 8.50€ / tarif réduit 6.50€*
Visite guidée des bâtiments Monuments Historiques : *Plein tarif 7.50€ / tarif réduit 5.50€*
Visite libre : *Plein tarif 6.50€ / tarif réduit 5.00€ L'accès au musée est gratuit pour tous, tous les premiers dimanches du mois sauf événements spéciaux.*
Fiche Aiguillages : *180*
A proximité : *Andrézieux (l'aventure du train). Pélussin (le Château). Eveux (le monastère de la Tourette).*

Le musée des transports urbains

Musée

Sur 1200 mètres carrés, le musée propose une visite chronologique. Des années 1870 à nos jours, il permet de découvrir les véhicules restaurés par des bénévoles qui pour beaucoup, ont été employés par les compagnies qui ont géré le réseau. Le musée présente deux motrices de tramway, deux trolleybus et un autobus. D'autres matériels sont en attente de restauration.
Avenue Pierre-Mendès-France - 42270 Saint-Priest-en-Jarez
GPS : *45.4742, 4.3679*
Accès : *Tramway T1 ou T3, Arrêt Parc-Champirol*
Ouverture : *Mercredi : 14:00 - 17:00 Visites de groupe sur d'autres jours et heures possibles sur demande*
Tarifs : *Adulte : 4 €. Enfant de moins de 12 ans : 2 €.*
Téléphone : *+33(0)7 71 60 82 39*
E-Mail : *musee.transports42@gmail.com*
Site web : *www.musee-transports42.fr/*

Fiche Aiguillages : *181*
A proximité : *Andrézieux (l'aventure du train). Pélussin (le Château). Eveux (le monastère de la Tourette).*

L'aventure du train

Musée

Le chemin de fer est né, en Europe continentale à Andrézieux-Bouthéon, et jusqu'alors aucun lieu n'était dédié à cette mémoire. C'est maintenant chose faite, le site ayant ouvert ses portes pour la première fois au public, dans le courant de l'année 2021. A l'extérieur, une locomotive inspirée de la Schneider de 1844 qui roula, la première, entre Saint-Etienne et Andrézieux, tracte le train qui emmène les visiteurs d'un bâtiment à l'autre. La visite se fait sous la forme d'un spectacle immersif et numérique. Un second petit train emmène ensuite ses passagers jusqu'aux bords de la Loire sur le lieu où se trouvait le port, d'où le charbon était expédié par bateau.
42160 Andrézieux-Bouthéon
GPS : *45.5222, 4.25491*
Accès : *Le musée se trouve en face de la gare.*
Ouverture : *D'avril à juin et de septembre à octobre, les mercredis, samedis et dimanches. Départs à 15h et 17h15*
Vacances de printemps et de la Toussaint de la zone A, du mercredi au dimanche, départs à 10h, 15 et 17h15.
En juillet et août du mercredi au dimanche, départs à 10h, 15h et 17h15.
Tarifs : *Adulte : 7,50 €. Enfant de 3 à 14 ans : 5 €.*
Durée de la visite : *1h30.*
Téléphone : *04 77 55 78 00*
Site web : *https://aventuredutrain.com/*
Fiche Aiguillages : *245*
A proximité : *Pélussin (le château). Ambert (les trains de la découverte). La Chaise-Dieu (l'église).*

La gare TGV

© C. Recoura / LVDR / Photorail

VALENCE

Pour le visiteur qui vient d'une région plus au nord, le contraste à l'arrivée à Valence est saisissant. A cet endroit, au cœur du couloir rhodanien, s'ouvrent les portes du midi. Il est difficile de ne pas remarquer le changement de lumière qui se produit ici, à quelques kilomètres au sud du 45e parallèle, dans cette petite ville située entre le massif du Vercors et la Provence. Le train a atteint Valence en 1854. La gare de Valence-Ville est mise en service par la Compagnie de Lyon à la Méditerranée. Elle sera transférée trois ans plus tard à celle du Paris-Lyon-Méditerranée. La construction de la Ligne à Grande Vitesse vers Marseille et Nîmes lui a fait perdre une partie de son trafic, au profit de la nouvelle gare TGV située à 10 kilomètres du centre-ville. Elle s'est depuis recentrée sur les liaisons TER vers Annecy, Avignon, Briançon, Grenoble, Lyon...

Comment s'y rendre

De Paris : En TGV classique ou OuiGo, depuis l'ouverture de la LGV Méditerranée, la gare de Valence TGV n'est plus qu'à peine un peu plus de 2h de Paris. Quelques TGV desservent toujours la gare historique de Valence-Ville.

De Lyon : Les fréquentes relations entre les deux villes sont établies en 30 minutes vers Valence-TGV ou 1h vers Valence-Ville.

De Grenoble : Des relations directes sont établies régulièrement tout au long de la journée par des TER, ayant pour origine la gare de Valence-TGV. Le temps de parcours est d'à peine plus d'1h.

De Marseille : Cette relation est assurée par des TER, et des TGV classiques ou Ouigo. La plupart sont directs, et le meilleur temps de parcours est de 1h vers Valence TGV, un peu plus de 2h vers Valence-Ville.

De Toulouse : Des TGV assurent une liaison directe vers la gare Valence-TGV plusieurs fois par jour en une moyenne de 3h30 à 4h de temps de parcours.

A voir et à faire à Valence

Le port de l'Epervière : Sur les berges du Rhône, il s'agit du plus grand port de plaisance fluvial de France.

Le pendentif : Monument funéraire datant du XVIe siècle, il a été construit en 1548 en mémoire du chanoine Mistral.

La maison des têtes : Construite en 1530 par un consul de la ville, elle doit son nom aux sculptures qui l'ornent et représentent des personnages emblématiques et des allégories des quatre vents.

A voir et à faire autour de Valence

Le jardin des Trains Ardéchois
Train de jardin
Dans un jardin de 2800 mètres carrés, circulent une douzaine de trains à l'échelle du 1/22e. Le site a été créé en 1992 par Pierre Malfay et fête aujourd'hui ses 30 ans !
En amoureux des trains et de l'Ardèche il a reproduit de nombreux sites emblématiques : la vallée de l'Ardèche, le Mont Gerbier de Jonc, la cascade du Ray Pic, la Fontaine Intermittente de Vals-les-Bains, ...
Abandonné en 2004, c'est en 2008 que Guillaume Argaud reprend le flambeau et fait perdurer le site avec chaque année des nouveautés qui viennent compléter ce jardin arboré.
Pour les plus mordus, un week-end « Train Passion » est organisé au printemps où chacun peut faire rouler ses engins en traction électrique ou à vapeur.
1230 route de Nîmes - 07130 Soyons
GPS : 44.8783, 4.84736
Ouverture : De mi-avril au 31 octobre. De 14h00 à 17h30 tous les jours pendant les vacances scolaires puis mercredis/ week-end/

Le jardin des Trains Ardéchois

© DR

jours fériés. Du 10 Avril au 11 juillet 2021 : de 14h00 à 18h00, tous les jours. Du 12 Juillet et 29 août 2021 : de 10h30 à 19h00
Tarifs : Adulte : 8,50 €. Enfant de 3 à 15 ans : 5,90 €.
Téléphone : +33(0)4 75 60 96 58
E-Mail : contact@jardin-des-trains.com
Site web : www.jardin-des-trains.com/
Fiche Aiguillages : 156

Le Train du Parc Jouvet
Petit Train
Le train fait le tour du parc pour le plus grand bonheur des enfants.
Parc Jouvet 82400 Valence
GPS : 45.2921, 4.81847
Ouverture : Toute l'année : ouvert tous les jours (Toute l'année : tous les mercredis, samedis, dimanches et jours fériés à 14h Vacances scolaires tous les après-midi de la semaine. Les après-midi des jours compris entre les vacances de février et le 1er octobre.
Site web : https://cutt.ly/qvsJnji
Fiche Aiguillages : 162
A proximité : Soyons (le jardin des trains ardéchois). Romans-sur-Isère (la collégiale). Crest (le château).

Le Train-Train
Mini-trains
Plus de 400 mètres de voie ont peu à peu été

Le Train-Train

© DR

Petit Train Castelneuvois

© DR

posés par des passionnés aux écartements de 5 pouces et 7 pouces ¼. Parti d'une simple boucle, au cœur du parc, le réseau en fait maintenant le tour complet, traversant un viaduc et un tunnel. Une fois par an les amateurs de la région sud-est se retrouvent au parc pour faire rouler leur propre matériel. Les trains partent de la gare pour s'engager dans l'une des extensions, appelée, « la grande courbe », avant de revenir dans le parc dont ils longent les bassins. Ils s'engagent ensuite sur un pont d'une quinzaine de mètres de long pour franchir une vallée artificielle. Après le passage sous un tunnel qui sert aussi au stationnement du matériel, c'est le retour à la gare.

1 rue Louis Aragon
26800 Portes-lès-Valence
GPS : *44.8754, 4.88124*
Ouverture : *1er samedi du mois de 14h à 18h, et à l'occasion de différentes manifestations sur demande de la mairie ou de la MJC toute proche.*
Tarifs : *Gratuit*
Téléphone : *(+33) 4 75 42 57 20*
E-Mail : *jc.l@orange.fr*
Site web : *https://cutt.ly/hvsHIuz*
Fiche Aiguillages : *239*
A proximité : *Mirmande (l'un des plus beaux villages de France). Tournon-sur-Rhône (le centre historique). Crest (le château).*

Le petit Train Castelneuvois
Mini-trains

Ce circuit de train de jardin d'un peu moins d'un kilomètre était un temps tombé dans l'oubli, avant qu'une nouvelle équipe ne le relance depuis quelques années maintenant. A sa création, il a fallu 10 semaines de débroussaillage avant d'envisager de poser les premiers tronçons de voie. Même si ce réseau est établi en 5 pouces et 7 pouces ¼, la plupart du matériel roule sur le plus petit des écartements.

26780 Châteauneuf-du-Rhône
GPS : *44.4951, 4.71874*
Ouverture : *Du 2e week-end de mai au 2e dimanche de septembre. Ouverture tous les 2e et 4e dimanche du mois de 15h à 18h. En juillet et en août de 16h à 19h. Une seule date d'ouverture en 2021 au mois d'août, le 22.*
Tarifs : *Gratuit*
Mail : *claude.daudel@gmx.fr*
Site web : *https://cutt.ly/cvsG0R7*
Fiche Aiguillages : *240*
A proximité : *Montélimar (la cité du nougat). La Garde-Adhémar (l'un des beaux villages de France). Grignan (le château).*

Centre thermal

© Mboesch / Wikimedia Commons

VICHY

Sur les bords de l'Allier, la ville est bien connue pour ses sources et ses thermes. En 1940, elle est choisie par le Maréchal Pétain pour abriter le Gouvernement de l'Etat Français, du fait de sa situation dans la zone libre et de la présence de nombreux hôtels. Dans les années 50-60, le thermalisme y reprendra ses droits. La gare avait été mise en service en 1862 pour que Napoléon III puisse venir en cure. Auparavant, la ville avait été tenue à l'écart du chemin de fer, la ligne de Paris à Clermont-Ferrand passant par Bourges et Nevers. Elle est desservie par des trains Intercités et TER Auvergne-Rhône-Alpes. Elle se trouve sur la ligne de Saint-Germain-des-Fossés à Darsac, à l'origine de celle vers Riom, et de celle vers Cusset. Elle est très proche du centre-ville.

Comment s'y rendre

De Paris : des trains Intercités directs partent de la gare de Bercy et mettent un peu moins de 3h à assurer la relation. Le trajet peut également se faire via Nevers et Moulins ou Nevers et Saint-Germain-des-Fossés, au prix d'un notable allongement du temps de parcours.

De Lyon : Des TER directs font le trajet entre les deux villes en un peu moins de 2h. Il est également possible de prendre une correspondance en gare de Saint-Germain des Fossés pour un trajet d'un peu moins de 2h15.

De Marseille : Pas de liaison directe, il faut passer par Lyon. Le meilleur temps de parcours est de 3h45 environ.

De Clermont-Ferrand : Cette relation la plus fréquentée de l'ancienne région Auvergne est parcourue par de très nombreux trains qui l'assurent en à peine plus de 30min.

Que voir à Vichy ?

Le quartier thermal :
Autour du Parc des Sources voulu par Napoléon III, et ceinturé d'une galerie couverte en fer forgé, se trouvent le hall des sources, le grand établissement thermal et les demeures privées de Napoléon III.

Le quartier du vieux Vichy :
Il comprend la source de l'Hôpital, le petit casino, la Maison des trois piliers, celle où naquit Albert Londres, la source des Célestins...

Le Lac
On trouve autour du lac, la Rotonde, un observatoire des poissons migrateurs, l'hippodrome.

Chemin de Fer de l'Allier CFA
Préservation de matériels roulants historiques
L'association s'intéresse à l'histoire des Chemins de fer de l'Allier et propose des visites guidées ou libres de son site. Elle a récupéré divers matériels à voie métrique pour l'essentiel, ou normale qui évoquent l'histoire du Tacot. L'association possède également la seule rame d'artillerie lourde sur voie ferrée. Chaque année elle organise début juillet, une Foire du Tacot.
1 rue Maurice Robin - 03390 Montmarault
GPS : 46.4788, 3.12481
Accès : Bus n°B
Ouverture : Toute l'année, tous les jours sur rendez-vous.
Durée de la visite : Environ 2 heures.
Tarifs : Adulte : 5 € - Enfant de plus de 10 ans : 3 €
Téléphone : +33(0)6 40 09 95 98

E-Mail : chemindeferdelallier@outlook.fr
Site web : https://cutt.ly/lvs4ttb
Fiche Aiguillages : 119
A proximité : Montluçon (le centre historique), Moulins (la cathédrale, le centre historique), Vichy (ville thermale)

L'amicale des Anciens et Amis de la Traction Vapeur Montluçon (AAATV)
Bâtiment ferroviaire préservé
L'association a comme principal objectif la préservation en état de fonctionnement, la restauration et la mise en valeur du site du dépôt ferroviaire historique de Montluçon, notamment sa rotonde et son pont tournant. Un pas important dans ce sens vient d'être franchi, puisqu'en février 2021 le site a obtenu son classement aux monuments historiques. Outre les bâtiments, l'AAATV-Montluçon préserve également du matériel roulant. L'une des pièces maîtresses de la collection est sans nul doute la grue Cockerill 85t qui était utilisée pour soulever les trains. Il s'agit d'une pièce unique. Elle a été construite en Belgique à Seraing en 1945. A l'origine, elle fonctionnait à la vapeur, mais a été dotée d'un moteur diesel en 1970. Trois wagons composent l'ensemble. Celui qui porte la grue, celui qui porte la flèche, et un troisième dédié au transport du matériel nécessaire à son exploitation. La collection présentée à la rotonde comprend également un locotracteur Moyse, une locomotive de type BB, la BB 469449, des autorails plus récents type X2200... Le site est le siège d'une fête du train qui se déroule chaque année au mois de juin, le Festirail de Montluçon.
2 rue Pierre Semard - 03100 Montluçon
GPS : 46.332, 2.6022
Accès : Gare de Montluçon
Ouverture : A l'occasion du Festirail annuel qui se déroule en juin
Téléphone : +33(0)6 82 33 92 03
E-Mail : aaatvmontlucon@sfr.fr
Site web : www.aaatvmontlucon.fr

Fiche Aiguillages : *132*
A proximité : *Hérisson (le château en ruine, centre historique), Culan (le château),*

Le vélorail du Bourbonnais
Vélorail
Le circuit se fait à bord de vélo-rails électriques qui permettent de découvrir les immenses statues de la pagode asiatique et le chevalet du musée de la mine. Il traverse le viaduc de l'étang de Messarges, vingt-cinq mètres au-dessus de l'eau.
PN 170 rue de la gare - 03210 Noyant-d'Allier
GPS : *46.4804, 3.12302*
Accès : *Bus n°A*
Ouverture : *Du 1er avril au 31 octobre*
Tarifs : *32 € le vélo-rail électrique pour 4 personnes (possibilité de monter à 5 s'il y a 3 enfants)*
Téléphone : *+33 (0)6 82 71 42 65*
E-Mail : *velorail.bourbonnais@gmail.com*
Site web : *https://cutt.ly/rvs4VDi*
Fiche Aiguillages : *230*
A proximité : *Lude (le château), Langeais (le château), Saumur (le château).*

Le musée de la mine de Noyant
Musée
Ce musée raconte l'histoire de la mine de Noyant. Il présente une collection d'engins motorisés et de machines ayant servi à l'extraction du charbon. À l'extérieur, un petit train minier permet de faire le tour du carreau.
31 rue de la mine - 03210 Noyant-d'Allier
GPS : *46.5339, 3.19199*
Accès : *Bus n°A*
Ouverture : *Du 4 avril au 26 septembre. Tous les dimanches et jours fériés en avril, mai, juin et septembre - En juillet tous les jours sauf les lundis - En août tous les jours. Visites libres entre 14h et 17h30, guidées sur réservation.*
Durée de la visite : *1h30*
Tarifs : *Adultes : 4,50 € - enfants de 12 à 17*

ans : 3 €. Gratuit en dessous de 12
Téléphone : *+33(0)4 70 47 31 51 - +33(0)7*
E-Mail : *centre-animation-minier@orange.fr*
Site web : *http://www.mine-noyant.fr/*
Fiche Aiguillages : *https://cutt.ly/mvs8UhM*
A proximité : *Lude (le château), Langeais (le château), Saumur (le château).*

La palais de la miniature
Réseau de trains miniatures
Un réseau de trains miniatures qui s'animent au gré d'un son et lumière, représentant des scènes de la vie quotidienne. Quarante-huit trains y circulent sur trois cents mètres de voies et quatre-vingts mètres carrés. Cette maquette a été sauvegardée par une famille de passionnés, à la suite du décès de son créateur Pascal Galicier. Le réseau avait été vendu prématurément par la famille du défunt et un bon nombre des éléments qui le constituaient avait été dispersé. Les propriétaires actuels ont mis neuf ans à reconstituer le puzzle.
31 rue de la mine - 03210 Noyant-d'Allier
GPS : *46.4825, 3.12936*
Accès : *Bus n°A*
Ouverture : *du 4 avril au 27 juin et du 5 au 26 septembre : tous les dimanches. Visites à 14h, 15h, 16h et 17h. Du 1er juillet au 31 août : tous les jours sauf le lundi. Visites à 14h, 15h, 16h et 17h.*
Durée de la visite : *Environ une heure*
Tarifs : *Adulte : 3,50€ - Enfant : 2,50€ - Adolescent : 3€*
Téléphone : *+(0)7 69 69 29 74*
E-Mail : *palaisdelaminiature@free.fr*
Site web : *https://cutt.ly/5bPIw6h*
Fiche Aiguillages : *233*
A proximité : *Lude (le château), Langeais (le château), Saumur (le château).*

BOURGOGNE-FRANCHE-COMTÉ

Nichée dans le quart nord-est de l'hexagone, la Bourgogne-Franche-Comté est une région carrefour où l'on n'est bien souvent que de passage, sur la route vers Paris au nord, ou Lyon au sud, et la Suisse ou l'Allemagne à l'est. Ses deux capitales régionales sont malgré tout très accessibles en train, ce qui lors de l'établissement des premières grandes lignes de chemins de fer en France, n'était pas acquis. Dijon, a dû se battre à plusieurs reprises pour obtenir de ne pas être l'oubliée du progrès. Les premiers tracés envisagés pour la ligne Paris-Lyon-Méditerranée la tenaient à l'écart. Bien que finalement la ville soit placée sur la ligne impériale, la Ligne à Grande Vitesse Paris-Sud-Est ne la dessert pas. Ses promoteurs ayant préféré un tracé plus direct et moins tourmenté passant plus à l'ouest. Les édiles de la ville et de la région, finiront par obtenir que certains Trains à Grande Vitesse quittent la LGV à la hauteur de Montbard pour la rejoindre via la ligne classique. L'histoire aurait bien pu se répéter avec la création de la LGV Rhin-Rhône dont le tracé initial tenait de nouveau Dijon à l'écart. Cette liaison qui n'est pas achevée à ce jour, passe en revanche à proximité de Besançon qui dispose ainsi en plus de sa gare historique, d'un arrêt sur la Ligne à Grande Vitesse. La région mérite d'être visitée. Son patrimoine ravira les amateurs d'histoire ferroviaire ou non. Ils y retrouveront les traces de l'une des toutes premières lignes de chemin de fer établie en France, entre Epinac et le canal de Bourgogne, dont un train touristique emprunte aujourd'hui encore le parcours. Des musées et d'autres voies ferrées exploitées par des associations perpétuent la mémoire de l'histoire du rail dans la région. Autant de bons prétextes pour s'y arrêter un peu plus longuement que de coutume.

Retrouvez les fiches des trains touristiques sur www.aiguillages.eu

Un X73500 sur la ligne des horlogers

La boucle du Doubs à Rancenay vue depuis le belvédère du rocher de Valmy

TABLE DES MATIÈRES

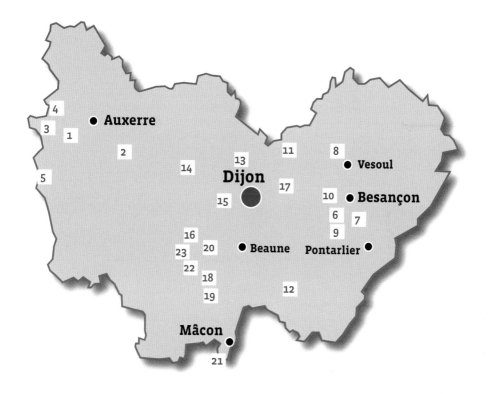

DIJON   **85**

MÂCON   **91**

Comment venir en train

Dijon constitue un point d'entrée intéressant et pratique pour accéder à la Bourgogne et au-delà, à la Franche-Comté. Au départ de Paris, l'ancienne capitale des Ducs de Bourgogne est à une heure trente-sept pour le parcours le plus rapide qui peut s'effectuer en TGV Inoui, ou Lyria à destination de la Suisse. Si vous ne souhaitez pas prendre le TGV, des TER font la relation en trois heures. L'intérêt est de pouvoir profiter de tarifs imbattables, puisqu'en s'y prenant à l'avance, il est possible de trouver des billets à un euro pour cette relation. La principale gare s'appelle Dijon-Ville. Depuis Lyon, elle est atteignable en deux heures dix. De là, Besançon pourra être atteint en une heure de trajet supplémentaire. Besançon dispose de deux gares, celle de Viotte en centre-ville, et Franche-Comté TGV accessible par une navette TER en quinze minutes. On peut atteindre la ville en deux heures dix depuis Lyon, ou une heure cinquante depuis Strasbourg. D'autres points de chute intéressants desservis par le train, pour partir à la découverte de la région Bourgogne-Franche-Comté sont Auxerre, et Mâcon.

Le TER Bourgogne-Franche-Comté

Le réseau ferré de cette région compte un peu plus de mille huit cents km de voies et un peu moins de deux cents gares, inégalement réparties sur le territoire puisque l'ancienne région Bourgogne en compte cent vingt-six à elle seule. Le plus gros du trafic se fait autour des deux anciennes capitales régionales Besançon et Dijon, et dans une moindre mesure autour de Chalon-sur-Saône et Paray-le-Monial. Le TER Bourgogne-Franche-Comté est connecté à ses voisins d'Auvergne-Rhône-Alpes, du Centre-Val-de-Loire et du Grand-Est, ainsi qu'au nord à la région parisienne. Progressivement remplacées par du matériel plus moderne, une dizaine de rames tractées par des BB7200 sont encore en circulation autour de Dijon. Leurs successeurs sont des automoteurs de type X73500, AGC et BGC, ainsi que des Régiolis. Pour ce qui est de la tarification en vigueur, la région a choisi le principe des paliers, un prix de billet forfaitaire dépendant du nombre de kilomètres parcourus, allant de cinq euros pour la tranche d'un à trente-cinq km, jusqu'à trente-six euros pour un parcours de plus de deux cents kilomètres.

Bons plans

Une offre baptisée précisément Bons Plans TER est disponible, mais en quantité limitée, elle profite par conséquent à ceux qui achètent leurs billets très à l'avance. Ils sont disponibles aux prix de deux euros cinquante ou douze euros, mais vendus exclusivement en ligne. Pour les moins de vingt-six ans, il existe l'option Tarif Jeune -26 ans pour acheter son billet avec 50 % de réduction, sans avoir à faire l'acquisition d'une carte, il suffit de pouvoir justifier de son âge auprès du contrôleur. Passé cet âge limite, il est possible d'acheter une carte Tarif Réduit 26 et + pour vingt euros, valable un an. Elle donne accès à des réductions allant jusqu'à 60 % le week-end et pendant les vacances scolaires, 30 % en semaine. Ces avantages sont compatibles avec certains trajets commencés en région Bourgogne-Franche-Comté vers Paris, Lyon ou la région Centre-Val-de-Loire.

© Livioandronico2013 / Wikimedia Commons

AUXERRE

Située sur les bords de l'Yonne, à mi-chemin entre Paris et Dijon, à un carrefour de voies terrestres et navigables, la ville d'Auxerre jouit d'un riche patrimoine historique et culturel. Son vieux quartier regorge de monuments. Edifices religieux, ruelles sinueuses, maisons à pans de bois, sont autant de prétextes à s'attarder dans le cœur de la cité. Un riche héritage datant de l'époque médiévale et de la Renaissance. La révolution industrielle l'a en revanche semble-t-il oubliée. Certes le train passe à Auxerre, mais il n'en a placé sa gare que sur une ligne secondaire. Au XIXᵉ siècle, c'est la commune voisine de Migennes qui a remporté la mise. Les deux villes, situées à mi-parcours, à une distance d'un peu plus de cent cinquante kilomètres de la capitale qui correspondait à l'autonomie des locomotives à vapeur de l'époque, se sont trouvées en concurrence pour accueillir le chemin de fer venant de Paris et poursuivant sa route vers Dijon. Il s'agissait également pour le PLM de choisir le site qui pourrait accueillir un grand dépôt pour assurer le relais traction. C'est celui de Laroche, qui sera retenu, à une vingtaine de kilomètres d'Auxerre, donnant naissance à la gare de Laroche-Migennes, où sera établi un très grand dépôt. Mille cinq cents cheminots y travaillaient à la veille de la Seconde Guerre mondiale.

Comment s'y rendre ?

La gare d'Auxerre n'étant pas située sur l'axe Paris-Lyon-Méditerranée, mais sur une ligne secondaire, y accéder en train suppose souvent de faire correspondance en gare de Laroche-Migennes avec un TER.

De Paris : Quelques TER directs assurent la liaison directe au départ de la gare de Bercy en un peu moins de deux heures. Les départs de la gare de Lyon, peu nombreux imposent une correspondance à Laroche-Migennes.

De Lyon : Pas de liaisons directes, les différents parcours envisageables passent soit par Paris, soit par Laroche-Migennes.

A voir et à faire à Auxerre

La vieille ville : Son patrimoine reste encore bien protégé et compte de nombreux édifices religieux. Une visite thématique sur le thème de Cadet Roussel peut-être réalisée grâce à une brochure à récupérer à l'office de tourisme.

La cathédrale Saint-Etienne : De style gothique, elle est classée aux monuments historiques depuis 1840.

La place Saint-Nicolas : Elle donne accès à l'Yonne et rappelle l'activité marinière importante qu'a connue la ville.

La Tour de l'Horloge : Au cœur de la vieille ville elle est le symbole de l'indépendance et de la prospérité de la cité.

A voir et à faire autour d'Auxerre

Le Train Touristique de Puisaye Forterre
Train Touristique
Sur vingt-sept kilomètres de voies situées sur une partie de la ligne de Charny à Saint-Fargeau, le Transpoyaudin, nom local donné à ce train, circule en temps normal, de part et d'autre de la gare de Toucy. L'association est passée par une période très difficile puisque pour des raisons liées à l'état de la voie, elle a dû suspendre ses voyages pendant sept longues années. L'exploitation est assurée par un autorail Picasso et ne se fait plus que sur la branche courte vers Villiers-Saint-Benoit. Il circule le dimanche en basse saison, et également le mercredi en juillet et en août. Les trains sont accessibles sur réservation prise de préférence sur le site internet. Le voyage est commenté.
Avenue de la gare - 89130 Toucy
GPS : 47.7314, 3.29224
Ouverture : Trains réguliers les dimanches en mai, juin et septembre, les samedis, dimanches et fêtes en juillet et en août. Les départs de Toucy ont lieu à 15 heures (retour vers 17 h 30). Trains du mercredi uniquement en juillet et en août. Départs de Toucy à 10 h 30 et 15 heures (retours vers 12 heures et 17 h 30).
Accès : Bus n°804
Durée de la visite : Deux heures trente minutes

Le Train Touristique de Puisaye Forterre

© DR

Le Petit train de l'Yonne

© ATPVM

Tarifs: *Section Toucy-Ville – Villiers-Saint-Be-noît: Adulte 8,00 €. Enfant de moins de 14 ans 5,50 €. Gratuit pour les moins de 5 ans voyageant sur les genoux d'un accompagnant adulte.*
Téléphone: *+33 (0)3 86 44 05 58*
E-Mail: *aaty@orange.fr*
Site web: *https://train-de-puisaye.com/*
Fiche Aiguillages: *309*
A proximité: *Guédelon (le château fort entièrement construit par une équipe de bénévoles), Joigny (le centre historique), Clamecy (l'histoire du flottage du bois).*

Le Petit Train de l'Yonne
Train Touristique
A Massangis, sur une voie à l'écartement de 60cm longue de deux kilomètres cinq cents, l'association propose des balades d'une heure de début mai au dernier dimanche d'août. Elles se font à destination de Dissangis, sur le tracé de l'ancien «Tacot», un chemin de fer départemental qui était actif de 1880 à 1951 entre Migennes et l'Isle sur Serein. Le train circule les dimanches et jours fériés de 15h à 16h30 du 8 mai jusqu'à la mi-juillet puis de 14h30 à 17h30 jusqu'à fin août. Un petit musée ferroviaire est à découvrir sur place. Chaque année, une fête du tacot se déroule sur le site à la fin du mois de juillet.

1 route de Coutarnoux - 89440 Massangis
GPS: *47.6197, 3.97355*
Accès : *Bus n° 807*
Téléphone: *+33 (0)6 52 67 13 13*
E-Mail: *gare@lepetittraindelyonne.fr*
Site web: *www.lepetittraindelyonne.fr*
Fiche Aiguillages: *310*
A proximité: *Noyers-sur-Serein (les maisons à colombages). Vézelay (la basilique), Ancy-le-Franc (le château).*

Le petit Train de Champignelles
Petit train
L'association a construit de toutes pièces les deux rames qui roulent sur son circuit. Deux locomotives à l'échelle 1/3 tractent les voitures transportant les voyageurs sur les voies installées dans le grand terrain de 2 hectares, où les bénévoles ont également tout fait par eux-mêmes, des bâtiments aux espaces verts. La voie est à l'écartement rare de 40 cm. Pour agrémenter le parcours, différents bâtiments ont été construits: la gare, un poste d'aiguillage, une plaque tournante et un hall de remisage. Le train circule de mai à novembre, mais seulement une fois par mois. Il est possible de l'affréter pour des groupes sur réservation.
Pré de l'Abîme 10 route de Champcevrais - 89350 Champignelles

GPS: 47.778, 3.06479
Tarifs: 3 € la balade, à partir de 4 ans.
Téléphone: +33 (0)3 86 45 11 40
E-Mail: aptchampignelles@gmail.com
Site web: http://train-de-champignelles.net/
Fiche Aiguillages: 308
A proximité: Guédelon (le château fort entièrement construit par une équipe de bénévoles), Briare (le canal), Joigny (le centre historique).

Le cyclorail de Puisaye
Vélorail
Roulant sur la même ligne que celle empruntée par le Train Touristique de Puisaye-Forterre, entre les gares de Villiers-Saint-Benoît, située au-delà de la section courte parcourue par le train touristique et Chagny, ce Cyclorail constitue une manière originale de découvrir la région. Deux aires de pique-nique sont aménagées sur les bords de la rivière. La longueur des balades varie de dix à trente kilomètres aller-retour, en fonction de l'option choisie. C'est le plus long parcours en vélorail qui puisse se faire en France. Vous pouvez décider de passer de deux heures à une journée complète sur le site.
7 rue du Vieux Tacot - 89120 Charny
GPS: 47.8783, 3.09797
Ouverture: A partir de mi-mai. Toute l'année sur réservation.
Durée de la visite: Selon l'option choisie. Une à deux heures, trois heures, cinq heures ou journée complète.

Tarifs par personne: une à deux heures: 9 €, trois heures: 11 €, cinq heures: 13 €, journée: 15 €. Enfant: Tarif unique de 2 € quelle que soit la durée.
Téléphone: +33 (0)6 32 45 63 91
E-Mail: cyclorail@orange.fr
Site web: https://cutt.ly/xvTryUU
Fiche Aiguillages: 318
A proximité: Joigny (le centre historique), Montargis (ses ponts et ses canaux), Guédelon (le château fort entièrement construit par une équipe de bénévoles).

Le cyclorail du Sancerrois
Vélorail
Ce parcours est l'un des plus spectaculaires à faire en vélorail en France. Il comprend trois ponts, et une aire de pique-nique est aménagée sur un viaduc ! A la gare de départ une exposition en raconte la construction. Ce pont de 826 mètres de long et 40 mètres de haut est le plus long viaduc ferroviaire métallique de France. La balade dure d'une à deux heures (trois heures en intégrant un pique-nique). Le départ se fait depuis Port Aubry à Cosne-sur-Loire, l'arrivée à Saint-Satur. Le trajet le plus long mesure quinze kilomètres aller-retour.
58200 Cosne-Cours-sur-Loire
GPS: 47.3895, 2.90695
Ouverture: Tous les jours, toute l'année.
Durée de la visite: De une à trois heures selon l'option choisie.
Tarifs par personne: Balade d'une heure: 9 € 50. Balade de trois heures: 12 €. Enfant de moins de 6 ans: 2 €.
Téléphone: +33 (0)6 85 22 80 72
E-Mail: cyclorail@orange.fr
Site web: https://cutt.ly/CvTrsFz
Fiche Aiguillages: 346
A proximité: Guédelon (le château fort entièrement construit par une équipe de bénévoles), Briare (le pont-canal). Clamecy (l'histoire du flottage du bois).

© Cyclorail du Sancerrois

Le Cyclorail du Sancerrois

BESANÇON

Blottie dans un méandre du Doubs, la ville est bien connue pour la citadelle construite par Vauban, qui la domine. Située en bordure du massif du Jura, elle est la capitale historique de la Franche-Comté. La ville est le berceau de l'horlogerie en France, en témoigne l'horloge astronomique située dans sa cathédrale qui ne compte pas moins de trente mille pièces et soixante-dix cadrans, indiquant jusqu'aux marées dans les ports de l'hexagone et aux éclipses ! D'un point de vue ferroviaire, la ville est desservie par la gare de Besançon-Viotte, proche du centre-ville et la Ligne à Grande Vitesse Rhin-Rhône, sur laquelle est établie la gare de Besançon-Franche-Comté TGV. Ces deux gares font de la ville, le principal nœud ferroviaire de la région. Le titre de gare principale de Besançon fut un temps contesté au site de la Viotte, par une station établie à la Mouillère, plus proche du centre-ville à l'époque de sa construction. Mais cette dernière finit par être démolie en 1962, n'obtenant pas le succès escompté. C'est donc bien vers la gare de la Viotte que se concentre désormais l'essentiel du trafic ferroviaire régional.

Comment s'y rendre ?

De Paris: Les gares de Besançon-Viotte et Besançon-Franche-Comté sont accessibles depuis la gare de Lyon.

De Lyon: Quelques TER directs assurent des relations quotidiennes en deux heures trente en moyenne. Il est également possible de faire le trajet en passant par une correspondance à Dijon pour disposer d'un plus grand choix en termes d'horaires.

De Dijon: De nombreuses relations directes mettent cette ville à moins d'une heure de sa voisine.

A voir et à faire à Besançon

La citadelle: Ce site construit il y a plus de trois siècles par Vauban surplombe la ville. C'est l'une des plus belles citadelles de France. Ses remparts sont longs de près de six cents mètres. Hauts de plus de vingt mètres, ils offrent des panoramas inédits sur la ville et son cadre naturel.

La vieille ville: Ses rues étroites sont piétonnes. Elles permettent de partir à la découverte d'un riche patrimoine architectural.

Le cœur de la boucle: C'est le nom donné au centre historique de Besançon qui s'est développé dans un méandre du Doubs. C'est le quartier le plus touristique de la ville.

Les berges du Doubs: Cinq kilomètres de balade à faire le long de la rivière, à pied ou en bateau. La nature est omniprésente.

La cathédrale Saint-Jean et son horloge astronomique: Construite au XIXe siècle, c'est un chef-d'œuvre dans sa catégorie. Elle doit être remontée quotidiennement à la main.

La maison de Victor Hugo: Au cœur du centre historique, c'est là que le poète est né. C'est un lieu d'exposition qui présente dans une scénographie contemporaine les combats qu'il a portés de son vivant.

A voir et à faire autour de Besançon

La ligne des horlogers
Desserte ferroviaire régulière présentant un fort intérêt touristique
Cette ligne part de Besançon pour se rendre au Locle-Col-des-Roches, on l'appelle également la ligne des Horlogers car son terminus se fait très près de la frontière Suisse et qu'elle est empruntée par bon nombre de frontaliers, vivant en France, mais travaillant de l'autre côté de la frontière au Locle et à la Chaux-de-Fonds dans le secteur de l'industrie horlogère. Il s'agit d'une ligne à voie unique, au profil difficile, présentant des déclivités atteignant trente pour mille. Les autorails X2800 en ont longtemps assuré la desserte avant d'être remplacés par des X73500 ou des AGC76500. Le parcours offre des vues magnifiques sur la citadelle de Besançon et au-delà la vallée et les gorges du Doubs. Elle dessert la gare de Morteau, au cœur du pays horloger. En raison de travaux de renouvellement de la voie et du ballast, sur une section de trente-cinq kilomètres, la ligne est fermée jusqu'à la fin du mois d'octobre 2021.
25000 Besançon
GPS: 47.2472, 6.02198
Accès: Gare de Besançon Viotte.
Durée du parcours aller: Deux heures environs.
Site web: https://cutt.ly/zvTrLBE
Fiche Aiguillages: 333

Le Conifer
Train Touristique

Le train à vapeur le plus haut de France circule dans le Doubs sur une partie d'une ancienne ligne qui reliait Pontarlier à Vallorbe en Suisse. Le premier tronçon de ce chemin de fer touristique a été inauguré il y a plus de vingt-cinq ans, mais il a fallu pour cela aux bénévoles de l'association se livrer à un travail titanesque, puisqu'ils ont eu ni plus ni moins qu'à reposer la voie alors qu'il ne restait plus rien de la ligne. Le départ se trouve aux Hôpitaux-Neufs, non loin de la frontière. A l'heure actuelle, plus de huit kilomètres sur les douze visés pour atteindre Pontarlier sont reposés. Les trains circulent toute l'année entre la gare de départ et le lieu-dit de Fontaine Ronde où se trouve une fontaine résurgente. Le départ se fait à 15h. Les réservations sont possibles sur le site de l'association. Les trains sont tractés par une petite locomotive à vapeur, appelée la « Tigerli », qui signifie petit tigre en suisse-allemand, ou une locomotive diesel de type BB66000. Pour fêter ses vingt-cinq ans, une nouvelle très grosse locomotive à vapeur, une Y150 a été inaugurée par l'association, après dix ans de restauration.

25300 Pontarlier
GPS : 46.7767, 6.37204
Accès : Bus n°B
Ouverture : Vacances d'hiver les mercredis et jeudis. Vacances de printemps, les mercredis. Avant-saison : les dimanches du 2 mai au 28 juin. Vacances d'été : tous les jours du 3 juillet au 29 août. Arrière-saison : les dimanches du mois de septembre. Vacances de la Toussaint : les mercredis 20 et 27 octobre. Vacances de Noël : Les mercredis 22 et 29 décembre. Train du Père Noël le 24 décembre.
Durée du parcours a/r : une heure trente.
Tarifs : Adulte : 10 €. Enfant de 6 à 16 ans : 5 €.
Téléphone : +33 (0)3 81 49 10 10
Site web : https://coni-fer.com/
Fiche Aiguillages : 348
A proximité : Joux (le château). Cléron (le musée du tacot, le château). Arc-et-Senans (la saline royale).

BOUR_FC_Coni_fer_CONIFER

L'X2800 du Haut-Doubs
Circulations sur le réseau ferré national

Au moment de l'arrêt des circulations des autorails X2800 sur la ligne des horlogers, l'association s'est constituée dans le but de préserver et de faire rouler de nouveau l'un d'entre eux. Le chemin pour y parvenir a néanmoins été semé d'embûches. Il a fallu tout d'abord reconstruire une voie sur laquelle faire stationner l'autorail convoité, à la gare de l'Hôpital-du-Grosbois, avant de procéder à de nombreux travaux mécaniques sur l'engin pour permettre à son moteur de redémarrer. Une fois toutes les autorisations nécessaires obtenues pour pouvoir rouler, les premières circulations ont enfin pu se faire.

Gare - 25620 L'Hôpital-du-Grosbois
GPS: 47.1693, 6.21321
Accès: Les circulations ont pour origine la gare de Besançon Viotte.
E-Mail: michael.billerey@orange.fr
Site web: http://www.x2800-hd.com/
Fiche Aiguillages: 349
A proximité: Besançon (l'ancien funiculaire), Cléron (le musée du tacot, le château), Joux (le château).

Le vélorail de Vesoul
Vélorail

Le parcours aller-retour est relativement plat et donc facile. Il est long de neuf kilomètres. Le départ est situé à la hauteur du passage à niveau sur la D13 après la sortie de Vaivre-et-Montoille. La balade se fait en groupes de dix vélorails, dont certains à assistance électrique. La ligne est partiellement ombragée, en pleine nature. Au passage, vous croiserez un chêne tricentenaire ! Attention, il est plus que prudent de réserver, cette attraction étant l'une des plus prisées de la région de Vesoul.

D13 70000 Vaivre-et-Montoille
GPS: 47.6352, 6.09228
Ouverture: D'avril à octobre. Tous les jours départs à 10h, 11h45, 14h, 15h45 et 17h30. L'horaire de 11h45 permet de prendre le temps de pique-niquer.
Durée de la visite: une heure trente.
Tarifs: 25 €.
Téléphone: +33 (0)3 81 58 03 09 ou +33 (0)6 67 50 07 23
E-Mail: association.velorail@wanadoo.fr
Site: www.facebook.com/velorailvesoul/
Fiche Aiguillages: 336

© Aiguillages

La X2800 du Haut-Doubs

A proximité : *Luxeuil-les-Bains (ville thermale), Ronchamp (chapelle Notre-Dame-du-Haut), Besançon (la citadelle, l'ancien funiculaire).*

Le musée du Tacot
Musée

A une trentaine de kilomètres au sud de Besançon, Claude Lornet avait installé dans son atelier de menuiserie, un musée. Fils de traminot, étant enfant il rêvait de conduire les locomotives du tramway qui parcourait tout le Haut-Doubs. Mais arrivé à l'âge de concrétiser ce rêve, le réseau avait déjà été démantelé. Claude a dès lors consacré toute sa vie à collectionner des objets glanés sur les anciennes lignes désormais déferrées. Elles avaient été construites dans le but de désenclaver le département. A son décès en 2017, le musée à perdu les murs qui l'abritaient, mais une association qui s'était constituée pour le gérer a pu conserver les objets constituant la collection et les présenter dans un nouveau local provisoire. L'exposition est organisée en trois salles. La première présente des réseaux de trains miniatures évoquant les lignes de la région, une deuxième présente un petit film relatant l'histoire des tramways du Haut-Doubs, la troisième expose des pièces de la collection. L'association est à la recherche d'un local dans lequel réinstaller de façon pérenne la collection de Claude Lornet, dont un train de jardin qui n'a pas pu trouver place sur le site occupé provisoirement.

25330 Cléron
GPS : *47.0873, 6.05777*
Ouverture : *En été ou sur rendez-vous pour les groupes.*
Durée de la visite : *une heure trente environ*
Tarifs : *Adulte : 3 €. Gratuit pour les enfants de moins de 12 ans.*
Site web : *https://cutt.ly/lvTta1N*
Fiche Aiguillages : *337*
A proximité : *Sur place : Les jardins du château. Ornans (ses maisons pittoresques), Salins-les-Bains (les mines de sel).*

Les Amis du Funiculaire de Besançon
Bâtiment ferroviaire préservé

Cette association s'est constituée dans le but de revoir un jour rouler le funiculaire de la ville et en attendant, d'en valoriser le patrimoine existant. Elle s'est livrée à de nombreuses recherches historiques pour pouvoir présenter une exposition commémorant son

Cléron, musée du Tacot

centenaire en 2008. Dans la foulée, elle a obtenu la protection des deux gares, de la voie ferrée et de la machinerie du funiculaire, en les faisant inscrire à l'inventaire des monuments historiques depuis 2011. La ligne permettait de relier le bas et le haut de la colline de Bregille sur laquelle les curistes en résidence à Besançon venaient prendre l'air. Elle traversait un passage à niveau non gardé, juste avant l'évitement aménagé à mi-parcours. A la suite d'un incident technique, l'exploitation a été arrêtée en 1987 et la ligne laissée à l'abandon. Depuis sa constitution, l'association a pu reconstruire à l'identique les caisses des voitures, sur leurs châssis d'origine, et rénover la gare basse.

2B rue du Funiculaire - 25000 Besançon
GPS : *47.242, 6.03428*
Accès : *Gare de Besançon-Viotte*
Caractéristiques de la ligne :
Longueur : 423 mètres. Dénivelé : 73 mètres. Vitesse : 8 km/h.
Ouverture : *Dans le cadre des journées du patrimoine et ponctuellement, la gare basse et l'ensemble de la ligne peuvent être visités.*
Téléphone : *+33 (0)3 29 42 09 57 ou +33 (0)6 17 30 86 12*
E-Mail : *funibregille@orange.fr*
Site web : *www.besancon-funiculaire.com/*
Fiche Aiguillages : *338*
A proximité : *Cléron (le musée du tacot, le château), Arc-et-Senans (la saine royale), Dole (l'église collégiale).*

Le petit train à vapeur de Corgirnon
Mini-trains
Ce circuit en 5 pouces et 7 pouces 1/4 se trouve tout près de Langres ou Chalindrey en Haute-Marne. Depuis la disparition brutale de son créateur en octobre 2012, il a été rebaptisé Réseau Jany Nancey. Le circuit est installé sur un ancien terrain marécageux mis à sa disposition par la municipalité. Au fil du temps, il s'est agrandi jusqu'à compter maintenant mille quatre cents mètres de voies. Plusieurs bâtiments ont été construits sur le terrain pour remiser le matériel roulant et stocker le charbon consommé par les locomotives à vapeur. L'aventure a commencé en 1994 par la création d'un premier petit circuit sur une commune voisine avant de trouver un terrain définitif. Trois anciennes maisons du village ont été démontées pour en récupérer la pierre et construire le nouveau circuit. Tous les bâtiments ont été construits à la main par les membres de l'association : la rotonde, la gare qui sert aussi de lieu de réunion, la buvette. Les premières locomotives ont été construites par Jany Nancey d'abord en 5 pouces puis en 7 pouces 1/4.

La plupart des bénévoles ne résident pas sur place, certains faisant plus de deux cents kilomètres pour venir les week-ends d'ouverture. Des amateurs, pour certains propriétaires de machines qui en profitent pour venir rouler sur le circuit. La journée du samedi leur est réservée, le dimanche, le circuit est ouvert au public, et ce sont en général à cette occasion plus de mille personnes qui sont transportées sur les trains tout au long de la journée.

A côté de l'Etang sur la route D311, rue de la belle fontaine - 52500 Champsevraine
GPS : *47.8078, 5.5038*
Ouverture : *Cinq dimanches par an, en général, le premier du mois.*
Tarifs : *1 € 50, le tour de train.*
Téléphone : *+33(0)3 84 75 78 17*
E-Mail : *cfnc@orange.fr*
Site web : *http://cfnccorgirnon.com/*
Fiche Aiguillages : *539*
A proximité : *Langres (les remparts), Béze (le village).*

© Miwok / Wikimedia Commons

DIJON

La ville aux cent clochers, l'ancienne capitale des ducs de Bourgogne, a hérité d'un très riche patrimoine historique et architectural. Son secteur sauvegardé compte parmi les plus vastes de France. On y trouve plus de trois mille édifices de toutes les époques. Les amateurs d'histoire se régaleront à le visiter. Le train est arrivé dans la ville en 1849. La gare a été établie par l'Administration des Chemins de Fer de l'Etat, avant de passer au PLM trois ans plus tard. La topographie des lieux a conduit à créer cette gare et ses dix voies, en courbe. La ligne à Grande Vitesse Paris-Sud-Est en revanche passe plus à l'ouest, et si Dijon reçoit des TGV circulant sur cet axe, c'est par le biais de la ligne classique que ces trains rejoignent à Montbard. Depuis la moitié du XIXᵉ siècle, la capitale bourguignonne est devenue un carrefour ferroviaire dans l'est de la France, connecté à Besançon, Belfort, Lyon, Nancy, Paris, la Suisse et l'Italie. Cette situation privilégiée a été confirmée avec l'inauguration de la Ligne à Grande Vitesse Rhin-Rhô-

ne et celle du TGV Méditerranée. Depuis 2012, la ville compte deux lignes de tramways, dont l'une fait l'un de ses terminus à la gare, et l'autre, passe à proximité.

Comment s'y rendre ?

De Paris : La capitale des ducs est accessible en TGV en une heure quarante environ depuis la gare de Lyon, ou en TER en un peu moins de trois heures.

De Lyon : Les deux villes sont reliées par de nombreuses liaisons quotidiennes en une heure trente à deux heures en TER ou en TGV.

De Strasbourg : Dijon est accessible en TGV en un peu plus de deux heures.

De Besançon : De nombreuses relations directes mettent cette ville à moins d'une heure de sa voisine.

A voir et à faire à Dijon

Le tramway: Son réseau est constitué de deux lignes en service depuis fin 2012. Il compte trente-cinq stations et est long de dix-neuf kilomètres.

Le palais des ducs de Bourgogne: Ce bâtiment regroupe l'ancien logis ducal et le palais des Etats de Bourgogne. L'ensemble a été unifié par Mansart, l'architecte de Louis XIV.

Les halles: Dijon est une capitale de la gastronomie, ses halles en témoignent. Elles datent du XIXe siècle et ont été construites sur des plans de Gustave Eiffel natif de la ville.

L'hôtel de Voguë: Construit au début du XVIIe siècle, c'est l'un des plus beaux hôtels particuliers de la ville.

A voir et à faire autour de Dijon

La Ligne des hirondelles
Desserte ferroviaire régulière présentant un fort intérêt touristique
Elle passe pour être l'une des plus belles lignes de France et traverse le Jura de Dole à Saint-Claude. Au départ de l'une de ces villes - été comme hiver - des balades commentées sont organisées par les offices du tourisme. Plusieurs formules sont proposées dont certaines combinant le voyage en train avec des activités ou des repas pris dans des restaurants partenaires. Les informations détaillées à ce sujet sont disponibles sur les sites des offices de tourisme de Dole et Saint-Claude. Le point d'orgue de cette balade en train, est le passage sur les viaducs de Morez qui surplombent la ville beaucoup plus bas. Le train doit d'ailleurs faire un long détour et s'engager dans un tunnel en forme de fer à cheval

pour perdre ou gagner de l'altitude selon le sens du parcours et entrer en gare de l'une des deux villes de Morbier ou Morez pourtant toutes proches.
39200 Saint-Claude
GPS: *46.3902, 5.8603*
Accès: *Toutes les gares de la ligne.*
Durée d'un voyage aller: *deux heures trente.*
Site web: *https://cutt.ly/1vTt1AP*
Fiche Aiguillages: *335*

BOUR FRC Hirondelles TER

© Jack Carrot

Le Chemin de Fer de la Vallée de l'Ouche
Train Touristique
Reprenant l'exploitation d'une partie de l'une des plus anciennes voies ferrées établie en France, la ligne de Epinac à Dijon, le Chemin de fer de la Vallée de l'Ouche a pour origine la gare de Bligny.
Le parcours est long de 7,5 km, l'écartement de la voie de 60 cm. La traction des voitures voyageurs est assurée par des locotracteurs diesels et des machines à vapeur. Celles-ci sont mises en chauffe le dimanche et les jours fériés.
Allée de la gare - 21360 Bligny-sur-Ouche
GPS: *47.109, 4.65949*

© Patrick Cremel

Le Chemin de Fer de la Vallée de l'Ouche

© DR

Le Train Touristique des Lavières

Accès : *Bus n°117*
Ouverture : *Du 1er mai au 30 septembre. Départs à 14h30 et 16h30. En juillet et en août, départs tous les jours à 15h30.*
Mini-festival vapeur les 14 juillet et 15 août. Quatre trains à vapeur se croisent à l'évitement de Pré-Magnien et les machines sont changées au terminus de Pont d'Ouche.
Tarifs : *Adulte : 8,50 €. Enfant de 3 à 10 ans : 3 €.*
Téléphone : *+33 (0)3 80 20 17 92*
E-Mail : *contact@traindelouche.fr*
Site web : *https://www.traindelouche.fr*
Fiche Aiguillages : *312*
A proximité : *Châteauneuf en Auxois (le village médiéval), Beaune (les hospices), Saulieu (la basilique).*

Le Train Touristique des Lavières
Train Touristique

L'association est née de la vocation contrariée de son président Yves Baussant qui rêvait de devenir conducteur de train, mais n'a pas pu le faire. Dans une ancienne carrière d'où du sable était extrait, il découvre par hasard des wagonnets, et avec l'aide de la municipalité pose quelques mètres de rails à l'écartement de 50 cm. De fil en aiguille, le réseau s'est agrandi jusqu'à atteindre sa longueur actuelle d'un kilomètre quatre cents. A la fin du mois d'août, l'association organise une féérie du rail qui a elle seule attire le quart des voyageurs annuels. Le train est tracté par

une locomotive Plymouth de 1946. Mais les membres de l'association préservent également une locomotive Pétolat de 1931, classée monument historique, car unique au monde à être encore en état de marche.
Rue des pins - 21120 Is-sur-Tille
GPS : *47.5098, 5.09667*
Ouverture : *Du 13 juin au 19 septembre, les dimanches de 15h à 19h. A l'occasion des journées du patrimoine, la locomotive Pétolat fêtera son 90e anniversaire.*
Tarifs : *Plus de 12 ans : 3 € le voyage. De 4 à 12 ans 2 €.*
Téléphone : *+33 (0)3 80 95 36 36*
E-Mail : *traindeslavieres@gmail.com*
Site web : *http://cfti.e-monsite.com/*
Fiche Aiguillages : *311*
A proximité : *Bèze (village pittoresque), Langres (les remparts), Flavigny (l'abbaye).*

Le chemin de fer touristique de l'Auxois
Train Touristique

Voilà une association qui a joué de malchance. A peine mis sur les rails, son projet de créer un train touristique entre Venarey-Lès-Laumes et Epoisse a été stoppé net par le déraillement d'un train de fret qui a conduit la SNCF à fermer la ligne à toutes circulations et par conséquent à mettre un terme à quelques mois à peine d'exploitation de la ligne par les autorails de l'ACTA. C'est pourtant un beau projet de valorisation touristique de la région qui était en train de se mettre en place ici, au cœur de

Chemin de fer touristique de l'Auxois

© Gilles Barbier

la Bourgogne, avec notamment l'idée de créer une halte pour desservir le site d'Alésia. Les membres de l'association ne se sont pas découragés pour autant, et malgré une absence de sept ans sur les rails, ils continuent de préserver le matériel roulant qu'ils ont en garde, et de faire toutes les démarches utiles à l'avancée du dossier. La solution consisterait désormais en un transfert de la ligne de la SNCF aux collectivités territoriales compétentes, qui pourraient ensuite signer une convention avec l'ACTA pour la remise en route du train touristique, une solution en laquelle les membres de l'association veulent croire, mais qui prendra du temps avant de se concrétiser.

21150 Venarey-Lès-Laumes
GPS: *47.5434, 4.46287*
Accès: *Gare de Venarey-Lès-Laumes.*
E-Mail: *acta.association@gmail.com*

Site web: *https://cutt.ly/LvTyjBc*
Fiche Aiguillages: *345*
A proximité: *Flavigny (l'abbaye). Semur en Auxois (la vieille ville fortifiée). Le Morvan (parc naturel régional).*

Les autorails de
Bourgogne-Franche-Comté
Circulations sur le réseau ferré national
Depuis 1983 cette association qui a été l'une des premières à racheter du matériel à la SNCF pour continuer à le faire rouler ponctuellement après leur fin de carrière, organise des voyages ferroviaires. Ses autorails Picasso comptent désormais plus d'années de service dans leur nouvelle vie que dans leur première où ils transportaient quotidiennement des voyageurs. Le programme de voyage proposé est établi annuellement. En 2021, de nouvelles

participations au festival de Montluçon et à la Fête de la vapeur en Baie de Somme sont programmées, ainsi qu'une excursion sur la ligne du CEVA et des Tours du Jura.

21000 Dijon
GPS: *47.3237, 5.0272*
Accès: *Les départs se font en gare de Dijon-Ville.*
Site web: *http://www.autorails-abfc.com/*
Fiche Aiguillages: *314*

Le vélorail de la Vingeanne
Vélorail
Ce vélorail est exploité par une association dont la vocation est de créer et développer une activité de tourisme « vert » et de préserver le patrimoine local. Il est installé sur l'ancienne voie ferrée de Mirebeau-sur-Bèze à Autrey-lès-Gray. Le parcours mesure une dizaine de kilomètres aller-retour. Il débute en gare Champagne-sur-Vingeanne et se termine au lieu-dit « La Fontaine à l'âne ». Il est possible de pique-niquer à mi-parcours.

Place de la gare - 21310 Champagne-sur-Vingeanne
GPS: *47.446, 5.39817*
Ouverture: *De Pâques aux journées du patrimoine, tous les samedis, dimanches et jours fériés. En juillet et août, tous les jours.*
Durée de la visite: *Une heure trente.*
Tarifs: *25 € par vélorail.*
Téléphone: *+33 (0)6 22 94 11 18*
E-Mail: *bonjour@veloraildelavingeanne.fr*
Site web: *www.veloraildelavingeanne.fr/*
Fiche Aiguillages: *319*
A proximité: *Dole (la collégiale), Arc-et-Senans (la Saline Royale), Cléron (le musée du tacot, le château).*

Le vélorail du Morvan
Vélorail
Sur les contreforts du Morvan, l'ancienne voie ferrée qui reliait Autun à Saulieu monte en rampe régulière au départ de la gare de Cordesse-Igornay jusqu'à Manlay. Heureusement, les vélorails loués ici, sont à assistance électrique. Il suffit de donner deux ou trois coups de pédales pour que le moteur se mette en route. Différentes formules sont proposées, certaines incluant un pique-nique, un goûter morvandiau, des escargots, ou des tapas. Le voyage aller-retour le plus long fait vingt-deux kilomètres. Il se fait au travers d'une nature préservée.

71540 Cordesse
GPS: *47.0515, 4.34365*
Ouverture: *D'avril à novembre. Jusqu'à quatre départs proposés chaque jour.*
Durée de la visite: *Grand parcours: deux heures quinze.*
Tarifs: *Balade du bois Joly, huit kilomètres cinq cents, aller-retour: 32 €. Grand Parcours Randonneur, vingt-deux kilomètres aller-retour: 44 €.*
Téléphone: *+33(0)6 82 44 53 84*
E-Mail: *contact@veloraildumorvan.fr*
Site web: *https://veloraildumorvan.fr/*
Fiche Aiguillages: *353*
A proximité: *Saulieu (la basilique), le Morvan (parc naturel régional), Châteauneuf-en-Auxois (le village médiéval).*

Sites ferroviaires valant le coup d'œil

Champagnole
Pas tout à fait un site ferroviaire, quoique ... La ville fut le berceau de l'entreprise Jouef bien connue des amateurs de trains miniatures. A la grande époque, ce sont plus de mille personnes qui à Champagnole travaillaient « au Jouef ». Avec l'avènement des jeux vidéo la marque a connu de grosses difficultés et de plans de redressement en dépôts de bilan, elle a fini par être délocalisée à l'étranger. Il reste de nombreuses traces de cette épopée en ville, mais surtout dans la mémoire des

Vélorail du Morvan

© Vélorail du Morvan

habitants de la commune. Certains se sont d'ailleurs constitués en association pour la conserver, et un projet de musée est à l'étude.

39300 Champagnole
GPS : *46.7494, 5.91000*
Accès : *Gare de Champagnole.*
Fiche Aiguillages : *342*
A proximité : *Arc-et-Senans (la Saline Royale), Joux (le château), Cléron (le musée du tacot, le château).*

Sites ferroviaires valant le coup d'œil

Le viaduc de la Combe-de-Fain
Sur les communes de Vélars et Fleurey-sur-Ouche, c'est un pont ferroviaire en arc en plein cintre à deux étages. Réalisé en maçonnerie, il a été achevé en 1849. Situé sur la ligne Paris-Dijon, il est toujours en service.

21370 Vélars-sur-Ouche
GPS : *47.3227, 4.89232*
Fiche Aiguillages : *350*
A proximité : *Bligny-sur-Ouche (le chemin de fer de la vallée de l'Ouche), Beaune (les hospices). Flavigny (l'abbaye).*

Le Pont Saint-Laurent à Macon

© Luciani71 / Wikimedia Commons

MÂCON

Sur les bords de la Saône, la ville natale d'Alphonse de Lamartine est située à l'extrême sud de la Bourgogne, ce qui lui vaut sans doute cet aspect méridional qu'on lui trouve souvent. Ses façades colorées et ses toits recouverts de tuiles rondes renforcent cette impression. Entre le Massif Central et le Jura, elle est entourée de vignobles. A son échelle, c'est depuis l'époque romane, un carrefour européen, situé sur l'axe Nord-Sud Paris-Lyon et Est-Ouest Genève-Bordeaux. La ville possède un important patrimoine, comptant vingt-quatre bâtiments inscrits aux monuments historiques. Trois lignes ferroviaires passent par Mâcon. Celle de Paris-Lyon-Marseille, qui a été construite entre 1848 et 1852, celle de Mâcon à Ambérieu, mise en service en 1857, et la plus récemment établie, la Ligne à Grande Vitesse Paris-Sud-Est qui contrairement aux deux autres, contourne le centre de la ville qu'elle dessert via la gare de Loché. La gare de Mâcon-ville a été construite en 1854, détruite pendant la Seconde Guerre mondiale, et reconstruite après.

Comment s'y rendre ?

De Paris: Mâcon peut-être rejointe en TGV via la gare de Loché, au départ de la gare de Lyon en une heure trente, mais également en TER au départ de celle de Bercy, au prix d'un trajet plus long de l'ordre de quatre heures trente environ.

De Lyon: La ville est accessible par de très fréquentes relations qui durent en moyenne trois quarts d'heure.

A voir et à faire à Mâcon

La maison de bois: Le plus vieux bâtiment de la ville. Il date du XVe siècle. Cette maison est remarquable pour ses colombages sculptés.

L'esplanade Lamartine: Au bord de la Saône, elle débouche sur un ancien pont à douze arches, le Pont Saint-Laurent.

A voir et à faire autour de Mâcon

Le Train des deux vallées
Train Touristique

Au début des années 1900, le « Tacot des Crouillottes » était destiné à évacuer les scories des hauts-fourneaux des usines Schneider. Complètement reconstitué par une équipe de passionnés, il devient un des plus longs chemins de fer touristiques à voie étroite !

Au cours d'un magnifique voyage, vous découvrirez de surprenantes vues sur les monts du Beaujolais et du Morvan. Ponts, gorges, cascades et tunnels ponctuent la ligne de manière spectaculaire et donnent une allure alpine au Train des Deux Vallées.

Parc des Combes, rue des Pyrénées, 71200 Le Creusot

GPS : 46.809, 4.42906
Accès : Gare du Creusot

Ouverture : Début avril – fin octobre puis en décembre pour les trains du Père Noël (selon calendrier - et sur réservation pour les groupes)

En juillet et août : Tous les jours d'ouverture du parc à 13h30, 14h15, 14h45, 16h00, 16h30, 17h15 et 18h00.

Tarifs : Plus de 1,20 m : 9 € 30. Entre 90 cm et 1,20 m : 7 € 30.

Téléphone : +33 (0)3 85 55 26 23
Site web : https://cutt.ly/ivTvXdn
Fiche Aiguillages : 313

A proximité : Autun (la vieille ville, la cathédrale). Cormatin (le château). Beaune (les Hospices).

La locomotive à vapeur 241 P
Circulations sur le réseau ferré national

Construite entre 1947 et 1949 par les établissements Schneider du Creusot, cette locomotive a été mise en service en 1950 au dépôt de Lyon-Mouche avant de poursuivre sa carrière

Le Train des deux vallées

© Parc des Combes

Locomotive à vapeur 241 P

© Parc des Combes

à Marseille et au Mans, après l'électrification de la ligne impériale. Elle fera son dernier train sous l'égide de la SNCF le 28 septembre 1969, après avoir parcouru plus de 1 700 000 kilomètres sur les rails. De retour au Creusot, elle sera prise en charge par l'association de la 241P17 qui mettra 13 ans à la remettre en état et en service en 2006. Depuis elle assure régulièrement des trains touristiques un peu de partout en France, sur le réseau ferré national. Les machines à vapeur sont périodiquement soumises à des grandes révisions, en général tous les 10 à 15 ans. La 241P17 est entrée dans l'une d'entre elles il y a quelques mois. Elle n'assurera par conséquent pas de train en 2022, mais des trains à vapeur seront néanmoins proposés par l'association, grâce à une autre locomotive, la 140C27 prêtée par le GADEFT.

71200 Le Creusot
GPS: *46.8091, 4.42902*
Accès: *Gare du Creusot*
Téléphone: *+33 (0)3 85 55 80 03*
E-Mail: *info@241P17.com*
Site web: *https://www.train-vapeur.fr/*
Fiche Aiguillages: *315*
A proximité: *Autun (la vieille ville, la cathédrale). Cormartin (le château). Beaune (les Hospices).*

Le musée de la Mine, de la Verrerie et du Chemin de Fer
Musée ou bâtiment ferroviaires ouverts au public
Epinac, aujourd'hui nichée dans une campagne verdoyante, a été dans le passé un important centre minier. Mille mineurs y travaillaient

alors dans une douzaine de puits. La gare qui s'y trouvait alors fut l'une des toutes premières à être mise en service en France. Elle permettait le transport du charbon jusqu'aux berges du canal de Bourgogne, ou des wagonnets étaient tirés sur des rails par des bœufs ou des chevaux de 1836 à l'arrivée d'une première locomotive à vapeur en 1860. Le musée évoque également la grande verrerie d'Epinac. On y produisait les bouteilles destinées à contenir les vins de Bourgogne. Le musée est installé sous la mairie.

Place Charles de Gaulle - 71360 Epinac
46.991, 4.51372
Accès : *Bus n° Lr705*
Ouverture: *Visites guidées sur rendez-vous.*
Téléphone: *+33 (0)3 85 82 10 12*
Site web: *https://cutt.ly/ivTv5Ee*
Fiche Aiguillages: *320*
A proximité: *Châteauneuf en Auxois (le village), Saulieu (la basilique), Le Morvan (parc naturel régional).*

Le Hameau Dubœuf (La Gare)
Musée
Le Hameau Dubœuf, est le plus grand œunoparc d'Europe. Son créateur Georges Dubœuf, étant aussi un passionné de train, il a aménagé au sein cet espace d'exposition, un site appelé « La Gare du vin ». Le train a joué un rôle important dans le transport du vin, mais le propos de l'exposition qui raconte cette épopée est beaucoup plus large. Au rez-de-chaussée se trouve ainsi un wagon impérial que la Compagnie du Nord avait offert à Napoléon III. Dans les étages, c'est une collection de lanternes qui est présentée. Enfin, la visite s'achève sur la présentation d'un réseau à l'échelle HO qui occupe tout le dernier étage.

71570 Romanèche-Thorins
GPS: *46.1771, 4.74173*
Accès: *Gare de Romanèche Thorins.*
Ouverture: *Toute l'année.*
Tarifs (Pass Hameau-Gare): *Adulte: 18 €. Enfant: 6 €.*

Téléphone: *+33 (0)3 85 35 22 22*
Site web: *http://hameauduvin.com/*
Fiche Aiguillages: *321*
A proximité: *Solutré (la roche), Cluny (l'abbaye), La Dombes (les étangs), le musée Fifi Train.*

L'Autun Vapeur Parc
Mini-trains
Ce circuit en 7 pouces ¼ a été créé par un passionné sur un terrain de la base de loisirs d'Autun. Le projet était de construire à terme, une sorte de Swiss Vapeur Parc à la française. La commune a suivi, mettant à la disposition de l'association créée à cet effet, les terrains nécessaires au circuit actuel et à ses futures extensions, mais c'est un nombre suffisant de bénévoles actifs qui a manqué, et cette carence de bras chronique a fini par décourager son créateur. La gestion du parc a alors été reprise par la ville ; il est désormais plus envisagé comme un manège pour enfants que comme le projet de développement d'un parc ferroviaire comme il en était question à l'origine du site.

71400 Autun
GPS: *46.9528, 4.31963*
Accès : *Bus N°LR705*
Ouverture: *Tous les samedis et dimanche de 15h à 18h jusqu'à fin septembre.*
Tarifs: *1 euro le tour. Gratuit pour les enfants de moins de 4 ans.*
Site web: *https://cutt.ly/nvTbjfv*
Fiche Aiguillages: *322*
A proximité: *Châteauneuf en Auxois (le village). Saulieu (la basilique). Le Morvan (parc naturel régional).*

Hébergement et restaurant insolite

Le train des rêves
L'ancienne gare PLM de Dracy-Saint-Loup est devenue un musée vivant où il est même pos-

Le train des rêves

sible de manger et de dormir. Des chambres ont été aménagées dans la gare, et dans une voiture-lit de l'Orient Express. Il est également possible de prendre petit déjeuner, déjeuner et dîner sur place.

71400 Dracy-Saint-Loup
GPS: 47.0096, 4.34538
Téléphone: +33 (0)3 85 52 05 58
E-Mail: contact@traindesreves.com
Site web: https://traindesreves.com/
Fiche Aiguillages: 332
A proximité: Châteauneuf-en-Auxois (le village), Saulieu (la basilique), Le Morvan (parc naturel régional).

Sites ferroviaires valant le coup d'œil

Le viaduc de Chassigny

Sur la ligne Lozanne – Paray-le-Monial, il mesure 565 mètres de long et 60 mètres de haut et compte 18 arches. Depuis 1984, il est inscrit au titre des monuments historiques.

71170 Mussy-sous-Dun
GPS: 46.2823, 4.32973
Fiche Aiguillages: 262
A proximité: Paray-le-Monial (la basilique). Solutré (la roche). Cluny (l'abbaye).

L'ancien dépôt de Châtenoy-le-Royal

L'ancien dépôt de la gare de Chalon-sur-Saône appartient désormais à la municipalité. Elle y loge notamment le RMC71 (Rail Miniature Châtenoyen) qui y a installé ses réseaux et un petit musée ferroviaire. Le site a conservé l'essentiel de ses bâtiments.

Rue Pierre Sémard, 71880 Châtenoy-le-Royal
GPS: 46.7919, 4.82543
Fiche Aiguillages: 347
A proximité: Tournus (l'abbaye), Beaune (les Hospices), Cluny (l'abbaye).

BRETAGNE

Par le train, la Bretagne n'a jamais été aussi proche ! L'inauguration de la ligne à grande vitesse Bretagne - Pays de la Loire le 1er juillet 2017, a mis Rennes à moins de 1 heure 30 de Paris, à peine plus de 3 heures 40 de Lille ou de 4 heures de Lyon. D'abord tenue à l'écart du réseau ferré qui s'est développé en étoile autour de Paris, la région n'a été accessible en train qu'à partir de la seconde moitié du XIXe siècle. Rennes a été desservie à partir de 1957. Dès lors, deux lignes principales se sont étendues le long du littoral, par le nord vers Brest, et le sud vers Quimper, en passant par les principaux pôles économiques de la région. Ces lignes subsistent de nos jours et sont parcourues par des TGV et des TER. La Bretagne intérieure est moins bien lotie. Un ensemble dense de lignes d'intérêt secondaire, s'était constitué autour de la ville de Carhaix : le Réseau Breton. Il comptait 426 km de voies. Il a été fermé en 1967. Il n'en reste que la ligne vers Paimpol. Un autre réseau d'importance, départemental celui-ci, sillonnait l'actuel département des Côtes d'Armor : les Chemins de Fer des Côtes du Nord. Plusieurs viaducs construits à cette époque par Louis Auguste Marie Harel de la Noë, sont toujours visibles. De ce riche passé ferroviaire subsistent également de nombreuses autres traces. Des passionnés s'attachent à en perpétuer la mémoire. Grâce à eux, en Bretagne, vous pourrez remonter l'histoire en visitant des musées relatant l'épopée du train dans la région, voyager en train à vapeur, vous adonner aux joies du vélorail ou dormir dans des gares désaffectées. Le réseau de TER BreizhGo dessert 126 villes. Il permet de faire le tour de la région en train et de rejoindre plusieurs sites touristiques incontournables.

Retrouvez les fiches des trains touristiques sur www.aiguillages.eu

Le viaduc de Morlaix

Finistère, plage de Groac'h Zu

TABLE DES MATIÈRES

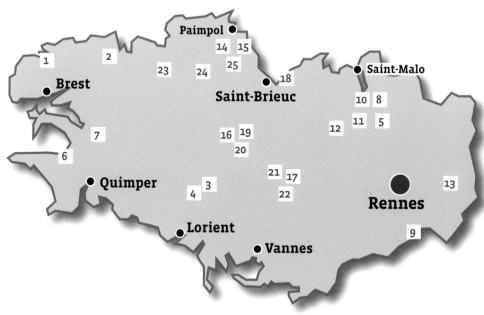

© Pline / Wikimedia Commons

Comment venir en train

Au départ de Paris, la Bretagne est accessible depuis la gare Montparnasse. La première ville Bretonne desservie est Vitré, mais la principale porte d'entrée dans la région est Rennes. Des liaisons directes sont possibles notamment depuis Lille ou Lyon, en 4 heures, Strasbourg, en 5 heures. Des parcours sans correspondance à Paris, le sont aussi depuis Marseille en 5 heures 40 ou Bordeaux mais au prix d'un temps de parcours rallongé de 2 heures en moyenne. Pour les amateurs de pe-tits prix, Rennes est accessible en TGV OuiGo depuis la gare de Paris-Montparnasse.

Une fois arrivé à Rennes, à vous de décider de pousser plus loin votre exploration de la Bretagne par le nord ou par le sud. Sur la ligne qui longe le littoral nord, les TGV s'arrêtent à Lamballe, Saint-Brieuc, Guingamp, Ploua-ret-Trégor, Lannion, Morlaix, Landerneau et Brest. Une antenne rejoint Dol-de-Bretagne puis Saint-Malo. Sur la branche sud, Redon, Vannes, Auray, Lorient, Quimperlé, Rosporden et Quimper sont tout aussi facilement attei-gnables. Si vous souhaitez faire un tour de

Saint-Malo intramuros

surtout utilisés sur les lignes Carhaix-Guingamp-Paimpol, Retiers-Rennes et Auray-Quiberon (en service l'été seulement), d'AGC (Autorails à Grande Capacité) bi-mode diesels et électriques, engagés sur Quimper-Brest, Rennes-Nantes et Rennes-Châteaubriant, d'AGC de la série Z27500 roulant surtout sur les dessertes périurbaines depuis Rennes, vers Nantes ou Lorient, Brest-Morlaix, et de Lannion à Saint-Brieuc ou Brest. Des Z21500 assurent les services entre Rennes et Brest ou Quimper, ainsi que Quimper et Nantes, enfin des Regio 2N, les trains les plus récents de la flotte sont affrétés sur l'ensemble du territoire breton. En complément du réseau ferré, des bus et des bateaux vous emmèneront là où le train ne va pas et de visiter la région dans ses moindres recoins. Les grandes villes disposent de leurs réseaux de transports en commun : Bibus à Brest, CTRL à Lorient, MAT à Saint-Malo, QUB à Quimper, STAR à Rennes, et TUB à Saint-Brieuc. Vous pourrez dématérialiser les titres de transport que vous utiliserez sur ces différents réseaux, y compris TER, en vous procurant la carte KorriGo. Elle est gratuite.

Bons plans

Pour voyager en train dans la région à moindre coût, vous pourrez bénéficier de différentes réductions, à condition de bien choisir les dates de vos déplacements. Ainsi, tous les premiers samedis du mois, tous les trajets en TER sont à 5 euros. Le reste du temps, vous pouvez bénéficier des prix ronds. Ce sont des tarifs valables sur certains TER seulement. En fonction de la distance, leur prix est fixe : 5, 8, 18 ou 28 euros. Le samedi, ainsi que du mardi au jeudi pendant les vacances scolaires, le retour est offert. Tous les jours et toute l'année, les enfants de moins de 12 ans accompagnant un voyageur payant bénéficient d'un billet gratuit (jusqu'à 4 enfants par adulte).

Bretagne, des Trains Express Régionaux (TER) relient quotidiennement les branches nord et sud, Brest et Quimper par Landerneau, en empruntant une ligne fraîchement rénovée.

Le TER BreizhGo

La Bretagne compte 126 gares voyageurs et près de 1200 km de voies ferrées. Elles sont exploitées par le TER Bretagne, rebaptisé récemment TER BreizhGo. Le parc matériel en service est constitué d'autorails X73500,

BREST

A la pointe de la Bretagne, la ville reste marquée par son passé maritime et militaire. Tous les 4 ans son port accueille de vieux gréements le temps des Fêtes Maritimes. C'est dans cette ville que fut construit le porte-avions Charles de Gaulle, et son port militaire est le 2e plus important de France après Toulon. La ville a été presque entièrement détruite par les bombardements alliés de la Seconde Guerre mondiale, et il ne reste pas grand-chose de son passé si ce n'est son château et la Tour Tanguy qui abrite le musée du vieux Brest. Son centre a été entièrement reconstruit, en parant au plus urgent.

La gare est le terminus de la ligne en provenance de Paris-Montparnasse. Elle se situe sur les hauteurs de la ville d'où elle domine

© Lp alain photography / Wikimedia Commons

Comment s'y rendre

De Paris : Une dizaine de liaisons TGV sont assurées chaque jour depuis Paris. La plupart ont pour origine la gare de Montparnasse. Le meilleur temps de trajet étant de 3heures 25. Une ou deux relations sont également assurées depuis les gares de Marne-la-Vallée Chessy, Paris Aéroport Charles de Gaulle, ou encore Massy TGV, avec une correspondance à Rennes. Attention toutefois à certaines propositions fantaisistes faites par l'application de la SNCF qui vous amènerait à faire le trajet depuis ces gares via Lille, Lyon ou même Champagne-Ardenne TGV, avec retour à Paris pour aller finalement prendre un Train à Grande Vitesse à la gare de Montparnasse !

De Rennes : La distance entre les deux villes est d'un peu plus de 200 km. Il faut un peu moins de 2 heures pour la parcourir en train. 12 TER BreizhGo assurent quotidiennement cette liaison.

De Nantes : Pas de liaison directe entre les deux villes, il faut prendre une correspondance à Rennes. La durée moyenne du trajet est de 3 heures 30.

De Lille : En TGV, le départ se fait des gares de Lille-Flandres ou Lille-Europe pour rejoindre dans un premier temps la gare du Nord à Paris, d'où il faudra se rendre à la gare Montparnasse pour emprunter un deuxième TGV à destination de la pointe bretonne. Quelques TGV sont directs entre Lille-Europe et Rennes (1 par jour en semaine, 2 à 3 le week-end).

De Lyon : Le trajet peut s'effectuer en 7 heures en moyenne, en TGV InOui ou OuiGo entre la capitale des Gaules et Paris-Gare de Lyon. Un changement de gare est nécessaire à Paris, où il vous faudra rejoindre la gare de

le port et offre un aperçu sur la rade. L'une des plus grandes d'Europe. Une ligne de tramways traverse la ville, mais le moyen de transport le plus original à emprunter à Brest est son téléphérique, intégré au réseau de transports publics Bibus. Il relie par la voie des airs les deux rives de la Penfeld, ce fleuve côtier qui coule au fond d'un vallon et coupe la ville en deux.

Téléphérique de Brest Capucin

© Kergourlay / Wikimedia Commons

Montparnasse pour poursuivre votre parcours. Il est possible également de faire ce voyage en optant pour un TGV direct entre Lyon et Rennes (seulement le week-end) puis un TGV ou un TER entre Rennes et Brest pour un temps de parcours sensiblement équivalent, mais qui peut varier en fonction du temps d'attente d'une correspondance en gare de Rennes.

De Strasbourg : Cette traversée de la France d'est en ouest est relativement facile à réaliser. Elle se fera néanmoins au prix d'un temps minimum de 7 heures de transport, en passant soit par la gare de l'Est puis celle de Montparnasse à Paris, soit en évitant la capitale, en changeant de TGV en gare de Rennes.

A voir et à faire à Brest

La gare

Elle surplombe la rade. Terminus de la ligne en provenance de Paris-Montparnasse, elle a été ouverte en 1865 par la Compagnie des Chemins de Fer de l'Ouest. Le bâtiment voyageurs a été construit en 1936 et 1937 par Urbain Cassan dans un style Art déco. Il est classé monument historique depuis 2018. Sur la tour jouxtant ce bâtiment, il reste un morceau d'un bas-relief sculpté par Lucien Brasseur, représentant des scènes de vie en Bretagne. Le reste a disparu dans les bombardements durant la Seconde Guerre mondiale.

Le tramway

Mise en service en 2012, l'unique ligne passe par les grandes zones commerciales de la ville. Elle est numérotée A. L'arrêt Liberté est le plus proche de la gare (600 m). A l'arrêt Château, le tram fait correspondance avec le téléphérique (ligne C du réseau Bibus).

Le téléphérique
Il relie deux quartiers de Brest que sépare la Penfeld. Ce fleuve côtier coupe littéralement la ville en deux, et avant l'avènement du téléphérique, seuls deux ponts assuraient le passage d'une rive à l'autre, dont celui de la Recouvrance qui s'ouvre à intervalles réguliers pour laisser passer des bateaux.

Les Ateliers des Capucins
Anciens ateliers de la Marine nationale, ils ont été transformés en lieu de vie et de culture, accueillant restaurants, commerces, cinémas et lieux d'exposition. Il héberge le « Canot de l'empereur », une embarcation emblématique dont la construction a été voulue par Napoléon Ier.

Le château
L'un des rares monuments de la ville à avoir traversé les ans. Sa construction a commencé au IIIe siècle. Il est la propriété de la Marine dont il abrite le musée national. Son site offre de belles perspectives sur la ville.

La Tour de la Motte-Tanguy
Sur la rive du Penfeld, opposée à celle où se trouve le musée de la marine, c'est l'un des derniers témoignages du patrimoine bâti ancien de la ville.

Océanopolis
Le parc est consacré à la découverte des océans dont il raconte l'histoire naturelle. Il a été imaginé par des universitaires qui souhaitaient faire sortir la science des laboratoires dans une démarche de vulgarisation scientifique.

A voir et à faire dans les environs de Brest

Légende de Trains
Réseau de trains miniatures
22 Rue de Lannilis 29880 Plouguerneau
GPS : *48.6041, -4.51121*
Accès : *ligne n°20 depuis la gare de Brest.*
Ouverture : *Mercredis et dimanches, séances à 15h et 16h30. Vacances scolaires (toute zone) : de mercredi à dimanche, séances à 15h et 16h30*
Durée de la visite : *3/4 d'heure à une heure. Le spectacle en lui-même dure 30 minutes, il est suivi d'une séance de questions/réponses*
Tarifs Adultes : *5 €. Enfants moins de 6 ans : gratuit*
Téléphone : *+33(0)6 70 36 52 38*
E-Mail : *contact@legendedetrains.fr*
Site web : *http://www.legendedetrains.fr/*
Fiche Aiguillages : *14*
A Proximité : *L'Aber-Wrac'h (un fjord breton), le phare de l'île Vierge (le plus haut d'Europe).*

C'est un passionné de trains, Jean-Jacques Jumelle qui a eu l'idée de présenter ce spectacle sons et lumières, proposé autour d'un réseau de trains miniatures. La maquette au 1/87e s'étend sur une centaine de mètres carrés, évoquant des paysages et une ville de l'est de la France. Son créateur, originaire de Reims, est venu vivre en Bretagne. Il a été rejoint par une équipe de passionnés qui l'ont aidé durant 3 ans à construire la maquette. Le public s'installe sur une tribune surélevée, la lumière

© DR

Légende de trains

s'éteint, et le spectacle commence... Une voix enregistrée raconte une journée de la vie dans cette ville imaginaire. 300 maquettes ont été placées sur le réseau, 80 d'entre elles sont animées (funiculaire, grande roue, cheminée des usines, moulin à vent...). D'autres animations sont créées sur les murs et les bâtiments par vidéo projection. On voit ainsi fondre la neige et reverdir la montagne ! Les trains circulent tout autour du réseau. Pour s'adapter au public qui se trouve dans les gradins, leur conduite reste manuelle. Au cours de la visite vous pourrez découvrir trois autres scénographies. Une évocation du Réseau Breton, la maquette du pardon du Folgoët (700 personnages en costumes bretons), et un nouveau réseau à l'échelle N (1/160e), placé à la hauteur de vue des enfants, évoquant l'histoire des Trains à Grande Vitesse.

Hébergements insolites

Gîte d'étape de la gare de Scrignac
Gîte d'étape géré par la communauté de communes des Monts d'Arrée, installé sur l'ancienne ligne Rosporden-Morlaix, transformée en voie verte.

29640 Scrignac
GPS : *48.4126, -3.70212*
Accès : *Bus BreizhGo ligne n°36 depuis la gare de Morlaix*
Site web : *www.gitedetapedelagare.fr/*
Fiche Aiguillages : *27*
A proximité : *Carhaix (Ancien cœur du Réseau Breton – L'étoile de Carhaix), Morlaix (La ville, le viaduc).*

Gîte de Telgruc-sur-Mer
Sur l'ancienne ligne Châteaulin-Camaret, cette gare a été construite au début des années 1920 sur un modèle architectural d'inspiration régionaliste.

29560 Telgruc-sur-Mer
GPS : *48.2363, -4.35004*

Accès : *Bus BreizhGo ligne n°34 depuis la gare de Brest*
Site web : *https://cutt.ly/wbbfepN*
Fiche Aiguillages : *28*
A proximité : *Presqu'île de Crozon (au cœur du parc régional naturel d'Armorique), Plonévez-Porzay (musée du Chemin de fer du Ménez).*

Sites ferroviaires valant le coup d'œil

Le viaduc de Daoulas
Situé sur la ligne de Savenay à Landerneau, il se trouve entre les gares de Daoulas et de Dirinon - Loperhet. Il compte 15 arches de 18 mètres d'ouverture chacune, et mesure 38 mètres de haut, et 357 mètres de long. Sa construction a permis de relier Châteaulin à Brest par le train, la seule liaison existante auparavant se faisant par la mer, en traversant la rade.

429460 Daoulas
GPS : *48.3703, -4.25397*
Fiche Aiguillages : *40*
A proximité : *Daoulas (L'abbaye), Landerneau (Sur les bords de l'Elorn).*

Le viaduc de Morlaix
Situé en plein centre-ville, il permet à la voie ferrée de franchir la rivière de Morlaix. Il est long de 292 mètres et haut de 62. Mis en service fin avril 1865, il était alors, le plus haut viaduc de France. Il est inscrit à ce titre au registre des monuments historiques.

29600 Morlaix
GPS : *48.5792, -3.82946*
Accès : *Gare de Morlaix sur la ligne Paris-Montparnasse Brest*
Fiche Aiguillages : *32*
A proximité : *Le port, le centre-ville.*

Le Viaduc de Morlaix

© Eric Frotier de Bagneux / Capa Pictures/RFF

Sites touristiques accessibles en train, bus ou bateau

L'Aber Wrac'h
Un fjord breton
29870 Landéda
GPS : 48.5982, -4.56421
Accès : *Bus BreizhGo ligne n°20 depuis la gare de Brest*

Le Conquet
A la pointe du Finistère
GPS : 48.3596, -4.7638
Accès : *Bus BreizhGo ligne n°11 depuis la gare de Brest. Bateau de la compagnie Penn Ar Bed depuis l'embarcadère de Brest*

Landerneau
Sur les bords de l'Elorn
GPS : 48.4553, -4.2568
AET : *Gare de Landerneau, sur la ligne Brest-Quimper ou la ligne Brest-Rennes*

Le phare de l'île Vierge
Le plus haut d'Europe
GPS : 48.639, -4.56742
Accès : *Ligne n°20 depuis la gare de Brest.*

La pointe de Corsen
Le point le plus occidental de la France continentale
29810 Plouarzel
GPS : 48.4134, -4.79491
Accès : *Bus BreizhGo ligne n°132 jusqu'à Ruscumunoc, depuis la gare de Brest, puis 1,5 km à pied*

La pointe Saint-Mathieu
Son phare, ses falaises
29217 Plougonvelin
GPS : 48.3308, -4.77366
Accès : *Bus BreizhGo ligne n°11 depuis la gare de Brest*

La presqu'île de Crozon
Au cœur du parc régional naturel d'Armorique
GPS : 48.2463, -4.4899
Accès : *Ligne de bus n°37 depuis la gare de Quimper*

LORIENT

© LPLT / Wikimedia Commons

Lorient est tournée vers la mer, et ce n'est rien de le dire. La ville ne compte pas moins de sept ports ! Logée dans une rade, elle fut au XVIIe siècle, le siège de la Compagnie des Indes Orientales fondée par Colbert. C'est d'ailleurs la création de cette compagnie qui a été à l'origine de la naissance de la ville. En s'installant au lieu-dit de Port-Louis pour développer une activité de commerce avec les Indes orientales et les Amériques, l'entreprise allait être à l'origine de la prospérité que connaîtra la ville jusqu'au XVIIIe siècle, mais qui s'éteindra à la révolution. Sa situation géographique exceptionnelle, lui conféra durant la Seconde Guerre mondiale, un rôle militaire stratégique. L'armée allemande y construisit la base de sous-marins de Keroman. Avec une capacité d'accueil de 30 engins, elle était la plus importante du Mur de l'Atlantique. Pour le plus grand malheur de la ville, qui fut copieusement bombardée et détruite presque dans sa totalité au cours de la Seconde Guerre mondiale. Depuis le début des années 90, la ville s'est tournée vers le développement des activités nautiques de loisirs. De grands navigateurs s'y sont installés pour en faire le port d'attache de leurs voiliers. La Cité de la Voile y a ouvert ses portes il y a un peu plus d'une dizaine d'années. Sans oublier que chaque été se déroule à Lorient, le Festival interceltique. La gare a été mise en service par la Compagnie du Chemin de Fer de Paris à Orléans en 1862. Détruite par les bombardements, elle sera reconstruite après-guerre, avant d'être réaménagée pour accueillir le TGV Atlantique au début des années 90. Le bâtiment voyageurs actuel est récent. Il a été ouvert en 2017, de l'autre côté des voies par rapport au précédent qui a été détruit entre-temps.

Comment s'y rendre

De Paris : Une demi-douzaine de TGV directs assurent la liaison chaque jour, en 3 heures en moyenne. D'autres parcours sont possibles en arrivant à Rennes avant d'attendre une correspondance pour Lorient.

De Rennes : Une dizaine de TGV assurent la liaison quotidiennement avec Lorient pour un trajet d'1 heure 20 en moyenne. Quelques TER complètent cette offre de desserte moyennant une correspondance à Vannes

De Nantes : Quelques TER assurent une liaison en 2 heures environ pour les directs. Les autres, supposant une correspondance à Redon ou Vannes, voire les deux, mettent un temps de 2 heures 40 au minimum.

De Lille : Pas de liaisons directes, mais des relations qui passent par Paris ou Rennes avec des temps de trajet allant de 5 heures à un peu plus de 6 heures.

De Lyon : Le parcours est possible via Paris ou Rennes, pour une durée de trajet variant de 6 heures à 7 heures 30.

De Strasbourg : La liaison peut être établie via Paris-Montparnasse ou Rennes. Le meilleur temps de trajet est d'un peu plus de 6 heures 20 minutes.

A voir et à faire à Lorient

La gare
Mise en service par la Compagnie du Chemin de Fer de Paris à Orléans en 1862 au moment de l'ouverture de la ligne de Savenay à Landerneau, la gare fut bombardée et gravement endommagée durant la Seconde Guerre mondiale et reconstruite par la suite. Elle connaîtra

un nouvel aménagement au moment de l'arrivée du TGV Atlantique au début des années 90. Des terrains occupés par l'armée étant libérés, un nouveau bâtiment voyageurs est reconstruit en 2017, de l'autre côté des voies, offrant désormais un accès direct au centre-ville.

Lorient La Base
L'ancienne base de sous-marins accueille maintenant de grands événements nautiques. C'est un lieu de promenade, d'où l'on peut régulièrement observer la présence d'imposants multicoques de compétition, dont les Pen Duick d'Eric Tabarly. Elle accueille également, la Cité de la Voile.

La Cité de la Voile Eric Tabarly
Ce site dédié aux loisirs nautiques et à la course au large a été ouvert en 2008. Son exposition permanente permet de vivre virtuellement une course au large, de comprendre comment fonctionne un voilier.

Le Musée de la Compagnie des Indes
Ce lieu raconte l'histoire des compagnies des Indes aux XVIIe et XVIIIe siècle.

A voir et à faire dans les environs de Lorient

L'Auberge du Chemin de Fer
Restaurant insolite
L'Auberge du Chemin de Fer est un lieu entièrement dédié à l'univers du train. Sa décoration, le nom des menus, tout est fait pour plonger le visiteur dans le monde ferroviaire. Opterez-vous pour un menu voyageurs, Orient-Express-Saveurs régionales, Première classe, cheminot ? La salle de restaurant est décorée par des anciens objets ferroviaires : casquettes de cheminots, lanternes, panneaux de signalisation... L'auberge est situé

au croisement des lignes Rennes-Quimper et de celle desservant un site industriel. Dans le jardin, sur quelques mètres de voie, un authentique autorail Picasso a été transformé en gîte. Deux appartements, un studio pour deux personnes et un plus grand pour quatre y ont été aménagés avec tout le confort souhaité. Salle d'eau, télévision, wifi... L'histoire de l'autorail est racontée dans un film qui peut être visionné sur une tablette au cours de votre séjour.

56600 Lanester
GPS : 47.7595, -3.34617
Accès : L'auberge est située à moins de 2 km de la gare de Lorient
Site web : www.aubergeduchemindefer.fr/
Fiche Aiguillages : 24
A proximité : Lorient (L'ancien siège de la Compagnie des Indes), l'île de Groix (La 2e plus grande île de Bretagne).

La Balade du Père Nicolas
Petit train
Un parc de loisirs dédié à toute la famille sur le thème de la découverte de la nature. Il s'étale sur 12 hectares. Près de l'entrée, la gare permet d'embarquer à bord d'un petit train pour en découvrir une bonne partie.

Le Rohic Saint-Nicolas-des-Eaux 56930 Pluméliau
GPS : 47.9619, -3.04098
Accès : Prendre la voie express en direction de Pontivy, puis la sortie Pluméliau. Descendre sur Saint-Nicolas-des-Eaux et monter à gauche avant le pont. Tourner à droite au 2e carrefour.
Ouverture : D'avril à octobre
Tarifs : 8,50 €, à partir de 4 ans
Téléphone : +33(0)2 97 51 90 10
Site web : https://cutt.ly/SbSDyST
Fiche Aiguillages : 11
A proximité : Pontivy (l'ancienne Napoléonville), Bon Repos (l'abbaye).

Sites touristiques accessibles en train, bus ou bateau

L'île de Groix
La 2e plus grande île de Bretagne
56590 Groix
GPS : GPS : 47.6384, -3.46323
Accès : En ferry par la Compagnie Océane

Le Faouët
Et le pays du Roi Morvan
56320 Le Faouët
GPS : 48.0322, -3.48941
Accès : Bus BreizhGo ligne n°15 depuis la gare de Lorient

Pont-Aven
La cité des peintres
29930 Pont-Aven
GPS : GPS : 47.8557, -3.74415
Accès : Bus BreizhGo ligne n°10 depuis la gare de Quimperlé

Quimperlé
Les halles et la maison des archers
29770 Audierne
GPS : 47.8722,-3.5534
Accès : Ligne de bus N°53B depuis la gare de Quimper

Île de Groix

© Nono vlf / Wikimédia Commons

© Romain Cormier / Wikimedia Commons

QUIMPER

Nichée au fond d'un estuaire que l'océan remonte sur quinze kilomètres, au confluent de l'Odet et de trois de ses affluents, la ville est historiquement la capitale de la Cornouaille. Le Festival de Cornouaille, unique en son genre - le plus grand fest-noz du monde - s'y déroule d'ailleurs chaque été, au mois de juillet. C'est une manifestation dédiée à la culture bretonne, faisant référence à la Cornouaille étendue à sa partie anglaise. Quimper est aussi la préfecture du département du Finistère. Cette cité médiévale, a conservé d'importants vestiges de son passé. La ville s'organise autour de la cathédrale et du palais des évêques qui forment le noyau de la ville close, où l'on a plaisir à flâner dans des ruelles étroites qui ont conservé de nombreuses maisons à pans de bois. Le train y est arrivé en 1883, avec la mise en service de la ligne en provenance de Lorient, par la Compagnie du Chemin de Fer de Paris à Orléans. Du point de vue de sa fréquentation, sa gare est la troisième de Bretagne. Les

TGV Atlantique en provenance de Paris-Montparnasse y ont leur terminus, mais une liaison TER est assurée vers Brest via Landerneau, par une ligne qui a été récemment rénovée. Il s'agit de la transversale la plus occidentale de France. Elle était autrefois connectée au réseau Breton à la gare de Châteaulin, d'où il était possible de rejoindre en train, Carhaix ou Camaret, au bout de la presqu'île de Crozon. Des connexions ferroviaires existaient également vers Douarnenez et Pont-L'Abbé. De nos jours des TER directs ou omnibus assurent une liaison régulière entre Quimper et Brest, directe, en 1 heure, omnibus, en 1 heure 20. Le service est assuré par des autorails AGC.

Comment s'y rendre

De Paris : Une demi-douzaine de TGV directs assurent la liaison chaque jour, en 3 h 30 pour le meilleur temps de parcours. D'autres trajets sont possibles en arrivant à Rennes avant d'attendre une correspondance pour Quimper.

De Rennes : Une dizaine de TGV assurent la liaison quotidiennement avec Quimper pour un trajet d'un peu plus de 2 h. Des TER complètent cette offre de desserte moyennant une correspondance à Vannes. Dernière possibilité, emprunter l'un des TGV ayant pour terminus Brest et poursuivre le voyage en TER vers Quimper.

De Nantes : Deux TER directs en moyenne assurent une liaison en un peu plus de deux heures. Deux autres, imposent une correspondance à Redon ou Vannes, voire les deux faisant monter le temps de parcours à plus de 2 h 15.

De Lille : Pas de liaisons directes, mais des relations qui passent par Paris ou Rennes avec des temps de trajet tournant autour de 6 h 30.

De Lyon : Le parcours est possible via Paris ou Rennes, pour une durée de trajet d'un peu moins de 7 h en moyenne.

De Strasbourg : La liaison peut être établie via Paris-Montparnasse ou Rennes. Le meilleur temps de trajet est d'un peu plus de 7 h.

A voir et à faire à Quimper

La gare
Elle fut mise en service en 1863. Elle ne compte alors qu'une voie unique. Avec l'ouverture des embranchements vers Pont-L'Abbé et Douarnenez, elle devint une gare de bifurcation et se vit adjoindre une remise. Le bâtiment voyageurs sera remanié à plusieurs reprises par la SNCF, d'abord en 1952/53, puis en 1976. A partir de l'été 1968, elle reçut le nouveau service de train auto-couchette, puis les TGV

Atlantique à compter de 1989. De nos jours elle est desservie par des TGV arrivant de Paris-Montparnasse, et des TER en provenance ou à destination de Brest, Lorient ou Rennes.

La cathédrale Saint-Corentin
C'est un chef-d'œuvre de l'art roman. Ses flèches culminant à 75 mètres au-dessus du sol sont visibles depuis n'importe quel point de la ville.

Le vieux Quimper
Situé au centre de la ville, c'est son cœur historique. On peut s'y promener à l'intérieur des remparts, dans des ruelles étroites constituées de maisons à pans de bois. L'une des plus anciennes et des plus remarquables est la « Maison des Cariatides », qui date du XVIe siècle.

Le musée de la Faïence
Le nom de Quimper est intimement lié à cette tradition artisanale et industrielle. Plus de 500 pièces sont exposées, sur les 2000 que compte la collection. L'exposition est ainsi renouvelée très régulièrement. Chaque année une nouvelle exposition temporaire est proposée dans la dernière salle du musée.

Les remparts
La ville est entourée d'un kilomètre et demi de fortifications, le long du Frout, de l'Odet et du Steïr. Au nord, ce sont des douves qui la protégeaient des attaques.

A voir et à faire dans les environs de Quimper

Loisirs en gare
Musée
Loisirs en gare, propose tout un éventail d'activités tournant autour de la mémoire du chemin de fer en centre Bretagne.
- *Le musée de la gare : Situé sur l'ancienne ligne Carhaix-Rosporden, du Réseau Breton,*

la gare a été fermée le 10 avril 1967 et laissée à l'abandon. En 1987, une tempête emporta une partie de la toiture. C'est alors que Marie Faure, adjointe au maire de la commune organisa une grande mobilisation autour du projet de restauration du site. Lauréat d'un concours lancé par Ouest-France pour la sauvegarde du patrimoine local, la gare put être transformée en un équipement culturel et touristique, intégrant une scénographie ferroviaire. L'association « Ar Marc'h Du » (le cheval noir, surnom donné au chemin de fer à son arrivée en Bretagne), a été créée en 2008 pour prendre en charge la gestion du site. Au fil de la visite du musée, vous découvrirez l'histoire du chemin de fer breton, les métiers exercés par les cheminots, et le matériel roulant ayant circulé dans la région.

- **Les hébergements insolites :** Une yourte mongole a été dressée sur le site. Nuitée : 55 € pour une à deux personnes en semaine, 60 € le week-end. 15 € par personnes supplémentaires de plus de 15 ans. Elle peut accueillir tout au long de l'année de 1 à 6 personnes. Une tente prête à camper est accessible de fin mai à fin août. 50 € par nuit, jusqu'à 4 personnes. 5 emplacements sont également disponibles pour des tentes, sur une aire naturelle de camping.

Emplacement tente 1 €. Adulte : 4.00 €. Enfant (- de 8 ans) : 3.00 €. Branchement sur la borne électrique : 5 € d'avril à octobre, 7 € de novembre à mars.

Prochainement : peut-être dès l'été 2021, mais plus probablement en 2022, un nouveau gîte insolite va prendre place sur le site de la gare. Il s'agit d'un ancien tramway de la ville de Saint-Etienne. Point commun avec le Réseau Breton ? Il circulait sur une voie métrique. Des sanitaires indépendants et un espace cuisine, équipé d'un micro-ondes, d'une cafetière, d'une bouilloire, et d'un réfrigérateur sont accessibles dans l'ancienne halle marchandises de la gare, située juste à côté des hébergements. Parking gratuit pour les camping-cars (sans accès à l'électricité et aux sanitaires). Possibilité de prendre le petit-déjeuner au café de la gare : 8 € par personne.

- **Le café de la gare :** Il propose des boissons chaudes ou froides et des gourmandises à déguster (palets bretons, madeleines, barres chocolatées...), et à l'heure du déjeuner une formule plat + crème dessert ou cône glacé et dessert pour 9 €. Sa bibliothèque met à votre disposition des livres, magazines, cartes postales anciennes, et documentaires relatifs à l'histoire du Réseau Breton.

La gare de Guiscriff

© DR

Ouverture : Juillet et août : du mardi au dimanche de 11h00 à 19h00 - mai, juin, septembre : du mardi au dimanche de 13h30 à 18h30 - avril, octobre, vacances de Noël : du mercredi au dimanche de 13h30 à 17h30. Escape game toute l'année sur réservation pour tous, locations vélos + musée pour les groupes.

- **L'escape game :** « Le Cheval noir ». En 1885, le projet de construction de la ligne ferroviaire Carhaix-Rosporden avance à grand pas. Mais une compagnie concurrente le voit d'un très mauvais œil et envoie un groupe d'espions (les joueurs) enquêter sur ce dossier pour le saboter. Vous aurez une heure pour résoudre différentes énigmes et réussir votre mission ! L'escape game est accessible toute l'année, sur réservation. Tarifs par équipe : 60 € en semaine de 10h à 16h, 75 € de 18h à 20h en semaine, les week-ends et jours fériés.

- **Location de vélos :** La gare de Guiscriff se trouve sur la voie verte n°7 qui relie en 147 km Concarneau à Roscoff. Vous pourrez partir à sa découverte au départ de la gare, pour une balade de 2h à une semaine. L'association Ar Marc'h Du propose la location de vélos tout chemin ou à assistance électrique, ainsi qu'au besoin de différents accessoires (siège bébé, remorque enfant, barre tandem...)

- **Animations :** Chaque dernier vendredi du mois, au café de la gare de 17h30 à 18h30, causeries en breton. Fête du modélisme (exposition) à la mi-août.

56560 Guiscriff

GPS : 48.057, -3.65398

Accès : Bus BreizhGo ligne n°01 depuis la gare de Quimperlé

Ouverture : Du 1er avril au 31 octobre et pendant les vacances de Noël. Toute l'année pour les groupes sur réservation

Durée de la visite : ¾ d'heure à une heure (musée)

Tarifs : Adulte : 6 €, visite guidée sur demande : 7 €, enfant de moins de 7 ans : gratuit, enfant (de 7 à 12 ans) avec livret de visite offert : 4 €

Téléphone : +33(0)2 97 34 15 80
E-Mail : armarchdu.guiscriff@orange.fr
Site web : www.lagaredeguiscriff.com/
Fiche Aiguillages : 10
A proximité : Le Faoüet (et le pays du Roi Morvan), Pont-Aven (la cité des peintres), Carhaix (ancien cœur de l'étoile de Carhaix du Réseau Breton), Concarneau (la ville close).

Le musée du Chemin de fer du Menez
Musée

Le musée est installé chez Jacques Fitamant qui collectionne depuis l'âge de 5 ans, toutes sortes d'objets ferroviaires depuis qu'un cantonnier lui a offert un premier trésor : un tire-fond tout rouillé ! Jacques reçoit les visiteurs habillé en mécanicien de locomotive à vapeur ou facteur enregistreur, métier méconnu de la SNCF. Le musée est entièrement centré sur l'époque de la vapeur, toutes compagnies confondues. La visite commence à l'extérieur avec la présentation d'une cloche d'annonce et un wagonnet à voie de 50 cm. Les différents types de voies sont expliqués. A l'intérieur, un premier espace est dédié à un autre métier méconnu : celui de cantonnier. Un mannequin se tient debout, entouré des outils avec lesquels il travaille, et de boîtes à pétards provenant de différentes compagnies. Autour d'elles se trouve toute une collection de lampes et de lanternes, ainsi que des téléphones de voie. Plus loin, c'est une garde-barrière, en uniforme également, qui accueille le visiteur. La visite se poursuit autour de la cabine d'une locomotive à vapeur en voie de 60 cm, et d'autres mannequins. Dans la pièce suivante, un réseau HO occupe une surface de 25 mètres carrés. Une vitrine est consacrée à la résistance. Dans le fond du musée, une lampisterie est reconstituée. Elle abrite une centaine de lampes et lanternes, et le visiteur peut découvrir la reconstitution du bureau voyageurs de la gare de Port-Launay qui se trouvait sur le Réseau Breton.

29550 Plonévez-Porzay
GPS : *48.1223, -4.22094*
Accès : *Bus BreizhGo ligne n°37 depuis la gare de Quimper*
Ouverture : *De mai à fin août*
Durée de la visite : *1h30 environ*
Tarifs : *Visite libre, uniquement sur rendez-vous*
Téléphone : *+33(0)2 98 92 56 55*
E-Mail : *museevapeurdumenez@yahoo.fr*
Site web : *http://musee-train.com/*
Fiche Aiguillages : *9*
A proximité : *Locronan (l'un des plus beaux villages de France), presqu'île de Crozon (au cœur du parc régional naturel d'Armorique), Daoulas (l'abbaye).*

Hébergements insolites

Gîte TchouTchou
Ce gîte est installé dans l'ancienne gare de Plomodiern qui se trouvait sur la ligne Châteaulin-Camaret sur mer du Réseau Breton. L'originalité des gares de cette ligne est qu'elles ont été construites dans le site néo-breton.
29550 Plomodiern
GPS : *48.1808, -4.22845*
Accès : *Bus BreizhGo ligne n°37 depuis la gare de Quimper*
Site web : *www.gites-tchoutchou-finistere.com*
Fiche Aiguillages : *29*
A proximité : *Plonévez-Porzay (musée du Chemin de Fer du Ménez), Locronan (l'un des plus beaux villages de France), Port-Launay (viaduc ferroviaire de Guily-Glaz).*

Sites ferroviaires valant le coup d'œil

Le viaduc Ferroviaire de Guily-Glas
Le plus imposant des nombreux ouvrages d'arts que compte la ligne de Quimper à Brest. Un pont en arc en plein cintre mesurant 357

mètres de longueur et 54,7 mètres de haut. Il est formé de 12 arches de 22 mètres d'ouverture. Il traverse l'Aulne à 1,5 km en aval du centre bourg de Port-Launay.
29150 Port-Launay
GPS : *48.2148, -4.08988*
Fiche Aiguillages : *41*
A proximité : *Plonévez-Porzay (Musée du Chemin de Fer du Ménez), Locronan (L'un des plus beaux villages de France).*

Sites touristiques accessibles en train, bus ou bateau

Concarneau
La ville close
29900 Concarneau
GPS : *GPS : 47.8706, -3.91991*
Accès : *Bus BreizhGo ligne n°43 depuis la gare de Quimper*

Le Guilvinec
Premier port de pêche artisanal de France
29730 Guilvinec
GPS : *GPS : 47.795, -4.28228*
Accès : *Bus BreizhGo ligne n°561 depuis la gare de Quimper*

Locronan
L'un des plus beaux villages de France
29180 Locronan
GPS : *48.0988, -4.20723*
Accès : *Bus BreizhGo ligne n°15 depuis la gare de Quimper*

La pointe du Raz
Grand site naturel de France
Accès : *Ligne de bus N°53B depuis la gare de Quimper*
GPS : *48.0403, -4.74048*

L'opéra de Rennes

© Edouard Hue / Wikimedia Commons

RENNES

En Haute-Bretagne, au confluent de l'Ille et de la Vilaine, la plus grande ville de la région est aussi l'ancienne capitale du Duché de Bretagne, dont elle fut le siège du parlement au XVIᵉ siècle. Elle présente la double originalité d'être une capitale excentrée, et la seule ville de plus de 25000 habitants à ne pas se trouver au bord de la mer. En 1720, elle connaîtra un incendie tragique qui détruira une grande partie des maisons alors faites de torchis et de bois. Dans ces ruelles étroites ou l'eau courante était inexistante, l'incendie que l'on dit avoir été provoqué par un menuisier ivre qui mit le feu à un tas de copeaux de bois avec sa lampe à huile, n'eut aucun mal à se propager de maison en maison. Le train est arrivé dans la ville en 1857, au moment de l'établissement de la ligne Paris-Brest. Elle a ensuite été reconstruite par deux fois. Une première en 1992 pour accueillir le TGV Atlantique, une seconde en 2019 pour faire suite à l'ouverture de la LGV Bretagne deux ans plus tôt.

Comment s'y rendre

De Paris : Plus d'une vingtaine de liaisons TGV sont assurées chaque jour depuis Paris. La plupart ont pour origine la gare de Montparnasse. Le meilleur temps de trajet étant de 1 heure 28. Une ou deux liaisons sont également possibles depuis les gares de Marne-la-Vallée Chessy, Paris Aéroport Charles de Gaulle, ou encore Massy TGV. Attention toutefois à certaines propositions fantaisistes faites par l'application OuiSNCF qui vous amènerait à faire le trajet depuis ces gares via Lille, Lyon ou même Champagne-Ardenne TGV, avec retour à Paris pour aller finalement prendre un Train à Grande Vitesse à la gare de Montparnasse !

De Nantes : Plus d'une vingtaine de liaisons sont assurées entre les deux capitales régionales chaque jour. La plupart sont directes. Le meilleur temps de parcours est de 1 heure 15.

Un tarif unique de 18 euros (prix rond) est appliqué pour tous les trajets effectués en TER.

De Lille : En TGV, le départ se fait des gares de Lille-Flandres ou Lille-Europe pour rejoindre dans un premier temps la gare du Nord à Paris, d'où il faudra se rendre à la gare Montparnasse pour prendre un deuxième TGV à destination de la pointe bretonne. Quelques Trains à Grande Vitesse sont directs entre Lille-Europe et Rennes (1 par jour en semaine, 2 à 3 le week-end).

De Lyon : Les liaisons directes, sans correspondance à Paris se font rares (une par jour) pour un temps de parcours de 4 heures. Tous les autres trajets (une dizaine) impliquent un changement de train à Paris. Le temps de parcours moyen étant alors de 5 heures.

De Strasbourg : En moyenne, 4 à 5 TGV assurent ce trajet chaque jour, avec des temps de parcours allant de 4 heures 41 à 5 heures 37. Pour moitié, ils sont directs (mais le temps de trajet n'est pas nécessairement plus court), les autres impliquent un changement de gare à Paris.

A voir et à faire à Rennes

La gare
Sa première édification remonte à 1857 lors de la création de la ligne de Paris Montparnasse à Brest. Une nouvelle gare a été créée pour accueillir le TGV Atlantique en 1992 avant d'être profondément remaniée en juillet 2019 pour l'arrivée de la LGV Bretagne et d'une nouvelle ligne de métro.

Le métro
Son réseau n'est constitué que d'une seule ligne, la A. Une seconde, la B devait être inaugurée à la fin du deuxième semestre 2021. Il s'agit d'un métro automatique sur pneus, de type VAL. Lors de son inauguration en 2002, Rennes était la plus petite ville du monde dotée d'une ligne de métro.

Le parlement de Bretagne
C'est le lieu où les ducs de Bretagne s'assemblaient jusqu'à ce que la Révolution Française ne le dissolve. Le bâtiment est devenu depuis, Palais de justice.

La place des Lices
C'est là que se déroulaient les tournois de chevaliers au Moyen Age et où Bertrand Du Guesclin se fit connaître lors de son premier combat.

Les portes mordelaises
Elles constituaient l'entrée de la ville fortifiée. Avant d'aller se faire couronner à la cathédrale les Ducs de Bretagne la franchissaient symboliquement après avoir prêté serment.

La cathédrale Saint-Pierre
Elle a été le témoin de grands événements dans l'histoire de la Bretagne, tels les couronnements des ducs et duchesse de Bretagne.

La chapelle Saint-Yves
De style gothique flamboyant, elle avait été construite pour l'hôpital Saint-Yves, avant d'être aménagée en quincaillerie au XIXe siècle.

A voir et à faire dans les environs de Rennes

La gare de Médréac
Vélorail
La gare de Médréac est située sur l'ancienne ligne Dinan – Dinard – La Brohinière. Elle a été en activité de 1896 à 1985. Le trafic voyageurs a été interrompu dès la fin de la Seconde

Le vélorail de la gare de Médréac

© Simon Bourcier

Guerre mondiale, un service marchandise ayant subsisté ensuite. Après l'abandon de la ligne, une poignée d'habitants a tout fait pour conserver ce morceau de patrimoine. La gare de Médréac étant typique de l'architecture du Réseau Breton. La municipalité a racheté le bâtiment en 1994 pour y installer une scénographie ferroviaire et le café de la gare qui occupe l'ancienne halle marchandise et y propose des expositions temporaires. La scénographie raconte l'histoire de trois voyageurs, trois Médréaciens qui ont connu le train à trois époques différentes. La salle d'attente, le guichet de la gare et la lampisterie ont été conservés dans leur état d'origine. Une exposition permanente raconte l'histoire du chemin de fer en Bretagne. L'Association de Sauvegarde du Patrimoine Médréacien qui a porté le projet de sauvetage de la gare, a monté celui d'un vélorail, avant de transmettre le flambeau à la Communauté de communes du Pays de Montauban de Bretagne pour en assurer le développement et la péren-

nité. Ce sont de vrais vélos de type VTT, à assistance électrique qui sont utilisés pour le parcours. Ils roulent sur pneus. Le galet qui ne fait qu'assurer l'équilibre, ne frotte pas sur les rails. Deux parcours possibles sur l'ancienne voie ferrée. Un aller-retour de 6 km (1h) ou 14 km (2h) à travers le bocage, la campagne et la forêt bretonne, jusqu'à la chapelle de La Brohinière.

6 rue de la Gare
35360 Médréac
GPS : *48.2644, -2.06657*
Gare la plus proche : *Montauban de Bretagne. Attention, la gare de Médréac se trouve à une dizaine de kilomètres et n'est pas desservie par les transports publics.*
Ouverture : *Mardi au vendredi de 9h à 12h30 et de 14h à 17h30. Le samedi de 9h à 12h30. Fermeture le lundi & le jeudi matin et jours fériés.*
Durée de la visite : *Scénographie : 20 minutes - Vélorail : Petit parcours 1h, grand parcours 2h*

Tarifs : *Petit parcours (avec accès au Musée ferroviaire) : 6 € par personne, 3 € pour les moins de 8 ans*
Téléphone : *+33 (0)2 99 09 58 04*
E-Mail : *velorail@pays-stmeenmontauban-tourisme.fr*
Site web : *https://cutt.ly/zbbbTuJ*
Fiche Aiguillages : *6*
A proximité : *Forêt de Brocéliande (au cœur de légende du roi Arthur).*

Le parc-Musée des Mines de la Brutz
Musée

Ce musée est installé sur l'ancien site des Mines de Fer de la Brutz. Il retrace l'histoire de l'activité industrielle minière du bassin breton-angevin et se compose d'une exposition permanente présentant des documents photographiques, des plans, de l'outillage et des matériaux extraits ou produits qui retracent près d'un siècle d'activité minière dans la région. Le travail dans une mine de fer souterraine dans les années 47/50 est présenté sous la forme d'une vidéo et de la reconstitution de fond de mine. Le parcours s'effectue à bord d'un train en voie de 60 cm.

35620 Teillay
GPS : *GPS : 47.8099, -1.46802*
Ouverture : *Tout public de juin à mi-septembre (journées du patrimoine), visites guidées du mardi au dimanche inclus. Départ des visites à 14h30 et 16h30. De mars à novembre pour les groupes à partir de 20 personnes sur réservation.*
Tarifs : *Adulte : 6 €, enfant de 12 à 15 ans : 3 €, moins de 12 ans : gratuit*
Téléphone : *+33(0)6 99 59 58 91*
E-Mail : *reservationculture@bretagneportedeloire.fr*
Site web : *https://cutt.ly/TbbbU5i*
Fiche Aiguillages : *7*
A proximité : *Rennes (porte d'entrée et capitale de la Bretagne).*

Le musée du Rail
Musée

Installé dans l'aile ouest de la gare de Dinan, bâtiment construit dans le style néo-breton et classé monument historique, le musée retrace l'histoire du chemin de fer en Bretagne, au travers de vitrines, affiches et costumes. C'est la destruction de la petite gare de La Hisse, située à 8km de Dinan, qui a poussé Jacky Hamoniaux à créer ce musée, pour sauvegarder le patrimoine ferroviaire local. L'une des pièces maîtresses de l'exposition est un poste Vignier de 1889 qui était en service à la gare de Dinan et qui a été sauvé de la destruction et remonté complet, couvert et sous ardoises, dans l'une des salles. S'étalant sur 500 mètres carrés, le musée se sent un peu à l'étroit dans ses murs, tant il a d'objets à mettre en lumière. Les collections comprennent plus de 250 affiches, de très nombreuses lampes et lanternes, des plaques et des outils, et même une collection très complète de clous de traverse, une mine d'informations insoupçonnées sur l'histoire de la voie. Au fond, l'un des espaces est réservé à la présentation d'un grand réseau à l'échelle HO évoquant des sites de la région. Une section modélisme a été créée au sein de l'association et prend en charge l'animation et l'entretien de ce grand réseau, ainsi que des dioramas présentés à différentes échelles. Ses membres ont en projet, un réseau reproduisant l'ancienne gare de Dinan. Ils s'occupent aussi de tester et dépanner s'il le faut, le matériel qui est ensuite mis en vente dans la boutique.

Gare SNCF Place du 11 novembre 1918
22100 Dinan
GPS : *48.457, -2.05359*
Accès : *La gare de Dinan est accessible depuis Rennes via une correspondance à Lamballe.*
Fiche Aiguillages : *8*
A proximité : *Dinan (la gare classée monument historique, la cité médiévale), Saint-Cast-le-Guildo (sur la côte d'Emeraude).*

Hébergement insolite

Gîte de la gare

Gîte d'étape et de groupe, dans l'ancienne gare construite par la Compagnie des Chemins de fer de l'Ouest pour permettre aux parisiens de rejoindre Dinard en 10 heures.

22490 Pleslin-Trigavou
GPS : *48.5366, -2.05065*
Accès : *Bus BreizhGo ligne n°7 depuis la gare de Dinan*
Site web : *https://cutt.ly/obbb8aT*
Fiche Aiguillages : *30*
A proximité : *Dinan (la gare, le musée du rail, la cité médiévale), Saint-Cast-le-Guildo (sur la côte d'Emeraude), Saint-Malo (la cité corsaire).*

Sites ferroviaires valant le coup d'œil

La gare de Dinan

Sur la ligne Lison-Lamballe, elle a été mise en service en 1879 par la Compagnie de l'Ouest. Le bâtiment actuel date de 1831 et a été construit par l'architecte Georges-Robert Lefort, dans le style néo-breton. Il est classé monument historique.

Place du 11 novembre 1918 22100 Dinan
GPS : *48.4569, -2.05344*
Accès : *Depuis Rennes, correspondances pour Dinan à Lamballe*
Fiche Aiguillages : *33*

La gare de Vitré

Située sur un ancien nœud ferroviaire à partir duquel on pouvait rejoindre le Mont Saint-Michel, cette gare a une architecture très atypique. Elle est flanquée de deux échauguettes et coiffée d'un toit en ardoises. Ce bâtiment est classé aux monuments historiques

35500 Vitré
GPS : *48.1228, -1.21182*
Accès : *Liaisons TER régulières depuis Rennes*
Fiche Aiguillages : *42*

Sites touristiques accessibles en train, bus ou bateau

La forêt de Brocéliande

Au cœur de légende du roi Arthur

35380 Paimpont
GPS : *48.0196, -2.17388*
Accès : *Bus BreizhGo ligne n°1A depuis la gare de Rennes*

Saint-Malo

La cité corsaire

35400 Saint-Malo
GPS : *48.647, -2.00421*
Accès : *La gare est le terminus de la liaison Rennes Saint-Malo*

Cancale

Perle de la côte d'Emeraude

35260 Cancale
GPS : *48.6755, -1.85189*
Accès : *Bus BreizhGo ligne n° 5 depuis la gare de Saint-Malo*

Dinard

Ses villas Belle Epoque

35800 Dinard
GPS : *48.6345, -2.05502*
Accès : *Bus BreizhGo ligne n°16 depuis la gare de Saint-Malo*

Dinard

© W Bulach / Wikimedia Commons

© PanierAvide / Wikimedia Commons

SAINT-BRIEUC

Traversée par deux vallées profondes au fond desquelles coulent le Gouédic et le Gouët qui a été canalisé pour donner naissance au port du Légué, la ville est dotée de nombreux ponts et viaducs. La route et le rail s'affranchissent ainsi des obstacles qu'ils rencontrent sur leur chemin. Saint-Brieuc offre aux voyageurs leurs tout premiers points de vue sur la Manche. Les habitants se nomment Briochines et Briochins, car le nom de la ville vient de celui de Brioc, le moine gallois qui y fonda un monastère, tout près de l'actuelle cathédrale. La gare de la ville a été mise en service en 1863 par la Compagnie des Chemins de Fer de l'Ouest, lors de l'inauguration de la section de Rennes à Guingamp de la ligne de Paris-Montparnasse à Brest. Ses équipements et ses abords ont été totalement remaniés pour faire face à la hausse de sa fréquentation consécutive à la mise en service de la LGV Bretagne. Une gare multimodale a notamment été créée. Grâce au TGV, Saint-Brieuc n'est désormais plus qu'à 2 heures 10 de Paris.

Comment s'y rendre

De Paris : Une demi-douzaine de liaisons TGV sont assurées chaque jour depuis Paris-Montparnasse pour un temps de trajet légèrement supérieur à 2 heures. Il est possible sinon de prendre n'importe quel TGV pour Rennes où de faire correspondance en TER pour Saint-Brieuc.

De Rennes : Les deux villes sont reliées par de nombreuses liaisons TER. La durée du trajet varie entre 45 min et 1 heure 20 selon le nombre d'arrêts en cours. Le tarif régional unique de 18 euros (prix ronds) est appliqué sur tous ces trains (hors TGV).

De Nantes : Pas de liaison directe entre les deux villes, il faut prendre une correspondance à Rennes. Le meilleur temps de parcours est de 2 heures 15.

De Lille : En TGV, le départ se fait des gares de Lille-Flandres ou Lille-Europe pour rejoindre dans un premier temps la gare du Nord à Paris, d'où il faudra se rendre à la gare Montparnasse pour prendre un deuxième Train à Grande Vitesse à destination Rennes, d'où monter à bord d'un TER pour rejoindre Saint-Brieuc.

De Lyon : Le trajet consiste d'abord à rejoindre Rennes, d'où prendre un TER en correspondance pour Saint-Brieuc.

De Strasbourg : En moyenne, 4 à 5 TGV assurent le trajet chaque jour de la capitale alsacienne à Rennes, où un changement est nécessaire pour atteindre sa destination finale.

A voir et à faire à Saint-Brieuc

La gare
Elle fut mise en service par la Compagnie des Chemins de Fer de l'Ouest en 1863. Elle se trouve sur la ligne de Paris-Montparnasse à Brest, et est également à l'origine d'une ligne (actuellement fermée à tout trafic) vers le sud de la Bretagne, par Loudéac et Pontivy. Elle a été rénovée une première fois en 1931, puis en 1988 à l'occasion de l'électrification de la ligne de Rennes à Brest. Elle vient de subir une nouvelle profonde mutation, avec la création d'un pôle multimodal coïncidant avec l'ouverture de la LGV Bretagne-Pays de la Loire.

Les Viaducs de Louis-Auguste-Marie Harel de la Noë
Voir les différentes fiches descriptives ci-dessous.

Le centre historique et la cathédrale Saint-Etienne
Le centre historique de Saint-Brieuc recèle une quarantaine de maisons à pans de bois et l'une des neuf cathédrales historiques de Bretagne, classée aux monuments historiques.

Le port du Légué
Il a été créé en canalisant le Gouët. C'est un port à la fois de commerce, de pêche et de plaisance. Ce dernier a été totalement repensé et est devenu depuis un agréable lieu de balade.

La gare de Saint-Brieuc

© Kev22 / Wikimedia Commons

A voir et à faire dans les environs de Saint-Brieuc

La ligne Carhaix-Guingamp-Paimpol
Desserte ferroviaire régulière présentant un fort intérêt touristique

Cette ancienne ligne, seule survivante du Réseau Breton a d'abord été exploitée en voie métrique. Elle est en fait constituée de deux lignes distinctes Carhaix-Guingamp et Guingamp-Paimpol que l'on considérera ici comme en formant une seule, pour des questions de commodité. Sa longueur totale est d'un peu plus de 90 km. Elle présente la particularité d'être exploitée par la société Transdev Rail (ex CFTA, Chemins de Fer et Transports Automobiles), pour le compte de la SNCF. De ce fait, elle est totalement intégrée au réseau ferré national, et l'achat d'un billet peut se faire dans n'importe quelle gare ou sur les applications SNCF. De même les tarifs spéciaux consentis sur le reste du réseau TER BreizhGo y sont en vigueur. Il peut être intéressant de parcourir la ligne dans sa totalité, afin de remonter dans le temps.

A Carhaix, cœur de l'ancien Réseau Breton, est exposé tout près de la gare, l'une des locomotives Mallet assurant alors le service. Mais d'un point de vue touristique, c'est la section Guingamp Paimpol qui de loin est la plus intéressante. Les trains font correspondance dans cette ville avec les TGV arrivant de Paris. Ils quittent la gare en empruntant sur quelques centaines de mètres les voies de la ligne Paris-Brest, avant de s'engager sur une voie unique non électrifiée, qui longe dans un premier temps la grande ligne, puis passe en dessous, avant de s'en écarter rapidement. Les premières minutes du voyage se font dans un environnement périurbain qui cède assez vite la place à des paysages plus verdoyants. Mais c'est surtout à partir des environs de Pontrieux que ce trajet en train prend tout son intérêt. La ligne rejoint alors, la vallée du Trieux qu'elle traverse sur un viaduc surplombant le port, avant d'atteindre une halte, où une correspondance peut être établie l'été avec le train touristique La Vapeur du Trieux qui y fait étape. La ligne suit ensuite la rive droite de ce fleuve côtier soumis aux marées, jusqu'à son estuaire. Avant de franchir la halte de Frynaudour, elle en franchit le viaduc, également appelé « Viaduc du Leff », un pont en treillis métallique, conçu par Gustave Eiffel en 1893. Le parcours se poursuit à flanc de coteau, croise sur l'autre rive le Château de la Roche-Jagu, franchit la halte de Traou-Nez, où se trouve la maison de l'Estuaire avant de rejoindre la gare de Lancerf et d'arriver en gare de Paimpol.

La ligne avait été dans un premier temps dotée d'un troisième fil de rail afin de permettre l'acheminement de matériel roulant aux écartements métrique et normal, avant que celui du milieu ne soit supprimé pour ne conserver que l'écartement standard. Un temps menacé par son vieillissement, la ligne a fait l'objet de gros travaux qui ont conduit à sa rénovation après un peu plus d'un an de fermeture. La voie a été entièrement renouvelée, et les ouvrages d'art, dont le viaduc de Frynaudour, ont été rénovés dans le même temps. Les voyageurs y gagnent en confort et en temps de parcours.

Gare SNCF Avenue du Général De Gaulle
22500 Paimpol
GPS : 48.7775, -3.04589
Accès : Toutes les gares de la ligne sont desservies, certains arrêts sont facultatifs
Fiche Aiguillages : 54
A proximité : A Paimpol : La vapeur du Trieux (train touristique), l'abbaye de Beauport (ancienne abbaye maritime), L'Ile-de-Bréhat (et son archipel, face à la pointe de l'Arcouest). A Guingamp : La ville (patrimoine religieux, ducal et militaire). A Carhaix : La ville (locomotive Mallet en exposition devant la gare, le centre-ville).

La Vapeur du Trieux

© ??:

La Vapeur du Trieux
Train Touristique

La Vapeur du Trieux circule sur la portion la plus spectaculaire de l'ancienne ligne du Réseau Breton qui reliait Carhaix à Paimpol. Au départ de la «Cité des Islandais», le train s'engage dans la forêt de Penhoat-Lancerf, l'une des plus grandes forêts littorales de Bretagne, avant de rejoindre, pour le remonter, jusqu'à son terminus de Pontrieux, l'estuaire du Trieux. A la halte de Traou-Nez, les passagers sont invités à descendre, le temps d'une visite de la Maison de l'Estuaire, installée dans un ancien manoir, célèbre pour avoir été l'un des hauts lieux du déroulement de l'affaire Seznec, dans les années 1920. Puis le voyage reprend. Le train circule maintenant à flanc de coteaux, surplombant le Trieux qui offre un spectacle en perpétuel mouvement, orchestré par les marées montantes et descendantes, auquel l'estuaire est soumis. Sur la rive opposée, les passagers aperçoivent le château de la Roche-Jagu. Après avoir dépassé la halte de Frynaudour, le train s'engage sur le pont métallique du même nom pour franchir le Leff, un affluent du Trieux qui s'y jette à cet endroit.

Au terme d'un parcours de 17 km, le train entre en gare de Pontrieux, une petite commune connue pour ses lavoirs, ou encore pour avoir été le siège d'une cartonnerie où furent imprimés les premiers tickets du métro de Paris. Le temps de croiser un TER régulier circulant sur la même ligne en provenance de Guingamp, et la locomotive s'engage dans une manœuvre qui l'amène à se replacer en tête de son train, en vue du voyage retour. La Vapeur du Trieux, comme la ligne Carhaix-Paimpol, est opérée par Transdev Rail (ex CFTA, Chemins de Fer et Transports Automobiles). La société possède les voitures qui circulent sur la ligne, mais ne dispose pas de locomotive pour tracter sa rame. Aussi, chaque année, une machine est louée à une association pour assurer le service. Depuis 2013, il s'agit de la 141 TB 424, une machine préservée par l'Association des Anciens et Amis de la Traction Vapeur (AAATV), section de Mulhouse.

Gare SNCF Avenue du Général De Gaulle
22500 Paimpol

GPS : 48.7772, -3.04606

Accès : En train, les gares de Paimpol et de Pontrieux sont desservies régulièrement par

des TER, en correspondance avec le TGV en gare de Guingamp. Il est aussi possible de rejoindre Paimpol, par les lignes de bus 1 et 4 au départ de Saint-Brieuc
Ouverture : *Pas de circulation en 2022*
Durée de la visite : *Trajet aller 1h20 comprenant un arrêt avec animation à la Maison de l'Estuaire, retour 35 minutes*
Téléphone : *02 96 20 52 06*
E-Mail : *lavapeurdutrieux@wanadoo.fr*
Site web : *https://www.vapeurdutrieux.com/*
Fiche Aiguillages : *1*
A proximité : *La ville (centre piétonnier historique, le port), l'abbaye de Beauport (ancienne abbaye maritime), Bréhat (l'île et son archipel).*

Le chemin de fer de Bon Repos

© DR

Le Chemin de Fer de Bon Repos
Train Touristique

54 ans après le passage du dernier train en gare de Gouarec, l'Association des Amis du Chemin de Fer de Bon Repos fait circuler de nouveau des trains sur cette portion de ligne ayant appartenu au Réseau Breton. Entre 2015 et 2017, une première exploitation avait été organisée sur le site de la Halte de Bon Repos sur quelques centaines de mètres. D'abord envisagées avec comme point de départ cette ancienne halte, les circulations ont finalement pour origine la gare de Gouarec, et emmènent les voyageurs vers le site de l'Abbaye de Bon Repos. Ce sont des travaux de réaménagement de la route départementale N° 2164, une ancienne route nationale rétrocédée au département des Côtes d'Armor, qui ont permis d'envisager ce transfert. A l'occasion des travaux de terrassement réalisés, le train a su se frayer un espace aux côtés de la route départementale et de la voie verte réservée aux piétons et aux cyclistes, le long du canal de Nantes à Brest. A mi-parcours, une station intermédiaire, « la gare aux korrigans » a été aménagée pour permettre à l'avenir le croisement des convois. L'association a récupéré pas mal de matériels roulant

de provenances diverses. Les circulations en train se font à bord de rames à voie métrique. Baladeuses par beau temps, voitures fermées, en cas de pluie, elles sont composées à 100% de véhicules ayant roulé en Suisse. A l'avenir un autorail de type OC2 ayant circulé sur le Réseau Breton qui a rejoint depuis quelques années la halte de Bon Repos devrait être remis en circulation. La même portion de ligne est exploitée par le vélorail du Kreiz Breizh, mais en voie de 60 cm. Les circulations se font en alternance, selon les jours, en train, ou en vélorails. Pensé pour recevoir au mieux les cyclotouristes parcourant le Centre-Bretagne, le site du Chemin de Fer de Bon Repos, est l'un des tout premiers trains touristiques à être labellisé « Accueil Vélos ».
La Gare 1 rue de la gare
22570 Gouarec
GPS : *48.232, -3.13502*
Accès : *Gare la plus proche : Carhaix. De là, prendre la ligne de bus N°20 du réseau de transports publics BreizhGo.*
Ouverture : *Du 24 avril au 30 septembre (circulations régulières). Trains thématiques hors saison*
Durée de la visite : *1h aller-retour*
Tarifs : *Normal : 7 €, réduit : 5 €, famille (2 adultes*

+ 2 enfants et plus) : 20 €, trains thématiques : 10
Téléphone : *+33 (0)7 89 40 72 61*
E-Mail : *contact@velorail.bzh*
Site web : *www.chemindeferdebonrepos.com/*
Fiche Aiguillages : *2*
A proximité : *Mûr-de-Bretagne (lac de Guerlédan), Bon Repos (l'abbaye), Pontivy (la gare, le Napoléon Express).*

Le Chemin de Fer du Centre Bretagne

© DR

Chemin de Fer Centre Bretagne
Préservation de matériels roulants historiques

L'association du Chemin de Fer de Centre-Bretagne restaure et préserve des autorails historiques en vue de les faire circuler sur le réseau ferré national. Elle est née en 1991 avec comme premier but la restauration d'un autorail Picasso, qui une fois menée à son terme, a permis les premières circulations organisées par l'association et a appelé la sauvegarde d'autres engins. L'idée était alors de les faire circuler sur le réseau ferré national, sur la ligne vers Saint-Brieuc et au-delà. Mais les nuages se sont peu à peu accumulés dans le ciel de Loudéac. En 2006, le trafic voyageurs est suspendu sur la ligne. En 2012, c'est celui du fret qui est interrompu. Faute d'entretien, la ligne est fermée à toutes circulations, même touristiques et occasionnelles depuis 2017. Pour éviter que la voie ne disparaisse complètement sous la végétation, l'association qui veut croire à un possible, voire souhaitable retour du train en Centre-Bretagne, organise régulièrement des opérations de débroussaillage et poursuit son travail d'entretien du matériel roulant qu'elle préserve, sous l'ancienne remise du Réseau Breton qu'elle occupe. En partenariat avec le Pacific Vapeur Club, elle a comme nouveau projet de se lancer dans la restauration d'un nouvel autorail de type X2800, le X2847, qui après avoir parcouru plus de 5 millions de km sur les voies de la SNCF, est stationné à Loudéac depuis 2009, en attente de travaux. A compter de

l'été 2021, l'un de ces engins devrait assurer le service du Napoléon Express, un nouveau train touristique qui reliera la gare de Pontivy (ex Napoléonville) à celle de Lambel-Camors.
Rue Pierre Loti - 22600 Loudéac
GPS : *48.1804, -2.76288*
Accès : *Les circulations étant suspendues sur la ligne, seul le bus permet de rejoindre Loudéac en transports publics au départ de Saint-Brieuc ou Pontivy*
Ouverture : *Pas de circulations prévues en 2021 sur la ligne Loudéac Saint-Brieuc*
Téléphone : *+33 (0)6 77 09 38 86 ou +33 (0)6 03 12 14 31*
E-Mail : *info@cfcb-asso.org*
Site web : *http://www.cfcb-asso.org/*
Fiche Aiguillages : *5*
A proximité : *Pontivy (la gare, le Napoléon Express), Mûr-de-Bretagne (le lac de Guerlédan).*

Les Chemins de Fer des Côtes du Nord
Musée

L'association des Chemins de Fer des Côtes du Nord dispose de la plus grande collection de matériel roulant historique ferroviaire de Bretagne. Elle a été créée en 1988 pour entretenir la mémoire de ce réseau qui fut l'un des plus importants de France, comptant à son apogée 452 km de voies, à écartement métrique. Le projet serait de faire rouler certains matériels préservés en dehors du site, sur la plateforme toujours présente de l'ancienne ligne toute proche, mais le classement en zone Natura 2000 de la Baie de Saint-Brieuc en rend la concrétisation difficile.

Le matériel roulant dont une partie est classée monument historique se contente donc de va-et-vient sur quelques dizaines de mètres dans la cour de la gare. La collection est constituée de deux autorails De Dion, de plusieurs draisines Billard et Renault, de deux locomotives à vapeur et de plusieurs locotracteurs.

Plusieurs voitures et wagons d'origine suisses sont également présents sur site. Il est sur place possible de faire un petit tour en train grâce au Tramway de Boutdeville, qui fait le tour du parc et du musée de La Briqueterie qui se trouve sur le site.

En voie de 40 cm, il s'agit d'un ancien train maraîcher. Une visite de La Briqueterie, un musée présentant les différentes activités dans la Baie de Saint-Brieuc au début du XXe siècle, et évoquant l'histoire des Chemins de Fer complète bien un déplacement sur place.

22360 Langueux
GPS : 48.5054, -2.69829
Accès : Ligne 50 des Transports Urbain de Saint-Brieuc (TUB). Descendre à l'arrêt Boutdeville.
Ouverture : *Du 10 avril au 8 mai, les mercredis et samedis. Du 5 juin au 12 juin, les mercredis et samedis. Du 13 juin au 12 septembre, les mercredis, samedis et dimanches. Du 15 septembre au 6 novembre, les mercredis et samedis*

© ACFCdN

Tarifs : *Tarif (tramway de Boutdeville) : 2,30 €, gratuit pour les enfants de moins de 2 ans*
Téléphone : *+33(0)2.96.72.75.88*
E-Mail : *acfcdn@wanadoo.fr*
Site web : *www.chemin-fer-baie-saint-brieuc.fr*
Fiche Aiguillages : *103*
A proximité : *Saint-Brieuc (La gare, le centre-ville, le port du Légué, les viaducs de Louis-Auguste-Marie Harel de la Noë).*

Le Vélorail du Kreiz Breizh
Vélorail
Le vélorail avait été mis en service dans l'attente de la fin de la pose de la voie métrique permettant aux rames du Chemin de fer de Bon Repos de circuler. Désormais, les deux types de circulations vont alterner selon les jours sur le site. Les vélorails continuant à rouler sur l'écartement de 60 cm.

Gare de Gouarec 1 rue de la gare
22570 Gouarec
GPS : 48.2668, -3.12129
Accès : *Gare la plus proche : Carhaix. De là, prendre la ligne de bus N°20 du réseau de transports publics BreizhGo.*
Ouverture : *Du 30 avril au 9 juillet et du 3 septembre au 1er octobre : Circulations le samedi au Départ de Gouarec à 15h*
Du 12 juillet au 25 juillet : Circulations les mardis, mercredis, jeudis, vendredis et samedis. Départ de Gouarec à 14h, 16h00 et 17h30
Du 26 juillet au 18 août : Circulations les mardis, mercredis, jeudis, vendredis et samedis. Départ de Gouarec à 10h30, 14h, 16h00 et 17h30
Entre avril et octobre, la circulation est possible pour les groupes de 28 personnes minimum (sur réservation).
Durée de la visite : *1h20 aller-retour en moyenne*
Tarifs : *25 € par vélorail (de 2 à 4 personnes par vélorail).*
Téléphone : *+33 (0)7 89 40 72 61*
E-Mail : *contact@velorail.bzh*
Site web : *https://velorail.bzh/*
Fiche Aiguillages : *25*

Le Vélorail du Kreiz Breizh

© DR

A proximité : *Mûr-de-Bretagne (lac de Guerlédan), Bon Repos (l'abbaye), Pontivy (la gare, le Napoléon Express).*

L'Appart' du chef de gare
Hébergement insolite
Le gîte peut accueillir 4 personnes, au premier étage de l'ancienne gare de Gouarec, point de départ du Vélorail du Kreiz Breizh et du Chemin de Fer de Bon Repos.
22570 Gouarec
GPS : *48.2595, -3.14601*
Accès : *Gare la plus proche : Carhaix. De là, prendre la ligne de bus N°20 du réseau de transports publics BreizhGo.*
Site web : *https://gitesbonrepos.bzh/fr/*
Fiche Aiguillages : *26*
A proximité : *Mûr-de-Bretagne (lac de Guerlédan), Bon Repos (l'abbaye), Pontivy (la gare, le Napoléon Express).*

Gare Pondi
Musée ou bâtiment ferroviaires ouverts au public
Au cœur de la Bretagne intérieure, Pontivy est située au confluent du Blavet et du canal de Nantes à Brest. La ville s'est appelée un temps Napoléonville, au moment de la mise en service de la gare en 1864 par la Compagnie du Chemin de fer de Paris à Orléans. Lors de récents travaux intervenus sur le bâtiment voyageurs, une inscription attestant de cette appellation a été retrouvée sur l'un des pignons de la gare. Elle avait été masquée par la construction d'un agrandissement. Le service voyageurs en provenance d'Auray a été fermé en 1949 et transféré sur la route, mais a été maintenu jusqu'en 1987 vers Loudéac. La gare n'a dès lors conservé qu'un guichet jusqu'à ce qu'un dégât des eaux intervenu en 2014 en provoque la fermeture définitive et précipitée. Depuis, une petite activité de fret est maintenue et le bâtiment a été racheté par un passionné de trains. Des rames de fret viennent manœuvrer dans les emprises de la gare avant de s'engager sur les voies d'embranchements industriels desservant des entreprises. Des appartements ont été créés à l'étage du bâtiment voyageurs autrefois occupé par le chef de gare. Au rez-de-chaussée, une bonne partie de l'ancien guichet et de la salle d'attente est occupée par un magasin spécialisé dans le modélisme ferroviaire. L'espace restant sera réservé à l'accueil du public à l'occasion de divers événements culturels et musicaux, et à un guichet de vente des titres de transports locaux et régionaux. Une salle d'attente et des toilettes seront de nouveau mises à la disposition des voyageurs, empruntant les cars desservant la gare routière. Enfin, des trains de voyageurs doivent faire leur retour en gare. Le Napoléon Express, un train touristique opéré par l'Association des Chemins de Fer de Centre Bretagne devant faire ses premiers tours de roue au mois de juin 2021.
56300 Pontivy
GPS : *48.0626, -2.96599*
Accès : *Bus BreizhGo ligne n°LR depuis la gare de Saint-Brieuc*
Site web : *www.facebook.com/garpondi*
Fiche Aiguillages : *107*
A proximité : *Pluméliau (la balade du Père Nicolas), Mûr-de-Bretagne (lac de Guerlédan), Laniscat (l'abbaye de Bon Repos).*

Le Napoléon Express
Train Touristique

Depuis la gare nouvellement restaurée de Pontivy, un temps nommée Napoléonville, ce train parcourt 35 km avant de rejoindre celle de Lambel-Camors en suivant le cours du Blavet. La balade se fait à bord d'autorails des années 50/60. La ligne toujours en activité mais uniquement ouverte au fret ferroviaire franchit ponts et tunnels avant de rejoindre le canal du Blavet et la forêt de Camors. Le train marque trois arrêts à Saint Nicolas des Eaux, Saint Rivalain et Coët Blavet à Quistinic.

56300 Pontivy
GPS : 48.0622, -2.96646
Fiche Aiguillages : 108
A proximité : Pluméliau (la balade du Père Nicolas), Mûr-de-Bretagne (lac de Guerlédan), Laniscat (l'abbaye de Bon Repos).

La gare de Plougonver
Bâtiment ferroviaire préservé

Bien que situé sur une ligne toujours en activité, le bâtiment de la gare a été laissé à l'abandon, jusqu'à son rachat en 1992 par un passionné suisse qui l'a restauré pour en faire une résidence secondaire. Il y installa plusieurs mètres de voies métriques afin d'accueillir une petite collection de matériels roulants dont certaines pièces sont maintenant centenaires. Pour les abriter, il fit démonter à Berne et transporter à Plougonver, la marquise d'une petite gare. Le parc est constitué de 10 véhicules. Le propriétaire étant décédé, son épouse en fit don à l'Association des Chemins de Fer des Côtes du Nord. Une équipe de bénévoles fut constituée sur place afin de le préserver et d'entretenir le site. Elle a comme projet de créer un petit musée dédié au Réseau Breton, et d'y ouvrir un hébergement insolite. La priorité à l'heure actuelle est de restaurer la verrière qui au fil du temps à subit des dégradations.

22810 Plougonver

GPS : 48.4583, -3.37099
Accès : Accès : La gare se trouve sur la ligne Guingamp-Carhaix
Téléphone : +33(0) 2 96 72 75 88
E-Mail : acfcdn@wanadoo.fr
Site web : https://cutt.ly/ZbbEl3q
Fiche Aiguillages : 118
A proximité : Guingamp (Le centre-ville, ses fortifications et ses maisons à pans de bois), Carhaix (ancien cœur du Réseau Breton – L'étoile de Carhaix).

Sites ferroviaires valant le coup d'œil

La gare de Brélidy-Plouëc
Cette ancienne gare du Réseau Breton, située sur la ligne Guingamp-Paimpol, est inscrite aux monuments historiques. Elle a conservé son bâtiment voyageurs, sa halle marchandises, ses sanitaires et son réservoir d'eau ainsi que des traces de sa plaque tournante.

22260 Plouëc-du-Trieux
GPS : 48.6693, -3.1961
Accès : Gare de Brélidy-Plouëc sur la ligne Guingamp Paimpol
Fiche Aiguillages : 31
A proximité : Pontrieux (les lavoirs, le viaduc, la Vapeur du Trieux), Paimpol (centre piétonnier historique, le port), Abbaye de Beauport (ancienne abbaye maritime), Bréhat (l'île et son archipel).

La gare de Saint-Brieuc
La gare a été inaugurée par la Compagnie des Chemins de Fer de l'Ouest, à l'occasion de l'ouverture de la section de ligne de Rennes à Guingamp. Son bâtiment voyageurs a été reconstruit en 1931 et rénové en 1988, au moment de l'électrification de la ligne de Rennes à Brest. L'ouverture de la LGV Bretagne a été l'occasion d'une nouvelle res-

La gare de Saint-Brieuc

© GilPe / Wikimedia Commons

tructuration de la gare et de ses alentours, un pôle multimodal étant créé du côté sud.

22000 Saint-Brieuc

GPS : 48.5077, -2.76502

Accès : Sur la ligne de Paris Montparnasse à Brest, la gare est desservie par des TGV directs et des TER en provenance de Rennes ou Brest

Fiche Aiguillages : 34

A proximité : Saint-Brieuc (le centre-ville, le port du Légué, les viaducs de Louis-Auguste-Marie Harel de la Noë), Langueux (Association des Chemins de Fer des Côtes-du-Nord).

Le viaduc de Pontrieux

Il est doté de 6 arches et forme une courbe progressive. Il domine le port de la ville.

22260 Pontrieux

GPS : 48.7011, -3.16032

AET : Le viaduc se trouve à quelques centaines de mètres de la halte de Pontrieux.

Fiche Aiguillages : 55

A proximité : Pontrieux (les lavoirs, la Vapeur du Trieux), Paimpol (centre piétonnier historique, le port), Abbaye de Beauport (ancienne abbaye maritime), Bréhat (l'île et son archipel).

Le viaduc Ferroviaire du Gouédic

Situé à 400 mètres en amont de la gare de Saint-Brieuc, il a été construit entre 1860 et

1862 par la Compagnie des Chemins de Fer de l'Ouest. Il est à double voie et en possède une troisième en impasse. Il est long de 134 mètres et haut de 39.

22000 Saint-Brieuc

GPS : 48.507, -2.76107

Accès : Fiche Aiguillages : 110

A proximité : Saint-Brieuc (le centre-ville, le port du Légué, les viaducs de Louis-Auguste-Marie Harel de la Noë), Langueux (Association des Chemins de Fer des Côtes-du-Nord).

Le viaduc des ponts neufs

Il a été construit à partir de 1913 par Louis-Auguste-Marie Harel de la Noë pour les Chemins de fer des Côtes-du-Nord. C'est un pont en courbe, précédé d'une passerelle, d'une longueur de 237 mètres, culminant à 27 mètres du sol.

22120 Hillion

GPS : 48.5074, -2.61352

Fiche Aiguillages : 111

A proximité : Langueux (Chemins de fer des Côtes-du-Nord), Saint-Brieuc (le centre-ville, le port du Légué, les viaducs de Louis-Auguste-Marie Harel de la Noë).

Le viaduc de Toupin

Construit par Louis-Auguste-Marie Harel de la Noë pour les Chemins de Fer des Côtes-du-Nord de 1902 à 1904, il était sur la ligne Saint-Brieuc Moncontour, et est désormais utilisé par la route. Il est long de 179 mètres et haut de 35.

22000 Saint-Brieuc
GPS : 48.5191, -2.74807
Fiche Aiguillages : 112
A proximité : Langueux (Chemins de fer des Côtes du Nord), Saint-Brieuc (le centre-ville, le port du Légué, les viaducs de Louis-Auguste-Marie Harel de la Noë).

Le viaduc de la Percée
Il a été construit en 1904 par Louis-Auguste-Marie Harel de la Noë pour les Chemins de fer des Côtes-du-Nord. Il est long de 134 mètres et haut de 34. C'est sans doute le plus remarquable de ceux construits par l'ingénieur.

22590 Pordic
GPS : 48.5581, -2.79728
Fiche Aiguillages : 113
A proximité : Langueux (Chemins de fer des Côtes du Nord), Saint-Brieuc (le centre-ville, le port du Légué, les viaducs de Louis-Auguste-Marie Harel de la Noë).

Le viaduc de Douvenant
Construit par Louis-Auguste-Marie Harel de la Noë en 1904 pour les Chemins de Fer des Côtes-du-Nord, il se trouvait sur les lignes Saint-Brieuc - Moncontour et Saint-Brieuc - Saint-Briac. Il est inscrit comme monument historique.

22000 Saint-Brieuc
GPS : 48.5167, -2.71907
Fiche Aiguillages : 114
A proximité : Langueux (Chemins de fer des Côtes du Nord), Saint-Brieuc (le centre-ville, le port du Légué, les viaducs de Louis-Auguste-Marie Harel de la Noë).

Le viaduc de Caroual
Construit en 1913 par Louis-Auguste-Marie Harel de la Noë pour les Chemins de Fer des Côtes-du-Nord, il se trouvait sur la ligne Yffi-niac - Matignon. Il mesure 109 mètres de long, pour 17 de haut.

22430 Erquy
GPS : 48.6203, -2.47057
Fiche Aiguillages : 115
A proximité : Cap Fréhel (le phare, Fort La Latte), Langueux (Les Chemins de Fer des Côtes du Nord), Saint-Brieuc (le centre-ville, le port du Légué, les viaducs de Louis-Auguste-Marie Harel de la Noë).

Le viaduc de Kerdéozer
Construit par Louis-Auguste-Marie Harel de la Noë pour les Chemins de Fer des Côtes-du-Nord en 1906, il était situé sur la ligne Tréguier Perros Lannion. Sa longueur est de 92 mètres. Il présente la caractéristique particulière d'être en pente de 3%.

22220 Plouguiel
GPS : 48.7913, -3.24498
Fiche Aiguillages : 116
A proximité : Pontrieux (le viaduc, les lavoirs, la Vapeur du Trieux), Paimpol (centre piétonnier historique, le port), Abbaye de Beauport (ancienne abbaye maritime), Bréhat (l'île et son archipel).

Sites touristiques accessibles en train, bus ou bateau

L'abbaye de Beauport
Ancienne abbaye maritime
22500 Paimpol
GPS : 48.7676, -3.02128
Accès : En bus, ligne n°A du réseau BreizhGo depuis la gare de Paimpol

L'abbaye de Bon Repos
Au bord du canal de Nantes à Brest
22570 Laniscat
GPS : 48.2116, -3.12658
Accès : Bus BreizhGo ligne n°5 puis 20 depuis la gare de Saint-Brieuc

Cap Fréhel
Le phare, Fort La Latte
22240 Fréhel
GPS : 48.6839, -2.31782
Accès : *En bus, ligne n°2 du réseau BreizhGo depuis la gare de Saint-Brieuc*

Carhaix
Ancien cœur du Réseau Breton (L'étoile de Carhaix)
29270 Carhaix-Plouguer
GPS : 48.2778, -3.56282
Accès : *Des TER desservent la ville à partir de Guingamp.*

La Côte de Granit Rose
Chaos granitique
22700 Perros-Guirec
GPS : 48.8335, -3.48087
Accès : *Bus BreizhGo ligne n°E depuis la gare de Lannion*

Erquy
Capitale de la coquille Saint-Jacques
22430 Erquy
GPS : 48.6286, -2.46581
Accès : *Bus BreizhGo ligne n°2 depuis la gare de Saint-Brieuc*

Guingamp
Fortifications, maisons à pans de bois
22200 Guingamp
GPS : 48.5556, -3.14336
Accès : *Gare de Guingamp sur les lignes Rennes Brest et Carhaix – Paimpol*

L'île-de-Bréhat
L'île et son archipel, face à la pointe de l'Arcouest
22870 Ile-de-Bréhat
GPS : 48.8437, -3.00118
Accès : *Bus BreizhGo ligne n°1 depuis la gare de Paimpol puis Vedettes de Bréhat*

Le lac de Guerlédan
Le plus grand lac artificiel de Bretagne
22530 Mûr-de-Bretagne
GPS : 48.2052, -3.04991
Accès : *En bus, ligne n°2 du réseau BreizhGo depuis la gare de Carhaix*

Paimpol
La cité des Islandais
22500 Paimpol
GPS : 48.7772, -3.04604
Accès : *Ter BreizhGo depuis la gare de Guingamp*

Pontivy
L'ancienne Napoléonville
56300 Pontivy
GPS : 48.0625, -2.96603
Accès : *Bus BreizhGo ligne n°LR depuis la gare de Saint-Brieuc*

Le port du Légué
Port de commerce, de pêche et de plaisance
22190 Plérin
GPS : 48.5273, -2.74516
Accès : *Ligne D du TUB (Transports Urbains de Saint-Brieuc)*

Saint-Cast-le-Guildo
Sur la côte d'Emeraude
22380 Saint-Cast-le-Guildo
GPS : 48.6276, -2.26327
Accès : *Bus BreizhGo ligne n°31 depuis la gare de Lamballe*

Val-André
Station balnéaire
22370 Pléneuf-Val-André
GPS : 48.586, -2.54065
Accès : *Bus BreizhGo ligne n°2 depuis la gare de Saint-Brieuc*

© Myrabella / Wikimedia Commons

VANNES

En Basse-Bretagne, la ville est la préfecture du Morbihan, mais surtout l'un des points de départ les plus prisés pour visiter le célèbre Golfe, appelé aussi « la petite mer », dont elle occupe le fond. Etablie autour de sa vieille ville, elle s'est développée au-delà des remparts qui abritent encore la cathédrale Saint-Pierre, ainsi que de nombreuses maisons à pans de bois. C'est la Compagnie du Paris-Orléans qui a mis en service sa gare en 1862. Elle est alors desservie par des trains en provenance de Nantes, Savenay et Paris. Au début du XXe siècle, son importance est surtout liée au trafic généré par les lignes secondaires qui irriguent le département. Comme beaucoup d'autres gares elle a subi ces dernières années de profondes transformations. Un parking a été créé à l'emplacement de l'ancienne cour à marchandises et un pôle multi-services dans un nouveau bâtiment construit dans la continuité de celui existant. Les TGV Atlantique en provenance de Paris s'y arrêtent, ainsi que de nombreux trains régionaux ayant pour origine ou destination Nantes, Rennes ou Quimper.

Comment s'y rendre

De Paris : Une demi-douzaine de TGV directs assurent la liaison chaque jour, en 2 heures 30 en moyenne. D'autres parcours sont possibles en arrivant à Rennes où des correspondances sont réalisables pour Vannes.

De Rennes : Une dizaine de TGV assurent la liaison quotidiennement avec Vannes pour un trajet d'1 heure 20 en moyenne. Quelques TER complètent cette offre de desserte moyennant une correspondance à Vannes. Le tarif unique régional de 18 euros (prix ronds) est appliqué sur les TER.

De Nantes : Quelques TER assurent une liaison en un peu plus d'une heure pour les directs. Les autres, supposant une correspondance à Redon mettent un temps de 1 heure 40 environ.

De Lille : Pas de liaisons directes, mais des relations qui passent par Paris ou Rennes avec des temps de trajet allant de 5 heures 20 en moyenne.

De Lyon : Le parcours est possible via Paris ou Rennes, pour une durée de trajet variant de 5 heures 20 à 6 heures 30.

De Strasbourg : La liaison peut être établie via Paris-Montparnasse ou Rennes. Le meilleur temps de trajet est d'un peu plus de 5 heures 50 minutes.

A voir et à faire à Vannes

La gare
Ouverte en 1862 par la Compagnie du Chemin de Fer de Paris à Orléans, elle se trouve sur la ligne de Savenay à Landerneau. Elle est desservie par le TGV Atlantique et les TER assurant la liaison Rennes Quimper, Nantes Quimper, Vannes Lorient et Vannes Redon.

La vieille ville
La ville a conservé une bonne partie de ses remparts, régulièrement percés de portes. La plus haute tour de l'enceinte est celle dite du Connétable. Dans les rues vous ferez connaissance avec Vannes et sa femme, sculptés dans l'angle d'une maison à pans de bois.

Le port
En plein centre-ville, une écluse lui garantit d'être toujours à flot. Une esplanade sur la rive droite en fait un lieu idéal pour la balade. Il est le point de départ de nombreuses balades maritimes dans le Golfe du Morbihan.

Le Tire-Bouchon
Desserte ferroviaire régulière présentant un fort intérêt touristique
Le Tire-Bouchon est un TER qui circule en période estivale entre Auray et Quiberon. Il a été surnommé ainsi car en été, il se fait fi des bouchons qui se forment sur la presqu'île et libère les automobilistes du souci de trouver une place de stationnement une fois arrivé à destination. Il dessert les gares d'Auray, Ploemel-Carnac, Plouharnel, Sables Blancs, Penthièvre, Isthme de Penthièvre, Kerhostin, Saint-Pierre-Quiberon, et Quiberon. Une dizaine d'allers-retours sont proposés chaque jour. Au départ de la gare d'Auray, les premiers kilomètres du parcours se font dans un environnement urbain à semi-urbain. Passé la gare de Ploemel-Carnac, la seule sur la ligne où un croisement est possible, en dehors des gares aux extrémités, le train entre sur la presqu'île et place à l'émerveillement ! La voie s'enfonce tout d'abord en ligne droite dans le sable et la forêt, jusqu'à la gare de Sables Blancs. Le voyageur est ensuite cerné de toutes parts par la mer. Le train traverse la partie la plus étroite de la presqu'île. L'intérêt de prendre un pass journée, est de pouvoir descendre du train pour respirer les embruns, voire marcher un peu pour aller reprendre un autre train, un peu plus loin. Les gares n'étant ici distantes que de quelques centaines de mètres. Si une ligne de chemin de fer a été construite ici, c'était à la fois pour répondre à des besoins économiques, celui notamment d'écouler les produits de la pêche, mais aussi stratégiques et militaires. Il s'agissait d'acheminer les pièces d'artillerie destinées aux défenses de la pointe de Quiberon et de Belle-Ile. La ligne a été inaugurée le 26 juillet 1882. Pendant la Première Guerre mondiale, au sud de Saint-Pierre de Quiberon, a été créé un site d'essai de l'artillerie lourde sur voie ferrée. Un embranchement militaire a par conséquent été créé en 1916 à partir de la sortie sud de la

Le Tire-Bouchon

gare, pour servir à l'acheminement des pièces d'artillerie qui étaient produites par les usines Schneider au Creusot, en Saône et Loire. Côté trafic voyageurs, la ligne n'a jamais été bien rentable dans ses premières années d'exploitation. Seuls trois allers-retours étaient proposés quotidiennement. Dans l'entre-deux-guerres, malgré le développement progressif du tourisme, les trains restent peu fréquentés sur la presqu'île en dehors de la période estivale, et le transfert des passagers sur la route est sérieusement envisagé. La ligne ne devra son salut que du fait de son intérêt stratégique. Mais c'est l'occupant Allemand qui en tirera parti en l'intégrant à son dispositif du mur de l'Atlantique. Après la guerre, un service de trois trains quotidiens est mis en place pour des relations entre Quiberon, Nantes et Paris. Il est doublé durant l'été. Le

6 mars 1972 le service omnibus de voyageur est fermé. La ligne ne voit plus passer que deux trains express quotidiens, l'un diurne et l'autre nocturne composé de voitures provenant de Paris-Montparnasse, détachées en gare d'Auray. Dans les années 80, le tourisme dans la presqu'île connaît un très grand essor sous le poids du développement des loisirs nautiques et de la thalassothérapie. La population locale passe de 10 000 habitants l'hiver à 200 000 l'été. Avec plus de 20 000 véhicules l'empruntant chaque jour, l'unique route donnant accès à Quiberon est régulièrement totalement engorgée. Un service de train omnibus est alors remis en service. Trois ou quatre voitures Corail sont prélevées sur l'express de jour pour les assurer. La congestion de la route ne faisant qu'empirer, les élus locaux décident de la création d'un service ferro-

viaire renforcé, qui sera désormais assuré par des X2100 circulant selon un horaire cadencé. C'est ce service inauguré en 1985, qui donnera naissance au célèbre Tire-Bouchon. Son succès dépassera toutes les attentes. L'avenir de cette ligne reste malgré tout incertain. L'état très dégradé de la voie nécessiterait la réalisation de travaux dont le financement n'est pas encore acquis.

56400 Auray
GPS : 47.6803, -2.99932
Accès : *La gare d'Auray est desservie par les TGV en provenance de Paris-Montparnasse ou de la pointe de la Bretagne et de nombreux TER en provenance de Rennes ou Quimper.*
Ouverture : *De mi-juin à mi-septembre*
Durée de la visite : *45 minutes*
Tarifs : *4,50 € l'aller, 8 € l'aller-retour. Un pass journée permet de prendre le train à volonté*
Site web : *https://cutt.ly/AbbUCTN*
Fiche Aiguillages : *3*
A proximité : *Auray (la ville), Carnac (les alignements), Vannes (la ville fortifiée, le port), le Golfe du Morbihan (une mer intérieure s'étendant sur plus de 100 kilomètres carrés).*

Site touristique accessible en train, bus ou bateau ▄▄▄▄▄▄

Les Alignements de Carnac
Le plus grand ensemble mégalithique du monde
56340 Carnac
GPS : 47.5927, -3.08251
AET : *Gare la plus proche Carnac, sur la ligne du Tire-Bouchon puis 2 km à pied*

Auray
Point de départ pour la visite de la presqu'île de Quiberon
56400 Auray
GPS : 47.6803, -2.99939
Accès : *Gare d'Auray sur la ligne Rennes Quimper*

Belle-Ile-en-Mer
La plus grande des îles de Bretagne
56170 Quiberon
GPS : 47.3473, -3.15633
Accès : *En été, le Tire-Bouchon d'Auray à Quiberon, le reste de l'année Bus BreizhGo ligne*

Alignements du Ménec à Carnac

© Jacquym / Wikimedia Commons

Le Golfe du Morbihan

© Alexandre Lamoureux / Wikimedia Commons

n°1 depuis la gare de d'Auray. Puis traversée en bateau jusqu'à Belle-Ile

La Gacilly
Château, jardins botaniques
56200 La Gacilly
GPS : 47.7666, -2.13444
Accès : *Bus BreizhGo ligne n°12 depuis la gare de Redon*

Le Golfe du Morbihan
Une mer intérieure s'étendant sur plus de 100 kilomètres carrés
56000 Vannes
GPS : 47.5665, -2.76884
Accès : *Bus BreizhGo ligne n°7 depuis la gare de Vannes*

Josselin
Château, cité médiévale
56120 Josselin
GPS : 74.9523,-2.54742
Accès : *Bus BreizhGo ligne n°4 puis PON depuis la gare de Vannes*

Presqu'île de Quiberon
Une avancée de 14 km dans la mer à parcourir en train
56170 Quiberon
GPS : 47.4851, -3.11803
Accès : *Toute la presqu'île est desservie l'été par le Tire-Bouchon*

La Roche-Bernard
Le port, la vieille ville
56130 La Roche-Bernard
GPS : 47.5186, -2.30175
Accès : *Bus BreizhGo ligne n°8 depuis la gare de Vannes*

Rochefort-en-Terre
Château, village médiéval
56220 Rochefort-en-Terre
GPS : 47.6995, -2.33668
Accès : *Bus BreizhGo ligne n°9 depuis la gare de Vannes*

CENTRE-VAL DE LOIRE

S i vous aimez la vie de château, arrêtez-vous en Centre-Val de Loire ! Nombre de ces édifices sont qui plus est accessibles en train, ou en transports publics. Avant que Paris ne devienne la capitale de l'hexagone, les rois de France y avaient établi leur cour, et la région fut le théâtre de nombreux conflits majeurs, dont les deux guerres de Cent Ans, qui ont été à l'origine de la création des châteaux que l'on y trouve. Combien sont-ils ? Certains historiens avancent le chiffre de trois mille ! Cette exceptionnelle concentration a valu au Val de Loire d'être inscrit au patrimoine mondial de l'UNESCO. Si Cheverny a inspiré Hergé pour le dessin du château de Moulinsart dans les bandes dessinées relatant les aventures de Tintin et du capitaine Haddock, habitant les lieux, celui de Chambord vient de fêter ses 500 ans, celui de Chenonceau enjambe le Cher, et celui du Clos Lucé à Amboise a été la résidence officielle de Léonard de Vinci. A une époque plus récente, d'autres villes de la région ont été des nœuds ferroviaires conséquents, ont abrité d'importants dépôts vapeur ou ont été au cœur d'un réseau à voie métrique, dont certains tronçons sont toujours en activité. Des associations vous proposeront de revivre ces temps révolus au travers de la visite de leurs musées, d'une rotonde ferroviaire unique en son genre, qui a retenu toute l'attention de Stéphane Bern et de la Mission Patrimoine, de découvrir un chantier de très longue haleine visant à la remise en fonction d'une locomotive à vapeur ou encore de voyager dans la région à bord des trains historiques qu'elles entretiennent avec ferveur. Une occasion rêvée de revivre l'aventure d'un voyage dans un train d'autrefois.

Retrouvez les fiches des trains touristiques sur www.aiguillages.eu

La Loire à Orléans

CENTRE-VAL DE LOIRE //

Le Château de Rochecotte, Centre-Val deLoire

TABLE DES MATIÈRES

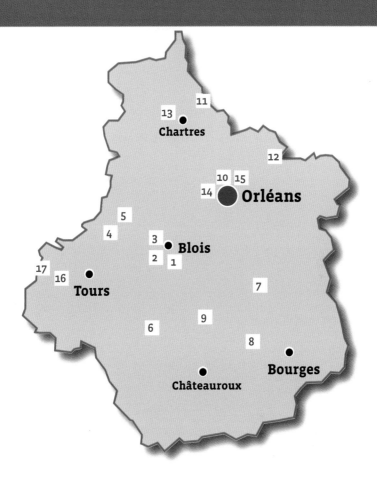

Comment venir en train

L'accès aux différentes villes de la région Centre-Val de Loire est assez commode en train depuis la région parisienne, puisque certains TER ont pour origine Paris. Les relations sont organisées selon un triangle constitué par Orléans au sommet, Tours et Vierzon à la base. Le TGV dessert la gare de Tours-Saint-Pierre-des-Corps depuis celle de Montparnasse ou de Massy, Marne-la-Vallée, et Aéroport Charles de Gaulle. Depuis Bordeaux la ville est atteignable en deux heures, trois depuis Lille ou Reims, trois heures trente depuis Metz ou Nancy, quatre heures depuis Lyon ou Strasbourg. Orléans est accessible en une heure depuis Paris par sa gare située en centre-ville, ou celle de Fleury-les-Aubrais. Vierzon peut être atteinte en deux heures depuis la capitale en TER ou Intercité depuis les gares de Montparnasse, Bercy ou Austerlitz. Il est possible d'interrompre son trajet, le temps d'une visite à Blois ou Amboise par exemple, sur le côté constitué par la section de ligne Les Aubrais-Tours. Sur la partie comprise entre Orléans et Vierzon, Salbris est un point de chute intéressant pour emprunter la ligne du Blanc à Argent toujours en activité entre cette gare et Valençay. Enfin, à la base du triangle, il est possible de pousser jusqu'à Bourges ou, dans la direction de Tours, de faire escale à Gièvres ou Chenonceaux.

Le TER Rémi

En région Centre-Val de Loire, le réseau TER est intégré au Réseau de Mobilité Interurbaine (Rémi), les trains Rémi-Express remplacent les Intercités Paris-Orléans-Tours, Paris-Bourges-Montluçon et Paris-Montargis-Nevers, et les TER se nomment « trains Rémi ». Le réseau ferré comprend vingt-huit lignes desservant cent cinquante gares. Une curiosité est à noter, l'exploitation d'une ligne à voie métrique entre Salbris et Valençay, der- nière survivante de l'ancien réseau du Blanc-Argent, qui n'est pas directement confiée à la SNCF, mais à sa filiale Keolis.

Bons Plans

La carte « Rémi Liberté » donne accès pendant un an à des réductions de 33% en semaine et 50% le week-end, pour un prix de 30 €. Pour des déplacements plus ponctuels dans la région, le « Pass Rémi Découverte » coûte 45 € pour deux jours, 60 € pour trois jours, et permet des déplacements illimités à des groupes pouvant compter jusqu'à cinq personnes. Sa version « Plus » permet pour 95 ou 120 € de voyager dans les mêmes conditions mais en intégrant des déplacements vers l'île de France.

BLOIS

Comment s'y rendre ?

De Bordeaux : Cinq relations quotidiennes permettent de faire ce parcours avec changement à Saint-Pierre-des-Corps, en TGV ou Ouigo. Les temps de parcours varient de deux heures trente à cinq heures.

De Lyon : Ce parcours suppose au minimum une correspondance à Saint-Pierre-des-Corps si l'on ne veut pas passer par Paris. Le temps de trajet le plus court est d'alors un peu plus de quatre heures, mais peut très vite s'allonger en fonction des temps de correspondances.

De Nantes : Des TER directs proposent une relation entre les deux villes en deux heures vingt environ. Il est également possible d'opter pour un TGV ou un train Intercité jusqu'à Saint-Pierre-des-Corps puis de prendre un TER pour terminer son voyage, pour un temps de trajet égal ou supérieur à celui que l'on peut faire en TER.

De Paris : Un TER quotidien assure la relation directe en une heure vingt-six au départ de la gare de Montparnasse. Au départ de cette même gare, il est possible de prendre un TGV ou un Ouigo à destination de Saint-Pierre-des-Corps et de prendre une correspondance pour finir son voyage qui prendra alors entre deux heures vingt et deux heures quarante.

De Toulouse : Il est possible de faire ce trajet en remontant jusqu'à Paris, mais également en passant par Bordeaux, dans les deux cas, au prix de deux correspondances. Le trajet le plus direct consiste à emprunter un Intercité jusqu'à Orléans puis un TER pour terminer son parcours. Le trajet s'allonge alors de trois quarts d'heure à une heure par rapport aux autres solutions.

A voir et à faire à Blois

Les ruelles de la cité : Sur les bords de la Loire, Blois a été établie à flanc de coteau. La ville est de ce fait truffée d'escaliers, de pentes et de montées à arpenter dans tous les sens.

Le château : Cette résidence royale a vu se succéder pas moins de sept monarques et dix reines. Il abrite le musée des beaux-arts de la ville.

La maison de la magie : Face au château, c'est une grande maison bourgeoise datant du milieu du XIXᵉ siècle. Toutes les demi-heures un dragon mécanique à six têtes apparaît à ses fenêtres !

La Fondation du doute : Ce musée est dédié au mouvement radical Fluxus, un réseau d'artistes auquel ont appartenu Yoko Ono, Ben ou encore John Cage.

Le château de Chambord : Le plus grand des châteaux de la vallée de la Loire renferme les appartements royaux de Louis XIV et un double escalier à hélice que l'on dit conçu par Léonard de Vinci.

A voir et à faire autour de Blois

Le circuit Vapeur Denis Papin
Mini-trains

Le réseau a été créé en 2003 par des amateurs de vapeur vive dans la ville de naissance de Denis Papin, inventeur de la cocotte-minute dont les principes ont été repris pour la mise au point des chaudières des locomotives à vapeur. Il est doté d'un poste d'aiguillage électro-pneumatique et d'une gare, tous deux construits par les membres de l'association. Les voies sont séparées en trois circuits, l'un,

totalement indépendant, de 300 mètres pour les trains à l'écartement de 45 mm (gauge 1, IIm, 1/32), le second de 400 mètres destinés aux trains construits à l'écartement de 5 pouces(127 mm), le troisième de 1700 mètres pour ceux en 7 pouces ¼ (184 mm).
Le réseau est ouvert au public le second week-end complet de chaque mois de mai à septembre, l'accès est gratuit, tour de train 5" et 7-/4" pour 1 €.
29 chemin de Franche Epine
41120 Chitenay
GPS : 47.5058, 1.37717
Accès :Bus n°55
Ouverture : Le deuxième week-end du mois : samedi de 14h à 18h, dimanche de 10h à 18h, les jours fériés de 10h à 18h.
Téléphone : +33(0)2 54 44 07 46 ou +33(0)6 15 70 37 16
E-mail : cvdp.fr@free.fr
Site web : http://cvdpchitenay.free.fr/
Fiche Aiguillages : 366
A proximité : Châteaux de Cheverny, Chaumont, Chambord et Chenonceau.

Mon' Ti Train
Mini-trains

Installé à l'emplacement d'une ancienne gare des tramways électriques du Loiret, le réseau a été conçu pour optimiser au mieux l'espace disponible sur le site. Dans un parc paysagé de deux hectares et demi, doté d'un étang, les trains quittent la gare pour s'engager dans une longue rampe qui les amènera au pont passant au-dessus du plan d'eau avant de revenir sur une voie à contresens dans la gare. Ils longent ensuite ce qui était le premier circuit du petit train qui est devenu un jardin entretenu par les enfants des écoles voisines, et s'engagent dans un tunnel, partent effectuer une nouvelle boucle pour revenir en gare. Originalité du site, l'association joue également le rôle d'antenne de l'office de tourisme. Sur

Mon' Ti Train

© Mon Ti Train

de fer. Deux dioramas aux échelles HO (1/87e) et N (1/160e) et un plus grand réseau à l'échelle HO complètent la visite.

10 rue de la mairie - *41000 Saint-Sulpice*
GPS : *47.6045, 1.26957*
Accès : *Bus n°8*
Ouverture : *Lundi et mercredi de 8h à 12h – Mardi et jeudi de 13h30 à 18h30 - Vendredi de 13h30 à 17h30.*
Tarifs : *Visites guidées. Adulte : 3 € - Enfant : 1,50 €.*
Téléphone : *+33(0) 2 54 52 58 00*
E-mail : *mairie@saintsulpicedepommeray.fr*
Site web : *https://cutt.ly/vvYWitn*
Fiche Aiguillages : *519*
A proximité : *Châteaux de Cheverny, Chaumont, Chambord et Chenonceau.*

La gare historique de Montoire-sur-le-Loir
Musée
La ville de Montoire est entrée bien malgré elle dans l'histoire, en raison de deux rencontres qui furent organisées les 22 et 24 octobre 1940 entre Hitler et Pierre Laval puis Hitler et le maréchal Pétain, scellant les bases de la collaboration. Le chancelier du IIIe Reich était en route pour l'Espagne à bord de son train blindé à qui un tunnel tout proche offrait un abri de premier choix. Ce fut l'un des critères qui fut pris en considération pour organiser en cette ville, ces entrevues. Installé dans l'ancienne gare de Montoire que seul le train touristique de la Vallée du Loir continue de desservir, le musée expose des objets de la vie quotidienne durant la guerre, des espaces thématiques consacrés à la période de l'entre-deux-guerres, l'occupation et la résistance. Une grande maquette au 1/87e reconstitue le site tel qu'il était au moment de la rencontre.

Avenue de la république - *41800 Montoire-sur-le-Loir*
GPS : *47.7581, 0.869368*
Accès : *Bus n°8*
Ouverture : *Avril, mai, juin, septembre du mercredi au samedi : de 10h à 12h30 et de*

place d'autres loisirs sont praticables (modélisme naval, pétanque, skate...)
15 bis rue de la Haye - *41120 Les Montils*
GPS : *47.5035, 1.31277*
ATP : *Bus n°6*
Ouverture : *En avril, mai, juin, septembre, octobre : tous les jours de 14h30 à 18h30. En juillet et août : tous les jours de 15h à 19h. Une fois par mois, un week-end vapeur est organisé. Les amateurs peuvent venir rouler avec leur matériel.*
Tarifs : *2.50 € le tour / personne. Gratuit pour les moins de 3 ans.*
Téléphone : *+33(2) 54 44 05 07*
E-mail : *otsi.les-montils@wanadoo.fr*
Site web : *http://montitrain.canalblog.com/*
Fiche Aiguillages : *367*
A proximité : *Amboise (le Clos Lucé), Vendôme (ville d'art et d'histoire), Blois (le château).*

Le musée ferroviaire de Saint-Sulpice
Réseau de trains miniatures
Créé en 1977, ce musée retrace au travers d'une collection de locomotives l'évolution du chemin de fer de ses origines aux années quatre-vingt. A l'origine de sa création, le décès d'un passionné de trains qui a passé une bonne partie de sa vie à construire des locomotives. Quarante machines fabriquées à la main, à partir de matériaux de récupération, au 1/20e, évoluent sur un réseau dont le décor replonge le visiteur dans l'atmosphère de la grande époque du chemin

Le train touristique de la Vallée du Loir

© Picasa

14h à 17h. Juillet et août du mercredi au dimanche, de 10h à 12h30 et de 14h à 18h.
Tarifs : Plein tarif 4,50 €. Réduit : 2,30 €.
Téléphone : +33(0)2 54 85 33 42
E-mail : gare-historique-montoire@orange.fr
Site web : https://cutt.ly/lvYWmju
Fiche Aiguillages : https://cutt.ly/WvYWYan
A proximité : Vendôme (ville d'art et d'histoire). Amboise (le Clos Lucé). Chaumont (le château).

Le train touristique de la Vallée du Loir
Train Touristique
Un voyage de près de trois heures, à bord d'un autorail datant des années 50, au départ de la gare de Thoré-la-Rochette. La balade est commentée par vidéo géolocalisée (points GPS le long de la voie). Elle permet de découvrir la région et commence par un rendez-vous avec le TGV Atlantique à l'endroit même où a été battu le record du monde de vitesse sur rail en Mai 1990 à 515,3 km/h. D'ici, le train surplombe la Ligne à Grande Vitesse sur un pont. Il repart ensuite dans l'autre sens en direction de Trôo et de ses habitations troglodytiques, en passant par le tunnel de St Rimay près de la gare de Montoire. En arrivant en gare de Trôo, les passagers disposent d'une trentaine de minutes pour visiter un petit musée aménagé dans le bâtiment de la gare. A l'étage, une maquette de la ligne à l'échelle HO est installée. Sur le chemin du retour vers Thoré la Rochette, un arrêt est marqué devant la gare de Montoire le temps de rappeler le déroulement de l'entretien entre Hitler et Pétain en octobre 1940.
41100 Thoré-la-Rochette
GPS : 47.8055, 0.965078
Ouverture : De fin mai à fin septembre Samedi : 14h25 – 17h15 Dimanche : 14h25 – 17h15
Tarifs : Adulte : 14 €. Enfant de 5 à 16 ans : 8,5 €.
Téléphone : +33(0)2 54 77 05 07
E-mail : ttvlmairie@orange.fr
Site web : https://www.ttvl.fr/
Fiche Aiguillages : 522
A proximité : Vendôme (ville d'art et d'histoire). Blois (le château). Amboise (le Clos Lucé).

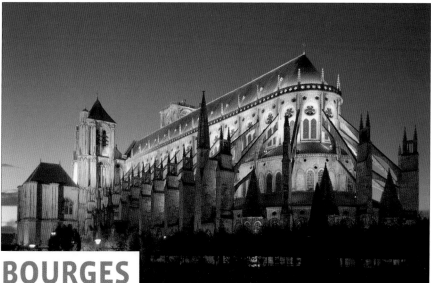

© Wladyslaw Sojka / Wikimedia Commons

BOURGES

Comment s'y rendre ?

De Bordeaux : Le parcours le plus direct consiste à prendre un TGV jusqu'à Saint-Pierre-des-Corps puis un TER pour terminer son trajet. C'est le plus rapide, il se fait en quatre heures quinze. Une solution alternative est de passer par Limoges et Vierzon.

De Lyon : La liaison la plus directe est assurée par un train Intercité en trois heures vingt. Elle l'est également par un TER quotidien un peu plus lent qui fait le trajet en quatre heures. Enfin, il est possible de passer par Paris, mais le voyage prend alors cinq heures.

De Nantes : Deux trains Intercité assurent quotidiennement une relation directe en à peine plus de trois heures et quart. Les autres solutions un peu plus longues consistent à opter pour un TGV jusqu'à Saint-Pierre-des-Corps, et un TER ensuite.

De Paris : Des TER directs permettent d'atteindre cette destination en environ deux heures. Il est sinon possible de prendre un Intercité jusqu'à Vierzon puis un TER, ce qui rallonge d'un quart d'heure environ le temps de trajet, ou encore d'opter pour des liaisons TGV ou TER passant par Orléans ou Saint-Pierres-des-Corps mais qui rallongent également le temps de parcours.

De Toulouse : Pas de relations directes entre les deux villes, la plus rapide combine l'emprunt d'un train Intercité jusqu'à Vierzon, puis d'un TER pour terminer son voyage, qui prendra alors un peu moins de six heures trente.

A voir et à faire à Bourges

La cathédrale Saint-Etienne : Elle est impressionnante de par sa taille : 125 mètres de long pour 40 de large. C'est l'une des plus grandes

Le Train du Bas Berry en gare d'Ecueille

© DR

de France, sa surface au sol égalant celle de Notre-Dame de Paris.

La Tour de Beurre : La plus haute des tours de la cathédrale est accessible au public. Elle permet de dominer la ville du haut de ses soixante-cinq mètres. On en atteint le sommet après avoir gravi ses trois cent quatre-vingt-seize marches.

Le centre médiéval : Plus de quatre cents maisons à pans de bois subsistent depuis le Moyen Âge, et donnent à ce centre-ville une atmosphère très particulière.

Le Palais Jacques Cœur : Considéré comme l'un des plus beaux bâtiments gothiques de France, il est à la hauteur de la démesure de son premier propriétaire : hors normes !

Les marais : Un endroit unique s'étalant sur cent trente-cinq hectares, en plein cœur de la ville. Toutes ses parcelles sont louées, cultivées et entretenues par les habitants de la ville.

A voir et à faire autour de Bourges

Le Train du Bas Berry
Train Touristique
Ce chemin de fer touristique invite à une balade sur une ligne à voie métrique d'une quarantaine de kilomètres à bord d'autorails historiques ou de trains à vapeur, entre Argy et Valençay. Il exploite une partie de l'une des anciennes lignes de la compagnie du Blanc-Argent qui elle aussi aurait pu être déferrée sans l'action de la Société pour l'Animation du Blanc-Argent (SABA). La section Argy-Buzançais a été mise à voie normale pour permettre la circulation de trains de céréales.
L'exploitation touristique de la ligne se fait

au départ de la gare d'Ecueillé, d'une part vers Valençay où les trains touristiques sont en correspondance avec ceux réguliers de la ligne vers Salbris puis sur l'autre partie de la ligne jusqu'à l'ancienne gare de Argy.

96 bis avenue de la Gare - 36240 Ecueillé
GPS : 47.0817, 1.35262
Ouverture : *De mars à décembre pour les groupes, le reste de la saison pour les individuels. Juillet et août : les mercredis et dimanches + le 15 août. En septembre : les dimanches.*
Tarifs : *Adulte : 7 €. Enfant de 4 à 12 ans : 5 €.*
Téléphone : *+33 (0)2 54 40 23 22*
E-mail : *traindubasberry@gmail.com*
Site web : *https://cutt.ly/rvYEXKc*
Fiche Aiguillages : *356*
A proximité : *Valençay (ligne du Blanc-Argent, le château). Loches (la citadelle). Chenonceau (le château).*

Le chemin de fer du Blanc-Argent
Desserte ferroviaire régulière présentant un fort intérêt touristique
Il ne reste en activité, du chemin de fer à voie métrique qui reliait Blanc à Argent, que la sec-

©DR

tion de Salbris à Valençay. Cette voie unique a conservé son écartement atypique, tout en étant intégrée au réseau TER Rémi. Elle n'est cependant pas exploitée directement par la SNCF, mais par la Compagnie du Blanc-Argent, appartenant à Keolis, elle-même filiale de la société nationale. A Valençay, les trains sont en correspondance en saison avec ceux du train touristique du Bas-Berry. Compte tenu de l'écartement spécifique de la ligne, c'est du matériel adapté qui y circule. Cinq autorails de type X74500 ont été construits à son usage par les CFD de Bagnères-de-Bigorre. En semaine, quatre allers-retours sur la totalité de la ligne sont assurés, auxquels il convient d'ajouter trois services de navettes entre Salbris et Romorantin, d'une part, Romorantin et Valençay de l'autre.

41300 Salbris
GPS : 47.4254, 2.0478
Accès : *Différentes gares de la ligne desservie.*
Site web : *https://cutt.ly/nvYTAJl*
Fiche Aiguillages : *357*
A proximité : *Valençay (ligne du Blanc-Argent, le château). Châteaux de Chambord, Chenonceau, Cheverny.*

Les CFTST Autorails Vierzon
Circulations sur le réseau ferré national
Cette toute récente association qui vient de faire réaliser ses premiers tours de roue à l'un des autorails qu'elle préserve, sur le réseau ferré national, est basée en gare de Vierzon, d'où elle entend proposer des voyages en train. Elle a fait le choix de se doter de matériels relativement récents, des X2100 désormais tous retirés de la circulation sur les lignes de la SNCF, afin d'être opérationnelle assez rapidement, sans avoir à passer par la phase de nombreuses années de restauration de matériel avant de pouvoir rouler. Ces autorails courts, sont les héritiers des Picasso. Leur disposition à deux cabines placées de chaque côté de l'engin, leur permet d'envisa-

ger de sillonner à peu près toutes les lignes de France à voie normale. Le programme de ses circulations est à découvrir au fil du temps sur son site internet.

18100 Vierzon
GPS : *47.2267,2.5979*
Accès : *Le départ des voyages se fait depuis la gare de Vierzon.*
Téléphone : *+33(0)6 58 21 43 73*
E-mail : *cftsudtouraine@gmail.com*
Site web : *http://www.cftst.fr/*
Fiche Aiguillages : *359*
A proximité : *Mehun-sur-Yèvre (le château, l'église collégiale). Bourges (la cathédrale, le Palais Jacques Cœur). Valençay (le château, la ligne du Blanc-Argent).*

L'APPMF
Préservation de matériels roulants historiques

L'Association pour la Préservation du Patrimoine et des Métiers Ferroviaires a pour principal objectif de restaurer une locomotive à vapeur, la 230 G 353, dite « La chieuvre du Berry ». Ses membres travaillent à ce projet depuis 2013, chaque pièce abîmée étant refaite à neuf. Sa chaudière a été envoyée en Italie pour y être réparée. Elle vient de revenir dans les ateliers de l'association. Parallèlement, l'équipe travaille également à la remise en état d'une locomotive diesel, une CC65000.

Parc des Alcools D976 - 41130 Gièvres
GPS : *47.297, 1.67134*
Ouverture : *l'association est hébergée sur un site industriel, des visites sont possibles sur demande préalable et seulement durant les séances de travail.*
Téléphone : *+33(0) 6 18 08 36 62*
E-mail : *contact@appmf.fr*
Site web : *http://www.appmf.fr/*
Fiche Aiguillages : *360*

A proximité : Châteaux de Blois, Chambord, Chaumont, Chenonceau, Cheverny,

Le musée de Vierzon
Musée

Installé dans un ancien bâtiment industriel, l'ancienne usine de la société française, le musée de Vierzon s'attache à retracer l'histoire industrielle et cheminote de la ville. Le train y est arrivé en 1847 et son rôle a été primordial dans le développement économique de la ville. Une grande partie des pièces présentées viennent de la collection personnelle d'un ancien chef du dépôt de la ville, Raymond Laumônier qui en a fait don à la ville. La collection est constituée d'outils, de lampes, d'affiches, de modèles réduits au 1/11e ou au 1/20e et d'un réseau à l'échelle HO.

18100 Vierzon
GPS : *47.2255, 2.05834*
Accès :Gare *de Vierzon*
Ouverture : *De mai à septembre : du mardi au dimanche de 14h à 18h et le samedi de 10h à 12h et de 14h à 18h. D'octobre à avril : du mardi au vendredi de 14h à 17h30 et le samedi de 10h à 12h et de 14h à 17h30. Dernière admission 30 minutes avant la fermeture.*
Tarifs : *Gratuit.*
Téléphone : *+ 33(0) 2 48 71 10 94*
E-mail : *patrimoine@ville-vierzon.fr*
Site web : *www.ville-vierzon.fr/musee.html*
Fiche Aiguillages : *364*
A proximité : *Mehun-sur-Yèvre (le château, l'église collégiale). Bourges (la cathédrale, le Palais Jacques Cœur). Valençay (le château, la ligne du Blanc-Argent).*

ORLÉANS

Comment s'y rendre ?

De Bordeaux : Deux gares sont desservies par celle d'Orléans-Ville et celle des Aubrais, mais il faut dans les deux cas faire correspondance à Saint-Pierre-des-Corps ou à Limoges. Les temps de parcours varient de trois à cinq heures.

De Lyon : Pas de relations directes entre les deux villes, il faut passer par Paris ou Vierzon pour arriver à destination. Le meilleur temps de trajet est de trois heures quarante et une.

De Nantes : Une liaison directe est établie en trois heures entre les deux villes par un TER.

Des relations alternatives plus lentes sont envisageables en combinant TGV et TER via Tours, Saint-Pierre-des-Corps ou même Paris.

De Paris : Les départs en TER ou train Intercité se font au départ de la gare d'Austerlitz à destination d'Orléans-Ville ou des Aubrais. Le trajet le plus rapide peut être réalisé en moins d'une heure.

De Toulouse : Des trains Intercités assurent la relation directe en un peu moins de six heures.

A voir et à faire à Orléans

Le centre-ville : Rénovées il y a une dizaine d'années, ses maisons ont retrouvé leurs couleurs d'origine que le crépi des façades avait un temps masquées. Beaucoup sont à pans de bois.

La cathédrale Sainte-Croix : Il a fallu six siècles pour la construire et son histoire est riche. Elle a accueilli Jeanne d'Arc, mais aussi Henri IV ou Louis XIV. C'est une des plus grandes cathédrales gothiques de France.

Le parc floral : Dans le quartier de La Source, c'est l'un des lieux les plus visités du département. Le Loiret y prend sa source.

La maison Jeanne d'Arc : C'est ici que « La pucelle d'Orléans » séjourna lors du siège d'Orléans. C'est une maison médiévale en briques et à pans de bois qui a été reconstituée dans les années soixante.

A voir et à faire autour d'Orléans

La locomotive à vapeur 141R 840
Circulations sur le réseau ferré national
Cette association existe depuis plus de quarante ans, elle a été créée à Vierzon. A l'origine, trois passionnés qui voyant passer sous leurs yeux les dernières locomotives à vapeur prennent conscience de la fin d'une époque, et décident d'en sauver une. Ce sera la 141R840. Depuis une vingtaine d'années l'association est installée dans un ancien atelier de la SNCF qui était dédié à la réparation des voitures. Elle en a elle-même restauré une dizaine pour se constituer une rame historique à bord de laquelle transporter ses voyageurs. La locomotive et plusieurs d'entre elles sont maintenant classées à l'inventaire des monuments historiques. Elles prennent régulièrement les rails pour des voyages organisés principalement dans la région Centre, et dont le programme est communiqué sur le site de l'association.
4, tunnel des Champs Bouchaud - 45400 Fleury-les-Aubrais
GPS : 47.9283, 1.90332
Téléphone : +33(0)6.70.61.53.72
Site web : https://www.141r840.com/
Fiche Aiguillages : 358
A proximité : Orléans (la ville, le petit train du parc floral, le petit train de Wichita). Meung-sur-Loire (village médiéval). Chamerolles (le château).

Le vélorail Du Pays Chartrain
Vélorail
Avant de voir rouler des vélorails, l'ancienne ligne de Chartres à Gallardon, a souvent vu passer la Micheline, la vraie, celle qui circulait sur pneumatiques ou elle est venue à plusieurs reprises pour des essais. La balade commence à la gare de Pont-sous-Gallardon, par une petite rampe qui conduit sur un ancien saute-mouton grâce auquel la voie passait au-dessus d'une autre qui allait d'Auneau à Dreux. Elle longe les terrains de l'aérodrome de Bailleau-Armenonville avant de franchir un passage à niveau, de griller la gare de Senainville, pour arriver au point de rebroussement après avoir eu en ligne de mire les deux flèches de la cathédrale de Chartres. Le parcours est long de douze kilomètres aller-retour, mais ce dernier se fait tout en descente. Il n'y a qu'à se laisser glisser !
Pont sous Gallardon Place de la Gare - 28320 Bailleau-Armenonville
GPS : 48.5177, 1.68593
Accès : Bus n°21
Ouverture : Du samedi 3 avril 2021 au lundi 1er novembre 2021 inclus : les jours normaux d'ouverture : 9h00, 11h00 (bonus + 1 h pique nique), 14h00 et 16h00. Départ supplémentaire à 18h00 (avec possibilité de pique-nique sur demande).
Tarifs : 20 € par vélorail
Téléphone : +33 (0)9 54 40 00 00

E-mail : *contact@vdpc.fr*
Site web : *http://www.vdpc.fr/*
Fiche Aiguillages : *361*
A proximité : *Chartres (la cathédrale). Rambouillet (le Rambolitrain, le château). Versailles (le palais).*

Le musée des Transports de Pithiviers
Musée
L'association a été créée pour préserver une partie du patrimoine des chemins de fer secondaires, à un moment où leur exploitation cessait progressivement un peu de partout en France. Son premier train à vocation touristique a circulé dès 1966. Sa collection de matériel s'est agrandie et a évolué au fil du temps, le musée des transports se séparant de véhicules routiers pour se recentrer sur ceux roulant sur des rails. Il est désormais plus spécifiquement dédié aux chemins de fer à voie étroite, et installé dans l'ancien atelier de réparation des wagons du Tramway de Pithiviers à Toury. Juste devant ce bâtiment, se trouve la gare de départ du train touristique à destination de Bellebat. Sur une partie du trajet, le train réutilise l'ancienne plateforme du tramway départemental qui roulait ici le long de la route, en revanche la boucle et le terminus de Bellebat ont été aménagés plus récemment sur un ancien terrain militaire.

Rue Carnot - 45300 Pithiviers
48.1749, 2.24376
Accès : *Bus n° L20*
Ouverture : *De début avril à fin octobre.*
Tarifs : *Train et musée - Adulte : 9 €. Enfant de 5 à 11 ans : 7 €. Musée seul : 4 €, gratuit pour les moins de 4 ans.*
Téléphone : *+33(0)2 38 30 48 26*
E-mail : *musee-transports-pithiviers@orange.fr*
Site web : *www.amtp-cfpithiviers.com/*
Fiche Aiguillages : *362*
A proximité : *Chamerolles (le château). Orléans (la ville, le petit train du parc floral, le petit train de Wichita). Montargis (les canaux et rivières).*

Le train de jardin Champhol
Train de jardin
Dans son jardin qu'il ouvre volontiers au public, un particulier a installé 84 mètres de voies à l'écartement de 45mm. Trois convois y circulent

Musée des Transports de Pithiviers

© DR

au milieu de quelques éléments de décor. Une automotrice à crémaillère part à l'assaut de la montagne.

10 rue des champs brizards - 28300 Champhol

GPS : 48.4676, 1.49715

Accès : Bus n° 2

Ouverture : De début avril à début octobre, les dimanches et jours fériés sur rendez-vous de 10h30 à 18h30.

Téléphone : +33(0)6 23 44 45 61

Site web : https://cutt.ly/mvYJ7CZ

Fiche Aiguillages : 365

A proximité : Chartres (la cathédrale). Rambouillet (le Rambolitrain, le château). Versailles (le palais).

Le petit Train du parc Floral
Mini-trains

Géré par l'association, le Tacot des Lacs, ce petit train sillonne le Parc Floral de La Source, près d'Orléans. La balade de trois kilomètres permet de découvrir le Parc Floral et ses multiples jardins. Les passagers peuvent choisir de monter dans l'une des 2 gares pour plus d'accessibilité.

45000 Orléans

GPS : 47.903, 1.90925

Accès : Gare d'Orléans

Ouverture : Départ gare d'entrée 14h, 15h, 16h, 17h. Départ gare du jardin de rocaille 14h30, 15h30, 16h30, 17h30 tous les jours pendant les vacances scolaires (zone B), le mercredi, le samedi, le dimanche et les jours fériés hors vacances scolaires (zone B).

Tarifs : Individuels : -Trajet aller-retour adulte (plus de 12 ans) : 4,50 €/personne - Trajet aller-retour enfant de 3 à 12 ans: 3.50 €/enfant-Trajet aller-retour enfant moins de 3 ans : gratuit. Groupes (à partir de 15 personnes) : -Trajet aller-retour adulte (plus de 12 ans) : 4.50 €/personne -Trajet aller-retour enfant (3 -12 ans) : 2.90 €/enfant -Trajet aller-retour enfant moins de 3 ans : gratuit

Téléphone : +33(0)2 38 49 30 00

E-mail : info@parcfloraldelasource.com

Site web : https://cutt.ly/bvYKfNP

Fiche Aiguillages : 368

A proximité : Meung-sur-Loire (village médiéval). Chamerolles (le château). Chambord (le château).

Le petit train de Wichita
Mini-trains

Ce petit train doit son nom à la ville de Wichita qui l'a offert à celle d'Orléans dans les années 50. Il s'agit d'un circuit en 7 pouces ¼ dont l'animation est désormais confiée à l'Association des Modélistes Ferroviaires du Centre. Les trains roulent dans le parc Pasteur.

Parc Pasteur Rue Eugène Vignat - 45000 Orléans

GPS : 47.9083, 1.9126

Accès : Gare d'Orléans

Ouverture : De mai à septembre (sous réserve d'obtenir le feu vert de la mairie d'Orléans, sans quoi, il n'y aura de nouveau pas de circulation en 2021 pour ce petit train).

Site web : http://www.amfc-orleans.fr/

Fiche Aiguillages : 369

A proximité : Meung-sur-Loire (village médiéval). Chamerolles (le château). Chambord (le château).

Le petit train de Wichita

© Petit train de Wichita

© Parsifall / Wikimedia Commons

TOURS

Comment s'y rendre ?

De Bordeaux : Les TGV desservant la ville le font en deux heures en moyenne, par la gare de Saint-Pierre-des-Corps à partir de laquelle des navettes ou des TER permettent de rejoindre la gare du centre-ville.

De Lyon : Un train Intercité assure quotidiennement la liaison jusqu'à Saint-Pierre-des-Corps d'où une navette peut-être empruntée pour rejoindre le centre-ville. Ce n'est pour autant pas la liaison la plus rapide. Elle prend en moyenne cinq heures vingt. Des temps de parcours beaucoup plus intéressants, de l'ordre de trois heures vingt, peuvent être réalisés en passant par Paris.

De Nantes : Les liaisons les plus rapides sont établies en un peu moins d'une heure quarante en TER. D'autres solutions peuvent être trouvées pour ce trajet, en combinant TGV ou train Intercité et TER, en passant par Angers, Le Mans ou Saint-Pierre-des-Corps, au prix d'un temps de parcours rallongé.

De Paris : Des liaisons directes sont établies au départ des gares de Montparnasse (TGV) ou Austerlitz (TER). Elles prennent un peu plus d'une heure vingt à deux heures. Les relations via Saint-Pierre-des-Corps peuvent être terminées via l'emprunt d'une navette ou d'un TER.

A voir et à faire à Tours

Le cœur historique : Classé au patrimoine mondial de l'UNESCO, il regorge d'éléments architecturaux remarquables. Il se découvre à pied.

La cathédrale Saint-Gatien : Classée monument historique, c'est une cathédrale gothique dont les tours atteignent soixante-dix mètres de haut. Sa façade nord, est flanquée d'un cloître.

La basilique Saint-Martin : C'est un bâtiment de style romano-byzantin qui a été construit entre 1886 et 1902 par Victor Laloux.

Le musée du compagnonnage : Installé dans l'ancien dortoir des clercs de l'abbaye de Saint-Julien, il raconte l'histoire des compagnons, dont il présente tout un ensemble de pièces.

Le jardin botanique : Il offre la possibilité d'une belle balade en pleine nature à deux pas du centre-ville. Il abrite des serres et quelques espèces animales.

A voir et à faire autour de Tours

La petite France
Réseau de trains miniatures
Dans ce musée animé dédié aux mondes miniatures des vitrines présentent une collection de moyens de transport reproduits à différentes échelles et un grand réseau évoquant les régions françaises. C'est Willy Viémont qui l'a créé. Passionné de train depuis sa plus tendre enfance, il a transmis le virus à son fils Sylvain qui a pris le relais. L'exposition à l'intérieur s'étend sur plus de 600 mètres carrés. La période couverte va de 1920 à nos jours. Dans le jardin, de 5000 mètres carrés, à la fin de la visite, les enfants peuvent monter à califourchon sur des trains qui font le tour du musée.

1 rue du pont de la forge
37340 Savigné-sur-Lathan
GPS : *47.4438, 0.323482*
Accès : *Bus n°P*
Ouverture : *Du 01/04 au 31/10 : du lundi au samedi, visite à 15h30. Fermé dimanche et jours fériés.*
Durée de la visite : *1h30.*
Tarifs : *Adulte : 10 € - Enfant de 5 à 17 ans : 5 €.*
Téléphone : *+33(0)2 47 24 60 19*
E-mail : *mairie-de-savigne@wanadoo.fr*
Site web : *https://cutt.ly/vbP4P3e*
Fiche Aiguillages : *363*
A proximité : *Langeais (le château), Azay-le-Rideau (le château, le village), Tours (le centre-ville, la cathédrale).*

L'AAATV Saint-Pierre-des-Corps
Préservation de matériels roulants historiques
L'association s'est constituée autour de la volonté de restaurer une locomotive à vapeur qui est restée longtemps exposée comme pot de fleurs. La 231E41 est une machine remarquable qui fait partie de la série de celles qu'André Chapelon a fait transformer par les ateliers de Tours pour en améliorer les performances, tant en termes de puissance de traction que d'économie de charbon consommé. Il fut un temps envisagé que cette locomotive, radiée en 1963, rejoigne le musée de Mulhouse, mais c'en est une autre de la même série qui en a pris la place. Dès lors, la machine fut cédée pour un franc symbolique à la ville de Saint-Pierre-des-Corps qui la plaça en exposition à proximité du dépôt. Après de longues démarches, l'AAATV-Saint-Pierre-des-Corps l'a récupérée et placée à l'abri avant d'en commencer le démontage complet. L'objectif est de faire subir à la machine une révision totale afin de la remettre un jour sur les rails, chantier de longue haleine, soutenu par une fondation d'entreprise créée à cet effet. Pour les journées du patrimoine, ou ponctuellement, sur réservation, le chantier de restauration de la locomotive est ouvert au public.

Le train historique du Lac de Rillé

© Yves-André Liverato / Wikimedia Commons

Rue de la pichotière - 37700 Saint-Pierre-des-Corps
GPS : *47.383, 0.731456*
Accès : *L'atelier se trouve à quelques centaines de mètres de la gare.*
E-Mail : *contact@231e41.fr*
Site web : *http://231e41.fr/*
Fiche Aiguillages : *521*
A proximité : *Amboise (le château, le Clos Lucé), Villandry (le château), Azay-le-Rideau (le château).*

Le Train historique du Lac de Rillé
Train Touristique

Depuis 1977, l'association préserve du matériel ferroviaire sous sa rotonde et un hangar adjacent. Tous les étés, une partie de celui-ci reprend vie le temps de la saison touristique, et d'un stage vapeur au cours duquel il est possible d'apprendre à conduire une locomotive à vapeur. Agréée éducation populaire, cette association reçoit des jeunes que la restauration et l'entretien de vieilles locomotives intéressent, dès l'âge de 12 ans. La ligne exploitée est longue de 3 kilomètres. Les trains partent de la gare, avant de s'enfoncer et de grimper dans la forêt pour passer devant le dépôt de l'association, et de revenir mais en sens inverse et sans arrêt à leur point de départ. Ils s'éloignent de nouveau de celui-ci pour retrouver les rives du lac. La voie se termine alors en impasse peu avant un barrage. Les locomotives doivent donc manœuvrer pour se replacer en tête de leurs trains et repartir dans l'autre sens avant de terminer leur parcours en étant de retour à la gare où les passagers ont embarqué.

Les pierruches 37340 Rillé
GPS : *47.4497, 0.248232*
Ouverture : *De mai à septembre tous les dimanches et jours fériés. En août, tous les jours du 1er au 15.*
Tarifs : *Trains diesels - Adulte : 5 € 30, enfant de 4 à 16 ans : 3 € 50. Trains vapeur - Adulte : 5 € 80, enfants de 4 à 16 ans : 3 € 80.*
Téléphone : *+33(0)6 30 99 06 36*
E-mail : *contact@aecfm.fr*
Site web : *https://aecfm.fr/*
Fiche Aiguillages : *355*
A proximité : *Langeais (le château), Lude (le château), Azay-le-Rideau (le château).*

CORSE

L'une des plus grandes îles de la Méditerranée peut se visiter pour une bonne partie en train. Les liaisons maritimes avec le continent permettent dans cette perspective de débarquer dans trois des ports dont l'île dispose : Ajaccio, Bastia ou L'Ile-Rousse. Il n'y a dans ces trois cas que quelques centaines de mètres à parcourir pour rejoindre la gare ferroviaire la plus proche. Trois ports, trois villes, trois univers bien différents les uns des autres. Bastia met en avant son petit port de pêche typiquement méditerranéen, blotti au pied de sa citadelle. Autour de la ville, s'est développée une agglomération relativement grande et industrialisée dans laquelle il peut vite être long et difficile de circuler en voiture. Les bouchons sont présents à toute heure, y compris hors saison. Heureusement, il y a le train, qui effectue des navettes régulières jusqu'au bout de cette zone à Casamozza et permet de s'en affranchir. La ville est par ailleurs le point de départ idéal pour une visite du Cap Corse. Ajaccio, ville de naissance de Napoléon Bonaparte se la joue plus ville balnéaire. Elle est située face aux îles Sanguinaires. La zone urbanisée qui l'entoure s'étend jusqu'à Mezanna. Une navette ferroviaire assure également des liaisons pour la desservir. Peu ou pas d'industries par ici, passé les installations portuaires, ce sont surtout des zones commerciales qui se succèdent. La Balagne enfin, c'est le jardin de la Corse. La voie ferrée longe le littoral. De nombreuses haltes sont aménagées sur le parcours séparant l'île Rousse et Calvi pour permettre aux locaux et aux estivants de se rendre à la plage. C'est la région préférée des artistes et autres personnalités qui ont élu domicile en Corse. Quel que soit votre point d'arrivée sur l'île, le train vous permettra de vous déplacer facilement entre ces différentes villes, sans oublier Corte et la montagne corse qui sont les autres sites accessibles par les rails, à ne rater sous aucun prétexte lors d'un séjour sur place.

Retrouvez les fiches des trains touristiques sur www.aiguillages.eu

Autorail en Corse, SOVERIA
© J. Quatorze

Le village de Patrimonio

TABLE DES MATIÈRES

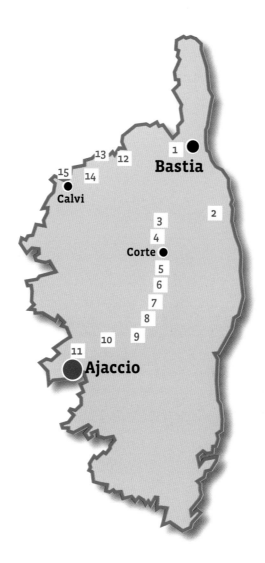

Bastia

Calvi

Corte

Ajaccio

1
2
3
4
5
6
7
8
9
10
11
12
13
14
15

Autorails en Corse XR 113 ET X 201
La Ponta di Vallivone

© Jacky Quatorze-Photorail-La Vie Du Rail

Comment venir en train

Il n'est bien sûr pas possible d'aller en Corse en empruntant uniquement un mode de transport terrestre. Le train vous permettra néanmoins de vous rapprocher de l'un des ports à partir desquels effectuer une traversée maritime. Plusieurs compagnies proposent des traversées en bateau à partir de Marseille, Toulon ou Nice. Vous aurez le choix d'opter pour une navigation diurne à bord d'un Navire à Grande Vitesse, la traversée se fera alors exclusivement à partir de Nice, ou nocturne. Les départs se font alors autour de 19 heures, et les accostages entre 7 et 8 heures. Les tarifs proposés varient beaucoup selon la date envisagée pour votre voyage, le temps restant avant celle-ci au moment où vous faites votre réservation, et les prestations choisies. Il est en particulier possible de réserver une cabine plutôt que de se contenter de l'un des fauteuils disponibles dans l'un des salons du bateau pour passer une meilleure nuit. En fonction des jours, les différents ports de l'île sont desservis. Attention, si vous êtes piéton et que vous comptez poursuivre votre voyage en train, optez exclusivement pour l'une des trois destinations reliées à une gare ferroviaire mentionnée ci-dessus. En Corse, les distances à parcourir par la route, ne se comptent pas en kilomètres mais en heures, et sont beaucoup plus longues que sur le continent.

Les chemins de fer corses

Les premiers projets de chemin de fer ont été établis en 1855, dans l'idée d'accélérer les liaisons avec l'Algérie en traversant le territoire de la Corse et celui de la Sardaigne, un trajet combinant voie maritime et voie terrestre s'avérant plus rapide qu'une traversée de bout en bout. Plusieurs tracés furent envisagés pour relier dans un premier temps Bastia à Bonifacio. Le temps que durèrent les discussions, la marine avait fait suffisamment de progrès pour que la rupture de charge imposée par ce parcours le rende beaucoup moins intéressant. Le projet fut donc abandonné, et réorienté vers une desserte domestique de l'île. C'est alors l'idée d'une liaison Ajaccio-Bastia qui s'imposa. Restait la délicate question du franchissement de la barrière montagneuse qui coupe l'île en deux. Les études se succédèrent, ainsi que les appels d'offres infructueux pour lancer la construction du réseau. Il fallut finalement attendre l'adoption du plan Freycinet en 1879 pour que les travaux démarrent. Selon ses préconisations, la voie métrique fut adoptée, et pour limiter la longueur et la sévérité des rampes, il fut décidé que le train ne franchirait pas le col de Vizzavona, mais qu'il passerait en dessous, dans un long tunnel de près de quatre kilomètres, le plus long tunnel ferroviaire à voie métrique au monde ! Il fallut huit ans pour le construire.

Bons Plans

Pour cinquante euros, le « Pass Liberta » permet d'arpenter la Corse en train pendant sept jours consécutifs. Il peut être acheté dans les gares du réseau ayant un guichet ouvert au public. Il est très vite amorti si l'on envisage de prendre plusieurs fois le train durant son séjour. Le prix d'un aller-retour Ajaccio-Calvi par exemple le dépasse déjà.

A noter l'existence d'un service de consigne bien pratique pour laisser un bagage encombrant ou même un vélo dans certaines des gares du réseau le temps d'aller visiter les environs, pour un tarif unique de cinq euros par vingt-quatre heures et objet déposé.

Comment découvrir la Corse en train ?

Le réseau des chemins de fer Corse est en forme de Y, il est long de 232 km. La ligne principale relie les deux préfectures de Bastia (Haute-Corse) où se trouve le cœur du réseau (dépôt principal, centre de contrôle, siège administratif de la compagnie...) et Ajaccio (Corse du Sud). Elle passe par Ponte-Leccia d'où se détache une ligne secondaire, celle dite de « la Balagne » qui poursuit sa route jusqu'à Calvi via L'Ile-Rousse. Les deux lignes desservent 16 gares et 49 haltes et cumulent 1592 ouvrages d'art dont 59 viaducs et 57 tunnels.

Le site de Venaco, sur la ligne centrale

© Th. Leleu

Que voir le long de la ligne principale?

Bastia

Le vieux Port: Au pied de la citadelle, c'est un lieu de vie incontournable qui a conservé son charme du passé. Bateaux de plaisance et de pêche s'y côtoient. Ce quartier de la ville est animé du matin au soir.

La citadelle: Le secteur est entièrement piéton et a un petit côté village très agréable, et domine la mer. Ses rues sont pittoresques, les façades de ses maisons colorées, le linge flotte aux fenêtres... ici, nous sommes au cœur de la Méditerranée!

La cathédrale Sainte-Marie: Au cœur de la citadelle, elle est représentative du style baroque des XVIIᵉ et XVIIIᵉ siècle.

Le palais des gouverneurs: Sa façade orangée ne permet pas de le laisser passer inaperçu. Il est classé monument historique et accueil le Musée de Bastia qui permet de découvrir les dix siècles d'histoire de la ville.

La place Saint-Nicolas: A deux pas du port de commerce, c'est une très grande place qui est l'un des cœurs de la ville. Elle est entourée de palmiers et par les façades de maisons bourgeoises. Il faut la traverser pour se rendre vers la gare.

Casamozza

Cette commune marque la sortie de la zone périurbaine de Bastia, desservie par des navettes ferroviaires, et à l'intérieur de laquelle la gestion du trafic est centralisée. Au-delà les chefs de gare reprennent leurs droits. Ce sont eux qui donnent le départ des trains. Les amateurs relèveront ici la présence des ateliers de maintenance de la quinzaine de trains des chemins de fer corses.

Une pause en gare de Casamozza

© C. Besnard / Photorail

Ponte-Leccia

C'est l'unique gare de bifurcation de toute la Corse. Ici les trains en provenance de Bastia poursuivent vers Ajaccio ou Calvi et les voyageurs venant de Corse du Sud souhaitant poursuivre sur la ligne de la Balagne doivent changer de train.

Corte

La citadelle: Elle a été construite au début du XVᵉ siècle. C'est la seule de Corse à se trouver au milieu des terres. Elle est classée monument historique et abrite le musée de la Corse.

La chapelle Sainte-Croix: Datant du XVIIᵉ siècle, son décor intérieur est de style baroque. Elle abrite un retable et de nombreux trompe-l'œil.

Le belvédère: Situé à deux pas de la citadelle, il offre un point de vue sur le château et les montagnes qui entourent la ville. Le panorama est dégagé sur trois cent soixante degrés.

Le cours Paoli: C'est la grande rue commerçante de Corte, et sans doute l'endroit le plus animé de la ville.

© Sylvain Alessandri

Venaco
Cette gare marque l'entrée de la partie la plus spectaculaire de la ligne dans ce sens de circulation.

Le viaduc du Vecchio
Enjambant la rivière du Vecchio entre les communes de Vivario et Venaco, il a été construit entre 1891 et 1894. Il est également appelé « Viaduc Eiffel ». Sa longueur totale est de 170 mètres, dont 140 pour son seul tablier. Il est inscrit aux monuments historiques.

Vivario
Ce petit village de caractère aux maisons hautes et anciennes, domine la vallée du Vecchio. On peut y visiter son église. En hiver, c'est une station de ski de fond. En été, le point de départ de nombreuses randonnées. La gare est située au cœur d'une double boucle qui permet au train de prendre de la hauteur sans pour autant parcourir beaucoup de chemin, puisqu'il passe à plusieurs reprises au même endroit, mais à des altitudes différentes.

Vizzavona
La gare se trouve à la sortie du tunnel qui fut longtemps le plus long du monde à voie métrique. Il conserve ce titre, à l'échelle de l'hexagone. Il permet de passer sous le col du même nom, et mesure un peu moins de 4 km.

Boccognano
Sa gare est la plus typique de celles du réseau

Vivario, Centre Corse. Rame AMG 800 entre la gare et le Pont Eiffel sur le Vecchio.

© Pierre Bona

Corse avec ses pompes à eau transformées en lampadaires, son horloge d'époque et sa salle d'attente caractéristique. Elle se trouve à portée de randonnées de l'une des plus célèbres cascades de l'île : Le Voile de la Mariée, que l'on peut atteindre au bout d'un peu plus de deux kilomètres de marche depuis la descente du train.

Mezzana

Cette gare marque l'entrée dans la zone périurbaine d'Ajaccio. Elle est le terminus des navettes en assurant la desserte.

Ajaccio

Sur les traces de Napoléon : C'est ici que Napoléon Bonaparte a vu le jour le 15 août 1769. On peut retrouver dans la ville sa maison natale qui est devenue un musée national qui lui est consacré et différentes statues à son effigie.

La vieille ville : Son périmètre est assez restreint, mais on y découvre au détour des quelques rues qui la composent la cathédrale de Santa Maria Assunta datant de la Renaissance, ou encore la citadelle que protègent d'imposants fossés.

Le port de plaisance : Il porte le nom d'un autre illustre natif de la ville : Tino Rossi, et s'étale au pied de la citadelle, non loin du port de commerce.

Que voir le long de la ligne de la Balagne ?

Belgodère

Ce village est pittoresque, mais il offre surtout des panoramas exceptionnels sur la côte toute proche. Ici, la voie ferrée épouse les contours du relief, ce qui conduit le train à décrire un

*Vue générale de l'Ile-Rousse
depuis la tour génoise*

grand fer à cheval de forme très allongée. Le parcours offre ici des points de vue depuis la fenêtre du train sur une longue partie de la ligne déjà parcourue ou restant à parcourir.

L'Ile-Rousse

La place Paoli : Toutes les rues du centre-ville y conduisent. C'est une grande place au centre de laquelle se trouve le buste de Pascal Paoli fondateur de la ville.

Le marché couvert : C'est le monument le plus imposant du centre ville. Il ressemble à un temple grec et est classé monument historique.

La promenade de la Marinella : Cette balade longe le bord de mer et la voie ferrée.

La gare : Elle sert de terminus aux navettes de la Balagne desservant les plages jusqu'à Calvi. A partir d'ici, le train longe la côte et s'arrête de partout.

Lumio

Outre que cette gare dessert un camp de la Légion et donne accès au GR20 qui traverse l'île de part en part, elle est le siège de la seule association Corse d'amateurs de trains, le Cercle Ferroviaire Corse qui fait stationner ici à l'abri, le matériel roulant, d'anciens autorails ayant circulé sur l'île, qu'elle préserve. L'association a le projet de les refaire circuler à des fins touristiques soit sur la ligne de la Balagne, soit sur la section la plus spectaculaire de la ligne principale entre Venaco et Bocognano.

Calvi

La ville est abritée au fond d'une baie en forme de demi-lune et dominée par sa citadelle. Sa gare terminus constitue l'une des extrémités de la ligne de la Balagne. Elle est à l'origine de dessertes « grandes lignes » vers Bastia ou Ajaccio (avec changement de train à Ponte-Leccia dans ce cas), et du Tramway de la Balagne.

GRAND-EST

La fusion des régions Alsace, Champagne-Ardenne et Lorraine a donné naissance à cette nouvelle entité, dont la ville la plus importante en taille est Strasbourg. Ce territoire reste très marqué par l'histoire et ses relations avec le voisin allemand. Entre 1870 et 1918, l'Alsace et la Moselle, à la suite de la défaite de Napoléon III à Sedan, intègrent l'Empire allemand. Or c'est la période où le plus grand nombre de kilomètres de voies ferrées est construit en Europe. Contrairement à la France où les trains roulent à gauche sur le modèle anglais, pionniers du transport sur rails, l'Allemagne a opté pour une circulation à droite pour des raisons de stratégie militaire. L'incompatibilité des deux systèmes rendant plus compliqué, voire impossible, une incursion de l'ennemi d'alors sur son territoire par la voie ferrée. A la fin de la Première Guerre mondiale, la France récupère les deux régions où de nombreux kilomètres de voies ferrées ont été construits par les Allemands, et la circulation établie à droite. Dans une période marquée par les difficultés économiques liées à la reconstruction du pays, il est décidé de ne pas engager les frais supplémentaires trop importants que le retour à la circulation à gauche aurait engendrés. Les investissements se limitent à la construction de sauts-de-mouton aux entrées et sorties des zones concernées, pour repasser sur l'autre voie. Ces dispositifs sont visibles aux abords de Vendenheim, Sarrebourg, Mutzig, Metz et Baudrecourt. Une grande partie du matériel roulant préservé par la SNCF est visible dans cette région, à la Cité du Train de Mulhouse.

Retrouvez les fiches des trains touristiques sur www.aiguillages.eu

Vignoble grand cru Steinert
à Pfaffenheim et Westhalten

STEINERT

© Tizianok / Wikimedia Commons

Colmar

TABLE DES MATIÈRES

REIMS

STRASBOURG

© Mathieu Kappler

Une rame TER arrêtée en gare de Remiremont

sion des trois régions TER Alsace, Lorraine et Champagne-Ardenne. Il intègre également les anciens trains du TER 200 qui circulaient entre Strasbourg et Bâle avec prolongement pour certains vers Luxembourg via Metz. Le parc de matériel roulant est composé de locomotives de type BB 25500 et BB67400 assurant la traction ou la pousse de segments de Rames Réversibles Régionales. Des BB 26000 sont affectées aux TER 200 tractant des rames Corail à 200 km/h. Des BB15000 tractent également des rames Corail vers l'Ile-de-France. Elles sont peu à peu remplacées par des Coradia Liner. Des automoteurs Régiolis sont principalement engagés en Lorraine.

Comment venir en train

Le TGV dessert une bonne partie des grandes villes de la région au départ de la gare de l'Est. C'est le cas de Bar-le-Duc, Charleville-Mézières, Metz, Mulhouse, Nancy, Strasbourg, Reims et Thionville. Sur la LGV Est, trois gares nouvelles ont été créées. Depuis la capitale, la première porte d'entrée dans la région est ainsi celle de Champagne-Ardenne TGV située à proximité de Reims ou d'Epernay qu'il est possible de rejoindre en TER. Meuse TGV se trouve à une trentaine de kilomètres de Verdun. Le reste du trajet devant se faire par des navettes routières. La gare Lorraine TGV est à mi-chemin entre Metz et Nancy. Elle a surtout été créée pour être une gare de correspondance. Pour rejoindre l'une de ces deux grandes villes, mieux vaut opter pour des trains la desservant directement que de descendre ici. Par le sud, la région Grand Est, peut être rejointe par Mulhouse en provenance de Besançon, Dijon ou Lyon.

Le TER Fluo Grand-Est

Le réseau est constitué de 396 gares. C'est le plus important des réseaux régionaux hors Ile-de-France, avec un peu plus de mille six cents trains mis en circulation. Il résulte de la fu-

Bons plans

Pour les moins de 26 ans la carte Primo Grand Est coûte 15 € par an et donne accès à des réductions de l'ordre de 50% du prix des billets pour des déplacements en semaine, 70% le week-end.

Pour les autres c'est la carte Presto Grand Est qui pour 20 € par an propose des réductions de 30% en semaine et 70% les week-ends et jours fériés. Cette réduction peut s'étendre à un minigroupe de trois personnes accompagnant le détenteur, mais uniquement les samedis, dimanches et jours fériés.

Sans carte, il est possible d'opter pour les offres minigroupe proposant une réduction de 50% au porteur et à un maximum de trois accompagnants également le week-end et les jours fériés, et pour des trajets réalisables n'importe quel jour, il est possible de tenter de trouver des P'tits Prix Ter Fluo à 3, 5 ou 10 €, mais ils sont en nombre limité et on a d'autant plus de chance d'en trouver que l'on s'y prend en avance pour les acheter.

La basilique Saint-Maurice

© Zairon / Wikimedia Commons

EPINAL

La préfecture des Vosges est aussi la plus importante des villes du département sur le plan économique. Elle est surtout connue pour son imagerie qui a été fondée en 1796. Il s'agit en fait d'une imprimerie où furent produites des estampes tirées en série. Son propriétaire Jean-Charles Pellerin qui dessinait et imprimait des cartes à jouer va populariser le concept en proposant des séries d'images, à la gloire de Napoléon Ier et de l'Empire, qui vendues par colportage, remporteront un franc succès. Le train est arrivé dans la ville en 1857. Sa gare a été mise en service par la Compagnie des chemins de fer de l'Est. Elle y établira un important dépôt qui sera détruit par des bombardements alliés en 1944. La gare sera entièrement reconstruite en 1956. C'est le bâtiment que l'on voit aujourd'hui encore. Ce-

lui-ci a néanmoins été entièrement remanié en vue de l'arrivée du TGV Est qui dessert la gare depuis 2007, au rythme de deux allers-retours quotidiens en provenance de Remiremont et de Nancy. Des TER Grand-Est s'y arrêtent également au cours des missions qu'ils réalisent sur les lignes Nancy-Remiremont, Metz-Remiremont et Belfort-Epinal pour l'essentiel.

Comment s'y rendre

De Paris : Au départ de la gare de l'Est, des TGV assurent une relation en environ deux heures vingt, mais ils ne sont pas très nombreux. Pour disposer de plus d'options dans le choix de ses horaires de voyage, il faut envisager une correspondance à Nancy.

De Lyon : Pas de liaisons directes entre les deux villes, mais plusieurs parcours possibles par Paris, Strasbourg ou Nancy.

De Nancy : Une relation cadencée est établie entre les deux villes. Départs à h+20 et h+55. Le trajet est de 55 minutes.

De Metz : Quelques trains directs assurent la relation en un peu moins de deux heures. Alternativement, il est possible d'opter pour des trajets avec correspondance à Nancy.

A voir et à faire à Epinal

La Cité de l'Image : Elle regroupe l'Imagerie d'Epinal et le Musée de l'Image. Celui-ci possède une collection de 100 000 images populaires imprimées au XVIIe siècle.

Le château (en ruine) : Il abrite un petit parc animalier et un jardin médiéval. Son site permet de jouir d'un beau panorama sur la ville.
Les remparts : Une petite portion de ceux qui entouraient la ville est toujours en place. Sur les trois tours qui existaient alors, une seule demeure. Elle abrite le musée du Chapitre qui présente une maquette de la ville médiévale.

La place des Vosges : Entourée de maisons à arcades, c'est le quartier des bars et des restaurants.

A voir et à faire dans les environs d'Epinal

Le Chemin de fer forestier d'Abreschviller
Train Touristique
Sur une ligne de 6,2 km, des trains diesels ou à vapeur circulent sur les voies d'un ancien chemin de fer forestier à voie de 70 cm, le long de la Sarre rouge. Le parcours s'achève au terminus de Grand Soldat, où peut être visitée une scierie à haut-fer.
2 place Norbert Prévot - 57560 Abreschviller
GPS : 48.6371, 7.09142
Accès : Bus N°155 au départ de Sarrebourg
Ouverture : Les mercredis et dimanches en avril et octobre, les mercredis, jeudis et week-ends en mai, juin et septembre et tous les jours sauf le lundi en juillet et août.
Durée de la visite : 1h30
Tarifs : Adulte 14€ enfant 10.50€. Orient express adulte 18€. Orient express enfant 11€. Groupe adulte 12€.Groupe enfant 9.50€
Téléphone : +33 (0)3 87 03 71 45
E-Mail : train.abreschviller@wanadoo.fr
Site web : http://train-abreschviller.fr
Fiche Aiguillages : 430
A proximité : Saint-Quirin (l'un des plus beaux villages de France), Marmoutier (l'abbaye), Saverne (le château des Rohan), Molsheim (le train de jardin).

L'autorail Lorraine Champagne-Ardenne
Préservation de matériels roulants historiques
L'association restaure un autorail Picasso et une rame RGP2 dans le but de les faire rouler prochainement.
Rue de la gare - 88270 Hennecourt
GPS : 48.2105, 6.28604
Téléphone : +33(0)6 73 56 99 80
E-Mail :
autorail.lorraineschampagneardenne@ laposte.net
Site web : https://cutt.ly/lvGjEYh
Fiche Aiguillages : 441
A proximité : Mirecourt (musée des instruments mécaniques), Luxeuil-les-Bains (ville thermale), Domrémy-la-Pucelle (ville de naissance de Jeanne d'Arc).

Le Tortillard
Mini-trains
Ce réseau est certainement le plus long de France en 7 pouces 1/4. Il s'étend sur deux

Le Chemin de fer forestier d'Abreschviller

©DR

kilomètres deux cents. Au dépôt, les locomotives à vapeur sont mises en chauffe à l'intérieur d'un bâtiment conçu pour cet effet. Une plaque tournante et un triangle permettent de les retourner. La gare supérieure est située à proximité. Les trains s'engagent dans une pente continue mais modérée, pour rejoindre la gare du bas où les voyageurs sont pris en charge. Le parcours est ponctué de quatre ponts dont l'un qui passe au-dessus de la voie. Le circuit est ouvert une à deux fois par an à l'occasion de journées portes ouvertes, mais les amateurs possédant du matériel à cet écartement peuvent venir y rouler toute l'année, sur rendez-vous. En 2021, l'inauguration de l'extension du réseau est prévue pour le week-end de la Pentecôte.

215 rue des champs du Motey - 67420 Plaine
GPS : *48.8215, 7.8113*
Ouverture : *Portes ouvertes les 10,11 et 14 juillet. Samedi 10 de 10h à 22h30, dimanche 12 de 10h à 18h30, mercredi 14 de 10h à 18h30.*
Téléphone : *+33(0)6 34 56 33 11*
E-Mail : *contact@letortillard.fr*
Site web : *https://www.letortillard.fr/*

Fiche Aiguillages : *403*
A proximité : *Le Mont Saint-Odile (lieu de pèlerinage), Andlau (le château), Haut-Koenigsbourg (le château), Obernai (ville typiquement alsacienne).*

Trainland
Musée

Ce musée du train, a ouvert ses portes il y a 5 ans à Saint-Dié-des-Vosges. Il a été créé par un groupe de trois collectionneurs qui plutôt que de continuer à présenter leurs collections d'expositions en expositions, ont préféré se sédentariser et créer un lieu où les rassembler. A Trainland, l'histoire des chemins de fer et du train jouet est racontée au travers de nombreuses vitrines et réseaux dont les échelles vont du Z (1/120e) au I (1/32e). A l'entrée sont exposés des matériels suisses des plus anciens (une centaine d'années) au plus récents, en passant par des modèles qui ne se trouvent pas dans le commerce et qui sont par conséquent fabriqués dans les ateliers du musée, en laiton ou en fer blanc. Des locomotives qui ont marqué leur temps par pays, sont ensuite présentées. Dans la salle, les vi-

Vue de la salle des pas perdus de la gare SNCF de Vittel.

© Legrincheux

La gare de Contrexéville

© Gares&Conexions

Eguisheim (village typiquement alsacien), Colmar (la ville, le musée du jouet).

Sites ferroviaires valant le coup d'œil

siteurs passent devant différents réseaux. Le premier est en O (1/43e), et évoque les trains jouets produits par Jep, Horny, GMP... en trois rails. D'autres présentent chacun un pays : l'Allemagne, les Etats-Unis... Le plus récent évoque la France et l'Angleterre. Côté train réel, une cabine de machine à vapeur a été reconstituée et un locotracteur est exposé à l'extérieur sur un coupon de rails.

7-9 rue du 12ᵉ Régiment d'Artillerie - 88100 Saint-Dié-des-Vosges
GPS : 48.281, 6.96779
Accès : Bus Swiss Post Auto. La réouverture de la gare est programmée.
Ouverture : Toute l'année du mercredi au dimanche de 14h à 18h
Tarifs : Adulte : 6 € - Enfant de 3 à 7 ans : 3,50 €
Téléphone : +33(0)6 80 20 16 14
Site web : https://www.trainland.fr
Fiche Aiguillages : 540
A proximité : Ribeauvillé (ses maisons traditionnelles), Murbach (les ruines de l'abbaye),

La gare de Vittel
Les façades, les toitures, la marquise, le hall sont inscrits aux monuments historiques
88800 Vittel
GPS : 48.2026, 5.94225
Fiche Aiguillages : 554
A proximité : Mirecourt (musée des instruments mécaniques), Domrémy-la-Pucelle (village natal de Jeanne d'Arc), Luxeuil-les-Bains (ville thermale), Langres (ville d'art et d'histoire).

La gare de Contrexéville
Le bâtiment voyageurs a été construit entre 1928 et 1933 par Max Sainsaulieu dans le style d'architecture Art déco.
88140 Contrexéville
GPS : 48.1809, 5.89118
Fiche Aiguillages : 555
A proximité : Mirecourt (musée des instruments mécaniques), Domrémy-la-Pucelle (village natal de Jeanne d'Arc), Luxeuil-les-Bains (ville thermale), Langres (ville d'art et d'histoire).

La porte des Allemands

© Marc Ryckaert (MJJR) / Ville de Metz

METZ

La ville a plus de deux mille ans. Son passé et sa culture sont par conséquent très riches et à la fois marqués par la France et l'Allemagne. Pour les valoriser elle a d'ailleurs déposé un dossier pour intégrer le patrimoine mondial de l'humanité, auprès de l'UNESCO. Sa gare est au cœur d'un important nœud ferroviaire. Elle est desservie par les TER Fluo en provenance de Nancy, Thionville, Luxembourg, Strasbourg, Verdun et Bar-le-Duc. Depuis juin 2007, elle est reliée à Paris-Est par le TGV qui assure une relation en un peu moins d'une heure trente. D'autres liaisons TGV la mettent en relation avec Lyon, Marseille et Montpellier. Son bâtiment très original fait qu'elle est considérée comme l'une des plus belles gares de France. Elle a été construite durant la période où la Moselle était Allemande, et a été mise en service en 1878. Ses façades, sa toiture, son salon d'honneur, le décor du buffet et son hall de départ, ont fait l'objet d'une inscription au titre des monuments historiques.

Comment s'y rendre

Depuis Paris : Les TGV directs au départ de la gare de l'Est, mettent moins d'une heure trente à rejoindre la ville.

Depuis Lyon : Les meilleurs temps de parcours pour les TGV directs entre les deux villes sont de l'ordre d'un peu moins de cinq heures.

Depuis Nancy : Il existe de nombreuses relations quotidiennes entre les deux villes, les plus rapides se faisant en moins de quarante minutes.

Depuis Strasbourg : Des TER et TGV relient les deux villes en moins d'une heure.

A voir et à faire à Metz

La gare : C'est la première découverte de la ville à faire quand on arrive en train. Elle recèle de nombreux détails qu'il faut prendre le temps de débusquer en la parcourant en tous sens. Pour approfondir cette visite, l'office du tourisme de la ville en propose des visites guidées.

Le jardin botanique : Il recèle un petit train de jardin qui transporte les enfants sur quelques dizaines de mètres.

La cathédrale Saint-Etienne : C'est l'une des plus hautes de France. Elle présente la collection de vitraux la plus importante d'Europe, leur surface représentant six mille cinq cents mètres carrés et sont signés par des artistes connus.

Le centre Georges Pompidou : Annexe de celui de Paris, c'est le lieu le plus visité de la ville. Il présente une collection dédiée à l'art contemporain, mais de l'extérieur, le bâtiment vaut déjà le coup d'œil.

Le musée de la Cour d'Or : Dédié à l'histoire de la ville, il en raconte les deux mille ans au travers de ses quarante-six salles.

A voir et à faire autour de Metz

Le chemin de Fer de la Vallée de la Canner Train Touristique

L'association exploite un autorail Picasso et un vélorail sur l'ancienne ligne Metz-Vigy-Anzeling, entre Vigy et Bettelainville et de Bettelainville à Hombourg-Budange. Le vélorail propose deux parcours : Complet : 18 km et mi-complet : 9 km.
1 rue de la Gare - 57640 Vigy
49.2041, 6.29167
Accès : Bus n°006
Ouverture : Train : Tous les dimanches de mai à octobre. Départs de Vigy à 14h30 et 15h30. Départ supplémentaire en juillet et août à 16h30.

Le vélorail de Vigy

© Vélorail de Vigy

Vélorail : D'avril à septembre. En juillet et août tous les jours. En septembre les week-ends et mercredis après-midi.
Tarifs : *Train Adulte : 5 € - Enfant de 3 à 11 ans : 3 € - Vélorail : Basse saison : 20 € - Haute saison : 25 €*
Téléphone : *+33 (0)6 04 06 03 45*
E-Mail : *contact@alemftrain.fr (train) et vigyvelorail-57@ orange.fr (Vélorail).*
Site web : *http://www.alemftrain.fr/*
Fiche Aiguillages : *428*
A proximité : *Metz (la gare, le centre Georges Pompidou), Rodemack (l'un des plus beaux villages de France).*

Le train touristique Sarreguemines Bitche Vélorail

Ce train touristique est encore en état de projet, mais celui-ci est désormais bien avancé. Sur l'ancienne ligne de Sarreguemines à Bitche, il circulera à vapeur pour emmener les touristes qui pour une bonne part viennent d'outre-Rhin, vers les différents sites touristiques de la vallée de Bitche. En attendant la concrétisation de ce projet, l'association organise ponctuellement des journées vélorails sur différents segments de la ligne. Parce que passé, présent et avenir peuvent se conjuguer au même temps, l'association est également partie prenante de la mise au point d'un système innovant de transport ferroviaire : Le taxirail. Portée par une start-up bretonne, la société EXID Concept & Développement, l'idée consiste à faire rouler sur des lignes désaffectées, des modules autonomes qui pourraient circuler en mode cadencé ou à la demande. Le concept pourrait être testé par la région sur la ligne exploitée à des fins touristiques par l'association.

Départementale 82 - 57230 Bitche
49.0489, 7.43219
Accès : *Bus n° B au départ de Sarreguemines.*
Ouverture : *Ponctuelle, sur réservation pour les groupes et pour les journées du patrimoine. Réservation obligatoire par mail*
Tarifs : *20 € par vélorail*
E-Mail : *locovapeurpdb@gmail.com*
Site web : *https://www.t2sb.fr/*
Fiche Aiguillages : *547*
A proximité : *Fleckenstein (le château), Saverne (le château des Rohan), Wissembourg (le canal, les jardins, la maison du sel...)*

Le train du Fort de Hackenberg
Petit train
La visite de cet ouvrage se fait à bord du Train de l'Histoire. Elle permet de comprendre comment il y a 100 ans, après l'hécatombe de la Première Guerre mondiale et les nombreuses victimes de la grippe espagnole, la France a décidé de protéger ses frontières en lançant la construction de la plus importante fortification de ce XXe siècle, la ligne Maginot.

Train du Fort de Hackenberg

61 bis grande rue - 57920 Veckring
49.3346, 6.35233
Ouverture : *Toute l'année, horaires variables en fonction des mois*
Durée de la visite : *Environ 2h30*
Tarifs : *Adulte : 12 € - Enfant de 4 à 16 ans : 6 €*
Téléphone : *+33(0)3 82 82 30 08*
E-Mail : *amifort@orange.fr*
Site web : *www.maginot-hackenberg.com/*
Fiche Aiguillages : *435*
A proximité : *Metz (la gare, le centre Georges Pompidou).*

Le musée Lorrain des Cheminots
Musée ou bâtiment ferroviaires ouverts au public
Sur un peu plus de 220 mètres carrés, le musée propose de partir à la découverte des métiers du chemin de fer des origines à nos jours. Au rez-de-chaussée se trouve une lampisterie, un coupon du rail autour duquel sont présentés les métiers de la voie, dont celui très mal connu de géomètre. Puis, le visiteur découvre le travail des lignards, des caténairistes, des régulateurs et des personnels travaillant au service électrique. Un poste d'aiguillage reconstitué permet de comprendre la manœuvre des aiguilles et des signaux. A l'étage, l'espace Lucien Close présente plaques, pancartes, uniformes, casquettes et un réseau miniature. L'espace Guillaume Courtade un guichet de gare datant de 1898 et un cabinet médical. La conduite des trains et leur entretien sont abordés au travers du thème des apprentis. Pour terminer la visite, un simulateur de conduite permet de prendre les commandes d'une locomotive ayant circulé dans la région, dont le poste de conduite a été reconstitué.

31 rue du puit - 57480 Rettel
GPS : *49.4439, 6.32707*
Ouverture : *De mai à septembre, chaque deuxième dimanche du mois, le 1er mai et pour les journées du patrimoine*
Durée de la visite : *1h30 environ*

Tarifs : *Adulte : 5 € - Enfant de 6 à 16 ans : 4 €*
Téléphone : *+(0)6 07 80 76 18*
E-Mail :
museelorraindescheminots@gmail.com
Site web :
www.museelorraindescheminots.fr/
Fiche Aiguillages : *437*
A proximité : *Metz (la gare, le centre Georges Pompidou).*

Le petit train du jardin botanique de Metz
Ce petit train en 7 pouces 1/4 fait le tour du jardin et balade les enfants, pendant que leurs parents peuvent prendre un verre à la buvette. Le jardin botanique de Metz a fêté ses 150 ans en 2017.
27 ter rue du Pont-à-Mousson - 57158 Montigny-lès-Metz
GPS : *49.0995, 6.15114*
Ouverture : *Période estivale - mi-juin à mi-septembre - du mardi au dimanche, de 14h à 20h - Période automnale - mi-septembre à fin octobre et vacances scolaires de la Toussaint - du mardi au dimanche, de 15h à 18h - Période hivernale - début novembre à fin avril*
Site web : *https://metz.fr/lieux/lieu-27.php*
Fiche Aiguillages : *442*
A proximité : *Sur place la gare, le centre Georges Pompidou. Rodemack (l'un des plus beaux villages de France), Nancy (la place Stanislas...)*

Restaurant insolite

Crêperie L'arrêt'Horique
Dans un wagon, en gare de Vigy. Repas traditionnels les dimanches et jours fériés, menus crêpes à partir de 7 € tous les jours
57640 Vigy
GPS : *49.2041, 6.29167*
Accès : *Bus n°006*
Fiche Aiguillages : *538*
A proximité : *Metz (la gare, le centre Georges*

Pompidou), Rodemack (l'un des plus beaux villages de France).

Sites ferroviaires valant le coup d'œil

La gare de Morhange
Le bâtiment voyageur est toujours en service. La halle à marchandise à pans de bois est désaffectée mais toujours en place.
57340 Morhange
GPS : *48.9673, 6.66187*
Fiche Aiguillages : *552*
A proximité : *Metz (la gare, le centre Georges Pompidou), Nancy (la place Stanislas...), Saint-Quirin (l'un des plus beaux villages de France).*

L'ancienne gare de Nouvel-Avricourt
Vouée à la démolition après sa fermeture en 1969, elle a été sauvée par un comité de sauvegarde. Classée monument historique, elle devrait être restaurée et transformée en lieu dédié à l'événementiel.
57810 Avricourt
GPS : *48.6473, 6.80571*
Fiche Aiguillages : *553*
A proximité : *Saint-Quirin (l'un des plus beaux villages de France), Saverne (le château des Rohan), Marmoutier (l'abbaye), Nancy (la place Stanislas...)*

© Grandmou / Wikimedia Commons

NANCY

Sur les bords de la Meurthe, elle fut l'ancienne capitale du Duché de Lorraine jusqu'à son rattachement au royaume de France. Stanislas qui a donné son nom à la célèbre place, en fut le dernier duc. La ville compte de nombreux édifices datant de cette époque, et inscrits à l'inventaire des monuments historiques. Plus récemment au XXe siècle, elle fut l'un des berceaux de l'art nouveau et celui de l'Ecole de Nancy. Le train y est arrivé en 1852, mettant la ville à huit heures de Paris. La gare constitue un carrefour ferroviaire européen, avec des relations vers Paris, Luxembourg, Lyon, et Marseille, mais aussi Vienne en Autriche. L'Orient Express y faisait d'ailleurs quotidiennement étape jusqu'en 2002. Les trains Corail qui circulaient avant l'avènement du TGV faisaient la relation en pas loin de trois heures. Désormais, il faut quatre-vingt-dix minutes pour venir de Paris en train. La ville est également dotée d'un réseau de tramways sur pneu à guidage central dont la mise au point a été laborieuse. Le choix de cette technologie a été fait en raison des nombreuses rampes rencontrées sur le parcours.

Comment s'y rendre

De Paris : Les relations se font en moins d'une heure quarante en TGV, mais un peu plus de trois heures en TER. L'origine de ces parcours est la gare de l'Est.

De Lyon : Le parcours est réalisable en un peu plus de cinq heures trente, sans changement. Les autres options consistent à passer par Paris ou par Dijon.

De Metz : Des liaisons très régulières sont mises en place entre les deux villes. Selon les horaires, les temps de parcours sont de quarante à cinquante minutes.

De Strasbourg : Des TER directs mettent en moyenne une heure trente à relier les deux villes.

De Dijon : Des liaisons TER et TGV existent entre les deux villes, le paradoxe étant que souvent, c'est le TER qui réalise les meilleurs temps de trajet !

A voir et à faire à Nancy

Le tramway : L'exploitation de ce tramway selon la technologie TVR (Transport sur Voie Réservée) est en sursis. Sur pneus, il est guidé par un rail central dont il peut s'affranchir pour s'immiscer dans la circulation routière tel un véhicule ordinaire le temps de rejoindre son dépôt. Son remplacement par des trolleybus articulés est imminent.

La place Stanislas : Elle relie la vielle ville et la nouvelle. Construite en 1752, elle est impressionnante de par ses dimensions, et remarquable pour ses fontaines, ses pavés, et son arc Héré. Elle est inscrite au patrimoine mondial de l'UNESCO.

Le palais des ducs de Lorraine : Cette ancienne résidence ducale a été bâtie au XVIe siècle. Il abrite un musée dédié à l'histoire de la région. Actuellement fermé pour travaux, il ne rouvrira qu'en 2023.

La vieille ville : Son architecture médiévale, ses rues pavées et étroites et la porte de la Craffe permettent de se replonger dans le Nancy des années du Duché de Lorraine.

Le musée de l'école de Nancy : Pour qui s'intéresse à l'art nouveau, c'est une étape indispensable dans la ville.

A voir et à faire autour de Nancy

Le chemin de Fer du Val de Passey
Train Touristique
Il s'agit certainement de l'un des trains touristiques les moins connus en France, et pour cause, il est installé sur un terrain privé et ne circule que quelques jours par an, sur une ligne d'un kilomètre à l'écartement de soixante centimètres. Il n'y a jamais eu de

© Rob Dammers / Wikimedia Commons

Chemin de Fer du Val de Passey

© DR

voie ferrée à cet endroit. Le réseau est né de la volonté de Jacques Maginot, un banquier passionné de chemin de fer. Ayant hérité d'un terrain de sa grand-mère, il a décidé d'installer un train, au Val de Passey à la fin des années 60. Le service est assuré par des locomotives à vapeur, une Decauville et une Bagnall. Le parcours se fait en forêt et en forte rampe. Une voie d'évitement est installée à mi-parcours, à la gare, où les deux rames mises en service les jours d'exploitation se croisent.

Val de Passey 54200 Choloy-Ménillot
GPS : 48.6631, 5.81549
Ouverture : 5 à 6 jours par an, de mai à septembre. Des journées privées sont organisées sur réservation
Tarifs : 3 €
Téléphone : +33(6) 70 58 76 10
E-Mail : cfvp@wanadoo.fr
Site web : http://cfvp.monsite-orange.fr/
Fiche Aiguillages : 429

A proximité : Domrémy-la-Pucelle (ville natale de Jeanne d'Arc). Nancy (la place Stanislas...). Bar-le-Duc (la ville haute).

Le Petit Train de l'ouvrage de Fermont
Petit train
Fermont, c'est un ouvrage d'artillerie de la ligne Maginot resté authentique, avec ses équipements, ses organisations souterraines et son armement. Après la visite du magasin à munitions, le petit train emmène les visiteurs trente mètres sous terre, au cœur des blocs de combat.

Ouvrage de Fermont D174 - 54260 Longuyon
49.4454, 5.60262
Ouverture : Toute l'année. Jours et horaires variables en fonction de la saison
Tarifs : Adulte : 10 €- Enfant de 7 à 12 ans : 5 €
Téléphone : +33(0)3 82 39 35 34
E-Mail : fort.de.fermont@orange.fr

Site web : https://www.fort-de-fermont.fr
Fiche Aiguillages : 434
A proximité : Verdun (lieu de mémoire de la grande guerre), Sedan (le château), Metz (la gare, le centre Georges Pompidou).

Le cyclorail des 3 vallées
Vélorail
Quatorze kilomètres de voies à parcourir entre Andelot et Bologne. La balade commence en gare de Chantraines, tout près du site néolithique du Fort Bevaux à Blancheville et passe par le viaduc d'Andelot qui enjambe le Rognon. Deux parcours sont proposés.
Rue de la gare - 52700 Chantraines
GPS : 48.2213, 5.24562
Accès : bus N°42 au départ de Neufchâteau
Ouverture : Avril : de 10h00 à 19h00, le week-end et jours fériés et sur réservation mai - juin : de 10h00 à 20h00, le week-end et jours fériés et sur réservation juillet et août : tous les jours 10h-20h (dernier départ) à 18h30, septembre : de 10h00 à 19h00, le week-end
Tarifs : 25 € par cyclorail
Téléphone : +33 (0)3 25 32 23 18
E-Mail : esarb@orange.fr
Site web : https://cutt.ly/wvJjw41
Fiche Aiguillages : 417
A proximité : Joinville (les jardins), Domré-my-la-Pucelle (ville natale de Jeanne d'Arc), Langres (la ville haute).

Le vélorail de Mortagne
Vélorail
Les parcours (trois et bientôt un quatrième) se font sur l'ancienne ligne entre Deinvil-lers et Lamath, en direction des Vosges.
6 km : 1h ; **15 km :** 2h ; **24 km :** 3h. Ces deux derniers parcours permettent la visite de la villa gallo-romaine de Lana, qui n'est accessible qu'à pied ou par les rails.
Ancienne Gare 54129 Magnières
GPS : 48.4459, 6.56586
Accès : bus n°14 au départ de Lunéville

Ouverture : Tous les jours d'avril à septembre, sur réservation le reste de l'année.
Tarifs : 17 € de l'heure
Téléphone : +33 (0)3 83 72 34 73
E-Mail : val.mortagne@wanadoo.fr
Site web : https://cutt.ly/jvJjjPo
Fiche Aiguillages : 433
A proximité : Mirecourt (musée des instruments mécaniques), Nancy (la place Stanislas...), Munster (l'abbaye Saint-Grégoire).

Site ferroviaire valant le coup d'œil

Le viaduc de Chaumont
A Chaumont, il est situé sur la ligne Paris-Est à Mulhouse-Ville et surplombe la vallée de la Suize. Ses dimensions : six cents mètres de long, cinquante-deux de haut, en font avec ses trois niveaux dont le premier est dédié à un cheminement piéton et le troisième réservé au train, l'un des ouvrages d'art les plus remarquables de la seconde moitié du XIXe siècle.
52000 Chaumont
GPS : 48.1108, 5.12325
Fiche Aiguillages : 550
A proximité : Langres (la ville haute), Joinville (le château), Châtillon-sur-Seine (le centre médiéval).

© Troye Owens / Wikimedia Commons

REIMS

C'est la ville des sacres ! Les rois de France y étaient couronnés dans sa cathédrale, construite à l'emplacement où Clovis fût baptisé et à sa suite, les rois carolingiens puis capétiens. La ville est riche d'un patrimoine culturel et architectural important. Le champagne a été inventé au XVIIe siècle par un moine, non loin de là au monastère d'Hautvillers près d'Epernay. Reims lui doit son développement économique. La ville compte trois gares, la plus ancienne étant devenue la principale. Elle date de 1877. Elle est desservie par les TER FLUO en provenance de Laon, Fismes, Châlons-en-Champagne, Charleville-Mézières, Château-Thierry, Dijon, Epernay, Lunéville et Sedan. Depuis 2007, elle accueille le TGV Est qui la met à trois quarts d'heure de la gare de l'Est.

Comment s'y rendre

De Paris : Plusieurs relations quotidiennes par TGV sont établies en quarante-cinq minutes environ. Elles sont directes.

De Lyon : Ce parcours suppose un passage par Paris et une correspondance entre la gare de Lyon et celle de l'Est.

De Charleville-Mézières : Des liaisons directes sont établies quotidiennement en TER ou TGV pour un temps de parcours sensiblement équivalent et inférieur à une heure.

A voir et à faire à Reims

Le tramway : Relativement récent, il a fêté ses dix ans en 2021. La ligne A comprend 21 stations et est longue de neuf kilomètres. La B relie le quartier d'Orgeval à la gare Champagne-Ardenne TGV. Elle dessert les jours de match la station stade Auguste Delaune, qui présente la particularité d'être... démontable !

La cathédrale Notre-Dame : C'est elle qui a accueilli pendant près de mille ans, le sacre des rois de France. C'est un chef-d'œuvre de l'art gothique qui figure à ce titre sur la liste du patrimoine mondial de l'UNESCO. Elle abrite des vitraux anciens qui cohabitent avec ceux plus contemporains signés Marc Chagall.

Les maisons de Champagne : Ce célèbre vin pétillant a fait la fortune de plusieurs familles de producteurs. Ils sont nombreux à ouvrir les portes de leurs caves en ville et dans les alentours.

Le centre-ville historique : Il regorge de trésors de l'architecture Art Déco, mais aussi de vestiges datant de la période gallo-romaine.

Le palais du Tau : Tout près de la cathédrale, il doit son nom à sa forme en T, tau en grec. C'était la résidence des évêques de la ville. Il abrite un musée qui raconte l'histoire du sacre des rois de France.

A voir et à faire autour de Reims

Le Chemin de Fer Touristique du Sud des Ardennes
Train Touristique
L'association propose des voyages commentés à bord d'autorails des années 50 entre Amagne et Attigny, et sur le réseau ferré national. En 2022 sont programmés des voyages à la mer (le Tréport) et en Baie de Somme. Les parcours réguliers se font sur une ligne fermée au trafic voyageurs en 1969, à bord d'autorails Picasso, au départ de la gare d'Attigny. La ligne longe

Le Chemin de Fer Touristique du Sud des Ardennes

© DR

la vallée de l'Aisne et le canal des Ardennes. A la gare de Voncq, les voyageurs découvrent la malle de Rimbaud qui prenait souvent le train pour venir ici en résidence secondaire.

Cour de la gare - 08130 Attigny
GPS : *49.4838, 4.57995*
Ouverture : *circulations en juillet-août avec départs à 11,14 et 16 heures les dimanches et 14 et 16 heures les mercredis*
Durée de la visite : *1h10*
Tarifs : *Adulte : 12 € - Enfant de 4 à 14 ans : 9 €*
Téléphone : *+33(0) 7 69 51 67 50*
E-Mail : *atva-info@orange.fr*
Site web : *http://cftsa.fr/*
Fiche Aiguillages : *397*
A proximité : *Charleville-Mézières (la place ducale), Sedan (le château), Reims (la cathédrale), Monthermé (la gare, les deux églises).*

Le chemin de Fer Historique de la Voie Sacrée
Train Touristique
Ce train touristique a circulé pour la première fois en 2021, en fin de saison. Il conduit ses passagers jusqu'à un lieu d'exposition, «La baraque Adrian» qui devrait ouvrir dans le courant de l'année 2022. Ce lieu évoquera les hôpitaux de campagne durant les années de guerre. Plus tard l'histoire du chemin de fer Meusien sera abordée dans une deuxième pièce et une troisième sera réservée à des expositions temporaires.

29 Chemin du Varinot - 55000 Bar-le-Duc
GPS : *48.7879, 5.15179*
Ouverture : *Du 1er mai 2022 au 11 septembre 2022*
Durée de la visite : *45 minutes*
Tarifs : *Vélo-rail : 12 € par draisine. Train : 13 € par personne*
Téléphone : *+33(6) 46 71 24 21*
E-Mail : *cfhvs@hotmail.fr*
Site web : *www.cfhvs.fr/index.php/fr/*
Fiche Aiguillages : *440*

A proximité : *Verdun (lieu de mémoire de la Première Guerre mondiale), Domrémy-la-Pucelle (Ville natale de Jeanne d'Arc), Joinville (les jardins).*

Train touristique de la Brie Champenoise
Train Touristique
L'association organise des voyages dans l'Omois et la Brie Champenoise et travaille à la création d'un musée ferroviaire en gare de Montmirail. Elle est pour cela à la recherche d'objets et d'outils en lien avec le chemin de fer, qui pourraient venir enrichir ses collections. Les circulations se font à bord d'un autorail Picasso à destination de Mézy-Moulins.

La gare 51210 Montmirail
GPS : *48.8702, 3.53592*
Ouverture : *De début mai à fin septembre, les dimanches et jours fériés. Départ de Montmirail à 10h30 et 14h30*
Téléphone : *+33 (0)3 26 81 35 17*
E-Mail : *yves.coquel.tfbco@orange.fr*
Site web : *www.tfbco.fr/*
Fiche Aiguillages : *411*
A proximité : *Epernay (les grandes demeures viticoles), Provins (cité médiévale), La Ferté-Milon (le château), Meaux (la cathédrale).*

Le P'tit train de Laneuville-au-Rupt
Petit train
Un dimanche sur deux, un petit train en voie de 40 cm promène les badauds sur un circuit de 300 mètres. Au départ de la gare la locomotive diesel déguisée en machine à vapeur tire une baladeuse sur laquelle une vingtaine de personnes peuvent prendre place, s'engage dans un tunnel long de 25 mètres, traverse un viaduc, avant de revenir à son point de départ. La balade se fait dans un verger, sur un circuit construit de toutes pièces par un particulier, un ancien cheminot, qui a dû brasser 1200 mètres cubes de terre pour l'aménager.

Chemin de la haie de fusée - 55190 Laneuville-au-Rupt

GPS : 48.7043, 5.58688
Ouverture : De mai à septembre, un dimanche sur deux
Tarifs : 1 € le tour
Téléphone : +33(0)6 72 48 41 03
Fiche Aiguillages : 443
A proximité : Domrémy-la-Pucelle (ville natale de Jeanne d'Arc), Bar-le-Duc (le Chemin de Fer de la Voie Sacrée), Nancy (la place Stanislas), Joinville (le château).

Le cyclorail du Grand Morin
Vélorail
Le parcours se fait le long de la vallée du Grand Morin sur une portion de l'ancienne ligne reliant Paris à Sézanne, fermée au trafic voyageur depuis 1972. Il part de l'office de tourisme, d'où un petit train emmène les visiteurs vers la gare de départ. Les différentes options possibles sont :
- Un aller-retour de 8 km entre Esternay et Neuvy
- Un aller-retour de 8 km Joiselle et Neuvy
- Un aller-retour de 8,5 km entre Joiselle-Villeneuve et la Lionne.

41 rue des Essarts - 51310 Esternay
GPS : 48.7402, 3.58224
Accès : bus n°01 au départ de Provins.
Ouverture : De Pâques à fin octobre les dimanches et jours fériés et du mardi au dimanche pour les mois de juillet et août.
Tarifs : Un parcours : 15 € - Deux parcours : 23 €
Téléphone : +33 (0)3 26 80 27 07

Le cyclorail du Grand Morin

E-Mail : cyclodraisinedugrandmorin@gmail.com
Site web : https://cutt.ly/EHaRl9i
Fiche Aiguillages : 414
A proximité : Provins (cité médiévale), Epernay (les grandes demeures viticoles), Meaux (la cathédrale), Troyes (le quartier médiéval).

Les rotondes de Mohon
Bâtiment ferroviaire préservé
Sur ce site deux rotondes et un atelier avaient été construits par la Compagnie de l'Est pour pallier le passage à l'Allemagne des dépôts de Mulhouse et Montigny-lès-Metz après la défaite de 1870, et faire face à l'augmentation du trafic. Avec la crise de la sidérurgie, la production chutant fortement, les besoins de transport de minerai sont drastiquement réduits. Le nombre de locomotives à faire stationner à Mohon est du coup beaucoup moins important. L'une des deux rotondes est détruite au début des années 80. Pour éviter que la seconde et les ateliers ne subissent le même sort, l'association «Les Amis des Ateliers et Rotondes de Mohon» (AMR) se mobilisent pour en obtenir le classement au titre des monuments historiques. La SNCF et la Cité du Train de Mulhouse utilisent le lieu pour y entreposer du matériel. L'AMR porte le projet de le faire revivre autour autant que possible d'un projet lié au patrimoine ferroviaire. L'association devrait faire paraître dans le courant de l'année 2021 un livre retraçant l'histoire des ateliers et rotondes de Mohon. Un incendie ayant fragilisé la structure du bâtiment, même si des fonds ont été débloqués pour des travaux d'urgence, il n'est pour l'heure plus possible de le visiter.
Rue du port - 08000 Charleville-Mézières
GPS : 49.7621, 4.7261
E-Mail : amr-08@outlook.fr
Site web : https://cutt.ly/HvKZqVd
Fiche Aiguillages : 415
A proximité : Monthermé (la gare, les deux églises), Sedan (le château), Givet (le fort).

Les rotondes de Mohon

Le vélorail de la Meuse

Vélorail

Au départ de l'ancienne gare de Consenvoye, une balade de 6 kilomètres deux cents, aller-retour jusqu'à Belhaine/Dannevoux au travers de la forêt d'Argonne.

Ancienne gare de Consenvoye 27 rue de la gare - 55110 Forges-sur-Meuse

GPS : *49.2628, 5.29077*

Accès : *bus n° LR37 au départ de Verdun*

Ouverture : *Tous les jours d'avril à octobre*

Durée de la visite : *1h environ*

Tarifs : *15 € la draisine*

Téléphone : *+33 (0)6 45 02 67 44*

E-Mail : *mairie.forges.55@wanadoo.fr*

Site web : *https://cutt.ly/yvKXOoA*

Fiche Aiguillages : *431*

A proximité : *Verdun (lieu de mémoire de la Première Guerre mondiale), Sedan (le château), Bar-le-Duc (le Chemin de Fer de la Voie Sacrée).*

Site ferroviaire valant le coup d'œil

La gare de Troyes

Sa salle des pas perdus et sa grande halle métallique sont remarquables. Cette dernière a été restaurée pour être remise en valeur.

10000 Troyes

GPS : *48.2962, 4.06508*

Fiche Aiguillages : *549*

A proximité : *Tonnerre (l'hôtel-Dieu, la fosse Dionne), Pontigny (l'abbaye), Châtillon-sur-Seine (cité médiévale).*

La gare de Monthermé

Par manque de place, cette gare a dû être établie sur un viaduc !

08800 Monthermé

GPS : *49.8657, 4.74059*

Fiche Aiguillages : *902*

A proximité : *Charleville-Mézières (la place ducale), Sedan (le château), Givet (le fort), Vireux-Molhain (l'église collégiale).*

© Ji-Elle / Wikimedia Commons

STRASBOURG

La capitale régionale est aussi l'une des capitales de l'Europe dont elle héberge le Conseil et le Parlement. Son histoire est très marquée par celle de la France, mais aussi celle de l'Allemagne voisine. Son patrimoine architectural en témoigne. La « Grande-Ile » sur laquelle se trouve le cœur de la ville est un secteur entièrement inscrit au patrimoine mondial de l'UNESCO. D'un point de vue ferroviaire, la ville est le centre d'une étoile à cinq branches. Sa gare principale est la troisième la plus fréquentée de province après celles de Lyon-Part-Dieu et Lille-Flandres. Elle a été inaugurée en 1883, à une époque où la région était allemande. Son bâtiment principal a été construit en grès des Vosges dans un style néo-renaissance. Une grande marquise abrite les voyageurs. Sa dernière grande transformation date de 2007. Elle a été réalisée pour accueillir le surplus de voyageurs attendu avec la mise en service de la LGV Est. A l'oc-casion une grande verrière est installée sur le bâtiment historique pour le protéger des atteintes du temps et de son environnement urbain. D'une surface de six mille mètres carrés, elle est constituée de dix-huit arcs métal-liques et neuf cents panneaux en verre.

Comment s'y rendre

De Paris : Strasbourg est accessible en moins de deux heures par des TGV Inoui ou des ICE allemands au départ de la gare de l'Est. Des liaisons plus économiques sont établies par des TGV Ouigo ou même quelques TER, ces derniers mettant toutefois pas loin de cinq heures à effectuer le trajet.

De Lyon : Des TGV directs permettent de par-courir ce trajet sans passer par Paris en un peu moins de quatre heures.

De Marseille : Des liaisons directes sont établies par TGV entre les deux villes. Elles se font en un peu moins de six heures.

De Rennes : Des relations directes existent entre les deux villes. Elles sont établies en cinq heures en moyenne. D'autres sont possibles moyennant une correspondance à Paris ou Marne-la-Vallée sans altérer pour autant le temps de trajet.

De Lille : Un parcours direct est possible au départ de la gare de Lille Europe. Le trajet dure alors trois heures.

A voir et à faire à Strasbourg

La cathédrale : On la remarque de loin avec sa flèche majestueuse et sa façade de grès rose. C'est la deuxième plus haute de France après Notre-Dame de Paris. Elle abrite une horloge astronomique, chef-d'œuvre d'horlogerie. A condition de faire l'effort de gravir trois cent trente marches, il est possible de jouir d'un magnifique panorama sur la ville du haut d'une plateforme aménagée dans sa tour.

La Petite France : Ce quartier pittoresque du centre-ville se trouve sur la Grande Ile. Il est traversé par des canaux et abrite de nombreuses maisons à colombages fleuries.

La place Kléber : C'est la grande place de la ville. Elle est située sur la Grande Ile.

Le barrage Vauban et les ponts couverts : Cet ouvrage défensif protégeait la ville en faisant monter le niveau de l'Ill de manière à inonder les champs alentour pour y piéger les assaillants dans la boue. Les ponts ont perdu leur toiture. Ils complétaient les fortifications sur la rivière.

Le quartier Européen : La ville est le siège de nombreuses institutions européennes. Le bâtiment du Parlement se visite. Il est relié à celui du Conseil par une passerelle qui enjambe la rivière. A ne pas manquer non plus celui du Palais des droits de l'Homme.

A voir et à faire à proximité de Strasbourg

Le chemin de Fer Touristique du Rhin
Train Touristique
Depuis 1982, l'association sauvegarde, restaure, entretient et fait circuler des trains à vapeur dans le Ried Alsacien. Ceux-ci roulent sur un parcours de treize kilomètres sur la ligne reliant Volgelsheim à Marckolsheim. Celle-ci appartient à la Chambre de Commerce et d'Industrie de Colmar, à l'Etablissement Port Rhénan et au Port Autonome de Strasbourg. Les trains sont à vapeur. Une exposition d'objets ferroviaires anciens attend les voyageurs à la gare de départ. Une première halte est faite au dépôt de l'association pour une présentation du matériel préservé. Le voyage se poursuit ensuite jusqu'à l'embarcadère de « Sans-Souci » d'où un bateau prend le relais pour une croisière de près d'une heure trente sur le Rhin. Celui-ci établit une nouvelle correspondance au niveau du dépôt et c'est en train que le voyage se termine.
2 rue de la gare - 68600 Volgelsheim
GPS : 48.0193, 7.55021
Ouverture : Du 9 mai au 26 septembre
Tarifs : Adulte : 21 €. Enfant de 4 à 14 ans : 10,50 €
Téléphone : +33 (0)3 89 45 29 84
E-Mail : chemindefertouristiquedurhin@ numericable.fr
Site web : http://www.ried-express-cftr.fr/
Fiche Aiguillages : 396
A proximité : Colmar (le centre médiéval, le musée du jouet), Neuf-Brisach (les fortifica-

Le chemin de Fer Touristique du Rhin

© DR

tions Vauban), Eguisheim (l'un des plus beaux villages de France).

Le train Thur Doller Alsace
Train Touristique

Le départ du train se fait depuis la halte de Cernay-Saint-André. Ccomposé d'une locomotive à vapeur et de quatre voitures provenant de l'ancien tramway de Palavas-les-flots, il longe d'abord une route départementale avant de s'enfoncer dans la forêt. Il traverse alors avec beaucoup de prudence un pont cage, l'espace entre les voitures et le pont n'étant pas très large. Il marque un arrêt le temps qu'un agent d'accompagnement baisse la barrière du passage à niveau manuel situé juste avant l'entrée en gare de Burnhaupt-le-Haut. C'est là que se trouve le dépôt de l'association. Le train y fait une pause le temps d'une visite commentée des collections. Il reprend ensuite son chemin qui l'emmènera jusqu'à la gare de Sentheim où la locomotive devra faire le plein d'eau et de charbon, avant de se replacer en tête de sa rame pour le voyage retour. La ligne est longue de 12 km. A l'arrivée une Aire de pique-nique, une terrasse et salle couverte sont disponibles pour la pause déjeuner.

Route d'Aspach - 68700 Cernay
GPS : *47.7912, 7.15512*
Ouverture : *De juin à septembre les dimanches et jours fériés à 10h30 et 15h ainsi que les mercredis en juillet/août à 10h et 14h30.*
Tarifs : *Adulte : 11 €. Enfant de 4 à 14 ans : 9 €. Famille : 2 adultes + 2/3 enfants : 34€*
Téléphone : *+33 (0)6 04 46 48 60*
E-Mail : *ttda@train-doller.org*
Site web : *http://www.train-doller.org/*
Fiche Aiguillages : *541*
A proximité : *Guebwiller (le petit centre médiéval), Soultz (la vielle ville), Murbach (les ruines de l'abbaye), Mulhouse (la cité du train – billets combinés avec le musée).*

Le train touristique du Thur Doller

© DR

La cité du Train
Musée
Le plus grand musée ferroviaire d'Europe est structuré en trois grands espaces d'exposition et d'animation retraçant toute l'histoire du chemin de fer des origines à nos jours. Le « Parcours spectacle » plonge ses visiteurs au cœur de l'histoire du train racontée au travers de vingt-sept engins ferroviaires. Les « quais de l'histoire » présentent soixante-quatre autres matériels roulants. Enfin le « Panorama ferroviaire » est un espace extérieur où sont présentées des expositions permanentes et temporaires.
2 rue Alfred de Glehn - 68100 Mulhouse
GPS : 47.7505, 7.29254
*Accès :***Tramway** *ligne 3 arrêt « Musées »*
Ouverture : Du 1ᵉʳ janvier au 31 mars : de 10h à 17h. Du 1ᵉʳ avril au 31 octobre : de 10h à 18h. Du 1ᵉʳ novembre au 31 décembre : de 10h à 17h
Tarifs : Adulte : 13 €. Enfant de 4 à 13 ans : 9,50 €
Téléphone : +33 (0)3 89 42 83 33
E-Mail : message@citedutrain.com
Site web : https://www.citedutrain.com

Fiche Aiguillages : 401
A proximité : Cernay (le Train Thur Doller Alsace – billets combinés avec le musée), Ungersheim (l'écomusée), Murbach (les ruines de l'abbaye).

Le musée du Jouet
Musée
Aménagé dans un ancien cinéma de quartier, ce musée s'intéresse aux jouets du XIXᵉ siècle à nos jours. Il est municipal mais animé par une association de passionnés. Son dernier étage est entièrement consacré aux trains et différents réseaux y sont exposés. Ils présentent des trains en tôle des années 1890 à 1950. Les plus grandes marques de l'époque sont exposées : Märklin, Bing, JEP, L.R. et Hornby.
40 rue Vauban - 68000 Colmar
GPS : 48.0787, 7.36151
Ouverture : De janvier à novembre 10h-17h sauf les mardis. En juillet, août et décembre tous les jours 10h-18h. Pendant les petites vacances scolaires des trois zones françaises

La Cité du train

tous les jours 10h-18h. Ouvert les mardis des marchés de Noël. Fermeture : 1er janvier
Tarifs : Adulte : 6 €. Enfant de 8 à 15 ans : 2,30 €
Téléphone : +33(0)3 89 41 93 10
E-Mail : info@museejouet.com
Site web : https://www.museejouet.com/
Fiche Aiguillages : 400
A proximité : Turckheim (les fortifications), Riquewihr (l'un des plus beaux villages de France), Ribeauvillé (le château), Neuf-Brisach (les fortifications).

L'espace de la locomotive à vapeur
Musée
Le musée présente une quarantaine de locomotives à vapeur à des échelles allant du 1/5e au 1/20e. Il est centré sur la mémoire du réseau d'Alsace-Lorraine de 1839 à 1974.
3 chemin du sable -
67330 Obermodern-Zutzendorf
GPS : 48.8433, 7.53983
Ouverture : Fermé pour travaux. Réouverture : janvier 2023
Téléphone : +33(0)3 88 90 18 04
Site web : http://espace-de-la.slue.io/
Fiche Aiguillages : 399
A proximité : Saverne (le château des Rohan), Marmoutier (l'abbaye), Bitche (la citadelle), Strasbourg (la cathédrale, la petite France, le quartier Européen).

Train de jardin de Molsheim
Train de jardin
Ce réseau au 1/20e installé dans la cour de l'hôpital local de la ville raconte l'histoire de la ligne qui reliait Saverne à Molsheim dont il reproduit de nombreux bâtiments.
Cour des chartreux - 67120 Molsheim
GPS : 48.5428, 7.48991
Ouverture : Les samedis, du 1er mai à la mi-octobre
Tarifs : Gratuit
Téléphone : +33(0)7 61 27 65 11
E-Mail : info@trainmolsheim.com
Site web : http://www.trainmolsheim.com/

Fiche Aiguillages : 402
A proximité : Obernai (l'un des villages alsaciens les mieux préservés), Rosheim (l'église), Le Mont Sainte-Odile (lieu de pèlerinage), Saverne (le château des Rohan).

Sites ferroviaires valant le coup d'œil

La motrice du TGV 001
Sauvegardée, l'une des motrices du TGV 001 est désormais exposée le long de l'autoroute A40 près des usines Alsthom de Bischheim où elle a été construite.
67000 Strasbourg
GPS : 49.0918, 5.09829
Fiche Aiguillages : 518
A proximité : Strasbourg (la cathédrale, la petite France, le quartier Européen), Molsheim (le train de jardin), Obernai (l'un des villages alsaciens les mieux préservés).

La gare de Belfort
90000 Belfort
GPS : 47.6907, 6.85621
Fiche Aiguillages : 551
A proximité : Montbéliard (le château), Ronchamp (la chapelle Notre-Dame du Haut), Mulhouse (la Cité du Train), Ungersheim (l'écomusée).

La gare de Mulhouse

© M. Strikis / Wikimedia Commons

© P. Kerber / Wikimedia Commons

La gare de Mulhouse
C'est une très belle bâtisse dont la façade mesure 216 mètres et est construite en pierre de taille des Vosges.
68100 Mulhouse
GPS : *47.7426, 7.34286*
Fiche Aiguillages : *544*
A proximité : *Cernay (le Train Thur Doller Alsace), Ungersheim (l'écomusée), Murbach (les ruines de l'abbaye).*

La gare de Strasbourg
Sa façade historique est désormais mise à l'abri sous une verrière qui a été mise en place en 2007 à l'occasion de l'arrivée du TGV Est.
67000 Strasbourg
GPS : *48.5852, 7.73449*
Fiche Aiguillages : *542*
A proximité : *Molsheim (le train de jardin), Obernai (l'un des villages alsaciens les mieux conservés), Le Mont Saint-Odile (lieu de pèlerinage).*

La gare de Volgelsheim
Aujourd'hui désaffectée, elle a été rachetée par la commune et restaurée dans son état d'origine. Elle sert de gare de départ au Chemin de Fer Touristique du Rhin.
68600 Volgelsheim
GPS : *48.0203, 7.53156*
Fiche Aiguillages : *545*
A proximité : *Colmar (le centre médiéval, le musée du jouet), Neuf-Brisach (les fortifications Vauban), Eguisheim (l'un des plus beaux villages de France).*

Le viaduc de la Largue
Egalement nommé Viaduc de Dannemarie c'est un pont en arc maçonné long de 493 mètres. Il comporte quarante-six arches.
68210 Dannemarie
GPS : *47.6726, 7.09831*
Fiche Aiguillages : *546*
A proximité : *Belfort (la citadelle), Mulhouse (la Cité du Train), Montbéliard (le château), Ronchamp (la chapelle Notre-Dame du Haut).*

Le viaduc d'Otterswiller
Constitué de seize arches, il mesure 17 mètres de haut et 215 mètres de long. Il se trouve sur l'ancienne voie ferrée reliant Saverne à Molsheim.
67700 Otterswiller
GPS : *48.7252, 7.37299*
Fiche Aiguillages : *https://cutt.ly/rvKNo7Q*
A proximité : *Saverne (le château des Rohan), Marmoutier (l'église), Molsheim (le train de jardin), Obernai (l'un des villages alsaciens les mieux préservés).*

© M. Strikis / Wikimedia Commons

HAUTS-DE-FRANCE

Autour de Lille sa préfecture, la région rassemble cinq départements. C'est un point de jonction entre l'Ile-de-France et la Belgique, notamment par la voie ferrée, mais aussi avec la Grande-Bretagne via le tunnel sous la Manche et les grands ports maritimes de Calais et de Dunkerque. Le réseau ferré est conséquent. La Ligne à Grande Vitesse Nord met en relation Paris, Bruxelles et Londres dans des temps très courts. La région a développé avec la SNCF le concept de TERGV qui met les grandes villes des Hauts-de-France à moins d'une heure de Lille. On y circule par conséquent relativement facilement en train. Pratique pour partir à la découverte des nombreux sites naturels qu'elle renferme, ou des non moins nombreux éléments du patrimoine bâti, dont certains classés monuments historiques, ou au patrimoine mondial de l'UNESCO. Les Hauts-de-France portent les traces laissées par les effets de la révolution industrielle. Notamment le travail dans les mines. Mais sa mémoire remonte beaucoup plus loin dans le temps, jusqu'au Moyen Âge époque dont témoignent plusieurs cathédrales et de nombreux beffrois. Dans la région s'est développé et s'entretient une forte identité cheminote, notamment autour de l'activité de dépôts tel que celui de Longueau. Les événements organisés autour du rail par des associations de préservation du patrimoine ou pratiquant le modélisme ferroviaire sont extrêmement nombreux. On y trouve bon nombre de musées et de trains touristiques, des équipes de bénévoles restaurant des locomotives anciennes, ou prêts à vous faire monter à bord de tramways historiques, qui sont autant d'occasions de découvrir la région sous ses différentes facettes.

Retrouvez les fiches des trains touristiques sur www.aiguillages.eu

Beffroi depuis la Grande Place à Arras

© Mélanie Huguet / Wikimedia Commons

TABLE DES MATIÈRES

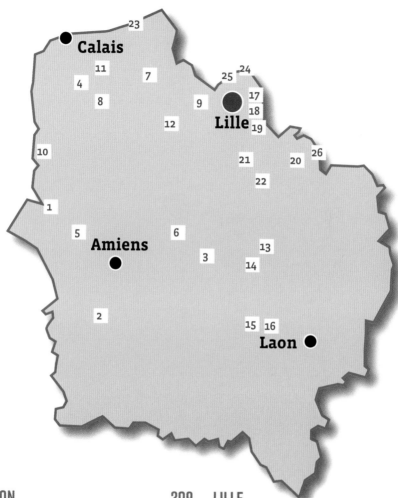

Calais

23

11

7

4

8

25 24

9

17

18

Lille 19

12

10

21 20

26

22

1

5

6

Amiens

3

13

14

2

15 16

Laon

Chemin de fer de la baie de Somme

© DR

Comment venir en train

Les Hauts-de-France sont directement connectés à la région parisienne par la Ligne à Grand Vitesse Nord Europe depuis la gare du Nord. Toutefois aucune des villes de l'ancienne région Picardie n'est desservie. La LGV ne faisant que la traverser. Les TERVG, ce sont

des rames TGV, qui circulent à grande vitesse sur la Ligne à Grande Vitesse Nord pour assurer des dessertes locales.

A leur mise en service, l'enjeu était de mettre les grandes villes de la région à une heure au plus de Lille. Les TGV assurant ces dessertes

Le TER Hauts-de-France

Le réseau ferré des Hauts-de-France est long de 2510 km et dessert 349 gares. Des trains assurant les relations Paris – Amiens– Boulogne-sur-Mer et Paris – Saint-Quentin – Maubeuge ou Cambrai y sont intégrés. Le réseau à la particularité de voir circuler des TERGV, des TGV assurant des missions régionales directes à grande vitesse. On les appelle aussi les « Krono GV ». Les TER directs ou semi-directs reliant des grandes villes ont été baptisés « Krono » dans la région. On croise également sur les rails des Hauts-de-France des « Citi », il s'agit de TER à cadence élevée desservant les grandes aires urbaines en mode omnibus et enfin des « Proxi », généralement des omnibus également, mais circulant en zones rurales. TERGV ou classiques sont à classe unique. Ils assurent des services sur 70 lignes.

Bons plans

Plusieurs cartes de réduction sont proposées. Pour les moins de 26 ans, « Ma carte TER Hauts-de-France » peut être achetée pour 15 euros par an. La même existe pour les plus de 26 ans, son prix est alors de 30 euros. Son principe est de donner accès à 50% de réduction pour son porteur et jusqu'à trois personnes l'accompagnant pour des trajets effectués à l'intérieur de la région, mais également à destination de Paris, la Normandie, ainsi que les départements des Ardennes, de l'Aube, de la Marne et de la Haute-Marne.
A noter que pour les trajets intégrant une partie à réaliser en TERGV (correspondance) un supplément de 2 euros est à acquitter. Des billets enfant à 1 euro sont accessibles jusqu'à trois enfants de 4 à 12 ans accompagnant un adulte.
Au-delà de ces cartes, des packs combinant transport et visite d'un site sont également disponibles pour se rendre au château de Chantilly, à Nausicaa ou encore voyager en baie de Somme avec les trains du CFBS.

sont accessibles dans les conditions habituelles d'un Train Express Régional, c'est-à-dire avec un billet TER, sans réservation d'horaire et sans place attribuée. Une partie des coûts de ce service est financée par la région Hauts-de-France.

AMIENS

© Jean-Pol GRANDMONT / Wikimedia Commons

Traversée par la Somme, cette ville, capitale historique de la Picardie est surtout connue pour sa cathédrale, joyau de l'art gothique, son beffroi et ses hortillonnages qui lui ont valu le surnom de « Petite Venise du Nord ». Le train y est arrivé assez tôt, en 1846. Il atteignait alors une gare dite « du Nord » mise en service par la Compagnie des Chemins de Fer du Nord et permettait de rejoindre Paris. Dès l'année suivante, la gare Saint-Roch était mise en service et une ligne était ouverte vers Boulogne-sur-Mer. Mais c'est surtout durant le Second Empire que la ville connaîtra son plus fort développement sous l'influence de celui du chemin de fer avec l'ouverture des lignes vers Laon et Rouen. Amiens deviendra très vite le centre d'une étoile ferroviaire à huit branches pointant vers Paris, Compiègne, Lille, Calais, Rouen, Laon, Beauvais et Frévent. Ces deux dernières n'étant plus en service à ce jour.

Comment s'y rendre

De Paris : Des liaisons TER directes sont établies à partir de la gare du Nord. Le trajet se fait en un peu plus d'une heure.

De Lyon : La relation entre les deux villes passe nécessairement par un changement de train à Paris entre les gares de Lyon et celle du Nord. La durée moyenne du parcours est d'environ cinq heures.

De Lille : Le parcours peut se faire en empruntant des TER directs entre les deux villes au départ de Lille-Flandres pour la plupart ou Lille-Europe. Sa durée moyenne est d'une heure.

De Calais : Des liaisons directes sont assurées par des TER en une heure quarante-cinq minutes environ.

A voir et à faire à Amiens

La cathédrale
C'est pour elle que la plupart des touristes s'arrêtent à Amiens. C'est la plus grande cathédrale de style gothique de France. Elle a été construite au XIIIᵉ siècle. Ses tours se visitent.

Le Beffroi
Datant du XIIIᵉ au XVᵉ siècle, il était autrefois le point de rencontre des nobles de la ville.

Le quartier Saint-Leu
Ce quartier, l'un des plus anciens de la ville n'en est pour autant pas le cœur historique qui se trouve lui, autour de la cathédrale, mais c'est là que l'on trouve les plus anciennes maisons de la ville, colorées et à pans de bois. Il est traversé par des canaux.

Les hortillonnages
Ces jardins flottants ont été créés sur d'anciens marais, le long des canaux. Au Moyen Âge, on y cultivait des légumes, activité que prolongent aujourd'hui quelques maraîchers qui vendent leurs produits sur les marchés.

La maison Jules Verne
Le célèbre écrivain n'est pas né ici, mais y a vécu. Son ancienne maison se visite.

Chemin de fer de la baie de Somme

© P. Lowell

A voir et à faire dans les environs d'Amiens

Le chemin de fer de la baie de Somme
Train Touristique
L'ancien réseau des «Bains de mer» revit chaque saison en permettant aux touristes de se rendre dans les stations du Crotoy, de Saint-Valery et de Cayeux-sur-Mer. En plus des parcours en trains réguliers, certains faisant correspondance en gare de Noyelles-sur-mer avec les TER venant de Paris ou Calais, de nombreux trains à thème sont organisés : Dîners à bord, journée immersion vapeur, billets combinés train + bateau ou train + visite de ville.
Gare, 80230 Saint-Valery-sur-Somme
GPS : *50.1886, 1.62969*
Accès : *Des correspondances et des billets combinés SNCF/Train touristique sont disponibles.*
Ouverture : *De la mi-avril à la mi-novembre.*
Tarifs : *Adulte : 15 €. Enfant de 4 à 16 ans : 11 €.*
Téléphone : *+33 (0)3 22 26 96 96*
E-mail : *accueil@chemindefer-baiedesomme.fr*
Site web : *https://cutt.ly/TbhojXP*
Fiche Aiguillages : *468*
A proximité : *La baie de Somme (espace naturel), Le Crotoy (station balnéaire), Fort-Mahon (station balnéaire), Valloire (abbaye).*

Le train à Vapeur du Beauvaisis
Train Touristique
Depuis 2017, ce train touristique a été transféré depuis Butry-sur-Oise dans la région parisienne, où il circulait sur quelques centaines de mètres de voies autour du musée du MTVS. Le voyage à bord d'une rame classée monument historique se fait désormais au départ de la gare de Crèvecœur-le-Grand en direction de Rotangy, sur une section de l'ancienne ligne de Saint-Omer-en-Chaussée à Vers. Une voie métrique a été reposée afin de permettre de faire rouler les trains issus des collections du Musée des Trains à Vapeur et chemins de fer Secondaires.

Train à Vapeur du Beauvaisis

© MTVS

16 place de la Gare
60360 Crèvecœur-le-Grand
GPS : 49.6078, 2.09095
Accès : bus n° Trans80
Ouverture : De mai à septembre, le deuxième dimanche de chaque mois
Durée de la visite : 45 minutes environ
Tarifs : Adulte : 7 € - Enfant de 3 à 12 ans : 4 €
Téléphone : +33 (0)7 68 54 49 70
E-mail : accueil@musee-mtvs.com
Site web : http://musee-mtvs.com/
Fiche Aiguillages : 483
A proximité : Beauvais (la cathédrale), Amiens (la cathédrale), Chantilly (le château), Château Gaillard (les ruines du château).

Le P'tit Train de la Haute Somme
Train Touristique

Cette voie ferrée a été construite en 1916 pour les besoins de la bataille de La Somme. Elle servait à l'approvisionnement des tranchées et de l'artillerie pendant la Première Guerre mondiale puis fut utilisée par la sucrerie de Dompierre. Désormais à vocation touristique, le P'tit Train offre un superbe panorama sur la Vallée de la Somme jusqu'au plateau du Santerre sur un trajet de 14 km aller-retour de Froissy à Dompierre.

Pour gravir le coteau, le parcours est doté d'un retournement en «z». Les trains s'y engagent en marche avant, rebroussent sur une section de voie en impasse, avant de repartir en marche avant en poursuivant la montée. Ce dispositif est le seul subsistant à ce jour en France. Un musée aménagé au départ du train présente une importante collection de matériels roulants à voie étroite racontant l'histoire des p'tits trains depuis 1880.

Hameau de Froissy
80340 La Neuville-lès-Bray
GPS : 49.9299, 2.72304
Accès : bus n°LR80738
Ouverture : Dimanches et fêtes du 17 avril au 25 septembre. Du mardi au jeudi et les weekends du 9 juillet au 28 août, plus événements spéciaux.
Durée de la visite : 1h environ
Tarifs : Adulte : 11,50 €.
Enfant de plus de 5 ans : 7,50 €
Téléphone : +33(0) 3 22 76 14 60
E-mail : contact@petittrainhautesomme.fr
Site web : http://www.petittrain hautesomme.fr
Fiche Aiguillages : 484
A proximité : Péronne (le musée Alfred-Da-

nicourt), Amiens (la cathédrale, les hortillon-nages), Arras (le clocher), Saint-Quentin (La Halle).

L'ARPDO & Rotonde 80
Musée
Cette structure est née de la fusion de deux associations. L'ARPDO - Association pour la Recherche et la Préservation des Documents et Objets ayant trait aux chemins de fer en Picardie ainsi que la préservation du patrimoine industriel et la sauvegarde de la mémoire collective, et Rotonde 80 consti-tuée pour préserver la rotonde ferroviaire de Longueau, symbole de cent cinquante ans de présence du chemin de fer dans la ville. Le projet est de créer un écomusée des métiers des cheminots en Picardie. Une fête du rail est organisée certaines années sur le site.
80330 Longueau
GPS : 49.8727, 2.35537
Téléphone : +33(0)6 16 57 34 55
E-mail : jeanclaude.boulet@wanadoo.fr
Site web : https://cutt.ly/XbhogVc
Fiche Aiguillages : 485
A proximité : Amiens (la cathédrale, les hortil-lonnages), Saint-Riquier (l'église abbatiale), Ab-beville (la collégiale).

Sites ferroviaires valant le coup d'œil

La gare d'Abbeville
L'architecture de ce bâtiment classé monument historique évoque les villas du front de mer.
80100 Abbeville
GPS : 50.1023, 1.82443
Fiche Aiguillages : 557
A proximité : Saint-Riquier (l'église abbatiale), Saint-Valéry-sur-Somme (Le Chemin de Fer de la Baie de Somme), Le Crotoy (la plage).

La gare d'Albert
Construite dans le style néo flamand, elle est en béton armé, recouvert de briques rouges. La taille du bâtiment surprend par rapport à l'im-portance de la gare.
80300 Albert
GPS : 50.0056, 2.64422
Fiche Aiguillages : 570
A proximité : Amiens (la cathédrale), Arras (le clocher), Douai (la vielle ville), Saint-Quentin (La Halle).

Le P'tit Train de la Haute Somme

© DR.

La gare d'Abbeville

© Cramos/Wikimedia Commons

CALAIS

Quand on se rend à Calais, on se trouve dans la ville la plus proche de l'Angleterre, en distance et en temps de parcours. Son port est de ce fait, le premier de France pour le transport de passagers, et la construction du tunnel sous la Manche n'a fait que renforcer la position de la ville comme principal point de liaison avec la Grande-Bretagne. Mais la ville entretient aussi des relations étroites avec la Belgique toute proche. La ville dispose de plusieurs gares. Celles de Calais-Ville, des Fontinettes et de Beau-Marais sont desservies par des TER, tandis que celle de Fréthun voit passer les TGV engagés sur la LGV Nord, provenant de Lille ou Paris, mais aussi Londres et Bruxelles. La gare de Calais-Ville est la principale. Elle se trouve sur la ligne de Calais-Maritime à Boulogne-Ville. Elle a été mise en service en 1848 par la Compagnie des Chemins de Fer du Nord.

Comment s'y rendre

De Paris : Calais est accessible via la gare du Nord en moins de deux heures par le TGV. Des relations TER un peu plus lentes sont également en place.

De Lyon : Le temps de parcours le plus court est de moins de quatre heures, il s'agit d'un trajet consistant à passer par Lille. Les autres liaisons entre les deux villes passent par une correspondance à Paris entre les gares de Lyon et celle du Nord.

D'Amiens : Des TER relient les deux villes en moins de deux heures.

De Lille : Des TER directs assurent la relation en moins d'une demi-heure à une heure quinze.

A voir et à faire à Calais

L'hôtel de ville
Sur la place du soldat inconnu, c'est un très beau bâtiment de style renaissance et néo flamand, construit en 1923. Des vitraux racontent l'histoire de la ville. Son beffroi se visite. Il permet de s'élever à soixante-quinze mètres au-dessus du niveau du sol. On y découvre son horloge à quatre cadrans, classée au patrimoine mondial de l'Unesco.

Les Bourgeois
Cette sculpture d'Auguste Rodin a été créée en hommage aux six Calaisiens qui se sont sacrifiés en 1347 pour mettre un terme au siège de la ville par les Anglais. Elle se trouve au pied de l'hôtel de ville.

Le phare
Non loin du centre-ville, il offre une nouvelle occasion de prendre de la hauteur et révèle une vue imprenable accessible au terme de la montée de ses deux cent soixante et onze marches.

La Cité de la dentelle
Située dans le quartier Saint-Pierre, le cœur historique de la dentelle de Calais elle est installée dans une ancienne manufacture et présente ses collections sur une surface de plus de deux mille cinq cents mètres carrés.

A voir et à faire dans les environs de Calais

Le chemin de Fer Touristique de la vallée de l'Aa
Train Touristique
L'association propose des balades commentées d'environ deux heures entre Arques et Lumbres, au cœur du Parc Naturel Régional des Caps et Marais d'Opale.
Petite vitesse, Rue de l'Europe - 62510 Arques

Chemin de Fer Touristique de la vallée de l'Aa

© DR

GPS : *50.7272, 2.30007*
Ouverture : *Les week-ends et jours fériés du 1er mai au premier week-end d'octobre. Des trains à thèmes sont prévus toute l'année.*
Tarifs : *Adulte : 8, 10 ou 14 € selon le mode de traction (vapeur, diesel ou autorail). Enfant : 4, 6 ou 7,5 €*
Téléphone : *+33 (0)3 21 93 45 46*
E-mail : *contact@cftva62.com*
Site web : *http://www.cftva62.com*
Fiche Aiguillages : *450*
A proximité : *Saint-Omer (ses maisons du XVIIe siècle), Le Cap Blanc-Nez et le Cap Gris-Nez (grands sites de France), Boulogne-sur-Mer (Nausicaa).*

Le vélorail du Pays de Lumbres
Vélorail
Deux parcours sont possibles selon l'heure de départ. Tous deux comptent 9 km aller-retour. Côté ouest, le parcours du « chevalier de la chapelle » est le plus boisé. La montée est dans le sens aller. Côté est, le parcours « d'Adelthur » est plus ouvert sur le paysage et les vallons des collines d'Artois. Il suit la vallée du Bléquin. C'est sur le chemin du retour qu'il faudra pédaler le plus, le voyage aller se faisant dans le sens de la pente. Le départ se fait depuis le site de l'ancien dépôt de la gare de Nielles-lès-Bléquin.
Rue de la gare - 62380 Nielles-lès-Bléquin
GPS : *50.6801, 2.03575*
Accès : *bus n°508 au départ de Saint-Omer.*

Vélorail du Pays de Lumbres

© rando-rail

Ouverture : D'avril à septembre. Départs à : 10 h, 12h, 14h, 16h selon la période
Durée de la visite : 1h30 environ
Tarifs : 31 € par vélorail
Téléphone : +33 (0)3 21 88 33 89
E-mail : rando-rail@rando-rail.com
Site web : http://www.rando-rail.com/
Fiche Aiguillages : 453
A proximité : Saint-Omer (ses maisons du XVIIᵉ siècle), Montreuil-sur-Mer (le centre historique), Boulogne-sur-Mer (Nausicaa).

La Gare des Années Folles
Restaurant insolite
Dans une ambiance très ferroviaire des années trente, ce restaurant traditionnel propose une carte composée à partir de produits frais et maison.
62840 Sailly-sur-la-Lys
GPS : 50.66, 2.79892
Accès : bus n°111 au départ d'Armentières.
Site web : https://cutt.ly/9bhoUdk
Fiche Aiguillages : 481
A proximité : Lille (la vieille ville), Douai (la vieille ville), Arras (la Carrière Wellington), Saint-Amand les Eaux (ville thermale), Gravelines (les fortifications).

Sites ferroviaires valant le coup d'œil

Le Petit Train du Parc de Bagatelle
A l'intérieur du parc de loisirs de Bagatelle, un petit train promène les visiteurs sur un circuit en voie de 60 cm.
62155 Merlimont
GPS : 50.4302, 1.60498
Accès : bus n°513 au départ d'Etaples.
Fiche Aiguillages : 459
A proximité : Le Touquet (station balnéaire), Montreuil-sur-Mer (le centre historique), Valloire (l'abbaye), la baie de Somme (site naturel).

La gare de Saint-Omer
Ce bâtiment a un aspect imposant. Il est constitué de pierres de taille et de verre et de très nombreux ornements. Très endommagé durant la Seconde Guerre mondiale, il a été restauré depuis.
62500 Saint-Omer
GPS : 50.7539, 2.26701
Fiche Aiguillages : 563
A proximité : Gravelines (les fortifications), Le Cap Blanc-Nez et le Cap Gris-Nez (grands sites de France), Boulogne-sur-Mer (station balnéaire).

La gare de Lens
Tout dans la forme du bâtiment est fait pour faire penser à celle d'une locomotive à vapeur. A l'intérieur, des panneaux en céramique évoquent la mine, l'industrie et le chemin de fer.
62300 Lens
GPS : 50.427, 2.8282
Fiche Aiguillages : 564
A proximité : Douai (la vielle ville), Arras (la carrière de Wellington), Arras (le clocher), Saint-Amand-les-Eaux (ville thermale).

© Raimond Spekking / Wikimedia Common

LAON

Cette ville fortifiée possède le plus vaste secteur sauvegardé de France. On y compte de nombreux monuments datant de l'époque médiévale pour les plus anciens. Elle est dominée par sa cathédrale qui semble la coiffer d'où son surnom de « Montagne couronnée ». Jusqu'en 2016, un funiculaire intégré au réseau des transports urbains laonnois y circulait pour relier la ville basse à la ville haute. Son parcours comprenait une station intermédiaire et était long d'un kilomètre cinq cents. Il permettait de s'affranchir d'un dénivelé d'une centaine de mètres. Il avait lui-même pris la suite d'un tramway à crémaillère construit en 1899. La gare de Laon a été mise en service par la Compagnie des Chemins de Fer du Nord en 1857. Elle est devenue au fil du temps une importante étoile ferroviaire comptant six branches, dont quatre restent exploitées à ce jour.

Comment s'y rendre

De Paris : Des TER directs assurent la liaison vers Laon en un peu plus d'une heure trente, au départ de la gare du Nord.

De Lyon : Pas de relations directes entre les deux gares, pour se rendre à Laon au départ de Lyon, il faut passer par Paris et rejoindre la gare du Nord pour poursuivre son voyage.

D'Amiens : Des TER font le parcours en à peine plus d'une heure.

De Lille : Bien que dans la même région, les déplacements en train entre les deux villes supposent un passage par Paris.

A voir et à faire à Laon

Le centre historique

Il est situé dans la ville haute. Depuis la gare, on y accède par une belle volée d'escalier. Quatre-vingts bâtiments y sont classés monuments historiques. Les remparts offrent une balade de sept kilomètres de long. Ils sont encore intacts et entrecoupés de passerelles impressionnantes.

La cathédrale

Construite entre 1155 et 1235, elle fut l'une des premières cathédrales gothiques de France et a servi de modèle à celles de Reims et Chartres. Elle compte cinq tours qui s'élèvent à soixante-quinze mètres.

Les souterrains

La ville dispose d'un très important réseau de galeries souterraines créées pour exploiter le calcaire au Moyen Âge avant d'être aménagées pour les besoins de l'armée. On peut y faire une visite sténographique qui met en scène et retrace l'histoire des monuments de France.

A voir et à faire dans les environs de Laon

Le Chemin de Fer Touristique du Vermandois

Train Touristique

Depuis 1977, le Chemin de Fer Touristique du Vermandois préserve et fait circuler du matériel historique entre Saint-Quentin et Origny-Sainte-Benoîte le long de la vallée de l'Oise. Le départ est donné à une centaine de mètres du dépôt-atelier de l'association.

02100 Saint-Quentin
GPS : *49.833, 3.29822*
Ouverture : *Pas de circulations en 2022*
Téléphone : *+33(0)3 23 64 88 38*
E-mail : *contact@cftv.fr*
Site web : *https://www.cftv.fr/*
Fiche Aiguillages : *482*
A proximité : *Péronne (le musée de la Première Guerre mondiale), Laon (le centre historique), Ourscamp (l'abbaye), Maroilles (l'abbaye).*

Le centre historique de Laon

© DR

La gare de Chauny

Sites ferroviaires valant le coup d'œil

La gare de Saint-Quentin

Le bâtiment, construit en béton armé, mêle Art déco et style néo flamand.

02100 Saint-Quentin
GPS : *49.8876, 3.30778*
Fiche Aiguillages : *565*
A proximité : *Péronne (le musée de la Première Guerre mondiale), Laon (le centre historique), Ourscamp (l'abbaye), Maroilles (l'abbaye).*

La gare de Chauny

Doté d'un campanile, d'une verrière, d'une marquise, de tourelles et d'une grande passerelle, le style de sa construction relève du mélange de plusieurs époques.

02300 Chauny
GPS : *49.6111, 3.22345*
Fiche Aiguillages : *566*
A proximité : *Noyon (la cité médiévale, la cathédrale), Ourscamp (l'abbaye), Saint-Quentin (le chemin de fer touristique du Vermandois, la gare), Soissons (l'abbaye, la cathédrale).*

L'ancienne gare de Coucy-le-Château

De style médiéval, le bâtiment ressemble à un petit château fort. Il a été racheté par la commune.

02380 Coucy-le-Château-Auffrique
GPS : *49.5313, 3.31133*
Fiche Aiguillages : *567*
A proximité : *Soissons (l'abbaye, la cathédrale), Laon (la cité médiévale), Noyon (la cathédrale), Ourscamp (l'abbaye).*

© Velvet / Wikimedia Commons

LILLE

La grande ville du nord, capitale des Hauts-de-France est au cœur d'une métropole rassemblant quatre-vingt-quinze communes, ce qui est fait la quatrième de France derrière Paris, Lyon et Marseille. Elle appartient à la région historique de la Flandre romane dont elle était la principale ville d'où le surnom de « Capitale des Flandres » qu'on lui donne encore aujourd'hui.

Carrefour Européen, Lille compte quatre gares ferroviaires en activité celles de Lille-Flandres, Europe, CHR et Porte-de-Douai. La première est affectée aux TER et aux Inter-City en provenance et vers la Belgique, et aux TGV vers Paris et plusieurs villes françaises. Lille-Europe reçoit les TGV engagés sur des relations nationales ou internationales vers Bruxelles et Londres, ainsi que les TERGV à destination d'Arras, Boulogne-sur-Mer, Calais, et Dunkerque. Les deux autres sont réservées aux TER circulant vers Béthune et Lens.

Comment s'y rendre

De Paris : De nombreux TGV établissent quotidiennement cette relation en une heure quinze environ au départ de la gare du Nord, un peu moins depuis l'aéroport Roissy-Charles-de-Gaulle.

De Lyon : Il ne faut pas plus de trois heures pour relier les deux métropoles en TGV Inoui au départ de la gare de la Part-Dieu, ou Ouigo depuis celle de Saint-Exupéry.

De Bordeaux : Il faut compter sur un temps de trajet d'un peu plus de quatre heures trente pour monter dans le Nord depuis Bordeaux.

De Marseille : Grâce au TGV, traverser toute la France se fait en moins de quatre heures en TGV Inoui ou Ouigo.

De Rennes : Une liaison TGV directe en moins de quatre heures est réalisée quotidiennement.

De Strasbourg : Des TGV assurent la relation en un peu plus de trois heures.

A voir et à faire à Lille

Le VAL

Le métro de Lille a été le premier au monde à utiliser la technologie du Véhicule Automatique Léger (VAL), développée dans les années soixante-dix par l'université de Lille. Ce métro roule sur pneumatique. Le réseau comprend deux lignes. Il est d'une longueur totale de quarante-cinq kilomètres et dessert soixante stations.

Le vieux Lille
Les façades colorées des maisons, ses ruelles pavées, ses placettes... font de ce quartier restauré un lieu de balade incontournable dans la ville.

La Grand'Place
C'est la place centrale de la ville, officiellement baptisée place du Général de Gaulle, qui est né à Lille.

Le Beffroi de l'hôtel de ville
Du haut de ses cent quatre mètres, c'est le plus haut beffroi civil de France. On peut y monter pour bénéficier d'une vue imprenable sur la ville.

La citadelle
Edifiée par Vauban, elle est en forme d'étoile et entourée de cinq bastions. Elle a été construite pour protéger la ville.

La gare Saint-Sauveur
Désaffectée, cette ancienne gare de marchandises abrite désormais un bar, un cinéma et une salle d'exposition

A voir et à faire dans les environs de Lille

L'amitram - Tramway Touristique de la Vallée de la Deûle
Train Touristique
En 1968, deux passionnés de vieux tramways récupèrent une ancienne motrice du Roubaix-Tourcoing, qui avait été transformée en cabane de jardin. Ce sera la première pièce d'une importante collection qui se constituera au fil des années et conduira à la création d'un musée vivant. A côté de l'exposition de matériels statiques, des tramways historiques circulent en effet sur les quelques kilomètres d'une ligne à voie métrique.

Boîte postale 50045 59520 Marquette-lez-Lille
GPS : *50.6743, 3.06232*
Accès : *bus n°14*
Ouverture : *De début avril à fin septembre les dimanches et mercredis après-midi*
Durée de la visite : *15 min*
Tarifs : *Adulte : 6 € - Enfant de 4 à 12 ans : 2 €*
Téléphone : *+33 (0)3 28 38 84 21*
E-mail : *contact@amitram.asso.fr*
Site web : *http://www.amitram.fr*
Fiche Aiguillages : *451*
A proximité : *Lille (la grand'place, le centre historique), Douai (le beffroi), Saint-Amand-les-Eaux (station thermale), Arras (la carrière Wellington).*

Le train Touristique de la Vallée de la Scarpe
Train Touristique
Le parcours se fait dans la vallée de la Scarpe, à bord de rames tractées par des locomotives à vapeur ou diesel tirant des baladeuses ou une ancienne remorque des tramways de Valenciennes. Pour les passionnés, l'association propose une journée découverte de la vapeur au cours de laquelle ils pourront participer à la vie d'une équipe de cheminots de l'allumage de la machine le matin à son remisage le soir.

Chemin des Hamaïdes
59230 Saint-Amand-les-Eaux
GPS : *50.4399, 3.42505*
Ouverture : *En 2021 : 9 et 23 mai, 6 et 20 juin, 4, 11, 18 et 25 juillet, 1, 8, 15, 22, 29 août, 12 et 19 septembre. Départs à 14h30, 15h30 et 16h30*
Durée de la visite : *45 min*
Tarifs : *Adulte : 5 € - Enfant de 3 à 12 ans : 3 €*
Téléphone : *+33 (0)3 27 48 39 65*
E-Mail : *ttvs.aamcs@orange.fr*
Site web : *http://ttvs-aamcs.blog4ever.com/*
Fiche Aiguillages : *452*
A proximité : *Le Quesnoy (les remparts), Douai (le beffroi), Bavay (le forum romain), Maroilles (l'abbaye), Arras (la carrière Wellington).*

Le centre de la mine et du chemin de fer de Oignies
Musée

L'association développe de nombreuses activités allant du modélisme ferroviaire à la restauration de matériel à l'échelle 1. Une visite sur le site vous permettra de les découvrir tous. Des visites guidées sont organisées à cet effet. Dans le bâtiment principal de nombreux réseaux à différentes échelles sont exposés. A l'extérieur se trouve un circuit en 5 et 7 pouces 1/4. Dans un bâtiment annexe vous pourrez découvrir les travaux de restauration en cours de la Pacific 231C78.

Centre de la mine et du chemin de fer de Oignies

© CMCF

69 rue Emile Zola - 62590 Oignies
GPS : 50.4714, 2.99755
Ouverture : *D'avril à octobre, le 2e dimanche du mois.*
Durée de la visite : *Environ 2h*
Tarifs : *Adulte : 4 € 80. Enfant de 8 à 16 ans : 3 € 90*
Téléphone : *+33(0)3 21 69 42 04*
E-mail : *webmaster@cmcf-oignies.com*
Site web : *http://www.cmcf-oignies.com/*
Fiche Aiguillages : *456*
A proximité : *Douai (le beffroi), Lille (la grand'place, le quartier ancien), Arras (la carrière Wellington), Arras (le clocher, les maisons de style baroque).*

Le centre historique minier
Musée

Installé sur le carreau de l'ancienne fosse Delloye qui regroupe huit mille mètres carrés de bâtiments industriels, sur un site de huit hectares, ce site a pour vocation de conserver et valoriser la culture minière du Nord-Pas-De-Calais. Quelques matériels ferroviaires y sont exposés, dont une locomotive à vapeur de 49 tonnes de type 144 – 040T, une locomotive à vapeur 020T de type III, un locotracteur de 15 tonnes de type LB 3, ainsi que de nombreux wagons tombereaux, trémies, et portes-touret, ainsi qu'une grue-locomotive à vapeur !.

Fosse Delloye Rue d'Erchin - 59287 Lewarde
GPS : 50.3325, 3.17184
Accès : *bus n°A au départ de Douai*
Ouverture : *Toute l'année, sauf en janvier (fermeture annuelle)*
Durée de la visite : *1h voire 1h30 et 1h pour les groupes scolaires*
Tarifs : *Adulte : 12 € 50. Enfant de 5 à 18 ans : 6 € 70. Des rencontres-témoignages avec d'anciens mineurs sont accessibles certains jours avec un supplément de 1 € 80.*
Téléphone : *+33(0)3 27 95 82 82*
E-mail : *contact@chm-lewarde.com*
Site web : *https://www.chm-lewarde.com/*
Fiche Aiguillages : *558*
A proximité : *Douai (Le beffroi), Saint-Amand-les-Eaux (ville thermale), Arras (la carrière Wellington), Arras (le clocher, les maisons de style baroque).*

Le musée de la poupée et du jouet ancien
Musée

Une partie des collections de ce musée s'intéresse aux trains. Chaque année, le musée organise le salon Eurotoy qui accueille les amateurs et les passionnés de jouets anciens venus de toute l'Europe venant vendre, acheter ou échanger Dinky Toys, trains, bateaux, poupées et autres meubles miniatures.

Château de Robersart - 59118 Wambrechies
GPS : 50.6875, 3.05238
Accès : bus n° L1
Ouverture : Les mercredis, dimanches et jours fériés sauf Noël et jour de l'An, de 14 h à 18h. Tous les jours pendant les petites vacances scolaires. Sur rendez-vous en dehors de ces dates et heures d'ouverture.
Durée de la visite : 1h30
Tarifs : Adulte : 4 € - Enfant : 2 €
Téléphone : +33 (0)3 20 39 69 28
E-mail : contact@musee-du-jouet-ancien.com
Site web : http://musee-du-jouet-ancien.com/
Fiche Aiguillages : 454
A proximité : Lille (la grand'place, le quartier ancien), Douai (le beffroi), Saint-Amand-les-Eaux (ville thermale), Le Quesnoy (les remparts).

Sites ferroviaires valant le coup d'œil

La gare de Gravelines
Construite en 1912, elle fut intégralement restaurée en 1998 et classée monument historique. Elle fut construite en bois afin de pouvoir être rapidement démontée au besoin à la demande de l'armée. Finalement, elle a traversé les époques.
59820 Gravelines
GPS : 50.9791, 2.12331
Fiche Aiguillages : 562

Gare de Gravelines

© Azaziel / Wikimedia Commons

A proximité : Saint-Omer (les maisons du XVIIe siècle), Le Cap Blanc-Nez et le Cap Gris-Nez (grands sites de France), Boulogne-sur-Mer (Nausicaa).

La gare de Roubaix
Le bâtiment de la gare, de style néo flamand est surmonté d'un campanile. Une marquise surplombe l'entrée du hall.
59100 Roubaix
GPS : 50.6958, 3.16328
Fiche Aiguillages : 559
A proximité : Lille (la grand'place, le quartier ancien), Saint-Amand-les-Eaux (station balnéaire), Douai (le beffroi), Arras (la carrière Wellington).

La gare de Tourcoing
Inscrite à l'inventaire des monuments historiques, cette gare a été construite dans le style néo flamand. Elle est surmontée d'une verrière et d'un campanile.
59200 Tourcoing
GPS : 50.7169, 3.1681
Fiche Aiguillages : 560
A proximité : Lille (La grand'place, le quartier ancien), Saint-Amand-les-Eaux (station thermale), Douai (le beffroi), Arras (la carrière Wellington).

La gare de Valenciennes
De style néo flamand ce bâtiment avait été détruit quasiment intégralement pendant la Première Guerre mondiale. Il fut reconstruit à l'identique en 1920. En revanche, la gare à perdu sa marquise.
59300 Valenciennes
GPS : 50.3635, 3.51726
Fiche Aiguillages : 561
A proximité : Saint-Amand-les-Eaux (ville thermale), Le Quesnoy (les remparts), Mormal (la forêt), Maroilles (l'abbaye).

ILE-DE-FRANCE

La région Ile-de-France a été créée sur les bases du domaine royal constitué par les rois Capétiens à partir du Xe siècle. C'est la plus petite de France métropolitaine, mais de loin la plus peuplée. Pas loin du cinquième de la population française y habite. Les pouvoirs politiques, économiques et administratifs y sont concentrés et les principaux réseaux de communication du pays la prennent pour origine. Le chemin de fer n'a pas échappé à cette organisation, six gares terminus principales étant implantées au cœur de Paris, permettant de rayonner en train dans tout l'Hexagone. La première ligne de chemin de fer réservée exclusivement aux voyageurs fut ouverte entre Paris et Le Pecq en août 1837. Elle a pour origine le débarcadère de Saint-Lazare et passe par le tunnel des Batignolles. Les voyageurs de l'époque étaient loin de se douter qu'elle deviendrait quelques décennies plus tard, l'un des tronçons du RER A.

Retrouvez les fiches des trains touristiques sur www.aiguillages.eu

La façade de la Gare du Nord
© Velvet / Wikimédia Commons

Paris RER C pont Rouelle

© Frédéric de Villamil / Wikimédia Commons

TABLE DES MATIÈRES

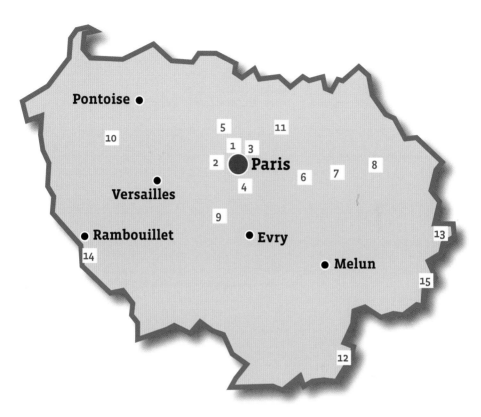

Pontoise ●

10

5   11

1   3

2 ● Paris

4

6   7   8

9

Versailles ●

● Rambouillet

● Evry

13

14

● Melun

15

12

Comment venir en train et se déplacer sur les rails en Ile-de-France

La gare d'Austerlitz : Anciennement appelée « Gare d'Orléans » elle assure une partie des liaisons avec le grand sud-ouest français, mais surtout le sud de l'Ile-de-France, l'Orléanais, le Berry et l'Ouest du Massif central. Sa gare souterraine donne accès à la ligne C du RER.

La gare de l'Est : A l'origine des lignes vers l'Est de la France, elle accueille notamment les TGV à destination de Strasbourg.

La gare de Lyon : tête de ligne des TGV à destination des régions Auvergne-Rhône-Alpes, Bourgogne-Franche-Comté, Occitanie et PACA, elle permet également des liaisons vers l'Espagne, l'Italie et la Suisse. Elle dessert également le sud-est de la région Ile-de-France via la ligne R du Transilien. En sous-sol une gare commune à la RATP et à la SNCF accueille les lignes A et D du RER, ainsi que les lignes 1 et 14 du métro.

La gare du Nord : Ses dessertes concernent le Nord de la France, ainsi qu'au-delà plusieurs pays limitrophes : La Belgique, les Pays-Bas, la Grande-Bretagne et l'Allemagne. Elle reçoit également la ligne B du RER. Elle serait en termes de trafic classée première gare de France et troisième au niveau mondial avec pas loin de trois cents millions de voyageurs annuels qui transiteraient par elle.

La gare Montparnasse : Terminus nord de la LGV Atlantique elle est à l'origine des relations vers le Grand Ouest, le Centre-Val-de-Loire et le grand Sud-Ouest, mais assure également des liaisons TER vers la Normandie et reçoit la ligne N du Transilien.

La gare Saint-Lazare : Elle fut la première de toutes les gares construites en Ile-de-France en 1837. Principalement vouée au trafic de banlieue, elle est à l'origine des dessertes vers la Normandie.

Les gares TGV hors Paris intra-muros : Trois autres gares ont été construites plus récemment en périphérie de Paris et peuvent donner accès à la capitale ou à différents points de la région Ile-de-France. Massy-TGV, Marne-la-Vallée-Chessy-TGV, et Aéroport-Charles-De-Gaulle-TGV. Celles de Massy-Palaiseau, Mantes-la-Jolie et Versailles-Chantiers préexistaient mais ont fait l'objet d'aménagements pour recevoir les rames TGV.

Le réseau RER

Le Réseau Express Régional a été créé sur la base d'anciennes lignes de banlieue qui ont été réutilisées ou prolongées. A l'image de la toute première, la ligne A, ouverte en 1969 entre Nation et Boissy-Saint-Léger qui reprenait pour l'essentiel le parcours de la ligne de Vincennes dont l'origine était la gare de la Bastille et qui fût prolongée l'année suivante en souterrain vers Etoile et la Défense pour finalement atteindre en 1973 Saint-Germain-en-Laye. En 1977 son parcours est totalement achevé, en même temps que l'ancienne ligne de Seaux prolongée jusqu'aux Halles devient la ligne B. La ligne C suivra en 1979. Le RER est aujourd'hui constitué de cinq lignes exploitées par la RATP et la SNCF.

Le Transilien

De création plus récente, ce réseau ferré est constitué de huit lignes desservant des gares en Ile-de-France, mais également au-delà dans les régions Centre-Val-de-Loire, Hauts-de-France et Normandie. Ce réseau est exclusivement opéré par la SNCF.

Le métro

Mis en service en 1900, il est maintenant constitué de seize lignes dont deux automatiques (la 1 et la 14) desservant pour l'essentiel Paris intra-muros et permet de se déplacer sur deux cent vingt-cinq kilomètres de voies ferrées (dont deux cents en souterrain) et de se rendre pratiquement de partout dans la capitale et vers quelques communes de la proche banlieue.

Le métro léger

Au sud de Paris, entre la gare d'Antony (RER B) et l'aéroport d'Orly, « l'Orlyval », un système automatique de navettes sur pneus et sur rails permet d'améliorer la desserte de l'aéroport qui a toujours été problématique. Il a été créé par une société qui a par la suite déposé le bilan ; son exploitation a été reprise par la RATP. Pour autant, la tarification appliquée sur ce tronçon de ligne est indépendante de celle du reste du réseau.

A l'inverse, l'aéroport Paris-Charles-de-Gaulle voit circuler une navette interne gratuite, également assurée par un VAL, le « CDGVAL » qui remplace plusieurs lignes de bus qui circulaient sur le site. Il est constitué de deux lignes. La première dessert en cinq stations les trois terminaux de l'aéroport, ainsi que les gares RER et TGV. La seconde le terminal 2E aux satellites S3 et S4. Sous douane, elle n'est accessible qu'aux voyageurs munis d'un titre de transport aérien.

Le Tramway

Dans la région Ile-de-France aussi ce mode de transport sur rails a refait son apparition après avoir été éclipsé pendant de nombreuses années. A l'heure actuelle le réseau comprend cent vingt-sept kilomètres de voies et dix lignes. Particularité par rapport à ce qui existe ailleurs, il s'agit de lignes totalement indépendantes les unes des autres, pas connectées entre elles et au matériel spéci-

La ligne T6 du Tram parisien

© Cramos / Wikimédia Commons

fique et parfois incompatible. Chaque tronçon est doté de son propre dépôt. L'exploitation des lignes est répartie entre la RATP, la SNCF et Keolis. Elles sont toutes situées dans la proche périphérie de Paris. Plusieurs autres lignes sont à l'heure actuelle en construction.

Bon plan

Pour un séjour de courte durée à visée touristique, il existe le forfait « Paris-Visite » qui permet d'emprunter tous les modes de transports sur rails, mais aussi les différentes lignes de bus à Paris et en Région Parisienne. Il est valable pour un, deux, trois ou cinq jours et se décline en deux formules. « Paris-Centre » permet de se déplacer dans les zones 1 à 3 couvrant le secteur Paris intra-muros et proche banlieue. « Paris-Région Ile-de-France » permettant de se déplacer sans limite dans les cinq zones de tarification en vigueur. Il donne accès aux aéroports, y compris à l'Orlyval, à Versailles ou Marne-la-Vallée où se trouve Disneyland Paris. Pour un adulte, son prix pour les zones 1 à 3 varie de 12 à 38,50 € selon la durée de validité choisie, et de 25 25 € à 65,80 € pour les zones 1 à 5. Quelle que soit la formule, les enfants de moins de 12 ans ont accès à un demi-tarif.

A voir et à faire à Paris dans Paris Intra-muros

Le funiculaire de Montmartre
Funiculaire

Depuis 1900, le funiculaire de Montmartre relie la butte au Sacré-Cœur. Il s'agit du mode de transport le plus insolite de la capitale. Depuis sa dernière rénovation datant de 1991, son exploitation est entièrement automatisée. Ce sont des radars situés en stations et des balances installées dans le plancher des cabines qui permettent de déterminer la présence de passagers et de déclencher le mouvement des véhicules. Les deux cabines sont totalement indépendantes, et peuvent par conséquent monter ou descendre simultanément en cas d'affluence. On ne peut par conséquent plus à proprement parler d'un funiculaire, le terme le plus approprié serait celui d'ascenseur incliné. Son parcours permet d'effacer un dénivelé de 36 mètres en 108 mètres de voie.

Rue Tardieu - 75018 Paris
GPS : 48.8856, 2.34251
Ouverture : *Ouvert 7 jours/7 de 6h à 0h45.*
Durée de la visite : *Le trajet se fait en une minute trente*
Tarifs : *Un ticket t+. Attention, un ticket validé dans le métro ne peut être réutilisé pour emprunter le funiculaire.*
Site web : *https://www.ratp.fr/*

Le Petit Train du Jardin d'Acclimatation
Petit Train

Ce petit train relie la Porte Maillot au Jardin d'Acclimatation depuis 1978. Rénovées, ses trois locomotives sont désormais électriques. Départs toutes les vingt minutes, jusqu'à la tombée de la nuit.

750016 Paris
GPS : 48.878, 2.26893
Site web : *https://cutt.ly/NbmKTDo*
Fiche Aiguillages : *574*

Le Petit Train de la Gare de l'Est
Réseau de trains miniatures

La gare de l'Est à Paris est le siège d'une association ferroviaire qui a été créée en 1929, avant la SNCF ! Il s'agit de l'Association des Amis des Chemins de Fer. Une structure nationale qui a des antennes dans les différentes régions françaises et qui organise des voyages et des visites à thèmes ferroviaires. L'association est plus connue du grand public sous le nom de «Petit Train de la Gare de l'Est», car elle héberge dans ses sous-sols différents réseaux. Le plus grand est à l'échelle 0 (1/43e). Créé dans l'après-guerre, il est resté dans son jus. Le matériel roulant est par exemple alimenté par un troisième rail, tel que cela se pratiquait à l'époque. Toujours amoureusement entretenu par une poignée de passionnés, il est pour autant toujours fonctionnel. Quand le public accède aux locaux de l'AFAC, c'est pourtant par un autre réseau que la visite commence. Celui-ci est à l'échelle HO (1/87e). Un troisième est également visible, à l'échelle I (1/32e). Les locaux de l'AFAC sont situés sous la salle des pas perdus de la gare, et il n'est pas besoin de faire de gros efforts pour entendre distinctement le pas des voyageurs pressés et le bruit des roues des valises qu'ils tirent. Il n'y a pas à dire, on est ici, dans un monde parallèle !

Place du 11 novembre 1918 - 75010 Paris
GPS : 48.8768, 2.35928
Ouverture : *Tous les samedis après-midi de 14h30 à 18h00 sauf durant le mois d'août. Les groupes sont admis le mercredi après-midi sur rendez-vous entre 15h00 et 18h00 sauf durant le mois d'août.*
Tarifs : *Gratuit*
Téléphone : *+33(0)1 40 38 20 92*
E-Mail : *afac.secretariat@orange.fr*
Site web : *http://www.afac.asso.fr*
Fiche Aiguillages : *575*

Le Petit Train de la Gare de l'Est

© Patrick Laval / Photorail

Au Train de Vie
Restaurant insolite
A deux pas de la gare de l'Est, ce restaurant accueille ses visiteurs dans une ambiance toute ferroviaire. A commencer par le bar, logé dans le nez d'une ancienne locomotive.
75010 Paris
GPS : *48.8784, 2.35761*
Site web : *https://cutt.ly/gbmK4yv*
Fiche Aiguillages : *576*

Le musée des Arts et Métiers
Musée
Quelques pièces des collections du musée sont relatives au chemin de fer. Outre le fardier à vapeur, première application de la machine à vapeur à un véhicule, la locomotive Mallet est présentée sous forme de maquette.
75003 Paris
GPS : *48.8668, 2.35548*
Site web : *https://www.arts-et-metiers.net/*
Fiche Aiguillages : *621*

Sites ferroviaires valant le coup d'œil

L'ancienne gare d'Orsay
Pendant une quarantaine d'années elle fut la tête de ligne du Chemin de Fer de Paris à Orléans. Les sous-sols de la gare sont toujours exploités par la SNCF, mais le bâtiment principal est désormais devenu le musée d'Orsay.
750007 Paris
GPS : *48.8607, 2.32531*
Fiche Aiguillages : *623*

La Petite Ceinture
Une partie de la plateforme de cette ancienne voie ferrée est accessible au public. Des visites sont proposées par l'Association pour la Sauvegarde de la Petite Ceinture.
75016 Paris
GPS : *48.8218, 2.33917*
Site : *https://petiteceinture.org/*
Fiche Aiguillages : *624*

Chemin de fer des Chanteraines
© DR

Ancienne gare de Passy-La-Muette
Il s'agit d'une gare désaffectée de l'ancienne petite ceinture.
75016 Paris
GPS : *48.8581, 2.27411*
Fiche Aiguillages : *625*

A voir et à faire à Paris dans les environs immédiats de Paris

Le chemin de fer des Chanteraines
Train Touristique
Installé dans le parc des Chanteraines, ce chemin de fer a été créé par le Conseil Général pour desservir les différents secteurs du site. Après quelques années de fonctionnement, son exploitation a été transférée à une association créée à cet effet et liée par contrat au département. Chaque année, en mai, ainsi qu'à l'occasion des journées du patrimoine, l'association organise sur un week-end, des journées portes ouvertes au cours desquelles il est possible de visiter ses ateliers. La ligne qu'elle exploite suit le dessin du plan du parc.

Elle part du terminus du Pont d'Epinay, où la gare porte désormais le nom de gare des Mariniers. C'est non loin de là que les péniches venaient décharger leur cargaison de charbon. Les trains suivent ensuite la Seine dont ils s'éloignent pour traverser une aire de jeux, et arriver en gare des Fiancés, où il leur est possible de se croiser. S'ensuit une rampe sévère pour rejoindre une passerelle qui leur permet de passer au-dessus de la route départementale 9, puis une rampe hélicoïdale qui permet de redescendre plus tranquillement au niveau de la gare de la Ferme, la plus fréquentée de la ligne. La balade se poursuit le long du parc équestre, et du dépôt, avant de rejoindre la gare du Passage de verdure. Le parcours se poursuit à proximité du lac. De là, en plusieurs endroits, il est possible d'apercevoir la Tour Eiffel. Après une nouvelle forte pente, c'est l'arrivée en gare de Petit Lac, en face du centre commercial des Chanteraines. Les trains suivent alors sur quelques dizaines de mètres la voie du tramway T1, avant d'arriver à leur terminus à la hauteur du RER Gennevilliers après avoir parcouru 4,5 km. Depuis 2018, l'équipe des Chanteraines a ouvert un deuxième réseau appelé CFC miniature, un circuit en 7 pouces, installé dans la Plaine des Fiancés.

46 avenue Georges Pompidou - 92230 Gennevilliers
GPS : 48.9409, 2.32172
Ouverture : De début mars à fin octobre, les mercredis, samedis et dimanches. Trains à vapeur le deuxième dimanche du mois. Pas de train en cas de mauvais temps
Tarifs : Adulte : 5 € 40 - Enfant de 3 à 12 ans : 3 € 30
Téléphone : +33(0)1 40 85 86 20
E-Mail : contact@cfchanteraines.fr
Site web : https://www.cfchanteraines.fr
Fiche Aiguillages : 618

Rosny-Rail
Musée ou bâtiment ferroviaires ouverts au public
Installé dans les emprises de la gare de Rosny-Rail, le musée en occupe le rez-de-chaussée. Son exposition permanente est articulée autour de plusieurs thèmes : l'évolution du chemin de fer, la voie ferrée, la signalisation, le matériel roulant, la conduite des trains... organisés autour de douze espaces. Dès son entrée, le visiteur est plongé dans l'ambiance d'une petite gare au début du XXe siècle.

1 bis place des martyrs de la résistance et de la déportation - 93110 Rosny-sous-Bois
GPS : 48.8708, 2.48546

© Amtuir
Le musée AMTUIR

Ouverture : Tous les samedis de 14h à 18 h
Tarifs : Adulte : 5 € - Enfant de 3 à 18 ans : 3 €
Téléphone : En semaine : +33(0)1 43 00 58
E-Mail : contact@rosny-rail.fr
Site web : http://www.rosny-rail.fr/
Fiche Aiguillages : 619

L'AMTUIR
Musée
Le musée a été créé à une époque où la France démontait un à un tous ses réseaux de tramways. Le but était d'en sauver quelques exemplaires pour les montrer aux générations à venir. Il occupe à ce jour encore des bâtiments provisoires qui sont ouverts notamment une fois par mois. En plus de plusieurs motrices et remorques de tramways, l'association préserve des autobus et trolleybus historiques. Tout ne pouvant pas être présenté à Chelles, un certain nombre de véhicules sont garés à l'abri en attendant de pouvoir être mieux mis en valeur.

1 rue Gabriel de Mortillet - 77500 Chelles
GPS : 48.8773, 2.60315
Ouverture : Mensuelle + Journées du patrimoine.
Tarifs : 6 €
Téléphone : +33(0)1 60 20 45 50
Site web : https://amtuir.org/
Fiche Aiguillages : 613

Le chemin de fer à vapeur de Disneyland
Petit Train
Walt Disney était un passionné de train. Aussi avait-il construit dans son propre jardin, un réseau au 1/8e, le « Carolwood Pacific Railroad ». Depuis, la tradition a été conservée et chacun des parcs Disney dans le monde dispose de son propre circuit. Dans celui de Paris, quatre trains circulent et déposent les visiteurs au pied des différentes attractions.

77700 Chessy
GPS : 48.8713, 2.77871
Fiche Aiguillages : 612

Le petit train des Templiers
Train de jardin
Créée en 1993, l'association a construit le réseau et du matériel roulant à faire rouler dessus. Elle dispose de plusieurs locomotives à vapeur et de locotracteurs remorquant des baladeuses pour promener les visiteurs dans le parc. On peut même y voir circuler certains dimanches, la reproduction d'un autorail panoramique ! Le circuit est en 5 et 7 pouces 1/4. En 2022, pour pouvoir poursuivre ses activités, l'association est à la recherche de nouveaux membres qui pourraient venir étoffer l'équipe en place.
Parc des templiers rue de la croix ronde -
91360 Epinay-sur-Orge
GPS : 48.6757, 2.31392
Ouverture : De 14h30 à 18h30 les 1er et 3e dimanches du mois quand il ne pleut pas. En cas de pluie, ouverture le dimanche suivant.
Tarifs : Gratuit. Libre participation aux frais.
Téléphone : +33(0)652713938
E-Mail : traindestempliers@hotmail.fr
Site web : http://traindestempliers.free.fr/
Fiche Aiguillages : 617

L'amicale des Agents de Paris St Lazare (AAPSL)
Préservation de matériel ferroviaire
L'objet de cette association est la préservation de la locomotive BB 17016. Sa remise en état ayant été réalisée, elle a réalisé ses premiers tours de roues en tête de trains historiques.
Route forestière des pavillons -
78260 Achères
GPS : 48.9617, 2.11033
Site web : www.facebook.com/bb17016
Fiche Aiguillages : 579

Le matériel Ferroviaire Patrimoine National (MFPN)
Préservation de matériel ferroviaire
Cette association préserve deux locomotives. Une à vapeur, la Pacific 231 K 8, et une électrique, la CC 40110. Disposant également

d'une rame de voitures historiques, elle propose régulièrement des voyages sur le réseau ferré national.
9 avenue Joffre - 93700 Drancy
GPS : 48.9295, 2.45952
Téléphone : +33(0)6 42 11 79 77
E-Mail : contact@mfpn.fr
Site web : http://mfpn.fr
Fiche Aiguillages : 594

Sites ferroviaires valant le coup d'œil

La gare de Chennevières-sur-Marne
94430 Chennevières-sur-Marne
GPS : 48.7949, 2.52625
Fiche Aiguillages : 629

Le viaduc de Nogent-sur-Marne
Il se trouve sur la ligne de Paris-Est à Mulhouse ville et sur la Grande Ceinture. D'une longueur de 830 mètres, il permet à la ligne E du RER de franchir la Marne.
94130 Nogent-sur-Marne
GPS : 48.8319, 2.49705
Fiche Aiguillages : 630

Les deux locomotives de la MFPN

© MFPN

Le Tacot des Lacs

© Tacot des lacs

A voir et à faire à Paris dans le reste de l'Ile-de-France

Le Tacot des Lacs
Train Touristique
Sur le site sont exposés plus de quatre-vingt-dix matériels roulants en voie de 60 cm. Le fleuron de la collection est constitué de quatre petits trains de la Grande Guerre. Des rames militaires qui ont été utilisées par les différents belligérants (français, américain, allemand et anglais) de la guerre de 14-18, que les membres de l'association refont circuler chaque année le 11 novembre, pour rendre hommage à ceux qui ont libéré la France, il y a un peu plus de cent ans. Le reste du temps, ce sont des voyages en train qui sont proposés au départ de la gare, dans la forêt de Fontainebleau. Une première partie du parcours se fait en direction du Loing où le train fait demi-tour grâce à un triangle de retournement, pour repasser à la gare, et se diriger du côté des étangs cette fois-ci. Après le passage d'un pont métallique resté en place après la fermeture des carrières

qui se trouvaient sur place, la locomotive est remise en tête de son train pour le chemin du retour. Après la balade, la visite se poursuit par une visite commentée du dépôt.

77880 Grez-sur-Loing
GPS : *48.3136, 2.70785*
Ouverture : *Mai : Samedis départ à 14h30, dimanches et jours fériés, départs à 14h30 et 16h10. Juin : Samedis, dimanches et jours fériés, départs à 14h30 et 16h10. Mercredis départ à 14h30 (réservation conseillée). Du 4 Juillet au 31 Août : Tous les jours.*
Durée de la visite : *1 h 20 environ*
Tarifs : *Adulte : 8 € 50. Enfant de 3 à 11 ans : 6 €*
Téléphone : *+33(1) 64 28 67 67*
E-Mail : *tacotdeslacs@wanadoo.fr*
Site web : *http://tacotdeslacs.free.fr/*
Fiche Aiguillages : *615*

Le vélorail de la Ferté Gaucher
Vélorail
En terre de Brie, une balade de 13 km aller-retour à bord de vélorails à assistance électrique. A mi-parcours des ateliers nature

animés par l'équipe du vélorail sont accessibles. A l'arrivée, avant de prendre le chemin du retour, il est possible de manger ou goûter selon l'heure à laquelle le parcours est fait.

Gare de Trotignon 77320 Lescherolles
GPS : 48.781, 3.30408
Ouverture : De début juillet au 1er novembre départs tous les jours à 10h et 14h, avec possibilité de restauration.
Tarifs : 1 vélorail de 2 à 5 pers. (enfant compris) : en semaine 38 € – week-ends, jours fériés et ponts, et vacances scolaires de la zone C, 45 €
Téléphone : +33(0)1 64 04 06 68
E-Mail : info@ferrabotanica.com
Site web : http://www.ferrabotanica.com/
Fiche Aiguillages : 616

Le Rambolitrain
Musée

Ce musée présente au travers de plus de quatre mille pièces, un panorama unique de la production de trains miniatures en France du 19 ème siècle aux années 50/60. Une bonne partie de la collection de trains jouets est exposée en vitrine. Des magasins de jouets aujourd'hui disparus, évoquant une rue parisienne, sont reconstitués dans l'une des pièces du musée. Un grand réseau réalisé à l'échelle 0 (1/43ème) est visible et fonctionnel au dernier étage. De nombreuses animations sont proposées aux familles durant l'année. Enfin, occasionnellement, un petit train de jardin sur lequel les enfants peuvent prendre place, fait le tour du jardin. Le musée a été créé à la suite d'une donation. Jacques Visbecq a cédé l'intégralité de sa collection et sa maison pour qu'un musée dédié au train jouet puisse voir le jour à Rambouillet. Réservation en ligne conseillée.

4 Place Jeanne d'Arc - 78120 Rambouillet
GPS : 48.6467, 1.82371
Ouverture : Du mercredi au dimanche, ainsi que les jours fériés hors lundis et mardis. Fer-

meture annuelle en janvier les 2 semaines suivant les vacances scolaires.
Durée de la visite : 1h environ
Tarifs : Adulte : 4 € 50. Enfant de 3 à 18 ans : 3 € 50
Téléphone : +33(0)1 75 03 44 60
E-Mail : musee.rambolitrain@rambouillet.fr
Site web : http://www.rambolitrain.com/
Fiche Aiguillages : 577

Le musée Vivant du Chemin de Fer
Musée

Créée en 1968, l'AJECTA est l'association qui gère ce musée. Elle a été créée par des passionnés, dans le but de sauvegarder et de refaire rouler du matériel historique. Celui-ci est présenté pour une bonne part, sous une rotonde également préservée par l'association. Ce bâtiment dont la charpente est en bois, est une construction rare dans le patrimoine architectural industriel du début du XXe siècle. Elle abrite dix-huit voies rayonnantes autour d'un pont tournant.

Dépôt des locomotives 3 rue Louis Platriez - 77160 Provins
GPS : 48.5125, 3.25579
Ouverture : En haute saison : (1er mai à fin octobre) samedis, dimanches et jours fériés de 10h30 à 18h00. En basse saison : (1er novembre à fin avril) dimanches et jours fériés (sauf fermeture hivernale du 20 décembre au 5 janvier), de 13h00 à 17h00

Une des locomotives de l'AJECTA

© D.R.

Tarifs : *Adulte : 4 €. Enfant de 6 à 11 ans : 2 €*
Téléphone : *+33(0)1 64 08 60 62*
E-Mail : *contact@ajecta.org*
Site web : *https://www.ajecta.fr*
Fiche Aiguillages : *614*

L'Ademas
Préservation de matériel ferroviaire
Depuis 1992, l'association s'est donnée pour but de préserver et faire connaître le patrimoine du métro de Paris, et au-delà celui du chemin de fer et des transports urbains. Elle a à son actif la préservation de 16 voitures en partenariat avec la RATP. Certains véhicules ont pu être remis en état de circuler. Son projet est de les faire rouler sur une ligne dédiée. Installée sur le site du camp des Matelots à Versailles, appartenant à l'armée, elle veille également sur «le Diplodocus», un train grue, appartenant au musée du Génie. Outre, la préservation de ces matériels et leur présentation ponctuelle, les actions de l'association consistent en l'organisation de visites-conférences dans le métro.
78000 Versailles
GPS : *48.804, 2.16198*
Ouverture : *Ponctuelle : voir programme des conférences sur le site de l'Ademas.*
Durée de la visite : *2h30 à 3h*
Tarifs : *Plein tarif : 14 € - Tarif réduit : 7 €*
Téléphone : *+33(0)7 53 84 65 95*
Site web : *https://ademas-metro.paris/*
Fiche Aiguillages : *580*

Le Petit Train de Port aux Cerises
Petit Train
Ce petit train est l'une des attractions accessibles sur l'île aux loisirs de Port aux Cerises. Son parcours mesure un kilomètre.
91210 Draveil
GPS : *48.6931, 2.40315*
Site web : *https://cutt.ly/nbmXkFA*
Fiche Aiguillages : *585*

Sites ferroviaires valant le coup d'œil

Le viaduc de Longueville
Sur la ligne Paris-Est à Mulhouse-Ville, il permet le franchissement de la vallée de la Voulzie. Il est long de 387 mètres.
77650 Longueville
GPS : *48.5197, 3.24213*
Fiche Aiguillages : *626*

La gare de Versailles Rive droite
En impasse, elle est l'une des plus ancienne du réseau ferré français et a relativement peu évolué depuis son inauguration, ayant conservé sa configuration et son bâtiment voyageur d'origines.
78000 Versailles
GPS : *48.8097, 2.13535*
Fiche Aiguillages : *627*

La gare de Versailles Château
Le bâtiment actuel a été construit dans les années 1870. Il a conservé sa verrière, qui a été restaurée récemment.
78000 Versailles
GPS : *48.8005, 2.12899*
Fiche Aiguillages : *628*

Le viaduc de Longueville

NORMANDIE

La région est surtout connue pour le Mont Saint-Michel et les plages du Débarquement. Et pour cause, le souvenir de la plus grande opération militaire amphibie de l'histoire y est partout présent au travers de musées, cimetières et autres lieux de commémoration. La Seconde Guerre mondiale a laissé ici des traces très profondes. Totalement dévastées les villes de Caen et du Havre seront reconstruites dans l'après-guerre. Le mémorial de Caen permet de s'immerger totalement dans cette histoire. La Normandie compte plusieurs sites classés au patrimoine mondial de l'UNESCO et offre une très grande diversité de paysages. Elle est porteuse d'une histoire fascinante commençant avec les Vikings et marquée par des siècles de relations parfois tumultueuses avec sa voisine anglaise. On y marche sur les traces de Guillaume le Conquérant. Le train y est arrivé par Rouen dont la première gare a été mise en service en 1843 par la Compagnie du Chemin de Fer de Paris à Rouen. Il a très largement contribué au développement économique de la région offrant des débouchés aux éleveurs de bovins, permettant aux premiers touristes d'aller prendre des bains de mer et à des peintres (Monet) et des hommes de lettres (Flaubert, Maupassant) d'y séjourner ou de venir y puiser l'inspiration. De nos jours ses TER vous invitent à vous transformer en « Nomad » pour en découvrir les multiples facettes.

Retrouvez les fiches des trains touristiques sur www.aiguillages.eu

NORMANDIE //

Vauville, Manche
© Suzelfe / Wikimedia Commons

TABLE DES MATIÈRES

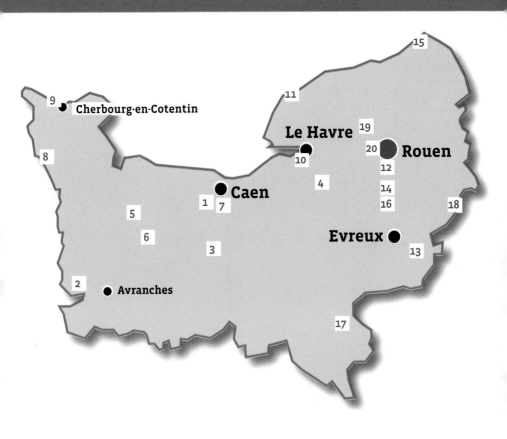

Cherbourg-en-Cotentin

Le Havre

Rouen

Caen

Evreux

Avranches

LE HAVRE   242

ROUEN   245

Comment venir en train

Le train touristique d'Etretat

Des portes de la région parisienne aux plages et ports de la Manche, la Normandie est un vaste territoire. Plusieurs points d'entrée sont envisageables par le train. Vous pourrez en rejoindre les grandes villes Caen, Dieppe, Cherbourg, Honfleur, Le Havre, Rouen, mais aussi Cabourg, Deauville, Trouville ou Giverny, le berceau de l'impressionnisme.

Des billets combinés Train + Bus vous permettront de vous rendre sur les plus grands sites touristiques : le Mont Saint-Michel, Granville, ou encore Etretat.

Le Ter Nomad

Nomad, c'est Normand, privé de son « R » et de son deuxième « N ». La bannière sous laquelle sont réunis tous les transports à l'échelle de la région depuis janvier 2020.

A cette date, la région a repris la gestion des lignes Intercités Normandes (Paris – Caen – Cherbourg, Paris – Caen – Trouville – Deauville, Paris – Rouen – Le Havre, Paris – Grandville, Paris – Evreux – Serquigny et Caen – Le Mans – Tours).

A partir de 2021, un système de réservation est progressivement mis en place sur l'ensemble de ces dessertes et le nouveau schéma de transport est organisé en quatre types de services.

- Krono + assurés par des trains Omneo Premium pour les liaisons express entre les grandes agglomérations.
- Krono pour les liaisons interurbaines.
- Citi pour les dessertes urbaines et périurbaines
- Proxi pour les dessertes omnibus.

Bons plans

Pour emprunter dans les meilleures conditions les TER Nomad il existe la carte « Tempo » qui se décline en version moins ou plus de 26 ans. Pour les premiers elle coûte 10 €, pour les seconds 30 €. Elle vous permettra d'obtenir 50% de réduction sur tous vos déplacements dans la région la semaine, comme le week-end si vous avez moins de 26 ans, 25% la semaine et 50% les samedis et dimanches,

© DR

si vous avez dépassé cet âge limite. Une version « Tempo Paris » de cette carte est également disponible mais un peu plus chère. Elle peut néanmoins être intéressante si vous envisagez plusieurs escapades annuelles en Normandie au départ de la capitale. Si vous comptez voyager en famille ou entre amis, le pack « Tribu » peut être considéré. Son principe est que pour trois billets achetés, le quatrième est gratuit, et que de quatre à sept personnes une réduction globale de 25% est accordée. L'offre n'est néanmoins valable que sur certaines relations.

CAEN

© Zairon / Wikimedia Commons

La ville aux cent clochers qui a vu naître Guillaume le Conquérant disposait d'un très important patrimoine architectural dont une bonne partie a été détruite au cours de la bataille de Caen, qui a suivi le débarquement allié en 1944. Elle est au centre d'une étoile ferroviaire qui la met à deux heures de Paris, une heure quinze de Cherbourg, une heure trente de Rouen, deux heures du Mans, ou encore trois heures de Rennes et de Tours. Cette étoile qui de nos jours a perdu quelques branches avec la fermeture de différentes lignes, a été constituée à partir de 1855 autour de deux gares. L'actuelle s'appelait alors Caen-Ouest ou Caen-Etat. Elle se situe au sud du centre-ville. L'autre était au nord, la gare de Caen-Saint-Martin. Les lignes qui subsistent aujourd'hui sont celles reliant Caen à Paris, Cherbourg et Granville. Elles permettent de desservir une cinquantaine de gares.

Comment s'y rendre ?

De Paris : Des trains « Nomad » permettent de se rendre à Caen en deux heures environ au départ de la gare Saint-Lazare.

De Lyon : Un passage par Paris est requis pour réaliser ce parcours. Il peut se faire en cinq heures environ.

Du Mans : Des TER circulent entre les deux villes en un peu moins de deux heures.

A voir et à faire à Caen

Le tramway
Il se compose de trois lignes désormais classiques puisqu'elles remplacent un éphémère réseau de tramway sur pneus guidés par un rail

central sur une partie de son parcours, mais qui pouvait sur certaines portions circuler comme un bus classique, ce qu'il faisait notamment pour rejoindre son dépôt. L'actuel réseau est constitué de trois lignes totalisant seize kilomètres et desservant trente-six stations.

Le Mémorial
Créer pour commémorer la Bataille de Normandie, ce musée se veut avant tout un centre culturel international dédié à l'histoire du XXᵉ siècle et à la paix.

L'Abbaye aux dames
Construite entre 1060 et 1080 c'est un très bel ensemble d'art roman.

L'Abbaye aux hommes
Construite par Guillaume le Conquérant elle fut commencée dans le style roman, elle sera terminée trois siècles plus tard dans le style gothique.

Le Château
Construit par Guillaume le Conquérant, il fait partie des sites endommagés par les bombardements de 1944 et restauré dans l'après-guerre. Il abrite les musées de Normandie et des Beaux-Arts.

A voir et à faire dans les environs de Caen

Le Train du Mont Saint-Michel
Desserte ferroviaire régulière présentant un fort intérêt touristique
En saison, ce train circule au départ de la gare de Paris-Montparnasse. Il arrive en gare de Pontorson, d'où une navette vous emmènera jusqu'au Mont Saint-Michel.
50170 Le Mont-Saint-Michel
GPS : 48.6366, -1.51147
Ouverture : *De début juillet à fin septembre.*
Tarifs : *Billet aller : 27 €.*

Site web : https://cutt.ly/0v7aARx
Fiche Aiguillages : *672*
A proximité : *Dol de Bretagne (la vielle ville), Granville (cité balnéaire), Cancale (le port), Saint-Brice-en-Coglès (le château), Saint-Malo (la cité corsaire).*

Le Monde Miniature
Réseau de trains miniatures
L'une des plus grandes maquettes de trains ouverte au public en France. Elle a été créée par Yves Crué, en 1969, pour permettre aux clients de sa cidrerie de patienter. Au début il ne s'agissait que d'une maquette de 25 mètres carrés. Bientôt rejoint par son fils Emmanuel, il décide devant l'intérêt que le public porte à sa maquette d'en construire une beaucoup plus grande, de 310 mètres carrés. La visite se fait par groupe. Elle est commentée. Une fois le public entré dans la salle, les 250 locomotives que compte le réseau se mettent en route en tête de leurs trains. Des animations se déclenchent au fur et à mesure que le public se déplace pour découvrir les différents univers proposés. A la fin de la séance, quand les lumières se rallument, commence une session de questions-réponses. La visite peut se prolonger à l'extérieur, où un petit train Decauville fait le tour du parc, une tyrolienne et des structures gonflables attendent les enfants. Il est possible de faire la visite des anciens fours à chaux qui se trouvaient sur le site et enfin de prendre un repos bien mérité en terrasse, pour y déguster des crêpes accompagnées d'une bolée de cidre bien sûr !
Les fours à chaux rue d'Ermington - 14570 Clécy
GPS : *48.9171, -0.477905*
Ouverture : *De début avril à début novembre. Horaires variables selon la période.*
Durée de la visite : *Minimum 1h30.*
Tarifs : *Adulte : 9 € 50 - Enfant de 3 à 12 ans : 7 €.*
Téléphone : *+33(0)2.31.69.07.13*
E-mail : *contact@chemin-fer-miniature-clecy.com*
Site web : *https://cutt.ly/uv7aEGy*
Fiche Aiguillages : *636*

A proximité : Falaise (le château), Vire (la ville), Bagnoles-de-l'Orne (ses maisons à l'architecture typique du XIXe siècle), Bayeux (la tapisserie).

Le petit train à vapeur
Train de jardin

Depuis 2006, l'association exploite un circuit en 5 et 7 pouces 1/4 d'une longueur totale de 400 mètres. Il a été établi sur un terrain qui à l'origine était en pente. Il a fallu quatre ans de travaux pour le remettre à niveau, construire les bâtiments de la gare, le poste d'aiguillage et un passage à niveau avant de pouvoir ouvrir au public. Les circulations sont assurées par des passionnés qui viennent des quatre coins de la France faire rouler leurs locomotives, pour la plupart à vapeur.

Route d'Ecorcheville - 14130 Le Breuil-en-Auge
GPS : 49.2247, 0.230901
Ouverture : Une fois par mois, le troisième dimanche de mai à septembre de 14h à 18h.
Tarifs : Gratuit.
Téléphone : +33 (0)2 31 65 08 55
E-mail : bernard.buee@gmail.com
Site web : http://ptvpa.free.fr/
Fiche Aiguillages : 666
A proximité : Boutemont (le château), Lisieux (la basilique), Deauville, Trouville, Villers-sur-Mer (stations balnéaires).

Le vélorail de Bagnoles-de-l'Orne
Vélorail

La balade longue de 5 km se fait sur l'ancienne ligne de chemin de fer Bagnoles-de-l'Orne - La Ferté-Macé, son dénivelé très faible la rend d'un accès aisé. Le parcours se fait dans le bocage et sur les berges de la Mayenne.

66 place de la gare - 61140 Bagnoles-de-l'Orne
GPS : 48.5584, -0.413967
Accès : bus n°7501 au départ d'Argentan
Ouverture : Tous les jours de 10h à 18h, selon la météo.
Durée de la visite : Environ 1h.
Tarifs : A partir de 6 € 50 par personne.

Téléphone : +33 (0)6 71 12 77 47
E-mail : jarrynene@aol.com
Site web : https://cutt.ly/Pv7a6JW
Fiche Aiguillages : 668
A proximité : Lassay-les-Châteaux (les deux châteaux), Domfront (le château), Mayenne (le centre-ville), Saint-Cénéri-le-Gérei (l'un des plus beaux villages de France).

Le vélorail de la Vallée de la Vire
Vélorail

La balade se fait sur 11 km aller-retour de Condé-sur-Vire à Gourfaleur, en longeant la Vire et le chemin de halage, l'accueil à l'ancienne gare de Condé-sur-Vire.

1 rue de la Gare - 50890 Condé-sur-Vire
GPS : 49.052, -1.04089
Ouverture : En Hiver sur réservation : Vacances d'hiver, Toussaint, Fêtes de fin d'année, Pâques, Week-End de l'Ascension ou de la Pentecôte. En été : A partir des vacances d'avril, tous les jours réservation conseillée.
Durée de la visite : 1h30 environ.
Tarifs : 20 € par vélorail.
Téléphone : +33 (0)2 33 05 46 55
E-mail : contact@velorail-normandie.fr
Site web : http://www.velorail-normandie.fr/
Fiche Aiguillages : 633
A proximité : Vire (le centre-ville), Coutances (la cathédrale), Bayeux (la tapisserie), Lessaye (l'abbaye), Granville (station balnéaire).

Sites ferroviaires valant le coup d'œil

La gare de Caen

Anciennement appelée la gare de l'ouest, elle est située sur la ligne de Mantes-la-Jolie à Cherbourg.

14000 Caen
GPS : 49.1946, -0.341657

© Andreas F. Borchert / Wikimedia Commons

CHERBOURG

A la pointe nord du Cotentin, la ville est blottie dans la seconde plus grande rade artificielle du monde, entre La Hague et le Val de Saire. Tout au long de son histoire, elle fut une place forte et stratégique que se disputeront anglais et français. Pour Vauban déjà elle constituait « une des clés les plus importantes de l'Etat ». Mais c'est sous Napoléon Ier, qu'à l'issue de travaux titanesques elle devint un port militaire de premier ordre. Dans la première moitié du XXᵉ siècle, la ville reçoit les prestigieux transatlantiques. Son isolement l'empêchera toutefois de développer pleinement son potentiel. Inaugurée en 1858, la gare de Cherbourg est le terminus de la ligne en provenance de Paris - Saint-Lazare. De nos jours elle reste très fréquentée par des TER et des Intercités.

Comment s'y rendre

De Paris : Des trains « Nomad » assurent plusieurs relations quotidiennes en un peu plus de trois heures, depuis la gare Saint-Lazare.

De Lyon : La réalisation de ce parcours suppose de passer par une correspondance à Paris. Le temps de parcours moyen observé est d'un peu plus de six heures.

De Caen : Il faut un peu plus d'une heure aux trains « Nomad » pour établir la relation entre les deux villes.

A voir et à faire à Cherbourg

La rade et les ports
La rade est la plus grande artificielle d'Europe. Elle a été construite à la fin du XVIIIᵉ siècle dans un but défensif. Aujourd'hui, elle héberge quatre ports : de commerce, militaire, de pêche et de plaisance.

La Cité de la Mer
Installée dans l'ancienne gare maritime transatlantique, elle retrace l'histoire de la relation de l'homme à la mer et celle du Titanic.

Le Train Touristique du Cotentin

© Train touristique du Cotentin

Les boëls

Ce sont de toutes petites rues qui sillonnent le vieux Cherbourg. Leurs maisons ont des façades faites de schiste bleu, une roche typique du Cotentin.

Le Château des Ravalet

On ne peut en visiter que les extérieurs, mais le bâtiment en pierre de schiste bleu en vaut le détour, avec ses nombreuses fenêtres et son grand parc.

A voir et à faire dans les environs de Cherbourg

Le Train Touristique du Cotentin
Train Touristique

Ce train touristique circule sur une ligne suivant la côte du Cotentin et les îles Anglo-Normandes. Établie en 1889, elle fermera moins d'un siècle plus tard en 1979. Les circulations se font à bord du matériel que l'association préserve, une rame de voitures «Bruhat», tractée par une locomotive du type BB63000. Au départ de Carteret, le parcours passe par le hameau de Valnotte, traverse le petit fleuve côtier le Gerfleur au niveau du hameau du Tôt, dont le lavoir a été rendu célèbre dans les années 70 par la publicité pour une marque de machine à laver connue, dont les mérites étaient vantés par la célèbre «Mère Denis», la lavandière du village. Il longe ensuite le village de Barneville et traverse les hameaux de St Simeon et de Le Bel. Le terminus se fait en gare de Portbail.

Avenue de la République - 50270 Barneville-Carteret

GPS : 49.3814, -1.77725

Ouverture : les dimanches du 29 mai au 25 septembre et vacances d'automne les 2 dimanches. En saison le train roule les mardis, jeudis et dimanches plus les mercredis du 20 juillet au 31 août.

La Cité de la Mer à Cherbourg

Tarifs : *Adulte : 10 € - Enfant de 4 à 14 ans : 6 €.*
Téléphone : *+33(0)7 66 70 05 74*
E-mail :
contact@train-touristique-du-cotentin.com
Site web : *https://cutt.ly/Av7dpmX*
Fiche Aiguillages : *632*
A proximité : *Lessay (l'abbaye), Cherbourg (la Cité de la Mer), Coutances (la cathédrale), Barfleur (le port, l'un des plus beaux villages de France).*

Sites ferroviaires valant le coup d'œil

L'ancienne gare transatlantique de Cherbourg

C'était l'une des plus importantes gares de Basse-Normandie, servant à la fois de terminal ferroviaire et maritime dans les années 30 à 60. Plusieurs parties du bâtiment sont protégées. Depuis 2002, celui-ci accueille la Cité de la Mer.

50100 Cherbourg-Octeville
GPS : *49.6433, -1.61528*
Fiche Aiguillages : *676*
A proximité : *Barfleur (le port, l'un des plus beaux villages de France), Lessay (l'abbaye), Port Racine (le plus petit port de France).*

La gare de Régnéville-sur-Mer

Terminus de l'ancienne ligne d'Orval - Hyenville à Regnéville-sur-Mer, cette gare a été préservée après sa fermeture et rachetée par la commune. Elle accueille aujourd'hui un bureau de poste et un salon de thé brocante.
50590 Regnéville-sur-Mer
GPS : *49.0086, -1.55468*
Fiche Aiguillages : *651*
A proximité : *Coutances (la cathédrale), Granville (station balnéaire), Lessay (l'abbaye), Cancale (le port), Saint-Malo (la cité corsaire).*

© Martin Falbisoner / Wikimedia Commons

LE HAVRE

Au bord de la Manche, sur l'estuaire de la Seine, Le Havre est le plus important port de France pour les conteneurs, le deuxième derrière Marseille tous trafics confondus. Les industries liées au pétrole, à l'automobile et à la chimie s'y sont notablement développées au cours des Trente Glorieuses. La ville du Havre est ainsi devenue la plus peuplée de Normandie. Le chemin de fer y arrive en 1848. Il permet aux parisiens de plus en plus nombreux de venir profiter des bienfaits proposés par cette cité balnéaire. La croissance de la ville sera arrêtée dans la période de l'entre-deux-guerres, marquée par la crise économique de 1929. Pendant la Seconde Guerre mondiale, la ville est occupée par les Allemands, qui implantent dans son port une base navale en vue de préparer l'invasion du Royaume-Uni. Cela vaudra à la ville d'être bombardée à de multiples reprises. Le quartier de la gare est détruit en 1942, le port et le centre-ville le sont à leur tour en 1944. Ils seront entièrement reconstruits durant l'après-guerre.

Comment s'y rendre

De Paris : Des Trains « Nomad » assurent des relations directes vers Le Havre au départ de la gare Saint-Lazare. Le parcours est effectué en moins de trois heures.

De Lyon : La liaison entre les deux villes peut-être réalisée en une moyenne de six heures. Elle suppose néanmoins un passage par Paris où un changement de gare est nécessaire pour poursuivre son chemin.

De Rouen : Des trains « Nomad » font le parcours en une heure en moyenne.

A voir et à faire au Havre

Le quartier Perret
Il porte le nom de l'architecte qui en a signé la création après la Seconde Guerre mondiale.

Le tramway du Havre

Il s'agissait alors de construire un nouveau centre-ville à la place de l'ancien entièrement détruit par les bombes. Entièrement en béton, il constitue néanmoins un ensemble urbain remarquable ce qui lui a valu d'obtenir un classement au patrimoine mondial de l'UNESCO.

L'église Saint-Joseph
Son allure ne manque pas de surprendre. Elle aussi construite en béton, elle abrite plus de douze mille vitraux, mais ressemble à un phare.

La plage du centre-ville
A moins de cinq cents mètres du centre-ville, elle s'étend sur deux kilomètres. Elle est faite de sable et de galets.

Le Port
Le moyen le plus approprié pour le visiter est de prendre le bateau.

A voir et à faire autour du Havre

Le Tramway
Le réseau est composé de deux lignes. Il a été mis en service en 2012. Il relie la ville basse à la ville haute. Il traverse un tunnel de plus de cinq cents mètres de long qui lui est réservé.

Le Funiculaire du Havre
Funiculaire
Ce funiculaire relie deux quartiers du Havre. Partant de la rue Gustave Flaubert en ville basse il rejoint la rue Félix Faure sur la côte. Inauguré en 1890, il mesure 343 mètres de long pour un dénivelé de 78 mètres. Initialement à vapeur, il ne prévoit qu'une voiture de 32 places et 12 déplacements par heure. En 1911 il est électrifié. Endommagé par les bombardements de 1944, il est remis en service en 1946 et la gare du centre-ville est réno-

Le funiculaire du Havre

vée en 1963. En 2021, le funiculaire est fermé pour travaux depuis la fin du mois de mars, jusqu'en septembre.

Place Thiers - 76600 Le Havre
GPS : *49.497, 0.111858*
Ouverture : *Du lundi au samedi de 7h30 à 21h00, le dimanche et les jours fériés sauf le 1ᵉʳ mai, de 7h30 à 19h30.*
Tarifs : *Prix et conditions d'utilisations habituels d'un titre de transport valide dans l'agglomération du Havre.*
Site web : *https://cutt.ly/lv7dBxV*
A proximité : *Villerville (station balnéaire), Honfleur (le port), Deauville (station balnéaire), Etretat (la falaise), Pont-Audemer (les canaux et les rivières).*

Le vélorail et train touristique d'Etretat
Train Touristique et vélorail
Ici la balade se fait en vélorail dans le sens de la descente vers Etretat et en train dans le sens de la remontée. La ligne construite en 1894 est une portion de celle qui reliait les Ifs à Etretat, où le trafic a cessé dans les années 60 (voyageurs), 70 (marchandises).
La gare 56 place du 19 Mars 1962 - 76790 Les Loges
GPS : *48.7704, 2.14644*
Accès : *bus n°24*
Ouverture : *Du 2 avril 2022 au 31 octobre 2022*

Train Touristique et vélorail Etretat Pays de Caux

© DR

Durée de la visite : *Un peu plus d'une heure aller-retour.*
Tarifs : *Vélorail : De 29 à 37 € selon le nombre de passagers (de 2 à 5). Aller-retour en train : Adulte : 8 € - Enfant de 4 à 14 ans : 5 €.*
Téléphone : *+33 (0)2 35 29 49 61 / +33 (0)*
Site web : *https://velo-rails-etretat.fr/*
Fiche Aiguillages : *658*
A proximité : *Fécamp (l'église abbatiale), Les Petites-Dalles (villas du XIXᵉ siècle), Honfleur (le port), Deauville, Trouville (stations balnéaires).*

Sites ferroviaires valant le coup d'œil

La gare du Havre
Terminus de la ligne en provenance de Paris - Saint-Lazare, elle a conservé son bâtiment voyageurs datant de 1932 et sa grande verrière de 1881, presque dans son état d'origine.
76600 Le Havre
GPS : *49.4928, 0.124754*
Fiche Aiguillages : *678*
A proximité : *Honfleur (le port), Deauville, Trouville, Villers-sur-Mer (stations balnéaires), Houlgate (la plage), Etretat (la falaise).*

Le viaduc de Mirville
Sur la ligne de Paris - Saint-Lazare au Havre, il traverse la vallée du ru de Bolbec. En briques et en courbe, il est composé de 48 arches et long de 530 mètres.
76210 Mirville
GPS : *48.9968, 2.21766*
Fiche Aiguillages : *680*
A proximité : *Yport (station balnéaire), Fécamp (l'église abbatiale), Etretat (la falaise), Les Petites-Dalles (les maisons du XIXᵉ siècle), Honfleur (le port).*

ROUEN

Le passé de la ville de Rouen est très riche. Elle fut la capitale du Duché de Normandie. Elle connut un essor économique important grâce au développement de manufactures textiles. C'est dans la ville que Jeanne d'Arc fut brûlée vive. Le train y arrive avec la mise en service de la première des quatre gares que la ville comptera jusque dans l'entre-deux-guerres, en 1843. Celle de Rouen-Saint-Sever, par la Compagnie du Chemin de Fer de Rouen au Havre. La gare qui subsiste est celle de Rouen-Rive-Droite. Elle reçoit des TER « Nomad », ainsi qu'un certain nombre provenant des Hauts-de-France et de TGV.

Comment s'y rendre

De Paris : Des TER directs desservent Rouen au départ de la gare de Saint-Lazare en un peu plus d'une heure trente.

De Lyon : La relation entre les deux villes est établie en un peu moins de cinq heures, mais au prix d'une correspondance à Paris.

De Caen : Des TER directs relient les deux villes en une moyenne d'une heure quarante.

A voir et à faire à Rouen

Le tramway

A Rouen, les locaux l'appellent « le métro » parce qu'il circule pour partie en souterrain, mais il s'agit bien d'un tramway. Il dessert Rouen et quatre communes limitrophes. Il est constitué d'une seule ligne divisée en trois branches. Sa longueur totale est de dix-huit kilomètres.

La place du vieux marché

C'est sur cette place que Jeanne d'Arc fut brûlée vive le 30 mai 1431. À l'époque, elle était occupée par l'église Saint-Sauveur dont les vestiges ont disparu. C'est au sein de cette église que Pierre Corneille fut baptisé. À quelques mètres, se trouve sa maison natale qui a été transformée en musée. Une grande croix symbolisant le bûcher de l'époque se trouve au centre de la place.

La rue du Gros Horloge

Sans doute le monument le plus emblématique de la ville, un bâtiment datant de la Renaissance qui enjambe la rue. Un beffroi de style gothique y est accolé abritant les clochers, ainsi que l'horloge de Rouen. L'horloge astronomique datant du XIVᵉ siècle indique l'heure grâce à un double cadran à aiguille unique.

La cathédrale Notre-Dame

Située au centre-ville, de style gothique, elle est remarquable de par sa flèche qui s'élève à plus de 150 mètres, la plus haute flèche de fonte en France. Par ailleurs elle est l'une des seules cathédrales françaises à conserver un palais archiépiscopal et des constructions annexes datant du Moyen Âge.

L'historial Jeanne d'Arc

Un parcours spectacle permet au visiteur de retracer la vie de « La Pucelle d'Orléans ».

A voir et à faire autour de Rouen

Le Chemin de Fer de la Vallée de l'Eure
Train Touristique

Ce train touristique propose une balade dans la Vallée de l'Eure sur l'ancienne ligne Rouen – Chartres - Orléans. Au départ de la gare de Pacy, les parcours peuvent se faire soit en direction de Breuilpont, soit dans celle de Cocherel, à bord de trains tractés par des locomotives diesels. Régulièrement l'association propose des déjeuners et dîners à bord. Le trajet d'une durée de 3h30 se fait alors de part et d'autre de la gare de Pacy-sur-Eure. Depuis quelques mois, l'association propose une nouvelle prestation à ceux qui désirent s'initier à la conduite d'un engin ferroviaire, sous la forme de stages de conduite d'une journée.

Place de la gare - avenue des poilus - 27120 Pacy-sur-Eure

GPS : 49.0141, 1.38779
Accès : bus n°300 depuis Vernon
Ouverture : Toute l'année.
Durée de la visite : De 1h15 à 2h30, en fonction du parcours choisi.
Tarifs : Adulte : 10 € - Enfant de 4 à 15 ans : 7 €.
Téléphone : +33 (0)2 32 36 04 63
E-mail : contact@cfve.org
Site web : http://www.cfve.org/
Fiche Aiguillages : 652
A proximité : Vernon (le centre historique), Giverny (les jardins), Evreux (la cathédrale, le palais épiscopal), Château-Gaillard (les ruines du château).

Le Pacific Vapeur Club
Circulations sur le réseau ferré national

L'association conserve et fait circuler sur le réseau ferré national la Pacific 231 G 558. Dite «La Princesse» cette locomotive classée monument historique est de nouveau entrée dans une période de révision qui devrait la conduire à reprendre les rails en 2022 pour fêter son centième anniversaire.

Rue Léon Gambetta -
76300 Sotteville-lès-Rouen
GPS : 49.4147, 1.09154
Téléphone : +33(0)2 35 72 30 55
E-mail : contactpacific231@gmail.com
Site web : http://pacificvapeurclub.free.fr
Fiche Aiguillages : 653
A proximité : La Bouille (la balade le long de la Seine), Jumièges (l'abbaye), Château Gaillard (les ruines du château), Pont-Audemer (les canaux et les rivières).

Le funiculaire du Tréport
Funiculaire

Ces petites cabines toutes bleues et toutes vitrées partent de nouveau à l'assaut de la falaise sur une pente de 63%. Le Funiculaire historique qui avait été inauguré en 1908 ayant cessé son exploitation depuis de nombreuses années, celle-ci a repris

Le Chemin de Fer de la Vallée de l'Eure

© DR

années, celle-ci a repris au bénéfice d'installations toutes neuves. Le voyage est plutôt court, à peine moins de deux minutes, mais il propose de vivre une expérience tout à fait inédite, en donnant l'impression de décoller au-dessus des toits d'ardoise du quartier des Cordiers. Il offre une perspective inédite sur la ville, et le château d'Eu avant de s'enfoncer dans la falaise par le biais de deux tunnels aux très belles voûtes de briques. En haut, vous pourrez profiter d'une balade sur un sentier des douaniers.

Rue de l'Amiral Courbet / Boulevard du Calvaire - 76470 Le Tréport
GPS : *50.0656, 1.38257*
Accès : *ligne 68 depuis Dieppe*
Ouverture : *Toute l'année.*
Tarifs : *Gratuit.*
Téléphone : *+33 (0)2 35 50 55 20*
Site web : *https://cutt.ly/tv7gMDW*
A proximité : *Mers-les-Bains (ville balnéaire), Eu (le château), Saint-Valery-sur-Somme (le chemin de fer touristique de la Baie de Somme), Le Crotoy (les plages).*

Mini-Réseau
Réseau de trains miniatures
En 1996 un groupe de retraités de la SNCF s'est constitué en amicale dans le but de conserver des liens après leur période d'activité. Un amateur lui fait don de son réseau.

Il est installé dans une salle de classe désaffectée. Il est restauré et complété afin de reproduire toutes les voies de circulation existantes sur le terrain entre les gares de Sotteville et Vernon. Le réseau compte cent dix mètres de voies, sept gares et un dépôt. Huit trains peuvent y circuler simultanément.

255 rue de la Ravine - 27460 Igoville
GPS : *49.3192, 1.14688*
Ouverture : *Le mercredi et le samedi non fermés de 14h00 à 17h30.*
Tarifs : *Gratuit.*
Téléphone : *+33(0)2 35 23 08 36*
Site web : *https://cutt.ly/Dv7g3nL*
Fiche Aiguillages : *660*
A proximité : *Rouen (la cathédrale, le Gros Horloge), La Bouille (la balade le long de la Seine), Château-Gaillard (les ruines du château), Jumièges (l'abbaye).*

Le petit train de Neuilly sur Eure
Train de jardin
Installé sur le terrain communal dit du Minerai, ce circuit en 7 pouces 1/4 compte 600 mètres de rails. L'association y promène l'été, les visiteurs sur des baladeuses tractées par des machines à vapeur, thermiques ou électriques.
3 rue des Glycines - 61290 Neuilly-sur-Eure
GPS: *48.542, 0.904625*
Accès : *bus n°75 depuis La Loupe*

Ouverture : *Un week-end par mois, l'été lors de journées portes ouvertes.*
Tarifs : *1 € la balade.*
Téléphone : *+33 (0)2 33 25 24 77*
E-mail : *aptvne_neuillysureure@orange.fr*
Site web : *http://aptvne.canalblog.com/*
Fiche Aiguillages : *667*
A proximité : *Nogent-le-Rotrou (le château), La Ferté-Bernard (le château), Chartres (la cathédrale), Le Perche (le parc naturel).*

Le Petit train de Neuilly sur Eure

© Amicale du petit train à vapeur de Neuilly-sur-Eure

Le musée de la Seine maritime
Réseau de trains miniatures
Installé dans la cidrerie de son propriétaire, ce réseau évoque la Seine Maritime sur une maquette d'une trentaine de mètres carrés où circulent trains, voitures et camions.
48 route de la forêt -
76390 Le Caule-Sainte-Beuve
GPS : 49.7674, 1.59043
Téléphone : +33 (0)2 35 93 66 52
Site web : http://cidreriepetitclos.fr/
Fiche Aiguillages : 670
A proximité : Eu (le château), Le Tréport (la ville, le port), Mers-les-Bains (ville balnéaire), Dieppe (le port, le château), Abbeville (la collégiale).

Sites ferroviaires valant le coup d'œil

Le petit train du parc de loisirs d'Hérouval
Site ferroviaire valant le coup d'œil
A l'intérieur du parc, ce petit train conduit ses passagers dans une forêt constituée de bouleaux et de noisetiers. Le voyage est agrémenté d'un petit jeu de questions/réponses sur le thème du monde animal.
27140 Gisors
GPS : 49.1582, 1.94092
Accès : bus n° 520
Fiche Aiguillages : 659
A proximité : Château-Gaillard (les ruines du château), Beauvais (la cathédrale), Vernon (le centre historique), Chantilly (le château).

La gare de Rouen
Cette gare est inscrite à l'inventaire des monuments historiques pour son bâtiment de style Art Nouveau, datant de 1928 et son campanile.
76000 Rouen
GPS : 49.449, 1.09414
Fiche Aiguillages : 677
A proximité : La Bouille (la balade le long de la Seine), Jumièges (l'abbaye), Château Gaillard (les ruines du château), Pont-Audemer (les canaux et les rivières).

La gare de Malaunay – Le-Houlme
Située sur la ligne de Paris - Saint-Lazare au Havre et à l'origine de celle vers Dieppe, cette gare a été mise en service par la Compagnie du Chemin de Fer de Rouen au Havre en 1847. Toujours en service, son bâtiment voyageur est remarquable, de par son style architectural «Tudor», typiquement britannique.
76770 Le Houlme
GPS : 49.5135, 1.0395
Fiche Aiguillages : 679
A proximité : Rouen (la cathédrale, le Gros Horloge), Jumièges (l'abbaye), Château-Gaillard (les ruines du château), Pont-Audemer (les canaux et les rivières).

Le viaduc de Barentin
Sur la ligne de Paris - Saint-Lazare au Havre, il traverse la vallée de l'Austreberthe. Sa longueur est de 480 mètres et sa hauteur de 30 mètres.
76360 Barentin
GPS : 49.5474, 0.956234
Fiche Aiguillages : 681
A proximité : Rouen (la cathédrale, le Gros Horloge), Jumièges (l'abbaye), Château-Gaillard (les ruines du château), Pont-Audemer (les canaux et les rivières).

Le viaduc d'Eauplet
Sur la ligne de Paris au Havre, il permet aux trains de franchir en amont de Rouen, deux bras de la Seine.
76000 Rouen
GPS : 49.4267, 1.10923
Fiche Aiguillages : 682
A proximité : Honfleur (le port), Deauville, Trouville, Villers-sur-Mer (villes balnéaires), Houlgate (la plage), Etretat (la falaise).

NOUVELLE-AQUITAINE

Cette région tout en longueur, longe la façade sud-ouest de la France et mord largement à l'intérieur des terres sur le Massif Central. Ce découpage correspond peu ou prou aux frontières de l'ancien duché d'Aquitaine. Il englobe douze départements et un huitième du territoire national. C'est la plus grande région de l'hexagone. Bordeaux en est la capitale. Il ne s'agit pas d'une région fortement urbanisée, elle ne compte que cinq villes de plus de soixante-quinze mille habitants : Bordeaux, la plus grande et aussi la seule métropole de Nouvelle-Aquitaine, La Rochelle, Limoges, Pau et Poitiers. Ses espaces les plus attractifs tant en termes de lieux de vie que de tourisme, sont clairement situés sur le littoral atlantique. Cette façade atlantique s'étend sur sept cent vingt kilomètres. Région de transit entre le bassin parisien et la péninsule Ibérique, ainsi qu'entre le sillon rhodanien, le midi toulousain et l'Atlantique, ses principales lignes ferroviaires sont celle qui relie Paris à Bordeaux et se prolonge jusqu'à Hendaye et celle de Paris à Toulouse passant par Limoges. Des lignes secondaires quadrillent le reste du territoire. Les gares les plus importantes sont, par ordre décroissant de fréquentation, celles de Bordeaux, Poitiers, La Rochelle et Limoges.

Retrouvez les fiches des trains touristiques sur www.aiguillages.eu

Vue d'Angoulême
© Naudinsylvain / Wikimedia Commons

TABLE DES MATIÈRES

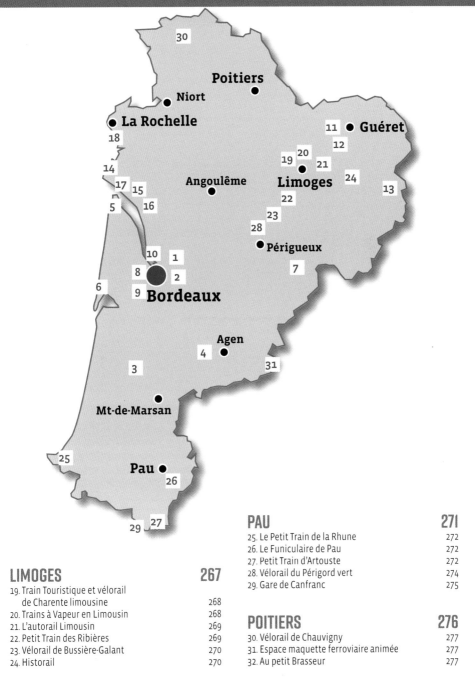

Comment venir en train

Deux axes ferroviaires majeurs donnent accès aux différentes villes de la région, au départ de Paris. Celui situé sur l'axe atlantique, constitué d'une ligne classique et d'une LGV, et la relation Paris-Toulouse longeant les contreforts du Massif Central. Au départ de gares situées dans la moitié sud de la France, ces villes sont également atteignables moyennant le plus souvent des correspondances, via la relation Bordeaux – Sète et ses lignes affluentes.

Le TER Nouvelle-Aquitaine

Le réseau compte trente et une lignes, trois mille six cents kilomètres de voies et dessert plus de trois cents gares. La moitié de ce kilométrage et du nombre de gares est située sur l'ancien périmètre de l'Aquitaine. Le parc de matériel roulant est constitué de locomotives électriques de type BB7200, de matériels bimodes comprenant des B81500, des B82500, et des B84500, d'automoteurs de type X72500, X73500, Z51500 et de Z56300.

Bons plans

Le billet jeunes est un tarif applicable aux moins de vingt-huit ans qui doivent s'acquitter d'un montant compris entre 4 et 19 € 50 selon la distance parcourue. Il permet de voyager à l'intérieur de la région, mais aussi vers ses voisines de Centre-Val de Loire, Pays de la Loire, Occitanie et Auvergne-Rhône-Alpes.

Deux à cinq personnes voyageant ensemble sur la totalité d'un parcours peuvent bénéficier de réduction de 20 à 50% en achetant un billet Tribu. Les enfants de 4 à 11 ans profitent d'un tarif de 50% qui vient se rajouter à la réduction déjà consentie.

La Carte+ permet pour un coût annuel de 30 € de profiter de réductions de 25 % en semaine, et 50% les week-ends, jours fériés et vacances scolaires de la zone A pour des voyages à l'intérieur de la région et à destination de ces voisines. La réduction de 50% est extensible à un accompagnant.

La ville de Saint-Emilion

© Hiroleo / Wikimedia Commons

BORDEAUX

L'ex capitale de la Gaule puis du Duché d'Aquitaine est devenue celle de la Nouvelle-Aquitaine. C'est sa position centrale au cœur d'une région viticole qui lui a valu son développement et le titre de capitale mondiale du vin. Ses trois cent cinquante monuments historiques contribuent également à en faire une destination touristique majeure. La ville est aussi un carrefour ferroviaire important entre Paris et l'Espagne qui s'est progressivement construit depuis que le train y est arrivé en 1841. Pendant un temps, il n'existait pas de pont sur la Garonne, et les passagers venant de Paris devaient descendre à la gare de Bordeaux – Orléans, traverser le fleuve et prendre un autre train en gare de Bordeaux – Saint-Jean s'ils souhaitaient poursuivre leur chemin plus au sud. La fusion des compagnies du Paris – Orléans et de celle du Midi et la construction du Pont Eiffel ont permis de mettre fin à cette complication, tout en en créant une nouvelle bien des années plus tard. Avec l'augmentation constante du trafic, cette passerelle à deux voies a fini par provoquer des embouteillages à l'entrée de la gare. C'est pourquoi en 2008, un nouveau pont comprenant quatre voies a été construit à ses côtés. En 2017, la LGV Atlantique a ainsi pu mettre Bordeaux à peine plus de deux heures de Paris.

Comment s'y rendre

De Paris : Au départ de la gare de Montparnasse, les TGV mettent en moyenne deux heures dix à faire le trajet.

De Lyon : Depuis l'arrêt de l'exploitation de la desserte directe entre les deux villes, les deux solutions possibles sont de passer par Paris ou par Toulouse. Le trajet prend en moyenne alors de l'ordre de six à sept heures. A noter que la coopérative Railcoop a le projet de rouvrir prochainement cette relation.

De Toulouse : Des trains Intercités et des TGV Inoui ou Ouigo assurent cette relation en à peine plus de deux heures.

De Marseille : Des Intercités directs font la relation en une moyenne de six heures.

A voir et à faire à Bordeaux

Le Tramway
Son réseau est constitué de quatre lignes chacune en correspondance avec les trois autres, cumulant plus de quatre-vingts kilomètres de rails. Pour son alimentation électrique, ce tramway utilise un système d'alimentation par le sol qui évite d'avoir recours à la caténaire du moins en centre-ville.

Le Miroir d'eau
Dans le centre historique, sur la place de la Bourse, c'est une zone munie de jets d'eau qui s'animent et laissent au sol l'eau créer un miroir dans lequel se reflète la place. En fonction de l'heure, le spectacle offert n'est jamais le même.

La cathédrale Saint-André et la tour Pey-Berland
Le poids trop important des cloches pour le clocher de l'époque a conduit à la construction d'un clocher indépendant du bâtiment principal. On peut en grimper les deux cent vingt-cinq marches pour en atteindre le sommet et jouir d'une vue imprenable sur la ville.

La Garonne et le pont de pierre
Pour assurer sa sécurité Bordeaux s'est longtemps passée de pont sur la Garonne. Le premier qui a été construit est le pont de pierre, inauguré en 1822.

La Grosse cloche
Pesant pas loin de huit tonnes, elle est installée dans l'ancien beffroi de Bordeaux. Elle ne sonne désormais plus que les premiers dimanches du mois à midi.

A voir et à faire dans les environs de Bordeaux

Le Chemin de Fer Touristique de la Vallée de l'Isle
Train Touristique
Ce train touristique circule sur une portion de la ligne de Cavignac à Coutras créée par la Compagnie des Charentes en 1863, mais qui déficitaire céda très vite ses actifs à l'administration des chemins de fer de l'Etat, dès 1878. A la création de la SNCF en 1938 le trafic voyageur fut arrêté. Celui des marchandises se maintint jusqu'en 1965. L'association des chemins de fer de la Vallée de l'Isle fut créée en 1972 et la voie rachetée par le Conseil Général de Gironde en 1977. L'association fit l'acquisition d'une locomotive à vapeur, d'un autorail De Dion-Bouton et de voiture Palavas et put lancer son exploitation touristique. La réservation est obligatoire pour voyager à bord de ce train, à l'heure actuelle exploité uniquement en mode diesel pour cause d'indisponibilité de sa machine à vapeur qui doit fait l'objet d'importants travaux de révision.
13 avenue de la gare - 33230 Guîtres
GPS : 45.0386, -0.193415
Accès : bus n°8 au départ de Coutras
Ouverture : Du 1er mai au 31 octobre.
Tarifs : Adultes : hors saison 12 €, haute saison 14 €. Enfant : hors saison 7 € 50, haute saison 8 €.
Téléphone : +33 (0)5 57 69 10 69
E-mail : contact@trainguitres.fr
Site web : www.trainguitres.fr/index2.html
Fiche Aiguillages : 683
A proximité : Libourne (le centre-ville), Saint-Emilion (village pittoresque), Blaye (la citadelle), La Sauve Majeur (les ruines de l'abbaye), Sardy (les jardins).

Le vélorail du Pays Gabay
Vélorail
Le départ se fait à la gare de Guîtres. Le par-
cours est en pleine nature dans un cadre ver-
doyant jusqu'au terminus de retournement à
Lapouyade. L'aller-retour est long de 16 km.
Départs à 9h30 et 14h30, consulter le site
pour les dates. Réservations: obligatoires via
le site.
13 avenue de la gare - 33230 Guîtres
GPS : 45.0397, -0.197187
Accès : bus n°8 au départ de Coutras
Ouverture : Du 1er mai au 26 septembre.
Durée de la visite : Environ 3h.
Tarifs : 30 € par vélorail.
E-mail : commercial.aacfvi@trainguitres.fr
Site web : www.trainguitres.fr
Fiche Aiguillages : 892
*A proximité : Libourne (le centre-ville),
Saint-Emilion (village pittoresque), Blaye (la
citadelle), La Sauve Majeur (les ruines de l'ab-
baye), Sardy (les jardins).*

Le chemin de Fer des Landes de Gascogne
Train Touristique
Le train classé monument historique, permet
de rejoindre le bourg de Marquèze depuis
le bourg de Sabres où se trouve l'entrée de
l'écomusée. Il exploite l'ancienne ligne Sabres
– Labouheyre qui transportait voyageurs et
marchandises pour désenclaver les différents
quartiers. Le train est le seul moyen d'accéder
à Marquèze. Départ de Sabres à 10h10, 10h50,
11h30, 12h10, 12h50, 14h10, 14h50, 15h30 et
16h10, retours à 11h10, 11h50, 12h30, 13h10,
14h30, 15h10, 15h50, 16h30, 17h10 et 18h10.
*Écomusée de Marquèze Route de Solférino
- 40630 Sabres*
GPS : 44.1484, -0.745383
Ouverture : Du 12 juin au 30 septembre.
*Durée de la visite : Trajet en train : 10 minutes.
De 3 heures à 1 journée pour la visite de l'écomusée.*
Tarifs : Adulte : 14 € - Enfant de 4 à 18 ans : 9 € 50.

Téléphone : +33 (0)5 24 73 37 40
Site web : http://www.marqueze.fr/
Fiche Aiguillages : 684
*A proximité : Mont-de-Marsan (le centre-
ville), Mimizan (la plage), Biscarosse (cité balnéaire), Saint-Justin (bastide des Landes), Dax
(station thermale).*

Le train touristique du pays de l'Albret
Train Touristique
Entre Nérac, fief d'Henri IV et le village médiéval de Mézin, sur l'ancienne ligne qui allait
jusqu'à Mont de Marsan, ce train circule en
traction diesel ou vapeur. La ligne a été fermée
au trafic voyageur au moment de la création
de la SNCF en 1938, et au fret en 2007. Elle a
été alors reprise par un premier exploitant
qui a pris sa retraite, puis par un nouveau depuis 2014. Transfuge d'un train touristique qui
circulait en Provence, le parc de matériel roulant est constitué d'une locomotive à vapeur
de type 030TU, de deux locotracteurs de type
Y6500 et Y6200 et d'une draisine DU65. Les
voyageurs prennent place à bord de deux baladeuses et quatre voitures. Mais l'association
préserve également des wagons plats dont
certain très anciens datent de 1891. Le trajet
fait 14 km, au travers du pays de l'Albret, franchit à plusieurs reprises sur de beaux viaducs

Train touristique du pays de l'Albret
© DR

maçonnés la Gélise et l'Osse, passe en lisière de la forêt landaise, et traverse le tunnel de Lamothe – Douazan. D'une longueur de 1 237 mètres il est le deuxième plus long tunnel de France parcouru par un chemin de fer touristique. Il s'achève en gare de Mézin, village natal de l'ancien président du conseil Armand Fallières, qui a conservé son allure médiévale.

Gare 14 avenue du 19 mars 1962 - 47600 Nérac
GPS : 44.1318, 0.336898
Accès : bus n°806 au départ d'Agen
Ouverture : D'avril à octobre.
Tarifs : Adulte : 14 € - Enfant de 4 à 12 ans : 10 €.
Téléphone : +33(0)6 98 16 55 33
E-mail : trainavapeur@orange.fr
Site web : https://cutt.ly/EbwSKVl
Fiche Aiguillages : 685
A proximité : Barbaste (le moulin fortifié), Mézin (cité médiévale), Poudenas (village pittoresque), Sainte-Colombe-en-Bruilhois (villages fortifiés), Condom (la cathédrale).

Le petit train de la pointe de Grave
Train Touristique
Ce petit train circule entre les dunes sur 7 km en direction de la pointe d'où l'on peut apercevoir le phare de Cordouan. Les voyages sont assurés à bord de draisines encadrant une baladeuse. Il reprend une partie des voies qui avaient été posées pour les chantiers d'enrochement de la pointe, afin de la préserver de l'érosion.

19 cité des douanes - 33123 Le Verdon-sur-Mer
GPS : 45.5661, -1.06625
Ouverture : Durant la saison estivale.
Durée de la visite : Voyage aller : 20 minutes.
Tarifs : Adulte : 7 € - Enfant de plus de 5 ans : 5 €.
Téléphone : +33(0)5 57 75 18 32
E-mail : communication@ville-verdon.org
Site web : https://cutt.ly/abwSozF
Fiche Aiguillages : 737
A proximité : Soulac-sur-Mer (station balnéaire), Royan (station balnéaire), Talmont (l'un des plus beaux villages de France), Saujon (le train des mouettes).

Petit Train de Cap Ferret

© DR

Le petit Train de Cap Ferret
Train Touristique

Ce tramway existe depuis plus d'un siècle au Cap Ferret. Il permet de traverser la commune d'est en ouest. Sa ligne part de la jetée pour se rendre sur la plage de l'horizon. Des baladeuses sont tirées par des locotracteurs Decauville.

33950 Lège-Cap-Ferret
GPS : *44.6552, -1.25833*
Ouverture : *Tous les jours du premier lundi d'avril au dernier jour de la Toussaint.*
Tarifs : *Adulte : 6 € - Enfant de moins de 10 ans : 4 € 50.*
Téléphone : *+33(0)5 56 60 60 20*
E-mail : *tacotdeslacs@wanadoo.fr*
Site web : *www.petittrain-capferret.com/*
Fiche Aiguillages : *738*
A proximité : *Andernos-les-bains (station balnéaire), Arcachon (le bassin), Larros, La Teste de Buch (ports ostréicoles).*

Le petit train de la grotte préhistorique de Rouffignac
Petit Train

Au cœur du Périgord noir, cette immense cavité se visite à bord d'un train électrique qui propose de partir à la découverte de l'univers des hommes préhistorique.

24580 Rouffignac-Saint-Cernin-de-Reilhac
GPS : *45.0089, 0.98785*
Ouverture : *Tous les jours du 4 avril au 1er novembre.*
Durée de la visite : *1 heure.*
Tarifs : *Adulte : 7,90 € - Enfant de 6 à 12 ans : 5,20 €.*
Téléphone : *+33(0)5 53 05 41 71*
Site web : *http://www.grottederouffignac.fr*
A proximité : *Bridoire, Monbazillac (le château), Eymet (la bastide), Issigeac (les vieilles maisons), Lanquais (le château).*

Sites ferroviaires valant le coup d'œil

La gare de Bordeaux – Saint-Jean
Œuvre de Marius Toudoire qui signera également celles de Paris – Lyon ou de Toulouse – Matabiau, c'est une gare monumentale qui un temps fut la plus grande au monde.

33000 Bordeaux
GPS : *44.8282, -0.556379*
Fiche Aiguillages : *744*
A proximité : *La sauve Majeur (ruines de l'abbaye), Libourne (le centre-ville), Blaye (la citadelle), Biganos (le port), Lacanau (les plages).*

La passerelle Eiffel

Cet ancien pont ferroviaire est situé à proximité de la gare de Bordeaux – Saint-Jean. Jusqu'à la construction d'un nouveau pont juste à côté, il permettait aux trains de franchir la Garonne. Sa longueur est de 509 mètres.

33000 Bordeaux
GPS : *44.8322, -0.551856*
Fiche Aiguillages : *747*
A proximité : *La sauve Majeur (ruines de l'abbaye), Libourne (le centre-ville), Blaye (la citadelle), Biganos (le port), Lacanau (les plages).*

Le viaduc de Saint-André de Cubzac

Ce pont-poutres en treillis a été mis en service en 1886 sur la ligne de Chartres à Bordeaux pour franchir la Dordogne. Sa longueur totale est de 2 178 mètres.

33240 Saint-André-de-Cubzac
GPS : *44.9686, -0.468207*
Fiche Aiguillages : *748*
A proximité : *Blaye (la citadelle), La sauve Majeur (l'abbaye en ruine), Vertheuil (l'abbaye), Montcarret (site archéologique).*

Le Musée d'art et d'archéologie de Guéret

© Musée de Guéret / Wikimedia Commons

GUÉRET

Ancienne capitale du comté de la Marche, la ville est la préfecture de la Creuse. Elle est blottie au pied du Puy de Gaudy et du Maupuy. Si elle ne compte qu'un peu plus de douze mille habitants c'est parce que de tout temps elle a été sujette à l'exode rural, les hommes la quittant pour se faire embaucher comme maçons, couvreurs ou charpentiers sur les différents chantiers de construction des cathédrales que le Moyen-Âge voit éclore un peu de partout. Plus tard, ils construiront le Paris voulu par le baron Haussmann. La gare de la ville établie en 1864 se retrouvera pour un temps au centre d'un important nœud ferroviaire avec des lignes en relation avec Limoges, Montluçon et Ussel et le passage de trains de grandes lignes tels le Milan – Bordeaux, le Vichy – Nantes, le La Rochelle – Genève ou encore le Bordeaux – Genève. Après la création de la SNCF en 1938, la gare va connaître un long déclin.

Comment s'y rendre

De Paris : Pas de liaisons directes, pour atteindre Guéret, il faut passer par Bordeaux et Limoges ou Poitiers et Limoges. Selon les temps de correspondances, ces trajets prennent entre six heures et sept heures trente.

De Lyon : Peu de trains permettent ce parcours, un par jour en moyenne, passant par Paris et Limoges ou Vichy et Montluçon.

De Limoges : Des TER directs circulent et mettent à peine plus d'une heure à relier les deux villes.

A voir et à faire à Guéret

L'hypercentre

La « grande rue » est l'artère principale et commerçante de Guéret. L'un des plus beaux bâ-

L'autorail creusois à la gare d'Aubusson

© Autorail creusois

timents de la ville est l'hôtel des Moneyroux, datant du Moyen-Âge. Deux fontaines celle des « Trois Grâces » et celle de Guère possédant des vertus revigorantes valent le coup d'œil.

Les monts de Guéret

De nombreuses activités de pleine nature sont accessibles à deux pas de la ville. Parc animalier, labyrinthe géant, parc aventure, sites naturels et autres éléments dits du petit patrimoine offrent une multitude d'activités à faire dans la région.

A voir et à faire dans les environs de Guéret

L'autorail Creusois
Train Touristique

L'association fait circuler un des autorails X2800 de l'association l'Autorail Limousin le jeudi en période estivale et effectue un aller-retour Guéret – Aubusson – Felletin, ainsi qu'un aller-retour Felletin – Busseau sur Creuse.

7 rue Maréchal Juin - 23000 Guéret
GPS : *46.1756, 1.87701*
Ouverture : *De mi-juillet à fin août.*
Tarifs : *Adulte : 20 € - Enfant de 4 à 12 ans : 10 €.*
Téléphone : *+33(0)5 55 52 79 39*
E-mail : *autorail-creusois@orange.fr*
Site web : *http://autorail-creusois.fr/*
Fiche Aiguillages : *698*
A proximité : *Aubusson (la Cité Internationale de la Tapisserie), Vassivières (le lac), Saint-Léonard-de-Noblat (l'église, les maisons médiévales, le Musée Historail), Culan (le château).*

Le Vélorail de la mine

Vélorail

Les vélorails circulent sur une ancienne ligne autrefois dédiée aux voyageurs et à celui du charbon extrait des mines de Bosmoreau. Le parcours fait 10 km aller-retour dans la vallée du Thaurion et s'achève par un panorama sur les tours du château de Bourganeuf.

Gare 23400 Bosmoreau-les-Mines

GPS : 46.0011, 1.75244

Ouverture : d'avril à octobre.

Tarifs : 25 € par vélorail.

Téléphone : +33 (0)5 55 64 10 91

Site web : https://cutt.ly/jHRUXBw

Fiche Aiguillages : 701

A proximité : Vassivière (le lac), Saint-Léonard-de-Noblat (l'église, les maisons médiévales, le Musée Historail), Aubusson (la Cité Internationale de la Tapisserie).

Les Petits Trains de Seilhac

Train de jardin

Ce jardin est l'aboutissement du rêve d'un passionné, Grégoire Porte qui l'a construit. Une vingtaine de trains y circulent sur plus de 1 000 mètres de voies et différents réseaux, dans un jardin de plus de 3 000 mètres carrés. Le décor est constitué de plus de 3 500 plantations naines taillées en bonzaï à l'échelle du 1/25e, 95 maquettes, 650 figurines 200 voitures, motos et camions miniatures. Plusieurs expositions complètent la visite du parc. Elles en racontent la construction et le fonctionnement, ainsi que l'histoire du POC, la ligne de chemin de fer secondaire qui desservait la commune.

Rue de la Bregeade - 19700 Seilhac

GPS : 45.3654, 1.71634

Accès : bus n° Reg7 au départ de Limoges.

Ouverture : Du 1er Avril au 16 Mai : Ouvert tous les après-midi de 14h30 à 18h. Également ouvert le lundi de Pâques et week-end de l'Ascension aux mêmes horaires Du 17 mai au 30 juin : Fermé (sauf week-end de Pentecôte 14h30 à 18h).

Durée de la visite : 1 heure minimum.

Les Petits Trains de Seilhac

© Les Petits Trains De Seilhac

Tarifs : Adulte : 6 € 50 - Enfant de 3 à 12 ans : 5 €.

Téléphone : +33(0)6 19 71 80 56

E-mail : porte.gregoire@orange.fr

Site web : www.lespetitstrainsdeseilhac.com/

Fiche Aiguillages : 704

A proximité : Espartignac (l'arboretum), Tulle (la cathédrale), Corrèze (le centre historique), Meyssac (le centre historique).

Sites ferroviaires valant le coup d'œil

Le viaduc de Brusseau

23140 Pionnat

GPS : 46.1233, 2.02656

Fiche Aiguillages : 270

A proximité : Aubusson (la Cité Internationale de la Tapisserie), Montluçon (la ville médiévale), Vassivière (le lac), Culan (le château).

Le viaduc de la Tardes

23170 Budelière

GPS : 46.1908, 2.46085

Fiche Aiguillages : 271

A proximité : Montluçon (la ville médiévale), Aubusson (la Cité Internationale de la Tapisserie), Hérisson (le château en ruine), Culan (le château).

© Jebulon / Wikimedia Commons

LA ROCHELLE

En bordure de l'océan Atlantique, face aux îles de Ré, Oléron et d'Aix, la ville est avant tout un port de commerce, de pêche et de plaisance. C'est une cité millénaire au riche patrimoine desservie par le train depuis 1891. A l'origine l'objectif était de permettre l'acheminement des voyageurs et des marchandises en partance pour l'Angleterre et l'Amérique du Sud. Des lignes directes spéciales existaient entre le port de La Pallice et Paris lors des escales des paquebots. Elles subsisteront jusqu'en 1962. La gare de La Rochelle offre aujourd'hui des liaisons TGV quotidiennes vers Paris, Tours, Poitiers et Niort, Intercités vers Bordeaux, Nantes et Angoulême.

Comment s'y rendre

De Paris : Des TGV assurent la relation en deux heures quarante-cinq à trois heures.

De Lyon : Des TGV permettent de relier les deux villes moyennant une correspondance à Paris ou à Saint-Pierre-des-Corps ou encore à Massy-TGV et Poitiers, pour un temps de parcours se situant entre six et sept heures.

De Niort : Des TER font le trajet en moins de trois quarts d'heure.

De Bordeaux : Des TER et des Intercités assurent la relation en direct en un peu moins de deux heures quinze.

De Nantes : La relation entre les deux villes est assurée par des Intercités qui la parcourent en deux heures trente à trois heures trente.

A voir et à faire à La Rochelle

Le vieux port
Centre névralgique de la ville, ses quais sont animés par des artistes de rue. Trois tours en marquent l'entrée et la sortie. Celle de la Lanterne est un ancien phare qui a aussi servi de prison. Celles de la Chaîne et de Saint-Nicolas

servaient de point d'attache à une chaîne qui barrait l'accès au port pour prévenir toute invasion de la ville par la mer.

La vieille ville
On y entre par la porte de la Grosse Horloge qui sert de passage entre la ville et le port. Elle renferme des rues à arcades qui lui donnent tout son charme.

L'aquarium
L'un des plus grands d'Europe, il permet d'observer quelque douze mille espèces différentes.

A voir et à faire dans les environs de La Rochelle

Le p'tit train de Saint-Trojan
Train Touristique
A partir de la gare de Saint-Trojan-les-Bains, le petit train dessert depuis 1963, les plages de Gatseau et de Maumusson sur la Côte Sauvage. La balade se fait sur 5,5 km au travers de paysages inaccessibles en voiture. La ligne a été construite de toutes pièces par un passionné de train, le docteur Pol GALA. Son terminus se fait face à l'océan, mais de plus en plus en retrait. En effet, l'érosion grignote année après année le trait de côte, et depuis sa création, la gare de Maumusson a du reculer d'un kilomètre ! Parallèlement à l'exploitation du train, il existe au dépôt situé au Prévent, une activité de préservation de matériel.
Gare – rue camille Sanson -
17370 Saint-Trojan-les-Bains
GPS : 45.8184, -1.21677
Ouverture : Du 3 avril au 2 octobre et pendant les vacances de la Toussaint. Tous les jours, sans réservation : basse saison (11 h 00 – 14 h 00 – 15 h 30 et 17 h 00) – haute saison (de 10 h 00 à 18 h 15, toutes les 45')
Durée de la visite : Aller-retour : 1 h 15 minimum

Tarifs : Adulte : 12 € 50 - Enfant de 4 à 12 ans : 9 € 50.
Téléphone : +33 (0)5 46 76 01 26
E-mail : ecrire@le-ptit-train.com
Site web : http://www.le-ptit-train.com
Fiche Aiguillages : 712
A proximité : Oléron (la ville et l'île), La Tremblade (station balnéaire), La Palmyre (le zoo), Aix (l'île), La Rochelle (la ville, le port).

Le p'tit train de Saint-Trojan

© Mutichou / Wikimedia Commons

Le Train des Mouettes
Train Touristique
Ce train roule sur la dernière ligne départementale préservée en Charente-Maritime. Elle est longue de 21 km au cours desquels elle franchit six gares et passe par soixante-neuf passages à niveau. Le départ se fait à Saujon, passe par l'un des plus beaux villages de France Mornac-sur-Seudre, Chaillevette où se trouve le dépôt où est remisé le matériel roulant du Train des Mouettes et se termine à La Tremblade. L'association préserve un ensemble de locotracteurs et de machines à vapeur dont une Henshel 030T qui est maintenant plus que centenaire et la Schneider N°3 Progrès, de 1891, la plus ancienne des locomotives à vapeur française toujours en service.
3 chemin vert – 17600 Saujon
GPS : 45.7303, -1.05886
Accès : La gare de départ du train touristique est

accessible en vingt minutes à pied depuis celle de la SNCF.
Ouverture : D'avril à octobre.
Durée de la visite : 3h au minimum aller-retour.
Tarifs : Adulte : 15 € - Enfant de 4 à 16 ans : 7,50 €.
Téléphone : +33 (0)5 46 05 37 64
E-mail : traindesmouettes@orange.fr
Site web : http://www.traindesmouettes.fr
Fiche Aiguillages : 713
A proximité : Mornac-sur-Seudre (le musée ferroviaire), Royan (station balnéaire), Talmont (l'un des plus beaux villages de France).

Le Train des Mouettes

© Robin poitou / wikimedia Commons

Le vélorail de Saintonge
Vélorail
La balade se fait au travers des vignobles de Saintonge, de Saint-André-de-Lidon vers Cozes ou Gemozac. Il est possible de demander un vélorail à assistance électrique.
17 rue de la gare - 17120 Cozes
GPS : 45.5864, -0.833039
Accès : bus n°24 au départ de Royan.
Ouverture : Toute l'année, sur réservation uniquement.
Durée de la visite : 2 heures environ.
Tarifs : Un parcours : 30 € par vélorail. 55 € les deux parcours.
Téléphone : +33 (0)6 33 81 50 87
Site web : www.veloraildefrance.com/velorail17
Fiche Aiguillages : 715
A proximité : Talmont (l'un des plus beaux

villages de France), Royan, Le Verdon sur mer (stations balnéaires), Mornac-sur-Seudre (le musée ferroviaire).

Le musée ferroviaire de Mornac-sur-Seudre
Musée
Installé dans l'ancienne gare de Mornac-sur-Seudre, desservie par le Train des Mouettes, ce petit musée replonge les visiteurs dans le chemin de fer d'autrefois, présente la gare et ses environs à l'échelle HO. Une partie est réservée à la voie, une autre au matériel roulant et une dernière à des objets divers.
1 rue du Grimeau - 17113 Mornac-sur-Seudre
GPS : 45.7074, -1.02876
Accès : La gare est l'un des points d'arrêt du Train des Mouettes.
Ouverture : En mai, juin et septembre le dimanche de 14h à 18h. En juillet et août tous les jours de 14h à 18h. Fermé le 14 juillet et le 15 août.
Tarifs : Adulte : 3 € 50 - Enfant de 4 à 16 ans : 1 € 50.
Téléphone : +33(0)7 51 66 92 36 - +33(06)
Site web : https://cutt.ly/XbwVcT6
Fiche Aiguillages : 719
A proximité : La Palmyre (le zoo), Royan, la Tremblade (stations balnéaires), Saujon (le Train des Mouettes).

Le musée des modèles réduits
Musée
Ce musée présente une collection d'automates et de modèles réduits comprenant des locomotives et une reproduction de la gare de La Rochelle.
12-14 rue de la Désirée - 17000 La Rochelle
GPS : 46.1484, -1.15458
Ouverture : Hors vacances scolaires et « ponts » 14h à 19h. Vacances scolaires et « ponts » 10h à 12h30 – 14h à 19h. Juillet et août 10h-12h / 14h-19h. Fermeture en janvier après les vacances scolaires de fin d'année.

Tarifs : Adulte : 12 € - Enfant de 3 à 17 ans : 8 €.
Téléphone : +33(0)5 46 41 68 08
E-mail : musee.des.automates@wanadoo.fr
Site web : https://museeslarochelle.com/
Fiche Aiguillages : 718
A proximité : Les îles d'Aix d'Oléron et de Ré, Rochefort (la corderie, le pont transbordeur).

Sites ferroviaires valant le coup d'œil

La gare de La Rochelle
Le bâtiment date de 1922. Il est très impressionnant de par ses dimensions, sa très grande façade en pierre de taille et ses quatre verrières.
70120 La Rochelle
GPS : 46.1528, -1.14524
Fiche Aiguillages : 745
A proximité : Les îles d'Aix d'Oléron et de Ré, Rochefort (la corderie, le pont transbordeur).

La gare de Rochefort
Cette gare a gardé un aspect semblable à celui qu'elle avait au début du XXe siècle. C'est un bâtiment monumental mesurant quatre-vingt-dix mètres de long conçu dans le style «art déco». Il est surmonté d'un dôme de vingt mètres de haut.
17300 Rochefort
GPS : 45.9475, -0.963717
Fiche Aiguillages : 849
A proximité : Le pont transbordeur, Les îles d'Aix d'Oléron et de Ré, La Rochelle (la ville, le port, l'aquarium), Saujon (le Train des Mouettes).

La gare de Rochefort

© Cramos / Wikimedia Commons

La Cathédrale St-Etienne

© User:Aralal / Wikimedia Commons

LIMOGES

La ville a été fondée il y a deux mille ans, mais ce n'est qu'à la fin du XVIIIe siècle qu'un gisement de kaolin est découvert dans les environs et que se développera l'industrie de la porcelaine de Limoges qui rendra la ville célèbre au niveau mondial. C'est la deuxième ville la plus peuplée de la région Nouvelle-Aquitaine, derrière Bordeaux. Elle possède deux gares : celle de Montjovis et celle des Bénédictins, la plus importante qui fut ouverte par la Compagnie du Paris – Orléans en 1856. Elle se trouve au cœur d'une étoile ferroviaire à huit branches pointant vers Angoulême, Brive, Montauban, Paris, Périgueux, Poitiers, Orléans, Toulouse...

Comment s'y rendre

De Paris : Le parcours se fait en Intercités au départ de la gare d'Austerlitz. Compter un peu plus de trois heures pour le réaliser.

De Lyon : Plus de trajets directs entre les deux villes, il faut désormais passer par Paris ou Toulouse pour réaliser ce parcours en six à huit heures. Un parcours par Vierzon en Intercité est également envisageable.

De Bordeaux : Des TER directs assurent la relation en trois heures en moyenne.

De Toulouse : Le trajet est assuré par des trains Intercités mettant en moyenne trois heures trente. On peut envisager l'option train de nuit, mais il faut avoir le courage d'en descendre à 5h30 du matin à Orléans – Les Aubrais pour une correspondance.

Le vélorail de Confolens

© DR

A voir et à faire à Limoges

La gare
Son campanile, sa coupole, sa situation au-dessus des voies en font une gare pleine de particularités à l'architecture remarquable.

La cathédrale Saint-Etienne et les jardins de l'Evêché.
Au cœur de la ville, la cathédrale a été en construction pendant six cents ans. Les jardins se trouvent juste à côté. Ils sont étagés et composés de différents espaces. Jardins à la française, botanique...

La rue de la Boucherie
La plus pittoresque de la ville, elle comprend de nombreuses maisons à colombages.

Le musée de la porcelaine
Labellisé Musée de France, il présente des collections de céramiques, faïences et porcelaines.

A voir et à faire dans les environs de Limoges

Le train Touristique et vélorail de Charente limousine
Train touristique et vélorail
Créée en 1992 pour sauver la voie ferrée entre Roumazières et Confolens, l'association est propriétaire de plusieurs bâtiments ferroviaires dont la gare de Confolens. Elle assure l'entretien du matériel roulant qu'elle préserve et exploite dix-sept kilomètres de voies ferrées, à l'aide d'un autorail Picasso et de deux X2800. Elle dispose également de plusieurs locomotives diesels et de draisines. Sur la portion de ligne qu'elle exploite elle fait rouler un train touristique et des vélorails. Différents parcours sont proposés en fonction des jours. Pour se repérer, voir sur le site de l'association le code couleur attribué à chacun.
La gare avenue Gambetta - 16500 Confolens
GPS : 46.0226, 0.669585
Ouverture : Toute l'année.
Durée de la visite : De 2h30 à la demi-journée en fonction du parcours et de l'activité choisie.
Tarifs : Vélorail : 32 à 50 € en fonction du parcours choisi et de sa durée. Train : Adulte 10 €. Enfant de 4 à 12 ans : 7 € 50.
Téléphone : +33(0)5 45 71 16 64
E-mail : secretariat@cf-charentelimousine.fr
Site web : www.cf-charentelimousine.fr/
Fiche Aiguillages : 716
A proximité : Saint-Germain-de-Confolens (les ruines du château), Brigueil (l'église), Rochechouart (le château), Oradour-sur-Glane (le village mémorial).

Trains à Vapeur en Limousin
Circulations sur le réseau ferré national
L'association qui préserve deux locomotives à vapeur et une diesel, assure des circulations touristiques autour de Limoges vers Eymou-

tiers, Châteauneuf – Bujaleuf ou Saint-Léonard. La rame qui emmène les voyageurs est constituée d'une dizaine de voitures historiques. Elle se lance aujourd'hui dans la restauration d'une nouvelle machine, la Pacific 231K82.

9 rue Martin Fréminet - 87000 Limoges
GPS : *45.8547, 1.21847*
Accès : *Les départs se font depuis la gare de Limoges-Bénédictins.*
Ouverture : *De mi-juin à fin août*
Tarifs : *Selon les trajets*
E-Mail : *cftlp@laposte.net*
Site web : *http://www.trainvapeur.com*
Fiche Aiguillages : *700*
A proximité : *Oradour-sur-Glane (le village mémorial). Saint-Léonard-de-Noblat (Historail). Rochechouart (le château).*

L'autorail Limousin
Circulations sur le réseau ferré national
L'association exploite deux anciens autorails des années 50, un X2800 et un X2900. Les voyages se font au départ de la gare de Limoges. Le programme est donné sur son site internet.

40 rue Charles Sylvestre - 87000 Limoges
GPS : *45.8551, 1.25572*
Téléphone : *+33 (0)5 55 50 56 55*
Site web : *http://www.autorail-limousin.fr*
Fiche Aiguillages : *700*
A proximité : *Oradour-sur-Glane (le village mémorial), Saint-Léonard-de-Noblat (Historail), Rochechouart (le château).*

Le petit Train des Ribières
Mini-trains
Ce réseau en 5 et 7 pouces 1/4 compte 750 mètres de voie. Il a été créé en 1995 par trois passionnés Jean Dumias, Jean Granger et Patrick Hémard qui ont fondé l'Association Traction Ferroviaire et Modélisme (Asstrafer). Parti d'un simple ovale, le circuit s'est très vite développé. Les amateurs propriétaires de locomotives peuvent venir y rouler. Chaque année au mois d'août, une journée «vapeur» est organisée.

Espace Hermeline 1 avenue du plan d'eau - 87230 Bussière-Galant
GPS : *45.6271, 1.03659*

L'autorail Limousin

© DR

Durée de la visite : *Un parcours : 10 minutes.*
Tarifs : *2 € pour deux tours.*
Téléphone : *+33(0)6 84 24 36 99*
Site web : *http://asstrafer.free.fr/*
Fiche Aiguillages : *705*
A proximité : *Jumilhac (le château), Rochechouart (le château), Limoges (la gare, le musée de la porcelaine), Ségur-le-Château (les maisons médiévales).*

Le vélorail de Bussière-Galant
Vélorail
Le vélorail fait partie des attractions proposées sur le site de l'espace Hermeline. Son parcours est long de douze kilomètres aller-retour.
Espace Hermeline 1 Avenue du plan d'eau - 87230 Bussière-Galant
GPS : *45.6245, 1.03604*
Ouverture : *Du 15 avril au 1er octobre.*
Durée de la visite : *1h30 environ.*
Tarifs : *32 € par vélorail classique, 32 € par vélorail à assistance électrique.*
Téléphone : *+33 (0)5 55 78 86 12*
E-mail : *accueil@espace-hermeline.com*
Site web : *https://cutt.ly/SnUnhxO*
Fiche Aiguillages : *702*
A proximité : *Jumilhac (le château), Rochechouart (le château), Limoges (la gare, le musée de la porcelaine), Ségur-le-Château (les maisons médiévales).*

Historail
Musée
Ce musée a été créé en 1987. Installé dans une ancienne manufacture de chaussures, sur mille mètres carrés il invite à découvrir l'univers des chemins de fer. Le premier étage par lequel se fait l'entrée présente un très grand nombre d'objets ferroviaires très divers et quelques réseaux. Le sous-sol est occupé par un très grand réseau à l'échelle O. Mais la visite se poursuit encore à l'extérieur où un petit jardin ferroviaire est installé.

Historail

© DR

20B rue de Beaufort - 87400 Saint-Léonard-de-Noblat
GPS : *45.834, 1.48997*
Ouverture : *De juin à septembre.*
Tarifs : *Adulte : 5 € - Enfant de 8 à 18 ans : 2 € 50.*
Téléphone : *+33(6) 81 66 56 28*
E-mail : *contact@musee-historail.fr*
Site web : *https://www.historail.com/*
Fiche Aiguillages : *703*
A proximité : *Limoges (la gare, le musée de la porcelaine), Vassivière (le lac), Oradour-sur-Glane (le village mémorial).*

© Père Igor / Wikimedia Commons

PAU

Au cœur du Béarn dont elle est la capitale, la ville se trouve à un carrefour entre la plaine et la montagne. Dans son château est né le futur Henri IV. Le train y est arrivé beaucoup plus tard, en 1863. La gare fut inaugurée par la Compagnie des Chemins de Fer du Midi. Elle est située sur la ligne de Toulouse à Bayonne. C'est une gare de bifurcation à l'origine de la ligne vers Canfranc. Elle est de nos jours desservie par des TGV et des Intercités assurant des liaisons grandes distances, mais aussi des TER des régions Nouvelle-Aquitaine et Occitanie. Pour rejoindre le centre-ville situé en hauteur par rapport à la gare, un funiculaire gratuit est à la disposition des voyageurs.

Comment s'y rendre

De Paris : Des TGV assurent la relation en un peu plus de quatre heures au départ de la gare de Montparnasse.

De Lyon : Cette relation peut-être réalisée par Paris ou Toulouse. Dans les deux cas une correspondance est requise pour atteindre la destination. Compter sept heures en moyenne.

De Toulouse : Des TER directs assurent ce parcours en deux heures trente environ.

De Bordeaux : Plusieurs parcours sont réalisés chaque jour par des TGV et des TER mettant les deux villes à deux heures l'une de l'autre pour ce qui est du meilleur temps de parcours.

A voir et à faire à Pau

La vieille ville
Ses petites rues sont pleines de charme.

Le château
Construit au Xe siècle, il vit naître le futur Henri IV, un événement qui a longuement marqué la ville. Mais d'autres personnages célèbres de l'histoire de France y sont également passés : Napoléon III, Catherine de Navarre, Louis-Philippe... Les appartements royaux se visitent.

Le boulevard des Pyrénées
Il permet une promenade panoramique sur une longueur de deux kilomètres, face à la chaîne des Pyrénées.

A voir et à faire dans les environs de Pau

Le Petit Train de la Rhune
Train Touristique
L'idée de créer cette ligne est née en 1908. Les travaux commenceront quatre ans plus tard, mais seront interrompus par la guerre, et il faudra au total attendre douze ans pour qu'ils soient achevés. Avec le développement du tourisme, le site est devenu le plus populaire du Pays basque. A partir de 2021 des travaux sont engagés pour renouveler la voie et la crémaillère en trois phases qui se dérouleront l'hiver pour ne pas interrompre les circulations durant la période estivale.
Col de Saint-Ignace 64310 Sare
GPS : 43.3127, -1.58098

Accès : bus n°45 au départ de Saint-Jean-de-Luz.
Ouverture : Toute l'année.
Tarifs : Adulte : 20 € - Enfant de 4 à 12 ans : 13 €.
Téléphone : +33 (0)5 59 54 20 26
E-mail : train.rhune@epsa.fr
Site web : http://www.rhune.com
Fiche Aiguillages : 686
A proximité : La Rhune (le petit train), Saint-Jean-de-Luz (station balnéaire), Ciboure (le port), Biarritz, Cambo-les-Bains, Hendaye (stations balnéaires).

Le Funiculaire de Pau
Funiculaire
Il permet de relier la gare au centre-ville en gravissant une pente de 30%.
22 boulevard des Pyrénées - 64000 Pau
GPS : 43.2933, -0.369149
Accès : A deux pas de la gare.
Ouverture : Toute l'année, toutes les 3 minutes du lundi au samedi : 6h45-21h40 sans interruption dimanche et jours fériés : 13h30-20h50.
Tarifs : Gratuit.
Téléphone : +33 (0)5 59 27 85 80
Site web : www.pau.fr/434-le-funiculaire.htm
Fiche Aiguillages : 687
A proximité : Oloron-Saint-Marie (la cathédrale), Laruns (petit train d'Artouste), Lourdes (la grotte), Orthes (le pont en pierre).

Le petit Train d'Artouste
Train Touristique
Ce petit train est l'un des plus haut d'Europe. Sa gare de départ se trouve à plus de 2 000 mètres d'altitude. C'est d'ailleurs en prenant dans un premier temps une télécabine que l'on peut la rejoindre. Ancienne ligne ayant été établie pour les besoins du chantier de construction d'un barrage, il a finalement été conservé et transformé en train touristique. Il se promène sur plus de 10 km, très souvent à flanc de montagne et à son terminus près du lac d'Artouste que l'on peut rejoindre en vingt minutes à pied.
64440 Laruns

Le Petit Train de la Rhune

© DR

Petit Train d'Artouste

© Moulinot / Photorail

GPS : *42.8644, -0.335236*
ATP : *bus, les cars d'Aquitaine.*
Ouverture : *Du 13 mai au 3 octobre.*
Durée de la visite : *Environ 3 heures.*
Tarifs : *Aller-retour train + télécabine : Adulte : 25 € - Enfant de 4 à 12 ans : 18 €.*
Téléphone : *+33(0)892 430 440*
E-mail : *contact@artouste.fr*
Site web : *https://artouste.fr/*
Fiche Aiguillages : *739*
A proximité : *Aubisque (le col), Eaux-Bonnes (ville thermale), Oloron-Sainte-Marie (la cathédrale), Pau (le château, le funiculaire).*

Le vélorail du Périgord vert
Vélorail

Plusieurs parcours sont proposés :
Corgnac – Thiviers – Les Chatignoles, (toute l'année) 11 km aller-retour dont 5 km en montée à l'aller (pensez à l'assistance électrique). Une buvette est accessible au terminus des Chatignoles.
Corgnac – Thiviers – Les Chadeaux, (suivant la saison), 14 km aller-retour dont 7 km en montée à l'aller, kit assistance électrique obliga-toire et inclus dans le tarif. Une demi-heure d'arrêt en gare intermédiaire des Chatignoles à l'aller pour pause toilettes, glaces et buvette.
Corgnac – Saint-Germain – Saint-Andrieux (suivant saison), 14 km aller-retour dont 7 km en montée à l'aller, kit assistance électrique obligatoire inclus dans le tarif.
La descente infernale : les jeudis soir de juillet et août à partir de 18 heures. Départ pour les Chatignoles, pause de 30 minutes, retour à 25 km/h sans arrêt aux passages à niveau.
Route d'Excideuil - 24800 Corgnac-sur-l'Isle
GPS : *45.3666, 0.955828*
Ouverture : *Toute l'année sur réservation.*
Durée de la visite : *2 heures environ.*
Tarifs : *Parcours Saint-Andrieux et Les Chadeaux : 14 km, 40 € par vélorail. Les Cha-tignoles : 11 km, 30 € par vélorail. La descente infernale : 35 € par vélorail.*
Téléphone : *+33(0)5 53 52 42 93*
Site web : *https://www.velorail24.com*
Fiche Aiguillages : *740*
A proximité : *Le Bouquet (le parc), Jumilhac (le château), Brantôme (l'abbaye), Hautefort (le château).*

Sites ferroviaires valant le coup d'œil

La gare de Bayonne
Elle est située sur la ligne de Bordeaux à Irun et à l'origine de celle vers Toulouse.
64100 Bayonne
GPS : *43.4972, -1.47015*
Fiche Aiguillages : *749*
A proximité : *Anglet, Biarritz, Cap Breton, Hossegor, Saint-Jean-de-Luz (stations balnéaires).*

La gare de Biarritz
Elle est devenue le palais des festivals et reste l'un des plus prestigieux bâtiments de la ville avec sa façade en arcades et ses deux tours.
64200 Biarritz
GPS : *43.4595, -1.54593*
Fiche Aiguillages : *750*
A proximité : *Anglet (les plages), Bayonne (la cathédrale), Ciboure (le port), Espelette, Saint-Pée-sur-Nivelle (villages basques).*

La gare d'Hendaye
Sur la ligne de Bordeaux à Irun c'est une gare internationale desservie par les trains de la SNCF et ceux de la RENFE
64700 Hendaye
GPS : *43.3735, -1.76345*
Fiche Aiguillages : *751*

A proximité : *Ciboure (le port), Saint-Jean-de-Luz (station balnéaire), La Rhune (le petit train), Biarritz (station balnéaire), Bayonne (la cathédrale).*

La gare de Canfranc
Bien que située de l'autre côté de la frontière, en Espagne, cette gare mérite le détour pour ses dimensions monumentales, dignes d'une gare parisienne.
22880 Canfranc-Estación, Province de Huesca, Espagne
GPS : *42.7517, -0.514566*
ATP : *bus au départ de Bedous.*
Fiche Aiguillages : *752*
A proximité : *Oloron-Sainte-Marie (la cathédrale), Pau (le château, le funiculaire), Laruns (le petit train d'Artouste), Aubisque (le col).*

La gare de Bayonne

© Cramos / Wikimedia Commons

La gare de Biarritz

© Peter Potrowl / Wikimedia Commons

La gare de Canfranc

© M. Tournebize / Photorail

POITIERS

© Denis Laming / Wikimedia Commons

A mi-chemin entre Bordeaux et Paris, la ville héberge le Futuroscope, premier site touristique de Nouvelle-Aquitaine, mais la ville recèle aussi d'autres trésors patrimoniaux ceux-ci. Située sur le seuil du Poitou entre le Massif Central et le Massif Armoricain, elle est un point de passage naturel pratiqué de tout temps. Rien d'étonnant donc à ce que le train l'emprunte à son tour dès 1851. La gare est située sur la ligne Paris – Bordeaux que deux compagnies ont construite en plusieurs étapes. La Compagnie du Paris – Orléans et celle d'Orléans à Bordeaux. Elle accueille aujourd'hui les TGV empruntant la LGV Sud-Europe-Atlantique. Une nouvelle gare a été inaugurée au nord de la ville en 2 000 pour desservir le Futuroscope.

Comment s'y rendre

De Paris : La liaison est établie en une heure trente en moyenne au départ des gares de Paris – Montparnasse ou Massy-TGV.

De Lyon : Cette relation peut être réalisée moyennant une correspondance à Paris ou Massy. Le meilleur temps de parcours proposé est légèrement supérieur à quatre heures.

De Bordeaux : Des TGV permettent une relation directe entre les deux villes en une moyenne d'une heure trente.

A voir et à faire à Poitiers

Le centre-ville :
De l'église collégiale, au palais des comtes de Poitou-ducs d'Aquitaine, en passant par la cathédrale Saint-Pierre, ce ne sont pas les monuments historiques qui manquent à Poitiers.

Le Futuroscope :
Ce parc de loisirs a été conçu comme un observatoire du futur. Il propose de très nombreuses attractions notamment organisées autour de l'image.

Le Marais Poitevin

Situé très au sud de la ville, il n'en est pas moins un lieu incontournable à visiter au cours d'un séjour dans la région.

A voir et à faire dans les environs de Poitiers

Le vélorail de Chauvigny
Vélorail

Le départ se fait juste avant le viaduc sur la Vienne et offre des vues panoramiques sur la cité médiévale de Chauvigny. La suite du parcours se fait ensuite en pleine nature. Un road-book distribué à la gare de départ permet d'en découvrir l'histoire. La balade est longue de 17 km.

10 rue de la Folie - 86300 Chauvigny
GPS : 46.5695, 0.63468
Accès : bus n°33.
Ouverture : De fin mars au 11 novembre - Fermeture le lundi et le mardi sauf vacances scolaires et jours fériés.
Durée de la visite : 2 heures environ.
Tarifs : En fonction du parcours choisi.
Téléphone : +33 (0)5 49 88 93 63
E-mail : infos@velorail-chauvigny.fr
Site web : http://www.velorail-chauvigny.fr/
Fiche Aiguillages : 714
A proximité : La Roche-Posay (le donjon du château), Saint-Savin-sur-Gartempe (l'abbaye), Nouaillé-Maupertuis (l'abbaye), Poitiers (le centre-ville, le Futuroscope, le Marais Poitevin).

Espace maquette ferroviaire animée
Réseau de trains miniatures

La gare de Bressuire dans les années 50, a été reproduite à l'échelle HO par le club de modélisme de la ville avec le soutien d'un lycée pour la conception 3D des bâtiments et la circulation informatisée des trains. L'ensemble a été reproduit sur une maquette de 25 mètres carrés qui totalise 5 km de câble, 1 500 bâtiment, 2 km de voies...

Boulevard Maréchal Foch - 79300 Bressuire
GPS : 46.8375, -0.49727
Accès : bus n°11.
Ouverture : Janvier, février, juillet et novembre : dimanche à partir de 15 heures. Vacances de Noël, mars, avril, mai, juin, août et octobre : tous les jours à partir de 14 heures sauf le 25 décembre et le 1er janvier. Fermeture sauf vacances scolaires d'hiver et d'été.
Tarifs : Adulte : 2 €50. Enfant de 5 à 12 ans : 1 €.
Téléphone : +33(0)5 49 72 80 95
Site web : https://cutt.ly/obeEK1B
Fiche Aiguillages : 743
A proximité : Thouars (le château), Moncontour (le château), Fontevraud (l'abbaye), Saumur (le château).

Restaurant et hébergements insolites

Au petit Brasseur

Situé dans l'ancienne gare de fret de la ville, ce restaurant est installé dans une ancienne voiture voyageurs. Le site propose également un gîte de groupe installé dans une ancienne voiture-lit des années 70.

79300 Bressuire
GPS : 46.8373, -0.497414
Accès : bus n°11.
Ouverture : Toute l'année.
Téléphone : +33(0)5 49 65 00 75
E-mail : wagonlitsbressuire@gmail.com
Site web : https://www.aupetitbrasseur.fr/
Fiche Aiguillages : 735
A proximité : Thouars (le château), Moncontour (le château), Fontevraud (l'abbaye), Saumur (le château).

OCCITANIE

Cette région s'étend sur un large territoire, dont la superficie est équivalente à celle d'un pays comme l'Irlande. La deuxième de France métropolitaine, après la Nouvelle-Aquitaine. Elle comprend une partie des Pyrénées et du Massif Central, et est baignée par les eaux de la mer Méditerranée dans sa partie sud-est. Sa population se concentre dans deux grandes villes Montpellier et Toulouse ainsi que sur le littoral, mais en dehors de ces zones spécifiques sa densité de population est assez faible. Ses dessertes ferroviaires reflètent ce déséquilibre. Pour le touriste, la région se décline en plusieurs univers. Urbain : plusieurs villes méritent que l'on s'y arrête. Auch, Albi, Cahors, Carcassonne, Mende, Millau, Montauban, Montpellier, Narbonne, Nîmes, Perpignan, Rodez, ou encore Toulouse. Maritime : La région compte deux cents kilomètres de plage. Montagnard : entre l'Aubrac, les Cévennes, et les Pyrénées, ce ne sont pas les occasions de prendre de l'altitude qui font défaut. Enfin les amateurs de chemins de fer ne manqueront pas de faire un tour à bord du train jaune ou de l'un des nombreux autres trains touristiques que recèle la région.

Retrouvez les fiches des trains touristiques sur www.aiguillages.eu

TER d'Occinatie
© DR

St-Jean-de-Buèges

© Christian Ferrer / Wikimedia Commons

TABLE DES MATIÈRES

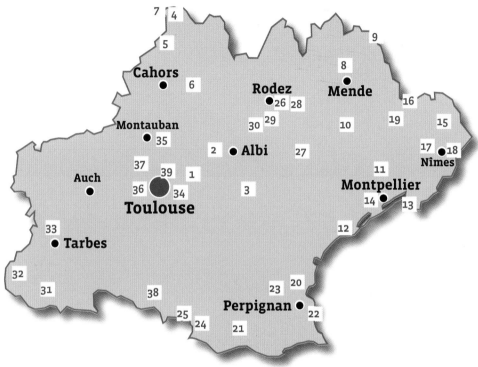

La ville de Carcassonne

© Txllxt Txllxt / Wikimedia Commons

Comment venir en train ?

La SNCF assure la desserte de Montpellier et Toulouse les deux plus grandes villes de la région au départ de la plupart des grandes villes françaises. Les relations principales sont Paris – Montpellier en trois heures trente, Paris – Toulouse en cinq heures, Paris – Nîmes en moins de trois heures, Paris – Perpignan ou Tarbes en cinq heures trente, Lyon – Montpellier en moins de deux heures et Lyon – Toulouse en moins de cinq heures. Les autres villes du territoire sont accessibles par des TER liO.

L'Occitanie est traversée par deux lignes à grande vitesse la LGV Méditerranée, et la liaison internationale Figueras-Perpignan.

Le TER liO

Une vingtaine de lignes ferroviaires maillent le territoire. Les TER régionaux y parcourent deux mille cinq cents kilomètres de voies ferrées et s'arrêtent dans deux cent soixante-quatorze gares. Un coup d'œil à la carte du réseau ferroviaire régional permet de se rendre compte combien Toulouse est au centre du réseau. Des lignes majeures y arrivent de Bourg-Madame, Montauban, Montpellier, Narbonne, Perpignan, Tarbes…, sans compter les lignes secondaires en provenance d'Albi, Auch, Rodez… Montpellier la deuxième ville de la région, est plus positionnée comme une gare de passage sur l'axe Nîmes – Perpignan ou Tou-

louse. Nîmes reçoit les trains parcourant la ligne des Cévennes, Béziers celle de l'Aubrac. Ces deux lignes sont reliées via Mende, par le Translozérien. Ce réseau propose sur plusieurs de ces lignes un tarif très attractif, le TER à un euro.

Bons plans

Pour des déplacements au cours d'un séjour de courte durée dans la région plusieurs options s'offrent à vous. « EvasiO 1 € » : cinq lignes sont accessibles à ce tarif unique, sans conditions : Nîmes – Le Grau du Roi, Carcassonne – Quillan, Perpignan – Villefranche – Vernet-les-Bains, Marvejols – La Bastide-Saint-Laurent-les-Bains et Béziers – Bédarieux – Saint-Chély-d'Apcher.

« Evasio futé » : pour des déplacements sur les autres lignes régionales des billets à trois, cinq, dix, ou quinze euros sont accessibles, mais en quantité limitée et sur certains trains seulement, en fonction du nombre de kilomètres parcourus. « EvasiO Tribu », si vous voyagez à trois vous obtenez une réduction de 30% sur le prix des billets, 40% à quatre, 50% à cinq. Pour les moins de vingt-six ans, le prix des billets « LibertiO » est de 50% du tarif normal, sur simple présentation d'une pièce justificative de votre âge. Enfin la carte « LibertiO » qui s'achète 20 € permet d'acquérir des titres de transports régionaux à moins 30% la semaine, et moins 50% le week-end, les jours fériés et pendant les vacances scolaires, toutes zones confondues.

© MMensler / Wikimedia Commons

ALBI

La ville s'annonce de loin, arborant fièrement son impressionnante cathédrale fortifiée toute de briques rouges, et son ancien palais des archevêques, deux édifices majeurs dominant le Tarn et son centre historique. On peut y arriver par le train via l'une de ses deux gares. Albi-ville, la plus importante, ou Albi-Madeleine. Elles sont toutes deux desservies par des TER liO à destination de Rodez ou Carmaux, et par des Intercités de nuit à destination de Toulouse – Matabiau ou Paris – Austerlitz. On peut même prendre le train à Albi pour passer du centre-ville à ses quartiers nord, en allant d'une gare à l'autre. Le chemin de fer y est arrivé en 1864 avec la construction d'un viaduc ferroviaire sur le Tarn par la Compagnie du Paris – Orléans.

Comment s'y rendre ?

De Paris : Pas de liaisons directes depuis la capitale, il faut passer par deux correspondances soit à Agen et Montauban soit à Narbonne et Toulouse avant d'arriver à destination en sept à huit heures trente.

De Lyon : Le parcours le plus direct passe par Toulouse où il faut prendre une correspondance pour Albi. Compter environ huit heures de trajet.

De Toulouse : Des TER directs font le trajet plusieurs fois par jour en un peu plus d'une heure en moyenne.

A voir et à faire à Albi

La cathédrale Saint-Cécile
Construite entre 1282 et 1480, c'est le monument le plus célèbre et le plus visité de la ville, et aussi l'une des cathédrales les plus visitées de France. Installée sur un piton rocheux, en surplomb du Tarn, elle a fait office de forteresse.

Le Pont-Vieux
D'une longueur de cent cinquante mètres, il date du XIe siècle. C'est l'un des plus anciens

Train touristique du Tarn

© CDT Tarn CFTT

ponts de France. Il offre un superbe panorama sur les hauteurs de la ville et la cathédrale Saint-Cécile.

L'académie des miniatures

Installé tout près du Pont-Vieux, dans le quartier de la Madeleine, ce musée présente l'œuvre d'Annie Jaurès, une artiste qui a reproduit des pièces de sa maison d'enfance, des immeubles bourgeois, et même des rues parisiennes complètes au 1/7ᵉ.

Le musée Toulouse-Lautrec

Albi est la ville natale du célèbre peintre. Elle y expose ses œuvres (près de mille) dans l'ancien palais épiscopal de la Berbie, parmi quelques sculptures de Rodin ou de Maillol.

A voir et à faire dans les environs d'Albi

Le train touristique du Tarn
Train Touristique

Le train part désormais des jardins des Martels à Giroussens pour se diriger vers Saint-Lieux-lès-Lavaur. Le parcours s'arrête avant un pont de pierre dont la traversée lui est maintenant interdite. Après une manœuvre de remise en tête de la locomotive il s'engage sur le chemin du retour ou il fait une halte à Lascaze, le temps que le chef de train raconte aux passagers l'histoire de la ligne. En complément à cette balade, il est possible de visiter le Musée du Chemin de Fer Industriel présentant une collection de matériels ferroviaires à voie étroite dans un hall de 1200 mètres carrés.

La gare Place Simone Veil - 81500 Saint-

Lieux-lès-Lavaur
GPS : *43. 7503, 1.76103*
Ouverture : *En mai et juin tous les dimanches et fêtes. Ouverture exceptionnelle le 3 juillet pour le festival des lotus 4 juillet au 31 août tous les jours sauf les samedis. Tous les dimanches du 5 Septembre au 24 Octobre. Horaires de départ des trains : 14h15 – 15h15.*
Durée de la visite : *Environ 40 minutes.*
Tarifs : *Train : Adulte : 4 €. Enfant de 4 à 10 ans : 3 €. Musée : 2 € à partir de 6 ans.*
Téléphone : *+33(0)5 61 47 44 52*
E-mail : *secretariat@cftt.org*
Site web : *https://www.cftt.org*
Fiche Aiguillages : *895*
A proximité : *Giroussens (le centre de céramique), Lavaur (ville de briques rouges), Gaillac (le centre historique), Albi (la cathédrale).*

Le train miniature Gaillacois (TMG)
Réseau de trains miniatures
Ce club présente une grande maquette ouverte au public. Elle s'étend sur une surface de deux cents mètres carrés, et compte six cents mètres de voies sur lesquelles peuvent circuler jusqu'à une vingtaine de trains simultanément. Une ligne TGV fait le tour complet du réseau, tandis que plusieurs gares sont accessibles à l'intérieur de la maquette : Albi, Gaillac, Saint-Sulpice, Lexos, Rabastens et Toulouse Matabiau. Leurs bâtiments sont reproduits fidèlement, mais pas les plans de voies pour des questions de place. Pour s'en rapprocher, les visiteurs empruntent des passerelles qui leur permettent de passer au-dessus des voies et de profiter au passage de vues inédites. Le réseau est commandé à partir d'un impressionnant poste de commande également visible par le public. Derrière lui une salle contient les trois mille relais qui permettent de contrôler la maquette. Soixante kilomètres de câbles alimentent les voies !
3283 Chemin Toulze Les Houlms - 81600 Gaillac

GPS : *43. 9255, 1.89663*
Ouverture : *De mai à septembre. Voir le calendrier sur le site web du club.*
Tarifs : *Adulte : 5 €. Enfant de 4 à 11 ans 2 €.*
Téléphone : *+33(0)6 29 62 00 28*
Site web : *http://train-miniature-gaillacois.fr/*
Fiche Aiguillages : *789*
A proximité : *Castelnau-de-Montmiral (maisons médiévales), Giroussens (le centre de la céramique), Cordes-sur-Ciel (l'une des plus belles villes de France), Albi (la cathédrale).*

Rail Miniature Castrais
Réseau de trains miniatures
Ce club de modélisme dispose d'un réseau et d'un petit musée ouverts au public.
Ferme de Gourjade 81100 Castres
GPS : *43. 6203, 2.25202*
Accès : *ligne N°2 depuis la gare (gratuit)*
Ouverture : *Tous les samedis de 14h30 à 18h.*
Tarifs : *Gratuit.*
Téléphone : *+33(0)5 63 71 23 16*
E-mail : *rail.mini.castrais@free.fr*
Site web : *http://www.trainminiature.free.fr*
Fiche Aiguillages : *791*
A proximité : *Sorèze (l'école abbatiale), Revel (la grande place à arcades), Château de Lastours (le château).*

Site ferroviaire valant le coup d'œil

Le viaduc d'Albi
Construit en briques roses pour s'accorder avec la cathédrale toute proche, il permet à la voie ferrée de franchir le Tarn.
81000 Albi
GPS : *43. 9292, 2.13893*
Fiche Aiguillages : *824*
A proximité : *Réalmont (la bastide), Gaillac (le centre historique), Castelnau-de-Montmiral (ses bâtiments médiévaux), Najac (la forteresse).*

Pont Valentré

© Christophe.Finot / Wikimedia Commons

CAHORS

La plus grande ville du département du Lot, elle est la capitale historique du Quercy. Elle se trouve dans un méandre du fleuve, entourée de collines escarpées. Son centre historique aux rues sinueuses est très agréable à parcourir. Il a hérité de nombreux monuments datant de l'Antiquité au Moyen Âge. Sa gare est située sur la ligne des Aubrais – Orléans à Montauban-Ville-Bourbon. Elle était également à l'origine de plusieurs lignes aujourd'hui déclassées conduisant à Capdenac et Monsempron-Libos. Le chemin de fer est arrivé dans la ville en 1869 via une gare qui a été très tôt remplacée par l'actuelle, datant de 1884.

Comment s'y rendre ?

De Paris : Pas de parcours directs possibles au départ de la capitale. Il faut passer par deux correspondances à Agen et Montauban pour rejoindre Cahors.

De Lyon : Le trajet le plus court passe par un changement de train en gare de Toulouse Matabiau. Le parcours dure alors environ sept heures trente.

De Toulouse : Des TER assurent la relation en une heure trente environ plusieurs fois par jour.

A voir et à faire à Cahors

La cathédrale Saint-Etienne :
Au cœur de la cité médiévale, ce vaste édifice a été établi dès le VIIe siècle, mais reconstruit à partir du XIIe siècle. Son portail présente un remarquable tympan sculpté. Sa nef est couverte des deux plus grandes que l'on trouve dans le Sud-Ouest.

Le pont Valentré :
Sa première pierre a été posée en 1308 et les travaux dureront soixante-dix ans. Ses huit arches

retombant sur des piles possédant un avant-bec et ses trois tours en font un remarquable témoignage de l'architecture médiévale.

Les jardins secrets :
Ils sont vingt-cinq à se laisser découvrir au fil d'un parcours matérialisé dans les rues de la ville par une feuille d'acanthe.

A voir et à faire dans les environs de Cahors

Le train touristique du Haut Quercy
Train touristique
Le voyage est long de 13 km. Après le départ de la gare et la circulation dans une tranchée, le train s'engage dans un tunnel qui débouche sur une corniche dominant la vallée de la Dordogne à plus de quatre-vingts mètres de hauteur. Spectacle garanti !
Près la gare 46600 Martel
GPS : 44. 9338, 1.6091
Ouverture : d'avril à novembre.
Tarifs : Train vapeur : Adulte : 11 €, Enfant de 4 à 7 ans : 7 € - Train diesel : Adulte : 8 € 50, Enfant de 4 à 7 ans : 5 € 50.
Téléphone : +33 (0)5 65 37 35 81
E-mail : cfthq@wanadoo.fr
Site web : http://trainduhautquercy.info/
Fiche Aiguillages : 894
A proximité : Padirac (le Gouffre), Meyssac (le centre historique), Rocamadour (le château), Castelnau-Bretenoux (le château).

Chemin de fer touristique
du Haut Quercy

© DR

Le petit train des Grottes de Lacave
Petit train
La visite des grottes débute après une marche d'approche de quatre cents mètres qui se fait à bord d'un petit train électrique depuis 1961.
Grottes de Lacave, Le Bourg - 46200 Lacave
GPS : *44. 844, 1.55687*
Ouverture : *Toute l'année.*
Durée de la visite : *1h15 environ.*
Tarifs : *Adulte : 12 €. Jeunes de 14 à 20 ans : 10 €. Enfant de 4 à 13 ans : 7 € 50.*
Téléphone : *+33(0)5 65 37 87 03*
Site web : *https://cutt.ly/6bQxbvu*
Fiche Aiguillages : *782*
A proximité : *Rocamadour (le château), Martel (le chemin de fer touristique du Haut-Quercy), Padirac (le gouffre), Fénelon (le château).*

Mémorail - Quercy Vapeur
Musée
Ce musée présente une belle collection d'objets ferroviaires sur un site conçu pour faire passer à ses visiteurs de bons moments de détente en famille. À mi-chemin entre Cahors et Saint-Cirq-Lapopie, une association préserve une partie de l'ancienne gare de Saint-Géry. Le musée a été créé en 1994 dans la halle à marchandises. Le matériel exposé provient de la ligne toute proche, fermée en 1989, aux côtés d'affiches, de lanternes et de réseaux. Près du musée, un espace récréatif a été aménagé. Un petit jardin parcouru par un train en 7 pouces 1/4. Pour l'été 2021, une activité vélorail était envisagée sur une courte section de la ligne, mais les procédures engagées pour obtenir les autorisations nécessaires étaient toujours en attente de validation à l'heure ou ces lignes ont été rédigées.
Le Bourg 46330 Saint-Géry
GPS : *44. 4772, 1.58161*
ATP : *bus n°889*
Ouverture : *De juin à septembre du vendredi au dimanche.*
Tarifs : *4 €.*

Téléphone : *+33(0)6 24 09 51 46*
Site web : *https://cutt.ly/sbQxQJM*
Fiche Aiguillages : *780*
A proximité : *Cabrerets (le village), Saint-Cirq-Lapopie (l'un des plus beaux villages de France), Cahors (la cathédrale, les jardins), Cajarc (le centre médiéval).*

Site ferroviaire valant le coup d'œil

Le viaduc de la Borrèze
Ce viaduc est inscrit sur la liste des monuments historiques. Il se trouve sur la ligne des Aubrais – Orléans à Montauban-Ville-Bourbon et permet la traversée de la vallée de la Borrèze à Souillac.
46200 Souillac
GPS : *44. 9018, 1.47289*
Fiche Aiguillages : *277*
A proximité : *Carlux (les ruines du château), Cadiot (les jardins), Martel (le train touristique du Haut-Quercy), Fénelon (le château), Rocamadour (le château).*

© DR

MENDE

© GIRAUD Patrick / Wikimedia Commons

Dans la haute vallée du Lot, en zone de moyenne montagne, au cœur du pays du Gévaudan, la ville s'étale au pied du Mont-Mimat. Située sur l'axe Lyon – Toulouse, elle a longtemps été un carrefour entre l'Auvergne, le Rhône et le Languedoc. C'est l'une des portes du site des Causses et Cévennes. Sa gare est située sur la ligne du Monastier à La Bastide-Saint-Laurent les-Bains dite du « Translozérien ». Elle a été mise en service en 1884. Elle est desservie par les TER liO qui effectuent des missions vers Marvejols, Alès, Saint-Chély-d'Apcher, Béziers et La Bastide-Saint-Laurent-Les-Bains, cette dernière section de ligne étant à ne point douter la plus spectaculaire.

Comment s'y rendre ?

De Paris : Pas d'accès direct depuis la capitale. Le parcours suppose soit de partir de la gare de Paris – Bercy pour se rendre à Clermont-Ferrand et de faire correspondance pour Mende, soit de Paris – Gare de Lyon pour se rendre à Nîmes avant de pouvoir atteindre la destination.

De Lyon : Le trajet le plus direct passe par une correspondance en gare de Clermont-Ferrand.

A voir et à faire à Mende

La cathédrale
Imposant édifice de style gothique flamboyant, elle a été érigée à partir de 1368. Elle domine la ville du haut de ses quatre-vingt-quatre mètres. Son clocher abrita un temps la plus grosse cloche jamais fondue au monde.

Le pont Notre-Dame
Construit au XIIIe siècle, il fut longtemps le seul pont en pierre de la ville que le Lot coupait alors en deux. Malgré les fréquentes crues du fleuve, il n'a jamais été emporté.

La tour des Pénitents
C'est le vestige le plus visible des remparts qui entouraient la ville au XIIe siècle. Elle servit pendant des siècles de clocher à la chapelle des pénitents blancs, d'où son nom.

A voir et à faire dans les environs de Mende

La Translozérienne
Desserte ferroviaire régulière présentant un fort intérêt touristique
Cette ligne longue de soixante-dix-sept kilomètres est à voie unique et traverse le département de la Lozère d'Est en Ouest. Au départ de La Bastide, elle dessert Mende et le Monastier. Elle culmine à 1215 mètres sur le plateau du Larzalier, le point le plus élevé de France pour une ligne à voie normale non électrifiée. Elle est pour cela souvent appelée la «ligne du toit de la France». Son profil est très difficile, avec des fortes rampes, des courbes serrées et trente et un kilomètres de voies établis au-dessus de mille mètres. De nombreuses galeries pare-neige en protègent la voie des congères. Elle fut ouverte par le PLM pour relier la ligne des Cévennes à celle des Causses. Elle compte 13 tunnels et 3 viaducs dont le plus remarquable est celui de Mirandol.
48000 Mende
GPS : *44. 5224, 3.50201*
Fiche Aiguillages : *814*
A proximité : *Marjevols (le centre-ville), Castelbouc (le village), Florac (le château), Gévaudan (le parc des loups), Parc National des Cévennes.*

Le Train Bleu du Sud
Circulations sur le réseau ferré national
L'association des Passionnés de l'X2800 a préservé plusieurs de ces engins qu'elle fait circuler régulièrement sur le Réseau Ferré National, au départ de Langogne, vers Clermont-Ferrand, Genolhac, Langeac...
Gare SNCF 48300 Langogne
GPS : *44. 7328, 3.85726*
Tarifs : *Selon les voyages proposés, voir sur le site de l'association.*
E-mail : *secretariat.ap2800@gmail.com*
Site web : *http://www.ap2800.fr*
Fiche Aiguillages : *756*
A proximité : *Pradelles (le château), Arlempdes (le château), La Garde-Guérin (le village), Meyras (le village, le petit musée ferroviaire de Dédé l'Ardéchois).*

Le funiculaire de la grotte de l'Aven Armand
Funiculaire
La visite de ce patrimoine unique au monde, une forêt constituée de quatre cents stalagmites, commence par une descente en funiculaire. Rendez-vous à la Spéléo gare pour la commencer. A l'origine, la visite de la grotte pouvait se faire en descendant à pied trois cent quatre-vingt-deux marches creusées dans un tunnel de deux cents mètres de long. En 1963, le tunnel a été élargi pour permettre l'installation d'un funiculaire. Celui-ci présente au moins deux spécificités

par rapport à tous ses confrères français. D'abord, il a été conçu pour permettre de rejoindre un point bas, alors que d'habitude, c'est pour atteindre des hauteurs que l'on construit ce genre d'engins. Ensuite, il roule sur pneus, pour limiter le bruit et les vibrations produites. En 1972, il a été doté d'une toute nouvelle gare, beaucoup plus spacieuse que celle d'origine. Son style néo-moderne ne passe pas inaperçu ! Elle intègre à l'étage, une salle d'exposition.

Aven Armand Causse Méjean - 48150 Hures-la-Parade
GPS : *44. 2543, 3.39938*
Ouverture : *Du 17 avril au 7 novembre.*
Durée de la visite : *De 1 à 2 heures selon la formule choisie.*
Tarifs : *Adulte : 14 € 80 - Enfant de 5 à 17 ans : 10 € 50.*
Téléphone : *+33 (0)4 66 45 61 31*
E-mail : *contact@aven-armand.com*
Site web : *https://cutt.ly/wbW5Xss*
Fiche Aiguillages : *757*
A proximité : *Saint-Chély-du-Tarn (le village), Castelbouc (le village), Gévaudan (le parc des loups), Le Parc National des Cévennes.*

Sites ferroviaires valant le coup d'œil

Le viaduc de Chapeauroux
Dit aussi «Viaduc du nouveau monde», il enjambe la rivière du Chapeauroux sur la ligne des Cévennes à Saint-Bonnet-de-Montauroux en Lozère
48600 Auroux
GPS : *44. 8398, 3.73493*
Fiche Aiguillages : *278*
A proximité : *Pradelles (le centre historique), Mende (la cathédrale), Meyras (le village, le petit musée ferroviaire à Dédé l'Ardéchois), Le Parc National des Cévennes.*

Le viaduc de Chapeauroux

© TouN / Wikimedia Commons

Le viaduc de l'Altier
Sur la ligne des Cévennes de Clermont-Ferrand à Nîmes il comprend onze arches de douze mètres d'ouverture et est haut de soixante-douze mètres.
48800 Villefort
GPS : *44. 4398, 3.92409*
Fiche Aiguillages : *815*
A proximité : *Naves (le village), Joyeuse (le château), Florac (le château), Labeaume (le village médiéval), Mende (la cathédrale).*

Le viaduc de Mirandol
En fait il s'agit de deux viaducs situés sur la ligne du Translozérien, qui se succèdent dans une courbe et culminent à trente mètres de haut. Le premier mesure cent soixante-huit mètres, le second soixante-deux.
48250 Chasseradès
GPS : *44. 5494, 3.81473*
Fiche Aiguillages : *893*
A proximité : *Pradelles (le village), Mende (la cathédrale), Florac (le château), Joyeuse (le château), Parc National des Cévennes.*

Château d'eau du Peyrou

© Christian Ferrer / Wikimedia Commons

MONTPELLIER

La troisième ville de l'axe méditerranéen après Marseille et Nice est la plus importante du département de l'Hérault et la deuxième de la région Occitanie derrière Toulouse. Elle a été l'une des premières villes de France à disposer d'un chemin de fer, dès juin 1839 et l'ouverture de la ligne vers Cette (Sète, qui est ainsi orthographiée jusqu'en 1927), par la Société anonyme du chemin de fer de Montpellier à Cette. Une deuxième gare sera construite dans la ville pour établir une connexion par voie ferrée à Nîmes et récupérera le trafic de la première. Elle deviendra la gare de Montpellier Saint-Roch. Toutes les relations régulières de la SNCF s'y arrêtent, qu'elles soient en provenance ou à destination de Paris, Lyon, Rennes, Metz, Strasbourg, Marseille ou Perpignan. En 2018, une nouvelle gare a été construite sur le contournement de Nîmes et de Montpellier. Il s'agit de celle de Montpellier Sud de France. Son positionnement très excentré par rapport à la ville et le nombre relativement peu élevé de dessertes s'y arrêtant sont à l'origine de nombreuses polémiques autour de la pertinence de sa création.

Comment s'y rendre ?

De Paris : Des TGV Inoui ou Ouigo assurent la relation au départ de la gare de Lyon, et de celles de Saint-Roch ou de Montpellier Sud de France, en un peu plus de trois heures.

De Lyon : Les deux villes peuvent être reliées en train par TGV Inoui ou Ouigo en un peu moins de deux heures.

De Bordeaux : Ce parcours est réalisable en trains Intercités directs. Il se fait en un peu plus de quatre heures.

De Lille : Il existe une relation directe au départ de Lille Europe. Le trajet prend un peu plus de cinq heures.

De Marseille : Des trains Intercités et TER Directs assurent la relation en une heure trente à deux heures.

A voir et à faire à Montpellier

Le tramway
Mis en service en juillet 2000, son réseau comprend quatre lignes et quatre-vingt-quatre stations, pour une longueur de soixante kilomètres.

La Place de la Comédie
Avec sa fontaine des trois grâces datant de 1776, elle est au cœur de la ville. Sur l'un de ses côtés, se dresse le théâtre Opéra Comédie à qui elle doit son nom. De là, les grands boulevards rayonnent vers la vielle ville.

L'Ecusson, centre historique de la ville
Ici, les rues sont pavées, étroites et parfois voûtées. Beaucoup de joyaux sont cachés dans des cours intérieures qui ne sont accessibles qu'accompagnés par des guides, qui en ont les clés.

L'Arc de Triomphe
Il est la porte d'entrée de la vieille ville. Construit en 1691 en l'honneur de Louis XIV, sa hauteur est de quinze mètres. Il donne accès à la Promenade du Peyrou un parc créé aux XVIIᵉ et XVIIIᵉ siècles d'où l'on peut jouir d'une belle vue sur les Cévennes et la Méditerranée.

La cathédrale Saint-Pierre
C'est l'un des plus impressionnants édifices de la ville. De style gothique, elle a été fondée en 1364 après les guerres de religion. Sa façade est dotée de deux tours qui lui servent d'entrée.

A voir et à faire dans les environs de Montpellier

Le funiculaire de la Grotte des Demoiselles

Funiculaire
Ce funiculaire fut le premier à être installé dans une grotte en Europe dès 1931. Sur une longueur de cent cinquante-deux mètres, il permet d'effacer un dénivelé de cinquante et un mètres et donne accès à la grotte. Une véritable cathédrale souterraine aux dimensions impressionnantes dans laquelle stalagmites et stalactites invitent le visiteur à jouer au jeu des ressemblances.

Le tramway de Montpellier

©Willem_90 / Wikimédias Commons

D986 34190 Saint-Bauzille-de-Putois
GPS : 43.9077, 3.74434
ATP : bus n°608
Ouverture : Toute l'année.
Durée de la visite : 1h15 environ.
Tarifs : Adulte : 12 € 50 - Enfant de 12 à 17 ans : 9 € 50.
Téléphone : +33 (0)4 67 73 70 02
E-mail : grotte@demoiselles.fr
Site web : www.demoiselles.fr/index.php/fr/
Fiche Aiguillages : 758
A proximité : Anduze (le centre historique, le train à vapeur des Cévennes), Prafrance (la bambouseraie), Saint-Guilhem-le-Désert (l'un des plus beaux villages).

Pédalorail de Saint-Thibéry
Vélorail
Le parcours est long de six kilomètres aller-retour sur l'ancienne voie ferrée de Saint-Thibéry à Pézenas. Le départ se fait sur les bords de l'Hérault près d'un ancien moulin à grain et du pont romain.
Chemin du pont romain D18
34630 Saint-Thibéry
GPS : 43. 3986, 3.41206
ATP : bus n°5 au départ d'Agde
Ouverture : Du 1er avril au 1er novembre.
Durée de la visite : 1h15 environ.
Tarifs : Adulte : 15 € - Enfant de 5 à 12 ans : 5 €.
Téléphone : +33 (0)6 01 71 20 49
E-mail : anne.prat.15@gmail.com
Site web : http://www.pedalorail.com/
Fiche Aiguillages : 759
A proximité : Pézenas (le centre préservé), Thau (l'étang), Mèze (le port), Cape d'Agde (station thermale), Bouzigues (l'étang), Sète (le port).

Le musée de la voiture et du train
Musée
Créé en 1996, le Musée du Train de Palavas-les-Flots fait revivre l'épopée de la ligne de chemin de fer qui reliait, de 1872 à 1968, Montpellier à Palavas-les-Flots. Une ligne longue de onze kilomètres et demi parcourus en à peine plus de vingt minutes. Les Héraultais le prenaient notamment pour aller à la plage. Une locomotive à vapeur qui tractait ce tortillard et ses voitures entièrement restaurées sont les fleurons de ce musée qui présente également une collection privée d'anciennes lanternes de chemin de fer et plus de cinq mille véhicules miniatures de toutes les époques des origines à nos jours.
Parc du Levant - Albert Edouard
34250 Palavas-les-Flots
GPS : 43. 5311, 3.92827
ATP : bus n°631
Ouverture : Tous les jours : 10h/13h – 16h/20h.
Durée de la visite : 45 minutes environ.
Tarifs : 5 €, gratuit jusqu'à 19 ans et pour les Palavasiens.
Téléphone : +33(0)4 67 68 56 41
Site web : https://cutt.ly/BbW6Lla
Fiche Aiguillages : 761
A proximité : Maguelone (la cathédrale), La Grande-Motte (station balnéaire), Le Grau-du-Roi (station balnéaire), Aigues-Mortes (la ville fortifiée), Bouzigues (l'étang de Thau).

Site ferroviaire valant le coup d'œil

La gare de Montpellier
Son style architectural néo-classique rappelle celui des monuments alentour. Elle a en particulier conservé son portique et ses colonnes doriques. Elle est inscrite sur la liste des monuments historiques.
34000 Montpellier
GPS : 43. 6056, 3.88074
Fiche Aiguillages : 813
A proximité : Palavas-les-Flots (station balnéaire), Maguelone (la cathédrale), La Grande-Motte (station balnéaire).

La Maison carrée

NÎMES

A quelques kilomètres de la mer Méditerranée et des Cévennes, la ville se trouve sur l'axe reliant la basse vallée du Rhône à la plaine languedocienne. Sa fondation remonte à l'Antiquité. Elle conserve de la période romaine des monuments tels que les arènes, la Maison Carrée ou encore la tour Magne qui lui valent le surnom de « Rome française ». La première gare de la ville a été construite en 1839. Depuis 1845 s'est constitué autour d'elle un nœud ferroviaire. Elle est en relation directe via des TGV avec Marseille, Lyon, Paris ou même Lille. Sur le réseau classique, elle se trouve sur la ligne de Tarascon à Narbonne, desservant Avignon, Montpellier, Perpignan ou Bordeaux. En direction du nord, la ligne des Cévennes a un fort potentiel touristique et met en relation la ville avec Paris via Alès et Clermont-Ferrand. Les villes touristiques d'Aigues-Mortes et le Grau-du-Roi sont accessibles par l'une des lignes à un euro du TER liO. La nouvelle gare Nîmes Pont-du-Gard est reliée à celle du centre par des TER liO.

Comment s'y rendre ?

De Paris : Les gares de Nîmes-Centre et Nîmes Pont-du-Gard sont desservies par des TGV au départ de la gare de Lyon, en trois heures en moyenne.

De Lyon : Les deux villes sont mises en relation par des TGV et des Ouigo, au départ des gares de Lyon Part Dieu ou Lyon Saint-Exupéry TGV, à destination de Nîmes-Centre ou Nîmes Pont-du-Gard.

De Toulouse : Des TGV directs ou des trains Intercités font la relation entre les deux gares en un peu moins de trois heures.

De Marseille : Des TER et des trains Intercités assurent une relation directe en une heure à une heure trente.

A voir et à faire à Nîmes

Les arènes
Construites à la fin du Ier siècle, elles sont devenues l'emblème de la ville et l'un des monuments romains les plus célèbres de France. Elles accueillent des concerts, des spectacles et même des jeux romains.

La Maison Carrée
Créée au début du Ier siècle, elle fut fondée par Auguste et servit de temple romain. C'est d'ailleurs le seul temple du monde antique entièrement conservé.

Les Jardins de la Fontaine
Ils ont été créés au XVIIIe siècle sur le site antique de l'un des premiers jardins publics en Europe. Il est bâti autour d'une source qui ne s'est jamais tarie.

La Tour de l'Horloge
Au centre historique de la ville, elle est haute de trente et un mètres.

A voir et à faire dans les environs de Nîmes

La ligne Nîmes – Le Grau-du-Roi
Desserte ferroviaire régulière présentant un fort intérêt touristique
Au départ de Nîmes elle permet de relier Aigues-Mortes ou le Grau-du-Roi pour un euro. Cette ligne est le moyen le plus rapide de rejoindre la mer, en particulier en pleine saison estivale. En haute saison, cinq allers-retours sont assurés quotidiennement en semaine et six le week-end. A partir de septembre, il n'y a plus que deux relations en semaine et aucune les samedis et dimanches. La tête de ligne est située à Saint-Cézaire où elle se détache de celle de Tarascon à Sète. Dans cette gare, un quai spécifique a été créé à l'écart du bâti-

ment voyageur. Il est réservé à cette desserte. La ligne est longue de quarante kilomètres, elle a été construite par le PLM surtout pour desservir les salins autour d'Aigues-Mortes. Elle n'atteindra que quelques années plus tard son terminus actuel, la gare la plus occidentale du réseau de la compagnie du Paris – Lyon – Méditerranée. La dernière section de ligne a nécessité l'établissement d'une digue parallèle au canal du Rhône à Sète, au milieu des salins. Au-delà de la gare d'Aigues-Mortes, il fallait trouver le moyen de franchir un bras du canal qui permettait un accès au port. C'est un pont tournant pivotant sur quatre-vingt-dix degrés qui a été construit à cet effet. Le passage à niveau gardé qui se trouve juste à côté continue d'être manœuvré à la manivelle par un employé de la SNCF également chargé d'ouvrir et fermer le pont tournant.
30000 Nîmes
GPS : 43. 8361, 4.36614
Fiche Aiguillages : 810
A proximité : Le Pont du Gard, Uzès (cité médiévale), Tarascon (le château), Arles (l'amphithéâtre), Aigues-Mortes (la ville fortifiée).

Le Train à Vapeur des Cévennes
Train Touristique
Une balade ferroviaire à bord d'un train à vapeur de 13 km entre Anduze et Saint-Jean-du-Gard, à la découverte du Parc National des Cévennes. Le train part de la gare d'Anduze pour aussitôt s'engouffrer dans le tunnel du même nom, long de 833 mètres. A sa sortie, il s'engage sur un pont cage avant de s'inscrire dans une courbe sur les viaducs d'Amous et de Daudet. Il dessert ensuite la Bambouseraie, que les passagers peuvent prendre le temps d'aller visiter avant de poursuivre leur voyage. Pour les autres le trajet se poursuit par un nouvel enchaînement d'ouvrages d'arts : Le tunnel de Prafrance, le viaduc de Mescladou, le tunnel de Corbes, le viaduc de la Plaine Thoiras-Lasalle avant de passer la

Le Train à Vapeur des Cévennes

© DR

gare de Thoiras. Viennent ensuite le viaduc de Salindrenque, le tunnel du même nom, le viaduc des Doucettes avant l'arrivée à Saint-Jean du Gard où une visite de la locomotive et une dégustation de produits du terroir attendent les voyageurs au restaurant « l'arrêt gourmand ». Tout au long de la saison des trains à thème sont mis en circulation et un escape game est accessible.

38 place de la Gare - 30140 Anduze - 7 avenue de la résistance 30270 – Saint-Jean du Gard
GPS : *44. 0506, 3.98423*
ATP : *bus n°112*
Ouverture : *D'avril à octobre.*
Tarifs : *Tarifs adultes : 17€ - Enfants de 4 à 12 ans : 11€50 - Gratuit pour les moins de 4 ans*
Téléphone : *+33 (0)4 66 60 59 00*
E-mail : *contact@citev.com*
Site web : *http://www.trainavapeur.com/*
Fiche Aiguillages : *753*
A proximité : *Prafrance (la bambouseraie), Lussan (le village), Uzès (le centre médiéval), Nîmes (les arènes).*

Le train touristique de l'Andorge et des Cévennes (TAC)
Petit Train

D'abord envisagé en voies de 5 pouces ou 7 pouces 1/4, ce train touristique a été construit à l'écartement de 40 cm. C'est l'opportunité de racheter du matériel existant qui en a décidé ainsi. Les voies ont été posées sur une partie d'une ancienne plateforme utilisée jusque dans les années soixante par une ligne de chemin de fer départemental. Pour limiter les coûts, les travaux ont été réalisés par l'équipe de bénévoles de l'association, mais ils auront de ce fait duré quatre ans. Un siècle après l'inauguration de la ligne du tacot, c'était au tour de celle du train touristique de l'Andorge et des Cévennes de couper son ruban à l'été 2009. Par la suite un dépôt de cent quarante-quatre mètres carrés sera créé et une maquette de la gare de Sainte-Cécile récupérée. Le parc moteur est constitué de quatre locomotives diesels et de baladeuses dont une pouvant transporter des fauteuils roulants.

Train touristique de l'Andorge et des Cévennes

© DR

Gare SNCF 30110 Sainte-Cécile-d'Andorge
GPS : 44. 255, 3.97563
Ouverture : D'avril à fin octobre. Tous les jours sauf le samedi en juillet et en août, puis les mercredis 1, 8 et 15 septembre, samedi 18 et dimanche 19 septembre (Journées du Patrimoine), dimanche 17 octobre (Fête de la châtaigne), samedi 30 (train d'Halloween). Pour les groupes, tous les jours sur rendez-vous, de Pâques à Toussaint.
Tarifs : Adulte : 5 €. Enfant jusqu'à 12 ans : 3 €.
Téléphone : +33(0)6 11 35 71 93
E-mail : tacletrain@laposte.net
Site web : https://www.tacletrain.com/
Fiche Aiguillages : 801
A proximité : Saint-Ambroix (les ruines du château), Anduze (le centre historique, le Train à Vapeur des Cévennes), Prafrance (la bambouseraie).

Le musée du Chemin de Fer
Musée
Ce musée a été créé par des cheminots passionnés. Il présente de nombreux objets ferroviaires répartis en différentes salles : Flamans, Tachros, montres, régulateurs, médailles commémoratives, objets du service de la voie... Mais aussi des locomotives réelles préservées par l'AAA-TV-Nîmes : A vapeur : 141 R 1298 ou électrique : BB 4162, BB 8177, BB 9411, CC 7121, CC 21001, engins diesels : Draisine 3M771, Y 6013, locotracteur rail-route, matériels auxquels viennent se rajouter plusieurs wagons divers.

97 rue Pierre Sémard - 30000 Nîmes
GPS : 43. 8412, 4.37325
Ouverture : Les samedis sauf jours fériés et juillet et août.
Tarifs : Adulte : 8 €. Enfant de moins de 12 ans : 5 €.
Téléphone : +33(0)6 86 27 56 53
E-mail : jppignede43@gmail.com
Site web : https://musee-du-chemin-de-fer.fr/
Fiche Aiguillages : 808
A proximité : Le Pont du Gard, Uzès (le centre médiéval), Tarascon (le château), Arles (les arènes), Fontvielle (le centre historique), Aigues-Mortes (la ville fortifiée).

Sites ferroviaires valant le coup d'œil

La gare de Nîmes Pont-du-Gard
Mise en service en décembre 2019, elle se situe au carrefour des lignes contournant Nîmes et Montpellier et de la ligne Tarascon à Sète, elle assure sur deux niveaux une desserte TGV et TER.
30129 Manduel
GPS : 43. 8171, 4.50764
Fiche Aiguillages : 811
A proximité : Nîmes (les arènes), Tarascon (le château), Le Pont du Gard, Arles (l'amphithéâtre), Fontvielle (le centre historique).

Le viaduc de Chamborigaud
Dans le Gard, sur le Luech, ce viaduc en courbe compte 17 arches de 8 mètres et 12 autres de 14 mètres et mesure trois cent quatre-vingt-quatre mètres de long.
30450 Chambon
GPS : 44. 306, 3.98736
Fiche Aiguillages : 273
A proximité : Barjac (le centre historique), Anduze (village médiéval, le Train à Vapeur des Cévennes), Prafrance (la bambouseraie).

Le Palais des Rois de Majorque

© Jean-Pierre Dalbéra / Wikimedia Commons

PERPIGNAN

Au pied de la chaîne des Pyrénées et du pic du Canigou, la ville se trouve à treize kilomètres de la mer Méditerranée. Elle s'est beaucoup agrandie au fil des siècles, en absorbant des villages environnants qui sont devenus autant de quartiers. Elle est traversée par la Têt. Sa gare a été mise en service en 1858, par la Compagnie des Chemins de Fer du Midi. Au centre d'une étoile ferroviaire son rayonnement est régional, national et même international. Des TER liO irriguent la région, des TGV et des trains Intercités de nuit la reliant à Paris, enfin la nouvelle ligne à grande vitesse la reliant à Barcelone et Madrid lui donne une dimension internationale.

Comment s'y rendre ?

De Paris : Des TGV circulent tous les jours à destination de la ville. Ils mettent en moyenne cinq heures pour réaliser ce trajet.

De Lyon : La relation se fait en passant par une correspondance à Valence-Sud le plus souvent. Le trajet dure alors de trois heures trente à quatre heures.

De Toulouse : Des TER assurent la liaison en deux heures trente en moyenne.

En train de nuit : Depuis Paris-Austerlitz, Perpignan peut-être rejointe en tout début de matinée, en prenant place à bord de l'Intercité de nuit à destination de Latour-de-Carol.

A voir et à faire à Perpignan

La citadelle
Au cœur du centre-ville, ce sont les anciennes fortifications qui ont été construites autour du château royal que fit établir le roi Jacques II de Majorque au XIVe siècle. Elle dessine la forme d'une étoile. Elle fut démantelée au début du XXe siècle, mais il en subsiste certains vestiges.

Train du Pays Cathare et du Fenouillède

© DR

Le Castillet

C'est l'ancienne porte principale de l'enceinte médiévale qui donnait accès à la ville. Elle a été construite en 1368 et est faite de briques et de marbre de Baixas. Transformée un temps en prison, elle abrite aujourd'hui un musée.

La Loge de Mer

Construit dans le style gothique entre les XIVe et XVIe siècle, c'est un bâtiment qui est le cœur de la vie publique de Perpignan. Elle abrite de nos jours l'Hôtel de ville et le Palais de Justice.

Le Palais des rois de Majorque

De 1276 à 1344 Perpignan fut la capitale du royaume de Majorque, un puissant état qui s'étendait des Baléares à Montpellier et une partie du Roussillon. Le centre de ce royaume était ce palais construit sur une colline qui domine la ville.

A voir et à faire dans les environs de Perpignan

Le train du Pays Cathare et du Fenouillède
Train Touristique

C'est l'une des lignes de chemin de fer touristique les plus longues de France. Son parcours de Rivesaltes à Axat compte soixante kilomètres. Il se fait à bord d'un petit train rouge, un autorail préservé par l'association (Caravelle ou Picasso) ou des baladeuses tirées par un locotracteur diesel. Sur une telle longueur, les paysages ont le temps d'évoluer. Au départ de Rivesaltes le train traverse des étendues de vignobles, qui cèdent la place aux falaises des Corbières. Le trajet passe au pied du château de Quéribus, avant de se frayer un chemin dans le département de l'Aude. Là, ce sont des forêts qui vous attendent, mais aussi la forteresse de Puillaurens et les premiers ouvrages d'arts conséquents de la ligne, viaducs et tunnels qui se succèdent avant l'arrivée à Axat. Plusieurs parcours sont possibles. Le grand parcours permet de faire l'intégralité de la ligne. Celui des viaducs et du Fenouillède vous emmènera d'Axat à Saint-Paul. Celui des viaducs d'Axat à Caudiès ou Lapradelle. Le parcours des Fenouillèdes de Rivesaltes à Caudiès, celui des vignes de Rivesaltes à Saint-Paul, celui du Fenouillède viaducs de Saint-Paul à Axat.

Gare SNCF Avenue René Victor Manaut - 66600 Rivesaltes
GPS : *GPS : 42. 7665, 2.86868*
Ouverture : *D'avril à octobre.*
Durée de la visite : *Une journée.*
Tarifs : *Grand parcours : Adulte : 24 € 50 - Enfant de 4 à 14 ans : 15 € 40.*
Téléphone : *+33 (0)4 68 20 04 00*
E-mail : *info@letrainrouge.fr*
Site web : *http://www.tpcf.fr*
Fiche Aiguillages : *754*
A proximité : *Fort de Salses (le château), Perpignan (le Palais des rois de Majorque), Aguilar (le château), Leucate (station balnéaire).*

Le Train Jaune
Desserte ferroviaire régulière présentant un fort intérêt touristique
Plus que centenaire, la ligne du petit train de la Cerdagne a été construite pour désenclaver les hauts plateaux catalans. Sa voie est métrique. Il est alimenté par un troisième rail, en électricité. Celle-ci est produite localement grâce à un barrage et un ensemble d'usines hydro-électriques qui ont été construites spécifiquement à cet effet. Bien qu'appartenant au réseau TER et assurant des dessertes régulières, c'est souvent encore son matériel historique qui est exploité. L'été il est même possible de faire le voyage les cheveux au vent, à bord de «barques» des voitures découvertes. Les billets ne sont vendus que dans les gares desservies.

66500 Villefranche-de-Conflent
GPS : *GPS : 42. 5868, 2.36652*
Ouverture : *Toute l'année.*

Tarifs : *Aller : 21 € 10. Attention aucune carte de réduction n'est acceptée sur ce parcours !*
Site web : *https://www.ter.sncf.com/occitanie/loisirs/train-jaune*
Fiche Aiguillages : *755*
A proximité : *Mosset (village médiéval), Le Pic de Canigou, Puilaurens (le château), Quéribus (le château).*

Restaurant insolite

Le Vigatane
Dans ce restaurant attaché à la culture catalane sous toutes ses formes, culinaire bien sûr, mais aussi musicale et ferroviaire, vous y verrez rouler une version jouet ancien du célèbre petit Train Jaune !

66140 Canet-en-Roussillon
GPS : *GPS : 42. 7071, 3.00823*
ATP : *bus n°3*
Site web : *http://train-miniature-gaillacois.fr/*
Fiche Aiguillages : *770*
A proximité : *Perpignan (le Palais des rois de Majorque), Salses (le fort), Argelès-sur-Mer (la longue plage), Collioure (le port), Aguilar (le château).*

Développement Patrimoine et Constructions Ferroviaires
Musée
Ce petit musée constitué par un particulier regorge de pièces ferroviaires récupérées dans la région pour être préservées. Il s'intéresse particulièrement à la mémoire des hommes qui ont construit et entretenu les voies du Transpyrénéen et des chemins de fer du Midi.

1 rue Rabelais - 66600 Cases-de-Pène
GPS : *GPS : 42. 7801, 2.78585*
Accès : *bus n°9*
Ouverture : *Sur rendez-vous.*
Téléphone : *+33(0)4 68 62 18 13*
Fiche Aiguillages : *763*
A proximité : *Salses (le château), Aguilar*

(le château), Perpignan (le Palais des rois de Majorque), Quéribus (le château).

Sites ferroviaires valant le coup d'œil

La gare de Perpignan
C'est bien connu, d'après Salvador Dali, cette gare est le centre de l'univers !
66000 Perpignan
GPS : GPS : 42. 6965, 2.87969
Fiche Aiguillages : 816
A proximité : Elne (la cathédrale), Salses (le château), Argelès-sur-Mer (station balnéaire), Aguilar (le château), Collioure (le port), Quéribus (le château).

La gare de Bolquère-Eyne
à 1593 mètres d'altitude, c'est la gare la plus haute de France exploitée par la SNCF
66210 Bolquère
GPS : 42. 498, 2.0876
Fiche Aiguillages : 818
A proximité : Villefranche-de-Conflent (le Train Jaune), Ax-les-Thermes (ville thermale), Le Pic du Canigou, Puilaurens (le château).

La gare internationale de Latour de Carol
Cette gare internationale a la particularité de voir se côtoyer trois écartements : métrique, standard (1m435) et ibérique (1m668).
66760 Latour-de-Carol
GPS : GPS : 42. 4592, 1.90459
Fiche Aiguillages : 817
A proximité : Ax-les-Thermes (station thermale), Lombrives (la grotte), Montségur (le château des Cathares), Le pic du Canigou.

Le pont Séjourné
Construit sur la ligne du Train Jaune, il lui permet de franchir la Têt et la nationale 107. Il est haut de soixante-cinq mètres et long de deux cent trente-six.

66360 Fontpédrouse
GPS : GPS : 42. 518, 2.20312
Fiche Aiguillages : 819
A proximité : Puilaurens (le château), Ax-les-Thermes (ville thermale), Les Gorges de la Fou.

Le pont Gisclard
Construit entre 1905 et 1908, c'est le seul pont suspendu ferroviaire encore en service en France. Sa portée est de cent cinquante-six mètres.
66210 Planès
GPS : 42. 5042, 2.14331
Fiche Aiguillages : 820
A proximité : Villefranche-de-Conflent (le village, le Train Jaune), Le Pic du Canigou, Ax-les-Thermes (ville thermale), Puilaurens (le château), Les Gorges de la Fou.

Fort Libéria
Le fort est accessible à pied ou au départ de la gare via des 4/4 qui font la navette. Outre les vues qu'il offre sur la gare de Villefranche-de-Conflent toute petite en bas, et le Train Jaune qui y stationne, une pièce du fort présente une partie de la collection de l'Association Développement Patrimoine et Constructions Ferroviaires.
66500 Villefranche-de-Conflent
GPS : 42. 5868, 2.36652
Fiche Aiguillages : 762
A proximité : Le Pic du Canigou, Puilaurens (le château), Quéribus (le château).

Fort Libéria

© H. Zell / Wikimedia Commons

RODEZ

© Krzysztof Golik / Wikimedia Commons

Au nord-est de Toulouse, la préfecture du département de l'Aveyron est l'ancienne capitale du Rouergue. De taille humaine, on peut facilement la visiter à pied. Elle se situe sur l'axe de communication Toulouse – Lyon. Elle est le terminus de deux lignes ferroviaires. L'une vers Capdenac, Brive et Paris, l'autre vers Albi et Toulouse. Une troisième partant vers Millau a été fermée en 2017. Sa gare est la principale du département. Elle fut mise en service en 1860 par la Compagnie du Chemin de Fer de Paris à Orléans, un peu excentrée par rapport au centre-ville. Un tramway permettait alors d'y accéder. On peut la rejoindre directement ou via un jeu de correspondances depuis Paris, Toulouse, Brive, Millau ou Montpellier.

Comment s'y rendre ?

De Paris : Pas de liaisons directes entre les deux villes. Le parcours le plus rapide passe par Brive-la-Gaillarde ou Toulouse.

De Lyon : Le parcours entre les deux villes passe par une correspondance à Toulouse. Le temps de trajet est cependant assez long : de l'ordre de sept à huit heures.

De Toulouse : Des liaisons directes sont réalisables en TER directs établissant la relation en deux heures vingt en moyenne.

A voir et à faire à Rodez

Le centre historique
Les hôtels particuliers datant du Moyen Âge ou de la Renaissance, y sont nombreux.

Le musée Soulage
Rodez est la ville natale du peintre. Son histoire atypique et sa démarche artistique sont racontées dans ce musée qui propose également des expositions temporaires dédiées à d'autres artistes.

La cathédrale
Construite en grès rose, elle domine la ville du haut de son clocher qui culmine à plus de quatre-vingt-sept mètres. Il a fallu trois siècles pour achever de l'édifier. Le clocher se visite. Il offre un panorama à trois cent soixante degrés sur la ville.

L'ancien palais épiscopal Datant du XVIIᵉ siècle, il fait partie des rares monuments de briques dans la ville. Il est doté d'un magnifique escalier à doubles volées.

A voir et à faire dans les environs de Rodez

Le vélorail et train touristique du Larzac
Vélorail
A très peu de distance du viaduc de Millau (vingt-cinq kilomètres), ce vélorail est installé le long de la vallée du Cernon et des contreforts du Larzac. Sur dix-sept kilomètres de voies ferrées, il traverse douze tunnels et six viaducs. Plusieurs parcours sont proposés :
- *Les Papillons :* *une heure, quatre kilomètres en montée, le retour en descente.*
- *Les Orchidées :* *deux heures, quatre kilomètres en descente en vélorail, retour en train.*

- *Le Grand Voyage :* *trois heures, un aller-retour sur Papillons en vélorail + un aller-retour de Sainte-Eulalie à La Bastide Pradines en trains.*
- *Les Explorateurs :* *quatre heures, descente en train, montée en vélorail.*
12230 Sainte-Eulalie-de-Cernon
GPS : *43. 974, 3.13406*
Ouverture : *Du 1er avril au 3 novembre.*
Durée de la visite : *De 1 à 4 heures selon le parcours choisi.*
Tarifs : *Les Papillons : Adulte : 13 €, enfant : 3 €. Les Orchidées : Adulte : 15 €, enfant : 3 €. Le Grand Voyage : Adulte : 22 €, enfant : 4 €.*
Téléphone : *+33(0)5 65 58 72 10*
E-mail : *velorail12@wanadoo.fr*
Site web : *www.surlesrailsdularzac.com/*
Fiche Aiguillages : *807*
A proximité : *Millau (le viaduc), La Roque-Sainte-Marguerite (le village), Lodève (la cathédrale), Sévérac-le-Château (le château).*

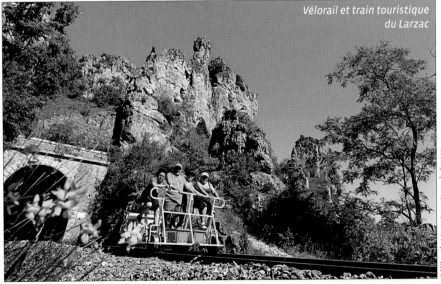

Vélorail et train touristique du Larzac

© Vélorail et train touristique du Larzac

Le Musée du Modélisme Ferroviaire
Réseau de trains miniatures
Ce club de modélisme ferroviaire présente différents réseaux qu'il a construits ou restaurés dans ses deux salles, mais aussi une remorque de camion. Au-delà de l'histoire du chemin de fer, certains de ces réseaux racontent aussi l'histoire de la région.
14 rue des Coquelicots - 12350 Lanuéjouls
GPS : *44. 427, 2.15835*
ATP : *bus n°203*
Ouverture : *Du 25 juillet au 28 août de 15h00 à 17h30, du mardi au vendredi et le reste de l'année sur rendez-vous.*
Tarifs : *Adultes et enfants à partir de 12 ans : 5 €.*
Téléphone : *+33(0)5 65 81 98 23*
E-mail : *cfpa-lanuejouls@orange.fr*
Site web : *http://www.cfpa-lanuejouls.fr*
Fiche Aiguillages : *783*
A proximité : *Bournazel (le château), Villefranche-de-Rouergue (la bastide), Capdenac (le village), Figeac (le centre historique), Cajarc (le centre médiéval), Conques (l'abbaye).*

Au fil du rail
Musée
Gervais Camels un passionné de trains a construit un ensemble de réseaux dont il propose la visite au public. De nombreuses animations sont à découvrir sur les différentes maquettes.
12630 Agen-d'Aveyron
GPS : *44. 3578, 2.68594*
Ouverture : *Du 1er juillet au 11 novembre. En juillet et août du mardi au dimanche de 10h à 12h et de 14h à 18h. Du 1er septembre au 11 novembre, de 14h à 18h, uniquement sur rendez-vous.*
Durée de la visite : *1 heure.*
Tarifs : *4 € à partir de 4 ans.*
Téléphone : *+33 (0)5 65 42 70 60*
E-mail : *rail12@orange.fr*
Site web : *http://chez.gervais.free.fr/*

Fiche Aiguillages : *804*
A proximité : *Rodez (la cathédrale), Espalion (le pont), Estaing (le village), Sévérac-le-Château (le château), Bournazel (le château), Conques (l'abbaye).*

Site ferroviaire valant le coup d'œil ═══════════

Le viaduc du Viaur
Depuis 1902 ce viaduc de la ligne de Castelnaudary à Rodez permet aux trains de franchir le Viaur. C'est un pont en poutre à porte-à-faux, d'une longueur de quatre cent soixante mètres, et haut de cent seize. Il est inscrit sur la liste des monuments historiques.
Située non loin de la frontière avec l'Espagne, sur l'axe pyrénéen reliant l'Atlantique à la Méditerranée, la ville est l'ancienne capitale du comté de Bigorre. Elle est restée de dimensions relativement modestes. Au pied des montagnes, elle est un point de chute idéal pour rayonner dans la région, se trouvant à proximité de sites touristiques majeurs : Lourdes, Pau, le Pic du Midi, le cirque de Gavarnie... Sa gare a été ouverte en 1859 par la Compagnie des Chemins de Fer du Midi. Elle est desservie par les TGV circulant sur la ligne Paris – Bordeaux, des trains Intercités sur celle de Toulouse à Bayonne, et des TER liO vers Toulouse, Muret, Saint-Gaudens, Montréjeau, Lourdes et Pau et des TER Nouvelle-Aquitaine sur les relations vers Bayonne, Hendaye, Dax ou Bordeaux.
12800 Tauriac-de-Naucelle
GPS : *44. 1359, 2.33672*
Fiche Aiguillages : *279*
A proximité : *Najac (la forteresse), Albi (la cathédrale), Rodez (la cathédrale), Brousse-le-Château (le village), Bournazel (le château).*

TARBES

© Florent Pécassou / Wikimedia Commons

Située non loin de la frontière avec l'Espagne, sur l'axe pyrénéen reliant l'Atlantique à la Méditerranée, la ville est l'ancienne capitale du comté de Bigorre. Elle est restée de dimensions relativement modestes. Au pied des montagnes, elle est un point de chute idéal pour rayonner dans la région, se trouvant à proximité de sites touristiques majeurs : Lourdes, Pau, le Pic du Midi, le cirque de Gavarnie … Sa gare a été ouverte en 1859 par la Compagnie des Chemins de Fer du Midi. Elle est desservie par les TGV circulant sur la ligne Paris-Bordeaux, des trains Intercités sur celle de Toulouse à Bayonne, et des TER liO vers Toulouse, Muret, Saint-Gaudens, Montréjeau, Lourdes et Pau et des TER Nouvelle-Aquitaine sur des relations vers Bayonne, Hendaye, Dax ou Bordeaux.

Comment s'y rendre ?

De Paris : Des TGV assurent la relation au départ de Paris-Montparnasse. Le temps de parcours varie de cinq heures vingt à six heures.

De Lyon : Pas de relations directes entre les deux villes, il faut passer par Paris et les temps de parcours sont assez conséquents de l'ordre de huit à neuf heures.

De Toulouse : Des TER et des trains Intercités permettent de couvrir ce parcours en un peu plus d'une heure trente.

A voir et à faire à Tarbes

La place de Verdun
C'est le cœur de la ville. Elle a été rénovée en 1992 avec l'implantation de deux fontaines de Jean-Marc Llorca, auteur des fontaines de la Pyramide du Louvre.

Le Jardin Massey
Créé au XIXᵉ siècle par Placide Massey qui lui a donné son nom, il présente une très grande variété d'espèces végétales.

Le Haras national
Au cœur de la ville, il s'étend sur huit hectares. Il a été créé sous Napoléon Iᵉʳ en 1806. C'est un véritable musée vivant du cheval.

A voir et à faire dans les environs de Tarbes

Le funiculaire du Pic du Jer
Funiculaire
Depuis l'arrivée du chemin de fer dans la ville de Lourdes, le nombre de pèlerins et de tou-

Funiculaire du Pic du Jer

© jhm028/ Wikimedia Commons

ristes n'a cessé de croître. Ce funiculaire a été construit pour leur offrir une activité de plus à faire à proximité. Mises en service en 1900, ses cabines ont été remplacées dans les années trente et sont toujours celles qui transportent les passagers aujourd'hui. Sur un parcours long d'un kilomètre cent dix, l'inclinaison de la pente varie de vingt-huit à cinquante-six pour cent. Les cabines traversent deux tunnels, une tranchée de quatre cents mètres et un viaduc. Le dénivelé est de quatre cent trente-huit mètres.
59 avenue Francis Lagardère - 65100 Lourdes
GPS : 43. 0915, -0.045726
Ouverture : Toute l'année.
Tarifs : Adulte : 12 € 50 - Enfant de 6 à 17 ans : 6 €.
Téléphone : +33 (0)5 62 94 00 41
E-mail : picdujer@ville-lourdes.fr
Site web : http://www.picdujer.fr/
Fiche Aiguillages : 776
A proximité : Saint-Savin (l'église abbatiale), Tarbes (le Jardins Massey), Le col du Tourmalet, Pau (le château, le funiculaire).

Le petit train des grottes de Betharram
Petit train
La partie visitable de ces cavités s'étend sur près de trois kilomètres de long, aussi une partie de la balade souterraine se fait à pied, puis en barque et enfin en train.
Chemin Léon Ross - 65270 Saint-Pé-de-Bigorre
GPS : 43. 1017, -0.186928
Ouverture : De février à fin octobre.
Durée de la visite : 1h20 environ.
Tarifs : Adulte : 16 € 50. Enfant de 4 à 12 ans : 10 € 50.
Téléphone : +33(0)5 62 41 80 04
Site web : https://www.betharram.com

Fiche Aiguillages : 778
A proximité : Lourdes (la grotte), Saint-Savin (l'église abbatiale), Tarbes (les Jardins Massey), Pau (le château, le funiculaire).

Le petit Train du Jardin de Massey
Mini-trains
Ce petit train n'embarque que de jeunes passagers de deux à six ans. Il fonctionne tous les jours pendant les vacances scolaires, les mercredis, samedis et dimanches hors vacances scolaires.
65000 Tarbes
GPS : 43. 2374, 0.074046
Fiche Aiguillages : 788
A proximité : Lourdes (la grotte), Saint-Savin (l'église abbatiale), Pau (le château, le funiculaire), Valcabrère (la basilique).

L'ancienne gare de Cauterets
Cette ancienne gare a été construite dans le style régionaliste et a fait l'objet d'une rénovation dans son état d'origine, conservant ainsi son horloge, ses frises... Elle est classée monument historique.
65110 Cauterets
GPS : 42. 892, -0.114094
ATP : bus n°965 depuis Lourdes
Fiche Aiguillages : 822
A proximité : Saint-Savin (l'église abbatiale), Gavarnie (le cirque), Lourdes (la grotte), Tarbes (les Jardin Massey).

Le viaduc de Lanespède
En courbe et contre-courbe reliée entre elles par une ligne droite de cent mètres, il est long de trois cent soixante-dix-sept mètres et s'élève à vingt-neuf de haut.
65190 Lanespède
GPS : 43. 1621, 0.279823
Fiche Aiguillages : 823
A proximité : Tarbes (les Jardins Massey), Lourdes (la grotte), Saint-Bertrand de Comminges.

© Didier Descouens / Wikimedia Commons

TOULOUSE

La ville rose est la capitale de la région Occitanie et la quatrième ville de France de par son nombre d'habitants. Son architecture est caractéristique de celles des villes du Midi de la France. Elle doit son surnom à la couleur du matériel de construction traditionnel local : la brique de terre cuite. Elle est traversée par le canal du Midi qui permet de rejoindre Sète. La ville est la capitale européenne de l'industrie aéronautique et spatiale. Un réseau ferroviaire conséquent s'y est pour autant développé, mais il ne comprend pas de ligne à grande vitesse. Un axe structurant majeur traverse la ville d'Ouest en Est : c'est la ligne Bordeaux – Sète qui suit pour partie le tracé du canal du Midi. La gare de Toulouse-Matabiau est à l'origine d'une ligne vers Brive-la-Gaillarde via Capdenac. De cet axe se détachent plusieurs lignes vers Montauban, Albi... C'est par elle que passait le Capitole qui permettait de rejoindre Paris sans passer par Lyon ou Bordeaux.

Comment s'y rendre ?

De Paris : La relation peut être établie moyennant une correspondance à Tarbes ou à Narbonne.

De Lyon : Des TGV assurent une relation directe en un peu plus de quatre heures.

En train de nuit : Au départ de la capitale en début de soirée, le train à destination de Latour-de-Carol fait étape dans la ville rose en tout début de matinée.

A voir et à faire à Toulouse

Le métro
Il utilise la technique du VAL (Véhicule Automatique Léger). Ce fut le deuxième réseau de ce type ouvert au monde après celui de Lille. Il est composé de deux lignes cumulant vingt-huit kilomètres de voies et dessert trente-huit stations dont une commune aux deux.

Le tramway

Il est composé de deux lignes exploitant un tronçon commun. La longueur du réseau est de dix-sept kilomètres. Il compte vingt-sept stations dont treize sont situées sur le tronçon commun. Deux stations sont en correspondance avec le métro.

La place du Capitole

En plein centre historique de la ville, cette place immense s'étend sur douze mille mètres carrés. Elle est entièrement piétonne. Le Capitole qui abrite l'Hôtel de Ville se visite pour partie.

La basilique Saint-Sernin

Inscrite au Patrimoine mondial de l'UNESCO, c'est le plus grand édifice roman de France et un haut lieu de pèlerinage, sur le chemin de Saint-Jacques-de-Compostelle.

Le couvent des Jacobins

Situé entre la place du Capitole et la Garonne, il est entièrement constitué de briques roses. On y trouve à l'intérieur l'église des Jacobins, les re-liques de Saint-Thomas d'Aquin, un magnifique cloître, la salle capitulaire, l'un des plus vastes réfectoires de l'époque médiévale...

Le canal du Midi

Conçu par Vauban et Pierre-Paul Riquet, sur les instructions de Louis XIV, il est lui aussi classé au patrimoine mondial de l'UNESCO.

La Cité de l'espace

Elle propose une immersion totale dans l'espace et la conquête spatiale, au travers de nombreuses expositions et activités interactives sur quatre hectares.

A voir et à faire dans les environs de Toulouse

Le train à vapeur de Toulouse
Circulations sur le réseau ferré national

L'association préserve une locomotive à vapeur de la SNCF, la 141 R 1126, et organise régulièrement des voyages sur le réseau ferré

Le train à vapeur de Toulouse

© DR

national dont le programme est à retrouver sur son site. Les voyageurs sont accueillis à bord de voitures DEV Inox, types «Mistral», ou «Est». Le wagon-citerne qui se trouve derrière la locomotive, c'est pour le transport du fuel lourd auquel carbure cette machine.

Lieu-dit "En Garric" 82330 Verfeil
GPS : *43. 6493, 1.67728*
Tarifs : *Selon les voyages.*
Téléphone : *+33(0)5 61 09 42 61*
E-mail : *contact@trainhistorique-toulouse.com*
Site web : *www.trainhistorique-toulouse.com/*
Fiche Aiguillages : *775*
A proximité : *Lavaur (la ville de briques rouges), Giroussens (le centre de la céramique), Gaillac (le centre historique), Revel (la grande place à arcades), Sorèze (l'école abbatiale).*

Le musée des Jouets
Musée
Une partie de l'espace de ce musée dédié aux jouets en général est réservée aux trains. La collection rassemble une multitude de jouets datant de la fin du XIXe siècle au début des années quatre-vingt. C'est un collectionneur, Gérard Misraï qui l'a voulu pour présenter sa collection au public, qui depuis, s'est encore enrichie. L'espace est découpé en allées présentant successivement des marionnettes, des poupées, des voitures, des jeux de société... A la fin du parcours le visiteur arrive devant une grande maquette de train. De Hornby à Jouef, en passant par Märklin ou LR, JEP ou Lionel, toutes les marques sont présentées. Et différents réseaux se juxtaposent pour permettre au visiteur de voir un maximum de modèles, des premières locomotives à clé, certaines bientôt centenaires, à celles fonctionnant à piles ou sur secteur, cette partie du musée raconte comment a évolué le train miniature.

770 Boulevard Blaise Doumerc - 82000 Montauban

GPS : *44. 0174, 1.36341*
Ouverture : *Hors vacances scolaires : Mercredi, samedi et dimanche de 14h à 18h. Pendant les vacances scolaires : du mercredi au dimanche de 14h à 18h*
Tarifs : *Adulte : 6 €. Enfant de 4 à 16 ans : 3 €.*
Téléphone : *+33(0)563202706*
E-mail : *museedesjouets@gmail.com*
Site web : *https://www.lemuseedesjouets.fr/*
Fiche Aiguillages : *784*
A proximité : *Moissac (l'église abbatiale), Réalville (la bastide), Bruniquel (le village), Saint-Nicolas-de-la-Grave (le château).*

Le Musée Postal des Anciens Ambulants
Musée
Inauguré en 1995, ce musée vient de fêter ses vingt-cinq ans. Il a été créé au moment de la suppression des derniers services des ambulants postaux ferroviaires dans le sud de la France. Ses locaux sont constitués de quatre wagons-poste et d'une rame postale qui sont les témoins de l'histoire des ambulants depuis les années vingt. En complément de ses collections permanentes, chaque année, des expositions temporaires sont organisées dans ces wagons stationnés en gare de Toulouse-Raynal.

Gare de Toulouse Raynal 70 rue Cazeneuve - 31000 Toulouse
GPS : *43. 6213, 1.44574*
Ouverture : *Fermé en 2022 pour cause de déménagement à Cahors*
Tarifs : *Gratuit.*
Téléphone : *+33(0)6 74 55 14 19*
E-mail : *musee.ambulants@wanadoo.fr*
Site web : *http://www.ambulants.fr/*
Fiche Aiguillages : *785*
A proximité : *Lavaur (la ville de briques rouges), Giroussens (le Centre de la céramique), Montauban (les maisons roses, l'ascenseur public, le musée des jouets).*

Le Petit Train de Grenade

© Le Petit Train de Grenade

Le Petit Train de Grenade
Mini-trains

Sur les bords de la Save, ce petit train promène ses passagers sur un circuit en 7 pouces 1/4 constitué d'une partie bouclée et d'une seconde ou les locomotives doivent aller changer de sens en manœuvrant sur une plaque tournante.

Rond de Save 31330 Grenade
GPS : 43. 7699, 1.29541
ATP : bus n°362
Ouverture : Du 4 avril 2021 au 19 septembre 2021, le 2e et 4e dimanche de chaque mois, de 14h à 19h.
Tarifs : Gratuit.
Téléphone : +33(0)5 61 82 71 70
E-mail : petittraindegrenade@gmail.com
Site web : https://le-petit-train-de-grenade.fr/
Fiche Aiguillages : 787
A proximité : Montauban (les maisons roses), l'ascenseur public, le musée des jouets), Sarrant (les maisons à colombages), Moissac (l'église abbatiale).

Rêve et Magie du Rail
Réseau de trains miniatures

L'association a été créée en 1990 et a dès lors commencé à implanter un réseau dans un wagon dont elle venait de faire l'acquisition. La construction de la maquette Rêve et Magie du Rail a pu commencer avec l'arrivée d'une ancienne voiture voyageurs «UIC» sur le site. D'autres véhicules allaient bientôt rejoindre ces premières acquisitions, dont une locomotive BB 4700 dite «Midi», emblématique de celles qui roulaient dans la région en tête de convois de marchandises ou de trains de voyageurs. Avant de se rendre auprès du réseau, les visiteurs peuvent en découvrir la cabine de conduite et le compartiment moteur. La maquette a pour thème la reconstitution de quelques sites représentatifs de la région, même si pour le reste son décor est parfaitement imaginaire.

Emprises SNCF Route d'Arignac - 9400 Tarascon-sur-Ariège
GPS : 42. 852, 1.60018
Ouverture : Toute l'année, pendant les vacances scolaires.
Tarifs : Adulte : 6 €. Enfant de 5 à 15 ans : 3 € 50.
Téléphone : +33(0)5 61 05 94 44
E-mail : rma09@wanadoo.fr
Site web : www.rma-revemagiedurail.com/
Fiche Aiguillages : 806
A proximité : Lombrives (la grotte), Foix

Pont-canal du Cacor

© Calips / Wikimédia Commons

(le château), Montségur (le château des Cathares), Ax-les-Thermes (station thermale), Mirepoix (la bastide).

Sites ferroviaires valant le coup d'œil

L'ascenseur public
Il relie le parking du Jardin des Plantes au centre-ville. Son accès est libre et gratuit.
82000 Montauban
GPS : *44. 014, 1.35373*
Ouverture : *Toute l'année.*
Tarifs : *Gratuit.*
Fiche Aiguillages : *809*
A proximité : *Réalville (la bastide), Moissac (l'église abbatiale), Saint-Nicolas-de-la-Grave (le château).*

La gare de Toulouse Matabiau
Sur la ligne de Bordeaux à Sète, son style classique, un grand bâtiment encadré par deux pavillons lui a valu d'être classée monument historique.
31000 Toulouse
GPS : *43. 6115, 1.45369*
Fiche Aiguillages : *821*
A proximité : *Lavaur (la ville de briques*

rouges), Giroussens (le centre de la céramique), Sarrant (les maisons à colombages), Montauban (le centre-ville, l'ascenseur public, le musée des jouets)

Le pont-canal de Cacor
Sur la ligne de Bordeaux à Sète, c'est un pont métallique en treillis qui a été inauguré en 1932. Il mesure 120 mètres de long.
82200 Moissac
GPS : *44. 0915, 1.10249*
Fiche Aiguillages : *825*
A proximité : *Saint-Nicolas-de-la-Grave (Le château), Auvillar (le village), Saint-Antoine (le château).*

La gare de départ de l'ancien funiculaire
Inauguré en 1894, un funiculaire permettait de rejoindre en deux minutes la Chaumière depuis le parc des thermes à Luchon. Sa gare de départ est à ce jour toujours visible.
31110 Bagnères-de-Luchon
GPS : *42. 7831, 0.595379*
ATP : *bus n°394 depuis Gourdan-Polignan*
Fiche Aiguillages : *803*
A proximité : *Gavarnie (le cirque), Arreau (le village), Saint-Bertrand-de-Comminges (la ville), Valcabrère (la basilique).*

Le Train à vapeur des Cévennes

PAYS DE LA LOIRE

Le patrimoine de cette région est hérité de celui des anciennes provinces d'Anjou, du duché de Bretagne, du Maine et du Poitou. Plusieurs de ses villes sont labellisées villes d'art et d'histoire et une partie du territoire - le Val de Loire - est classée au patrimoine mondial de l'Unesco pour protéger ses espaces naturels. La région englobe plusieurs parcs naturels, ceux de Loire – Anjou – Touraine, de Normandie – Maine, de Brière, et abrite plusieurs des châteaux de la Loire. La capitale des Pays de la Loire est Nantes. Elle en est aussi le principal nœud ferroviaire. Desservie par le TGV, la région accueille également de nombreuses relations assurées par les TER Aleop.

Retrouvez les fiches des trains touristiques sur www.aiguillages.eu

Saint-Gilles-Croix de Vie
© Jujubier / Wikimedia Commons

TABLE DES MATIÈRES

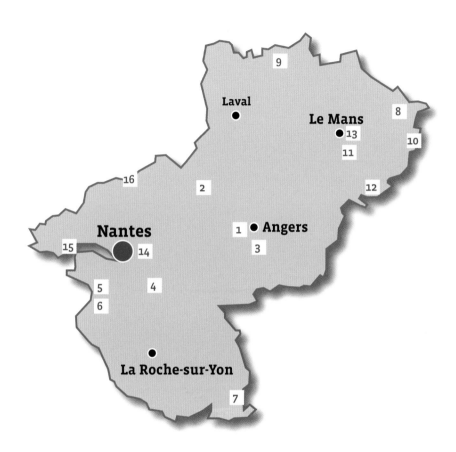

Comment venir en train

Il n'est pas très compliqué de venir en région Pays de la Loire, placée sur la voie de la LGV Atlantique, et de trouver un point d'arrêt à partir de la première grande ville rencontrée, Le Mans à moins d'une heure de Paris, à moins de préférer Angers, Nantes, Tours ou encore Vendôme. Quel que soit votre point de chute, le site destineo.fr vous aidera à vous déplacer dans la région en utilisant les différents réseaux de transports en commun.

Le Ter Aleop

Depuis 2019 le réseau TER de la région Pays de la Loire a opté pour un nom vous invitant à vous mettre en mouvement. Aleop ! Il est constitué de dix-sept lignes, desservant cent vingt-trois gares. Sur la ligne Nantes-Clisson, les trains omnibus sont pour partie assurés par des tramtrains. Pour le reste le parc du matériel roulant est composé d'automoteurs thermiques des séries X72500, X73500, et X76500, ou électriques Z21500, Z24500 et Z27500. Une BB26000 est affectée à l'Interloire. Elle tracte une rame composée de treize voitures Corails. Des Z21500 ont été modifiées pour devenir des Z21700 afin de pouvoir circuler sur la LGV Bretagne – Pays de la Loire et assurer des liaisons entre Rennes et Nantes. Des Z56500 (Région2N) sont affectées aux relations grandes lignes Orléans – Le Croisic, et Tours – Nantes, des BB25500 tractent ou poussent des Rames Réversibles Régionales entre Rennes et Laval. Enfin des B84500 (Régiolis) circulent sur Nantes – Cholet, Cholet – Angers – Saumur et Nantes – La Rochelle.

Chemin de fer de la Vendée

Bons plans

Les Billets « Ecco » sont vendus de 2 à 20 €. Ils ne sont disponibles qu'en ligne et jusqu'à la veille du départ. Une formule « Ecco enfant » permet aux 4 - 12 ans de voyager pour la moitié de ce tarif. La carte « Mezzo » se décline selon l'âge du porteur. Moins de 26 ans ? Vous pour-

rez l'acquérir pour 20 € et voyager avec une réduction de 50% sur toutes les lignes de la région sept jours sur sept. Au-delà de 26 ans ? Les mêmes avantages vous attendent mais la carte vous sera proposée à 30 €. Les samedis, dimanches et jours fériés, ce tarif s'étend au prix payé par un maximum de trois personnes accompagnant le porteur de la carte.

© DXR / Wikimedia Commons

ANGERS

Cette petite ville à taille humaine vaut le détour. Capitale historique de l'Anjou, elle est le berceau des Plantagenêt l'une des dynasties dont les rois ont régné sur la France. Elle doit son développement et son rôle politique à la position géographique qu'elle occupe sur les bords du Maine, sur un axe de communication naturel entre le bassin parisien et la Côte Atlantique. La ville est à la jonction des lignes ferroviaires de Tours à Saint-Nazaire, et de celle du Mans à Angers. Sa gare principale, dite de Saint-Laud a été mise en service en 1853. Elle se trouve à une heure trente de la gare Montparnasse. La mise en service de « La virgule ferroviaire de Sablé » une bretelle de raccordement permettant de rejoindre à partir de Sablé-sur-Sarthe la LGV Bretagne – Pays de la Loire a permis de raccourcir les temps de parcours vers Laval et Rennes. La ligne Intercités Nantes – Lyon y passe.

Comment s'y rendre ?

De Paris : Au départ de la gare de Montparnasse, des TGV Inoui et Ouigo desservent Angers en un peu plus d'une heure trente.

De Lyon : Il existe quelques relations directes couvertes en un peu moins de quatre heures en TGV, mais la plupart supposent une correspondance à Paris qui allonge le temps de parcours et le rapprochent des cinq heures.

De Lille : Le parcours peut être réalisé en faisant correspondance à Paris, mais aussi en direct par TGV. Dans l'un et l'autre cas, sa durée est de trois heures trente en moyenne.

De Nantes : La relation est établie par des TER nombreux qui mettent autour de quarante à cinquante minutes à relier les deux villes.

A voir et à faire dans les environs d'Angers

Le château
Datant du XIIIe siècle, il domine la ville sur un pic rocheux. Doté de dix-sept tours, d'un chemin de ronde et d'un pont-levis, il en est devenu l'emblème. Ses jardins sont également remarquables.

La vieille ville
La plus vieille maison de la ville s'y trouve. Elle date de 1491. A voir également, la Place du Ralliement et le Grand Théâtre.

La cathédrale Saint-Maurice
De style roman et gothique Plantagenêt, elle date du XIIe siècle. Elle renferme de nombreux vitraux datant pour les plus anciens de la construction de l'édifice.

A voir et à faire dans les environs d'Angers

Le Petit Anjou
Musée
L'association restaure du matériel ferroviaire utilisé par l'ancien chemin de fer départemental du Petit Anjou. A l'heure actuelle, c'est un autorail De Dion-Bouton des années vingt qui est en chantier.
La gare Route de Savennières
49070 Saint-Jean-de-Linières
GPS : *47.4622, -0.658359*
Accès : *bus n°36*
Ouverture : *Des visites sont organisées l'été les mercredis, samedis et dimanches ou sur rendez-vous hors saison.*
Téléphone : *+33(0) 2 41 39 75 51*
E-mail : *contact@petit-anjou.fr*
Site web : *https://www.petit-anjou.fr*
Fiche Aiguillages : *836*
A proximité : *Angers (le château, la cathédrale), Brissac (le château), Solesmes (l'abbaye).*

La Mine Bleue
Musée
Ce site unique en Europe permet de découvrir le quotidien des mineurs dans une mine d'ardoise. La visite se fait en petit train à cent vingt-six mètres sous terre.
La Gâtelière - 49500 Segré
GPS : *47.7134, -0.956337*
Accès : *bus n°118-Ad au départ de Sablé-Sur-Sarthe*
Ouverture : *D'avril à novembre.*
Durée de la visite : *2h15 environ.*
Tarifs : *Adulte : 15 €. Enfant de 12 à 17 ans : 13 €.*
Téléphone : *+33(0)2 41 94 39 69*
E-mail : *accueil@laminebleue.com*
Site web : *https://www.laminebleue.com/fr/*
Fiche Aiguillages : *898*
A proximité : *Angers (le château, la cathédrale), Laval (le château, la rivière, le centre historique), Solesmes (l'abbaye), Brissac (le château).*

Le petit Train du parc de l'étang
A l'intérieur du parc de loisirs de l'étang, ce petit train fait un circuit d'un kilomètre trois cents.
49320 Brissac-Quincé
GPS : *47.3599, -0.443714*
Fiche Aiguillages : *837*
A proximité : *Angers (le château, la cathédrale), Aubigné-sur-Layon (le village), Le Plessis-Bourré (le château), Fontrevaud (l'abbaye).*

Petit Train du parc de l'étang © DR

© Nicolas Bégaud / Wikimedia Commmons

LA ROCHE-SUR-YON

La commune a été façonnée par Napoléon Ier qui a transformé ce qui n'était alors qu'un petit bourg en une cité moderne basée sur un plan en forme de pentagone. Il l'a dotée de plusieurs édifices publics importants : la préfecture, l'hôtel de ville, le théâtre... C'est par décret impérial qu'elle devient la préfecture de la Vendée. De nos jours elle reste la principale ville du département. Le train y est arrivé en 1866 avec l'ouverture de la ligne en provenance de Nantes, par la Compagnie du Chemin de Fer de Paris à Orléans. Elle est reliée par le train à Bressuire, La Rochelle, Nantes et aux Sables-d'Olonne.

Comment s'y rendre ?

De Paris : En direct ou par le biais d'une correspondance à Nantes, ce parcours se fait au départ de la gare de Montparnasse et prend entre trois heures trente et quatre heures.

De Lyon : Pas de relations directes, le trajet se fait en deux temps, en passant par Paris.

De Nantes : Des TER assurent la relation en moins d'une heure, plusieurs fois par jour.

A voir et à faire à La Roche-sur-Yon

La place Napoléon

Un curieux zoo mécanique vous y attend. Vous y trouverez un crocodile, un hippopotame, des flamants roses et des grenouilles métalliques, dont vous pourrez même commander les mouvements !

La maison Renaissance

Sur la place de l'horloge, c'est une belle demeure datant du XVIe siècle. C'est un lieu dédié au patrimoine et à l'histoire.

Le théâtre à l'italienne

Inaugurée en 1845, sa salle est en forme de fer à cheval et dispose de loges sur plusieurs niveaux. Le plafond est en forme de coupole et éclairé d'un lustre magistral.

A voir et à faire dans les environs de La Roche-sur-Yon

Le chemin de fer de la Vendée
Train Touristique

Au départ de la gare de Mortagne-sur-Sèvre, l'association propose des balades commentées jusqu'aux Herbiers à bord de trains à vapeur, d'un autorail Picasso ou d'un train restaurant. Les trains à vapeur circulent tous les dimanches du 5 juin au 25 septembre, et du 3 juillet au 31 août également les mercredis et vendredis. Les trains restaurant roulent de début avril à fin octobre. Ils sont constitués de voitures «Grands Express», certaines ayant fait partie de la composition de l'Orient Express, de la Flèche d'or ou du Nord Express et permettent de goûter de nos jours au charme et au luxe de ces trains prestigieux. L'autorail Picasso est mis en service pour les groupes, sur réservation. Le voyage se fait sur les vingt-deux kilomètres de ligne, passe par trois viaducs et des rampes de quinze pour mille, aux travers des Monts de Vendée. On aperçoit au loin, le Puy du Fou. Les trains à vapeur sont tractés par l'une des deux locomotives préservées par l'association. Les passagers prennent place dans des «boîtes à tonnerre» Autrichiennes construites au début du XXe siècle.

2 bis avenue de la gare
85290 Mortagne-sur-Sèvre
GPS : *46.9929, -0.944787*
Accès : *bus n°510*
Ouverture : *D'avril à fin octobre.*
Durée de la visite : *2h30 environ.*
Tarifs : *Adulte : 20 €. Enfant de 3 à 13 ans : 12 €.*
Téléphone : *+33 (0)2 51 63 02 01*
E-mail : *chemindefer.vendee@wanadoo.fr*

Chemin de fer de la Vendée

©CFV

Site web : *https://www.vendeetrain.fr/*
Fiche Aiguillages : *827*
A proximité : *Tiffauges (le château), Aubigné-sur-Layon (le village), Clisson (le château).*

Le vélorail de Commequiers
Vélorail
Balade insolite de 2h dans la campagne du Pays de St Gilles Croix de Vie. Le départ est donné en gare de Commequiers. Le parcours traverse le viaduc métallique de la vie, le village de Dolbeau, et arrive à Coëx au bout de sept kilomètres. A cette extrémité de la ligne, une plaque tournante permet de retourner sans effort les vélorails.
Route de Saint-Gilles - 85220 Commequiers
GPS : *46.7581, -1.8452*
Accès : *bus n°173*
Ouverture : *De début avril à début novembre.*
Durée de la visite : *2h environ.*
Tarifs : *27 € par vélorail.*
Téléphone : *+33 (0)2 51 54 79 99*
Site web : *http://www.velorail-vendee.fr/*
Fiche Aiguillages : *830*
A proximité : *Saint-Hilaire-de-Riez (station balnéaire), Saint-Gilles-Croix-de-Vie (le port), Saint-Jean-de-Monts (station balnéaire), Les îles de Noirmoutier et d'Yeux.*

Vendée Miniature
Réseau de trains miniatures
L'aventure est née de modélistes passionnés qui se sont lancés dans la reproduction au 1/10ème d'un village vendéen des années 1900. Il aura fallu seize ans de travail pour que ce projet voit le jour et les évolutions sont constantes. La maquette évoque les métiers d'autrefois et la vie des hommes et des femmes de la campagne. Même si le train n'est pas au coeur de cette maquette, il y est bien évidemment présent grâce à une locomotive 030T Buffaud Robatel qui évolue sur soixante-dix mètres de voies.
50 rue du Prégneau
85470 Brétignolles-sur-Mer

GPS : *46.6322, -1.86747*
Accès : *bus n°174*
Ouverture : *D'avril à octobre et pendant les vacances de Noël.*
Tarifs : *Adulte : 9 €. Enfant de 5 à 12 ans : 6 €.*
Téléphone : *+33(0)2 51 22 47 50*
E-mail : *contact@vendee-miniature.fr*
Site web : *https://www.vendee-miniature.fr*
Fiche Aiguillages : *833*
A proximité : *Saint-Gilles-Croix-de-Vie (le port), Saint-Hilaire-de-Riez (station balnéaire), Les îles de Noirmoutier et d'Yeux.*

Sites ferroviaires valant le coup d'œil

Le tortillard du Parc de Pierre Brune
Ce parc de loisirs est né autour de son petit train qui s'est installé dans ce coin de la forêt de Mervent en 1959.
85200 Mervent
GPS : *46.5422, -0.776772*
Accès : *bus n°123 au départ de Fontenay-le-Comte.*
Fiche Aiguillages : *899*
A proximité : *Fontenay-le-Comte (les maisons du XVIIIᵉ), Nieule-sur-l'Autise (l'abbaye), Le Marais Poitevin. Luçon (la cathédrale), Cherveux (le château).*

Vélorail de Commequiers

© Simon Bourcier

© Mark Ryckaert / Wikimedia Commons

LE MANS

Préfecture de la Sarthe, la ville est l'ancienne capitale du Maine et du Perche. Le vieux Mans est aussi nommé « Cité Plantagenêt » car elle fut le lieu du mariage de Geoffroy V d'Anjou et de Mathilde l'Emperesse, fille du roi d'Angleterre, alliance qui fut à l'origine de la création de l'Empire Plantagenêt. Chaque année l'Automobile Club de l'Ouest y organise le deuxième week-end du mois de juin, la plus grande course automobile du monde, les 24 Heures du Mans. D'un point de vue ferroviaire, Le Mans fut un temps surnommée « l'étoile ferroviaire de l'Ouest ». Sa première gare vit le jour en 1852. La LGV Bretagne – Pays de la Loire contourne la ville par le nord, mais un raccordement permet de desservir néanmoins la ville.

Comment s'y rendre ?

De Paris : La relation est possible en TGV Inoui ou Ouigo, ou en TER. La première solution est la plus rapide, une heure contre trois heures.

De Lyon : Des TGV en partance pour la Bretagne et passant par la gare de Massy-TGV permettent d'établir cette relation en direct. Le voyage prend alors trois heures. Il est également possible de le faire moyennant une correspondance à Paris et un léger allongement du temps de parcours.

De Lille : Une relation directe existe au départ de Lille Europe. Il faut moins de trois heures pour rejoindre Le Mans.

A voir et à faire au Mans

Le tramway
Le réseau est constitué de deux lignes ayant un tronc commun de sept stations. Chacune des rames du parc porte un nom.

Le centre historique
Très bien conservé ou restauré, il abrite de nombreuses maisons médiévales au fil de ses ruelles sinueuses et piétonnes, et est comme un petit village dans la ville où il fait bon flâner.

La cathédrale Saint-Julien
L'un des plus grands édifices gothiques-romans de France présente une architecture unique dans le Grand Ouest. Sa fondation remonte à 1060. C'est l'un des monuments les plus visités de la Sarthe.

L'abbaye royale de l'Epau
Cistercienne, son architecture est très sobre et néanmoins impressionnante. Elle abrite un grand jardin exploité en permaculture.

Le Musée des 24 heures
Installé aux abords du circuit, il raconte l'histoire de cette course mythique sur quatre mille mètres carrés d'exposition permanente. Cent cinquante véhicules de compétition y sont présentés.

A voir et à faire dans les environs du Mans

Le Chemin de fer touristique de la Sarthe
Train Touristique
Depuis 1977, la Transvap (Transport Vapeur) fait rouler son matériel préservé sur la «Ligne des Ducs», de Connerré à Bonnétable sur dix-sept kilomètres. Elle est surnommée ainsi car elle a été financée par un duc et des notables

locaux. La création de la Transvap a fait suite à la fermeture du réseau du Mamers-Saint-Calais le 31 décembre 1977, suivi l'année suivante du déferrement de l'ensemble de ses lignes. L'association a pu récupérer les ateliers datant de l'ouverture de la ligne en 1872 et quelques matériels roulants de l'ancienne compagnie. Elle se lance dans la remise en état de la portion de voie qui lui a été confiée et la restauration d'une première locomotive à vapeur. D'autres suivront.

En avril 1997, tous ses efforts ont bien failli être anéantis. Un violent incendie détruit les ateliers dont le bâtiment était en bois et endommage une grande partie de son matériel roulant. Il faudra tout reprendre à zéro. A l'emplacement des ateliers, une nouvelle gare est construite.

De nos jours, les trains réguliers circulent en juillet et en août, le dimanche. Des

Le Chemin de fer touristique de la Sarthe

Vélorail de Saint-Loup-du-Gast

trains spéciaux à thèmes ou affrétés par des groupes sont mis en place tout au long de l'année. Ils ont pour destination Bonnétable, mais desservent le plan d'eau de Tuffé où il est possible de s'arrêter pour un pique-nique.

5 Route de Montfort - 72160 Beillé
GPS : *48.0824, 0.510098*
Accès : *Prévenir l'association de l'heure de votre arrivée à la gare, l'un de ses membres viendra vous chercher pour traverser les voies et rejoindre la gare de départ du train touristique.*
Ouverture : *En été.*
Tarifs : *Forfait journée Adulte : 16 € - Enfant de 4 à 12 ans : 8 €.*
Téléphone : *+33 (0)2 43 89 00 37*
E-mail : *contact@transvap.fr*
Site web : *http://www.transvap.fr*
Fiche Aiguillages : *826*
A proximité : *La Ferté-Bernard (le château), Le Mans (le quartier historique), Nogent-le-Rotrou (le château), Sillé-le-Guillaume (le château).*

Vélorail de Saint-Loup-du-Gast
Vélorail

La balade de 6 km aller-retour se fait aux milieux de paysages typiques du bocage mayennais. Il passe par le viaduc de la Rosserie, qui domine la Mayenne.
Les départs se font à toute heure, sans réservation.

Ancienne gare - 53300 Saint-Loup-du-Gast
GPS : *48.3851, -0.586638*
Accès : *bus n°110 au départ de Laval.*
Ouverture : *D'avril à octobre les dimanches et jours fériés, tous les jours en juillet et en août.*
Durée de la visite : *1 heure environ.*
Tarifs : *18 € par vélorail.*
Téléphone : *+33 (0)6 26 10 60 17*
E-mail : *mairie-de-st-loup-du-gast@wanadoo.fr*
Site web : *https://cutt.ly/AbwG60M*
Fiche Aiguillages : *829*
A proximité : *Lassay-les-Châteaux (les deux châteaux), Jublains (les ruines romaines), Laval (le château, la rivière), Sillé-le-Guillaume (le château).*

SEMUR EN VALLON

MuséoTrain

© Museotrain

Le muséoTrain
Musée

Ce site très original, entièrement construit sur un terrain qui n'avait jusque-là jamais vu passer de train, est dédié à l'aventure Decauville. Un petit train attend les visiteurs à la gare, pour les emmener visiter le musée et faire ensuite une balade d'un quart d'heure sur le site. Le musée raconte l'aventure Decauville dans les années 20/30, au travers d'une déambulation interactive qui amène les visiteurs à monter à bord de différents matériels exposés. Cet espace muséographique a été conçu de telle manière qu'il n'y a aucune marche à gravir pour se hisser dans les locomotives ou les voitures.

La Gare - 72390 Semur-en-Vallon
GPS : *48.0238, 0.653312*
Ouverture : *D'avril à octobre.*
Durée de la visite : *De 1 à 2 heures.*
Tarifs : *Adulte : 8 €. Enfant de 5 à 13 ans : 5 €.*
Téléphone : *+33(0)6 30 84 41 33*
E-mail : *ccfsv333@gmail.com*
Site web : *https://cutt.ly/RbwHaoR*
Fiche Aiguillages : *831*
A proximité : *La Ferté-Bernard (le château), Le Mans (le centre historique), Nogent-le-Rotrou (le château), Lude (le château).*

L'association pour la Préservation et l'Entretien du Matériel à Voie Etroite
Préservation de matériels roulants historiques

L'objectif de l'association est de préserver du matériel Decauville. Elle a réuni une collection comptant sept locomotives à vapeur, vingt locotracteurs, vingt voitures voyageurs et une trentaine de wagons. La collection est rassemblée sur un site qui ne permet pas la pose de voies, aussi l'association est à la recherche d'un lieu où elle pourrait faire rouler un train touristique sur quelques kilomètres. Son dépôt est ouvert au public à l'occasion des journées du patrimoine.

La Pinelière - 72500 Saint Germain d'Arcé
GPS : *47.7594, 0.275119*
Ouverture : *Durant les journées du patrimoine.*
Téléphone : *+33(0)2 43 46 04 72*
E-mail : *gilles.couleard@orange.fr*
Site web : *https://apemve.monsite-orange.fr*
Fiche Aiguillages : *834*
A proximité : *Lude (le château), Le Mans (le centre historique), Baugé (le château), Solesmes (l'abbaye), Langeais (le château).*

La rotonde ferroviaire de Montabon
Bâtiment ferroviaire

Dans la Sarthe à quelques centaines de mètres de la gare de Château-du-Loir, cette rotonde est l'une des rares préservées en France. Son bâtiment a été construit en 1890. Sa surface est de 2 500 m². Il abrite dix voies à l'intérieur. Dehors, un pont tournant de vingt-quatre mètres est de nouveau fonctionnel. Il dessert dix autres voies.

L'association a engagé de très gros travaux de restauration pour le mettre à l'abri de l'eau dans lequel il avait baigné pendant plusieurs années, et évacué les tonnes de gravats qui l'empêchaient de tourner. Le bâtiment de la rotonde a également pas mal souffert. Bombardé en 1944, son toit a été refait l'année suivante. Désaffectée dix ans plus tard, la rotonde a abrité pendant quelques années un stock d'engrais, avant que des habitants de la région ne prennent l'habitude de s'en servir de décharge. Lorsque les membres de l'association ont commencé à la prendre en charge, leur travail a consisté à évacuer cinquante tonnes de déchets !

A la création de la Mission Berne, les membres de l'association décident sans trop y croire de monter un dossier très ambitieux pour le restaurer. Parmi deux mille candidats, leur dossier a néanmoins été retenu dans les dix-huit projets sélectionnés pour obtenir un financement via le loto du patrimoine. Le projet est d'en faire un pôle touristique, abritant une collection de matériels et d'objets présentant l'histoire du chemin de fer dans la région, et pourquoi pas, de créer sur dix-sept kilomètres un parcours que pourrait emprunter un chemin de fer touristique, qui pourrait réutiliser une section de l'ancienne ligne Paris – Bordeaux à laquelle la rotonde est connectée.

A 300 mètres de la gare route de Nogent sur Loir - 72500 Montabon
GPS : *47.6695, 0.39444*
Accès : *La rotonde est à trois cents mètres de la gare.*
Ouverture : *Visites guidées les mercredis et samedis.*
Durée de la visite : *1h30 environ.*
Tarifs : *Laissé à la libre appréciation des visiteurs.*
Téléphone : *+33(0)2 43 46 77 25*
E-mail : *rfvl@outlook.fr*
Site web : *http://rfvl.over-blog.com/*
Fiche Aiguillages : *835*
A proximité : *Lude (le château), Le Mans (le centre historique), Villandry (le château), Langeais (le château), Azay-le-Rideau (le château).*

Sites ferroviaires valant le coup d'œil

Le petit train du parc récréatif Papéa

A l'intérieur du parc de loisirs Papéa, circule le Transpapéa, un petit train en voie de 60. Départ tous les quarts d'heure.
72530 Yvré-l'Evêque
GPS : *48.0021, 0.250961*
Accès : *bus n°23*
Fiche Aiguillages : *848*
A proximité : *Le Mans (le centre historique), La Ferté-Bernard (le château), Sillé-le Guillaume (le château), Lude (le château), Solesmes (l'abbaye).*

Rotonde ferroviaire de Montabon

© DR

Les machines de l'île

© Jean-Pierre Dalbébra / Wikimedia Commons

NANTES

Au sud du massif armoricain, la ville s'étend sur les rives de la Loire. Préfecture de la Loire-Atlantique, elle est aussi celle de la région Pays de la Loire.

De tout temps, elle fut un site portuaire d'importance bien que située à une cinquantaine de kilomètres de l'océan. Elle dispose d'un très riche patrimoine architectural hérité des XVIIIe et XIXe siècle. La gare actuelle date du milieu du XXe siècle. Elle remplace l'ancienne gare de Nantes-Orléans établie par la Compagnie du Paris –Orléans.

Très endommagé par les bombardements de la Seconde Guerre mondiale, son bâtiment voyageur a été entièrement détruit pour être reconstruit. Il a fait l'objet d'importants aménagements pour accueillir le TGV.

Comment s'y rendre ?

De Paris : Les TGV passant par la LGV Bretagne – Pays de la Loire mettent un peu plus de deux heures à rejoindre Nantes.

De Lyon : Ce trajet passe nécessairement par Paris. Il faut compter un peu moins de cinq heures en général pour rejoindre les deux villes.

De Lille : Des relations directes sont établies au départ de Lille-Europe. Le temps de parcours est alors d'un peu plus de quatre heures.

A voir et à faire à Nantes

Le tramway

La version moderne du réseau est née à la fin des années 70. Nantes ferra partie des toutes premières villes françaises à étudier le retour de ce mode de transport dans ses rues. Le réseau actuel est constitué de trois lignes desservant quatre-vingt-trois stations, réparties sur quarante-quatre kilomètres. La circulation se fait pour l'essentiel en site propre. Son point névralgique est la station commerce où les trois lignes se croisent.

Le château des ducs de Bretagne

Propriété de la ville depuis le début du XXe siècle, on peut en parcourir le chemin de ronde. Il abrite le Musée d'histoire de la ville qui en raconte l'histoire depuis l'époque de la cité gallo-romaine.

Le Passage Pommeraye

Cette galerie couverte a été inaugurée en 1842. Elle est à la fois dédiée à l'habitat et au commerce. Ses boutiques sont accessibles sur trois niveaux desservis par un escalier monumental. Elle est dotée d'une immense verrière.

Le Jardin des plantes

C'est un magnifique parc créé sous Louis XIV. Il abrite plus de onze mille espèces végétales. Des serres humides abritent des variétés tropicales ou méditerranéennes.

Les machines de l'île

Un monde fantastique fait d'animaux géants articulés, dont la visite se termine par une balade sur le dos d'un éléphant de bois et de fonte ou la visite du carrousel des mondes marins qui, sur trois niveaux et vingt-cinq mètres de haut fait voyager dans l'univers de Jules Verne.

A voir et à faire dans les environs de Nantes

Le camping du Haut-Village
Hébergement insolite

Sur un terrain de camping situé entre Saint-Nazaire et l'île de Noirmoutier différents hébergements insolites sont proposés, dont plusieurs le sont dans des matériels ferroviaires. Dans une ancienne voiture voyageurs ont été aménagées cinq chambres, comprenant chacune, un salon avec deux banquettes qui se transforment en lit et un

ancien bar de TGV pour l'espace cuisine. Un quai, fait office de terrasse.

Une seconde voiture a été équipée pour recevoir des groupes jusqu'à seize personnes. Un autre hébergement est proposé dans un tramway et une draisine reliés entre eux par une passerelle.

44730 Saint-Michel-Chef-Chef
GPS : *47.1677, -2.13734*
Accès : *bus n°315*
Site web : *https://cutt.ly/PbwHP8s*
Fiche Aiguillages : *847*
A proximité : *Pornic (le port), Pornichet (station balnéaire), Les îles de Noirmoutier et d'Yeux, La Baule (station balnéaire), Guérande (les marais salants).*

Sites ferroviaires valant le coup d'œil

La gare de La Baule

Le bâtiment de la gare a été construit dans un étonnant style néo-breton. Il fait penser à un manoir.

44500 La Baule-Escoublac
GPS : *47.2887, -2.38918*
Fiche Aiguillages : *850*
A proximité : *Le Pouliguen (station balnéaire), Pornichet (station balnéaire), Guérande (les marais salants), Le parc naturel de Brière.*

Le petit train de l'étang de Gruellau

Ce petit train est géré par l'Association de Conservation et d'Exploitation de Matériel Ferroviaire de l'Ouest. Depuis l'entrée du site il emmène les promeneurs le long de l'étang sur un parcours d'un kilomètre trois cents.

44170 Treffieux
GPS : *47.6004, -1.53041*
Fiche Aiguillages : *900*
A proximité : *Redon (le port), Châteaugiron (le château), Saint-Brévin-les-Pins (station balnéaire), Paimpont (la forêt).*

PROVENCE-ALPES-CÔTE D'AZUR

D ans le sud-est de la France, bordée par la Méditerranée et la frontière italienne, la région présente des paysages variés. Son climat de type méditerranéen en fait un pôle d'attraction majeur tant pour ceux qui décident de venir y vivre à l'année, que pour les touristes. Son chef-lieu est Marseille. Ses autres grandes aires urbaines sont Avignon, Nice et Toulon. La région est aussi connue sous l'acronyme « PACA », mais de plus en plus d'institutions locales à commencer par le Conseil Régional utilisent les termes de « Région Sud » pour la désigner sans pour autant qu'il s'agisse d'une appellation officielle. Outre de nombreux automoteurs, sur les rails de la région circulent encore des Rames Réversibles Régionales et des rames Corail.

Retrouvez les fiches des trains touristiques sur www.aiguillages.eu

Champ d'oliviers

Calanques

© DR

TABLE DES MATIÈRES

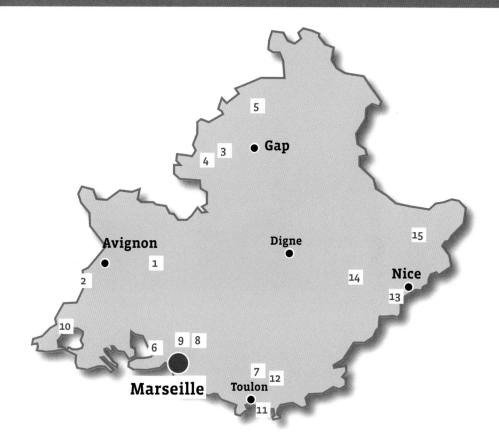

Le viaduc d'Avignon

© Loltvofficiel / Wikimédia commons

Comment venir en train

Une ligne à grande vitesse, la LGV Méditerranée met Marseille à trois heures de Paris, en desservant au passage Avignon et Aix-en-Provence. Un projet de prolongement jusqu'à Nice a été abandonné, mais les lignes classiques ont été renforcées, permettant notamment aux TGV d'atteindre la ville.

Le TER Sud Provence-Alpes-Côte d'Azur

Le réseau n'est pas très développé, il ne compte qu'un peu plus de mille kilomètres de voies et cent quarante-cinq gares, pour l'essentiel le long de la côte ou remontant vers le nord via Avignon ou Aix-en-Provence. En revanche l'intérieur des départements des Alpes-de-Haute-Provence, des Alpes-Maritimes ou du Var ne sont pas du tout desservis par le train. Sur les principaux axes, à savoir Marseille-Aix-en-Provence et Cannes-Vintimille, les horaires sont cadencés, et on compte deux à trois trains par heure. Le réseau ferroviaire régional a été intégré à l'offre de transport « Zou ». A noter, l'existence d'une ligne au statut particulier voyant circuler des trains entre Nice et Digne. Elle n'est pas exploitée par la SNCF et donc pas intégrée au réseau TER, mais par une régie régionale. Il s'agit des Chemins de Fer de Provence.

Bons plans

La carte « Zou » se décline en de multiples formules. Deux d'entre elles peuvent intéresser les voyageurs ponctuels. Pour les moins de vingt-six ans son prix est de 15 €, pour les autres, elle s'achète 30 €. Elle offre 50% de réduction sur tous les déplacements dans la région et 75% sur un trajet privilégié. Pour les trajets vers la région Auvergne-Rhône-Alpes, elle offre 25% de réduction la semaine, et 50% le week-end. Vers l'Occitanie, 50 % tous les jours. Une carte « Zou » propre aux Chemins de Fer de Provence est disponible pour des circulations uniquement sur ce réseau. Elle est vendue 30 € et fonctionne sur le même principe. 50% de réduction sur tous les trajets et 75% sur un trajet favori.

AVIGNON

Au confluent du Rhône et de la Durance, Avignon est idéalement située au cœur de la Provence. La ville est connue pour son festival, son pont, son Palais des Papes et ses remparts. Elle est l'une des rares à les avoir conservés. Elle est pour cela classée au patrimoine mondial de l'UNESCO. Elle est desservie par trois gares. Avignon Centre, est la gare historique. Elle date de 1860 et est située à deux pas des remparts. Avignon TGV, construite sur la LGV Méditerranée et Avignon Montfavet qui reçoit des TER.

Comment s'y rendre

De Paris : Des TGV rallient la gare d'Avignon Centre ou celle d'Avignon TGV en deux heures trente au départ de la gare de Lyon.

De Lyon : Les deux villes sont mises en relation en deux heures en moyenne, soit par la gare d'Avignon Centre, soit par sa gare TGV.

De Marseille : Des TER directs relient les deux villes en un peu plus de deux heures.

A voir et à faire à Avignon

Le Palais des Papes :
C'est le principal monument historique d'Avignon et aussi le plus visité. Il a servi de résidence aux souverains pontifes pendant tout le XIVe siècle. Neuf s'y sont succédé. Sa visite permet de découvrir plus de vingt-cinq salles ayant servi aux cérémonies, mais aussi les appartements privés des papes, les chapelles, les terrasses et les remparts.

Le pont

La chanson est connue dans le monde entier... Ses admirateurs sont donc également très nombreux à se précipiter pour le voir. Sa construction a commencé au XIIe siècle, mais plusieurs fois endommagé par les crues du Rhône, il a dû être reconstruit. Il ne reste plus que quatre de ses vingt deux arches originelles.

La cathédrale Notre-Dame-des-Doms

Elle se trouve juste à côté du Palais des Papes. Elle est fameuse pour son clocher au sommet duquel se trouve une Vierge dorée. A côté se visite le Jardin des Doms qui propose plusieurs sentiers aménagés et dévoile les statues des grands hommes de la ville et des fontaines. On y jouit d'une très belle vue sur toute la vallée du Rhône.

Le centre historique

Il est pour une bonne part, piéton et présente plusieurs points dignes d'intérêt : La place et la tour de l'horloge, l'opéra-théâtre, le Palais du Roure et les remparts.

Le Fort Saint-André

Juste en face du pont et du Palais des Papes, il a été construit au XIVe siècle pour protéger le royaume de France contre d'éventuelles attaques. C'est un parfait exemple d'architecture militaire médiévale.

A voir et à faire dans les environs d'Avignon

Le Jarditrain
Mini-trains

Ce parc de loisirs miniature et ferroviaire est installé à Saint-Didier à proximité de Carpentras, au pied du mont Ventoux. Dans un jardin de mille mètres carrés circulent une vingtaine de trains au 1/25e sur plus de six cent cinquante mètres de rails. Trois mille cinq cents plantations y sont taillées en bonsaï. De multiples saynètes présentent des tableaux de la vie quotidienne en Provence.

186 chemin neuf - 84210 Saint-Didier
GPS : 44. 021, 5.1074
Accès : bus n°N
Ouverture : Pas d'ouverture en 2022
Durée de la visite : 2h en moyenne
Tarifs : Adulte : 8 €. Enfant de 3 à 12 ans : 6 €
Téléphone : +33(0)4 90 40 45 18
Site web : https://www.lejarditrain.com/
Fiche Aiguillages : 867
A proximité : Le Beaucet (le château et les fortifications), Venasque (l'ancien baptistère), Sénanque (l'abbaye), Gordes (le village des bories), Roussillon (le sentier des ocres).

Sites ferroviaires valant le coup d'œil

La gare d'Avignon TGV

Ce bâtiment en forme de coque de bateau renversé est en courbe. Il mesure quatre cents mètres de long.

84000 Avignon
GPS : 43. 9222, 4.78583
Fiche Aiguillages : 890
A proximité : Avignon (le Palais des Papes, le pont...), Saint-Laurent-des-Arbres (village historique), Tarascon (le château), Orange (le théâtre Antique).

Le viaduc des Angles

Ce double viaduc permet aux TGV de franchir le Rhône. Il est constitué de deux tabliers en courbe et contre-courbe.

84000 Avignon
GPS : 43. 9345, 4.75688
Fiche Aiguillages : 891
A proximité : Saint-Laurent-des-Arbres (village historique), Tarascon (le château), Orange (le théâtre Antique), l'Isle-sur-la-Sorgue (les rivières).

GAP

© Aups / Wikimedia Commons

Située à sept cent cinquante mètres d'altitude, dans un écrin de verdure, au bord de la Luye, la ville est le chef-lieu du département des Hautes-Alpes. La plus haute préfecture du pays. Sa vieille ville est propice à la flânerie. La ville est desservie par le train, via la ligne de Veynes à Briançon et connectée au-delà à Lyon via Grenoble et Marseille via Aix-en-Provence. Elle est reliée directement à Paris par un train Intercité de nuit. Sa gare a été construite dans les années 1870 et mise en service en 1875 par la Compagnie du PLM. Elle est de nos jours desservie par des TER PACA et Auvergne-Rhône-Alpes.

Comment s'y rendre

De Paris : Des travaux en cours en 2022 sur une bonne partie du parcours au niveau de la ligne reliant Grenoble à Veynes perturbent fortement cette relation qui reste possible au prix d'une correspondance à Valence, d'où le trajet devra être terminé à bord d'un bus de substitution.

De Lyon : Des travaux en cours en 2022 sur une bonne partie du parcours au niveau de la ligne reliant Grenoble à Veynes perturbent fortement cette relation qui reste possible au prix d'une correspondance à Valence ou Aix-en-Provence, d'où le trajet devra être terminé à bord d'un bus de substitution.

En train de nuit : Au départ de la gare de Paris Austerlitz, il est possible d'emprunter le train de nuit à destination de Briançon pour arriver à Gap au petit matin.

A voir et à faire à Gap

Le centre-ville
A découvrir plus particulièrement, la Tour de l'horloge, l'hôtel de ville, le centre piétonnier...

La cathédrale Notre-Dame-de-Saint-Arnoux
Napoléon III est à l'origine de sa construction. Il voulait par là même tenir une promesse faite par son oncle, Napoléon Ier. Elle est venue remplacer un édifice du XIIIe siècle qui menaçait de s'effondrer, et est de style néo-romano-gothique.

Le château de Charance
C'est l'ancienne résidence d'été des seigneurs-évêques de la ville.

Le musée Départemental des Hautes-Alpes
C'est l'un des plus anciens de province. Il dispose d'une importante collection dédiée à l'archéologie, la numismatique, la céramique, la peinture, la sculpture...

A voir et à faire dans les environs de Gap

Le Veyn'art
Circulations sur le Réseau Ferré National
Chaque année l'Association du train Touristique du Centre Var met à la disposition de la Communauté de Communes Buëch Dévoluy et de l'écomusée du cheminot Veynois un autorail à bord duquel des artistes montent pour présenter leur univers aux passagers au cours de différents voyages. Le train part de la gare de Veynes-Dévoluy et explore selon les jours, les différentes branches de l'étoile de Veynes.
Gare - 05400 Veynes
GPS : 44. 5323, 5.81598
Ouverture : Circulations les 29, 30 et 31 juillet, 5, 6 et 7 août 2021
Tarifs : En fonction du parcours choisi.
Téléphone : +33 (0)4 92 58 98 32
Site web : http://veynart.fr/
Fiche Aiguillages : 509
A proximité : Clelles-Mens (La gare), Notre-Dame de La Salette (L'église), Sisteron (La citadelle).

L'Ecomusée du cheminot Veynois
Musée
Le petit bourg rural de Veynes n'était pas destiné à connaître le développement qui fut le sien. Voulu, par un enfant du pays, Adrien Ruelle, ingénieur aux Ponts et Chaussées, l'installation d'un dépôt ferroviaire doté d'une rotonde semblable à celle de Chambéry en sera à l'origine. Au début du XXe siècle, plus de 700 cheminots y étaient attachés. C'est cette histoire que retrace le musée au travers de ses salles d'exposition. L'une d'elles reconstitue un guichet de gare, une autre le bureau d'Adrien Ruelle, une troisième la cabine d'une locomotive à vapeur. Partout des objets ferroviaires préservés sont exposés. La visite se termine par une salle dans laquelle se trouve un réseau à l'échelle HO et peut-être prolongée par la visite d'un jardin en cours d'aménagement, dans lequel des objets trop gros pour être présentés à l'intérieur sont disposés.
3 rue du jeu de Paume - 05400 Veynes
GPS : 44. 5347, 5.82332
AET : Le musée se trouve à 800 mètres de la gare de Veynes-Dévoluy
Ouverture : Toutes les vacances scolaires, toutes académies confondues sauf les vacances de Noël, plus 4 mois d'ouverture en été de juin à septembre inclus du mercredi au samedi inclus de 14h00 à 18h00. Possibilité de recevoir des groupes toute l'année sur réservation
Tarifs : Adultes : 4 €. Enfants de moins de 18 ans : 2 €
Site web : www.ecomusee-cheminot.com/
Fiche Aiguillages : 859
A proximité : Clelles-Mens (la gare), Notre-Dame de La Salette (l'église), Sisteron (la citadelle).

Hébergement insolite

Camping le Bocage
Aux portes du Parc National des Ecrins, situé à mi-chemin des villages de Saint Firmin et de La Chapelle-en-Valgaudemar, le camping du Bocage se veut familial et convivial. Ici pas d'animations tapageuses, mais un circuit de trains de jardin ! Une réalisation unique en France dans un camping !
05800 Saint-Maurice-en-Valgodemard
GPS : 44. 8117, 6.1128
Site web : http://www.campinglebocage.com
Fiche Aiguillages : 885
A proximité : Notre-Dame de La Salette (l'église), Les Deux-Alpes (station de ski), Le Parc National des Ecrins, Serre-Ponçon (le lac), Vizille (le château).

Basilique Notre-Dame de La Garde

© Rabanus Flavus / Wikimedia Commons

MARSEILLE

Fondée par les Grecs en l'an 600 avant Jé-sus-Christ, la ville est la plus ancienne de l'Hexagone, c'est la deuxième de France (ville-centre), mais la troisième unité urbaine (agglomération). Depuis l'Antiquité, elle est un important port de commerce. Elle est devenue une ville industrielle au cours du XIXᵉ siècle. Son port est le premier de l'hexagone et le deuxième de Méditerranée. Elle est le siège de la région PACA. La gare de Marseille-Saint-Charles est l'aboutissement de la ligne Paris-Lyon-Marseille et le terminus de la ligne vers Vintimille. Elle a été inaugurée en 1848. Le TGV la dessert depuis 1981 avec aujourd'hui des relations vers le nord et l'ouest de la France. Des trains Intercités circulent vers Montpellier et l'ouest de la France, mais aussi la Savoie et la Suisse via Grenoble. La gare se trouve au cœur des relations TER régionales.

Comment s'y rendre

De Paris : En TGV Inoui ou Ouigo, Marseille est atteignable en un peu plus de trois heures au départ de la gare de Lyon.

De Lyon : En TGV Inoui ou Ouigo, les deux villes sont à moins de deux heures l'une de l'autre. Des TER assurent également la relation, au prix d'un temps de trajet quasiment doublé.

De Toulouse : On peut rejoindre Marseille par des trains Intercités directs en un peu moins de quatre heures.

De Bordeaux : Des Intercités directs parcourent la ligne. Compter environ six heures pour cette relation.

De Lille : Il existe des relations directes entre ces deux villes situées aux antipodes de l'Hexagone. La traversée du Pays du nord au sud, ce fait en cinq heures environ.

En train de nuit : Au départ de Paris-Austerlitz, empruntez le train de nuit à destination de Nice, il vous permettra d'arriver à Marseille aux alentours de 6h30

A voir et à faire à Marseille

Le tramway
Le réseau historique a fonctionné jusqu'en 2004. Il avait compté jusqu'à une centaine de lignes. Après la Seconde Guerre mondiale, seule la n°68 a subsisté. Le réseau actuel a été ouvert en 2007, et en comptabilise trois sur une longueur de quinze kilomètres.

Le métro
Il est constitué de deux lignes souterraines sur l'essentiel de son parcours, qui se rejoignent en deux points de la ville (Saint-Charles et Castellane). Elles desservent vingt-huit stations. Il s'agit d'un métro sur pneus, d'une conception très proche de celle utilisée pour celui exploité par la RATP à Paris. Les rames actuelles vivent leurs derniers instants. Elles vont être bientôt remplacées par une nouvelle génération de matériels.

Le Vieux-Port
De bon matin, vous pourrez y venir à la rencontre des pêcheurs qui vendent leur poisson à la criée. Ce marché est l'un des derniers témoins du folklore de la ville.

Le Mucem
C'est le musée le plus emblématique de la ville. On y accède par le fort Saint-Jean. Cet espace propose de nombreuses expositions temporaires, mais aussi une partie du mur

de Berlin, ou des maquettes de la ville de Marseille retraçant son évolution au fil des siècles.

Le Panier
Sans doute le quartier le plus connu de la ville, il en est aussi le plus ancien. Les Grecs s'y sont installés à la création de la cité. Ce quartier a su conserver un côté très pittoresque, rappelant l'ambiance des petits bourgs de la région.

Notre-Dame-de-La-Garde
C'est un monument emblématique de la ville. Si vous avez un peu de courage, vous pourrez y monter à pied, mais la côte est raide ! La récompense est cependant à la hauteur des efforts : une vue à trois cent soixante degrés sur toute la ville.

A voir et à faire dans les environs de Marseille

La ligne de la Côte Bleue
Desserte ferroviaire régulière présentant un fort intérêt touristique
Cette section de ligne comprise entre Miramas et l'Estaque via Martigues est longue de soixante et un kilomètres. Elle a été construite pour achever le dédoublement de celle du PLM. Sa création a supposé la construction de nombreux ouvrages d'arts car elle passe à flanc de montagne sur le massif de l'Estaque. Vingt-six tunnels et vingt-deux viaducs sont rencontrés sur le chemin. Ces derniers offrent autant de points de vue spectaculaires sur la mer. L'un d'eux est assez particulier, il s'agit de celui de Caronte qui est long de près d'un kilomètre. Il est constitué de onze travées métalliques, dont une qui peut pivoter pour laisser passer les plus gros bateaux qui naviguent sur le canal qu'il surplombe.
13000 Marseille
GPS : 43. 5889, 5.00214

Ouverture : *Toute l'année. En 2021, la ligne sera de nouveau desservie par le train à partir de la fin du mois d'avril après plusieurs mois de fermeture pour travaux.*

Fiche Aiguillages : *856*

A proximité : *Carry-le-Rouet (les plages), Salon-de-Provence (Le château, l'église collégiale), Aix-en-Provence (la ville).*

TER de la Côte Bleue

© DR

Le Chemin de Fer Touristique du Centre Var
Train Touristique

Les circulations de ce train permettent de découvrir la Provence Verte sous un autre angle. Le parcours est ponctué de commentaires historiques, touristiques et culturels. Il se fait entre Carnoules et Brignoles avec un arrêt à Sainte-Anastasie sur vingt-quatre kilomètres de la ligne de Carnoules à Gardanne. Le départ se fait à partir de la halte des platanes. Il suit dans un premier temps la RD13 jusqu'à Besse-sur-Issole où se trouve le dépôt de l'association. Le voyage se poursuit après le franchissement de l'Issole sur un petit viaduc vers la seule gare voyageurs encore accessible au public sur la ligne. Celle de Sainte-Anastasie. Le train en profite pour y faire une halte. Le voyage se continue alors en direction du village de Forcalqueiret dont les ruines du château sont visibles du train. Celui-ci grimpe ensuite sur le plateau de Camps-La-Source, avant de redescendre vers Brignoles. A noter

que, outre ces trains réguliers, l'association organise également des voyages sur le Réseau Ferré National et assure notamment les circulations du Veyn'Art au départ de la gare de Veynes-Dévoluy.

Gare - 83660 Carnoules

GPS : *43. 3019, 6.18866*

Ouverture : *D'avril à octobre. En basse saison, les dimanches. L'été les mercredis et dimanches*

Durée de la visite : *Un peu plus de 3h aller-retour*

Tarifs : *Adulte : 12 €. Enfant de 4 à 11 ans : 5 €*

Téléphone : *+33 (0)6 07 98 03 09*

E-Mail : *attcv@hotmail.fr*

Site web : *http://www.attcv.fr/*

Fiche Aiguillages : *852*

A proximité : *Hyères (le centre historique), Bormes-les-Mimosas (la ville), Le Lavandou (station balnéaire), Grimaud (le village), Giens (la presqu'île).*

Le vélorail de la Sainte Baume
Vélorail

Le parcours se fait entre Pourcieux et Saint-Maximin (15 kilomètres aller-retour). Il franchit un petit tunnel et le viaduc de la Sainte-Baume et un dénivelé de l'ordre de cent dix mètres qui est indolore à l'aller puisque le trajet est dans le sens de la descente, mais se fait sentir sur le chemin du retour. Il est possible pour éviter de fournir de trop gros efforts de demander un vélorail à assistance électrique.

Gare - 83470 Pourcieux

GPS : *43. 472, 5.78527*

ATP : *bus n°20*

Ouverture : *Toute l'année. Un départ par jour. Réservation téléphonique obligatoire*

Durée de la visite : *2h*

Tarifs : *40 € par vélorail*

Téléphone : *+33 (0)6 33 81 50 87*

E-Mail : *velorailsdefrance@wanadoo.fr*

Site web : *https://cutt.ly/sbEWIsc*

Fiche Aiguillages : *857*
A proximité : *Saint-Maximin-la-Sainte-Baume (la basilique), Aubagne (sur les traces de Marcel Pagnol), Aix-en-Provence (la ville), Gréoux-les-Bains (station balnéaire).*

Le Petit Train de la Sainte Victoire
Train de jardin
Le petit train emmène ses passagers visiter le Musée Provençal des Transports en prenant son temps. La balade dure vingt minutes. Le troisième dimanche du mois il fait correspondance avec les petits trains à vapeur des Vaporistes Amateurs de Provence qui roulent sur un circuit de 5 et 7 pouces 1/4. Dans l'ancienne halle à marchandises de la gare de La Barque se trouve une collection d'anciens tramways de Marseille, ainsi que des bus et des trolleybus.
Gare SNCF de La Barque Ancien Chemin d'Aix - 13710 Fuveau
GPS : *43. 4706, 5.54732*
ATP : *bus n°1810 au départ de Gardanne*
Ouverture : *De mars à octobre*
Durée de la visite : *3h environ*
Tarifs : *4 € par personne*
Téléphone : *+33(0)6 10 39 24 22*
E-Mail : *contact@cppva.com*
Site web : *https://www.cppva.com/*
Fiche Aiguillages : *858*
A proximité : *Aix-en-Provence (la ville), Aubagne (sur les pas de Marcel Pagnol), Saint-Maximin-la-Sainte-Baume (la basilique), Cassis (les calanques).*

Le petit Train de Méjanes
Petit Train
Ce petit train circule à l'intérieur du domaine de Méjanes en Camargue. Imaginé et inauguré par Paul Ricard en 1968, il est composé d'une locomotive diesel habillée en vapeur et de trois baladeuses. Il propose une balade en bordure de l'étang du Vaccarès, d'une demi-heure sur les trois kilomètres cinq cents

de son circuit au cœur de la réserve naturelle. Le domaine propose également des gîtes : la vieille école, le château, le clos des amandiers, les roulottes... Vous pourrez vous restaurer à La Bergerie de Méjanes (04 90 54 19 66)
Domaine Méjanes - 13200 Arles
GPS : *43. 5698, 4.50586*
Durée de la visite : *30 minutes*
Tarifs : *Adulte : 7 € - Enfant de 5 à 10 ans : 5 €*
Téléphone : *+33 (0)49 0 97 10 10*
E-Mail : *camargue@t.fr*
Site web : *mejanes-camargue.fr*
Fiche Aiguillages : *869*
A proximité : *Fontvieille (le centre historique), Tarascon (le château), Les Baux-de-Provence (le village), La Camargue, Nîmes (les arènes), Le pont du Gard.*

Le musée des Technologies Ferroviaires de la Seyne-sur-mer
Musée
Créé sous l'égide de l'Association des Anciens et Amis de la Traction Vapeur SNCF (AAATV), le Musée des technologies ferroviaires de La Seyne sur Mer présente sur 300 mètres carrés d'exposition des matériels relatifs à la traction vapeur et électrique. L'approche est pédagogique, la collection comprend des cabines de conduite et de nombreuses autres pièces présentant l'évolution des attelages automatiques, différents systèmes de signalisation ... Ces matériels sont fonctionnels pour une grande partie d'entre eux.
Ouverture : *Toute l'année, sur réservation uniquement*
Adresse : *225 Allées des Cyprès - Mar Viro*
GPS : *43.0797, 5.8835*
Mail : *Yvan Montazel*
Fiche Aiguillages : *916*
A proximité : *La Seyne-sur-mer (Fort Balaguier, musée naval), Toulon (La rade, Mini-World Côte d'Azur), Sanary-sur-mer (le port), Bandol (la vielle ville)*

Mini-World Côte d'Azur
Réseau de trains miniatures

De Marseille à Nice, les sites les plus emblématiques de la Côte d'Azur ont été reproduits à l'échelle du 1/87ᵉ dans ce parc dédié à la miniature qui a ouvert ses portes à la mi-mai cette année.

L'Avenue 83 300 Avenue de l'Université - 83160 La Valette-du-Var
GPS : 43.1363, 6.00746
Accès : Depuis la gare bus n°103 direction Moulin 1er. Arrêt Avenue de l'Université – La Valette du Var.
Ouverture : Toute l'année du mercredi au dimanche de 11h à 18h. Pendant les vacances scolaires, le parc est ouvert tous les jours de 10h à 19h
Durée de la visite : 2 heures environ
Tarifs : Adulte : 14 € - Enfant de 4 à 17 ans : 9 €
Téléphone : +33 (0)4 22 14 64 46
E-Mail : contact@miniworld-lyon.com
Site web : https://miniworldcotedazur.com/
Fiche Aiguillages : 38
A proximité : Bandol, Cassis, Saint-Cyr-sur-mer, Sanary-sur-Mer (stations balnéaires). Hyères (le centre historique et le château, la presqu'île de Giens (réserve naturelle). La Ciotat (le port).

Le musée du train miniature Pierre Sémard
Réseau de trains miniatures

Géré par l'Association Régionale des Cheminots Amis du Rail ce musée s'est installé à Carnoules, ville qui a été le siège du plus important des dépôts situés sur la ligne de Marseille à Nice. Il présente cette histoire au travers d'une maquette sur laquelle roulent une dizaine de trains simultanément.

Gare SNCF - 83660 Carnoules
GPS : 43. 2978, 6.18641
Ouverture : Les samedis et dimanches de 14h30 à 18h30
Durée de la visite :
Téléphone : +33(0)6 68 21 87 04
Site web : https://cutt.ly/mbEWFyy

Fiche Aiguillages : 861
A proximité : Hyères (le centre historique), Bormes-les-Mimosas (la ville), Le Lavandou (station balnéaire), Grimaud (le village), Giens (la presqu'île).

Sites ferroviaires valant le coup d'œil

La gare de l'Estaque
Cette halte ferroviaire est un petit bijou de l'Art Déco. A ce titre, elle a été classée monument historique.
13000 Marseille
GPS : 43. 3637, 5.32132
Fiche Aiguillages : 886
A proximité : Cassis (les calanques), Aubagne (sur les pas de Marcel Pagnol), Carry-le-Rouet (les plages), Martigues (le port).

Le viaduc de Caronte
Sur la ligne de Miramas à l'Estaque, il permet aux trains de franchir le canal maritime de Caronte qui ouvre un accès à l'étang de Berre sur la Méditerranée. Sa travée centrale pivote pour laisser passer les bateaux.
13500 Martigues
GPS : 43. 4017, 5.02494
Fiche Aiguillages : 887
A proximité : Carry-le-Rouet (les plages), Salon-de-Provence (Le château, l'église collégiale), Aix-en-Provence (la ville).

La gare de Marseille Saint-Charles
La gare est implantée sur la colline Saint-Charles et fait face à Notre-Dame-de-La-Garde. Sa grande façade de style classique donne sur un escalier monumental.
13000 Marseille
GPS : 43. 3065, 5.37965
Fiche Aiguillages : 889
A proximité : Cassis (les calanques), Aubagne (sur les pas de Marcel Pagnol), Carry-le-Rouet

NICE

La deuxième ville de Provence-Alpes-Côte d'Azur est située à l'extrême sud-est du pays, à une trentaine de kilomètres de la frontière italienne, sur les bords de la mer Méditerranée. Elle est la capitale économique et culturelle de la Côte d'Azur. D'un point de vue ferroviaire, elle est desservie par plusieurs gares, la principale s'appelant Thiers, est située à deux pas du centre-ville. Elle a été mise en service en 1865 par la Compagnie du PLM et est devenue en 1928 une gare de bifurcation avec l'ouverture de la ligne de Nice à Breil-sur-Roya. Elle est desservie par des TER, des TGV et des trains internationaux vers Milan et... Moscou !

Comment s'y rendre

De Paris : Au départ de la gare de Lyon, des TGV Inoui ou Ouigo assurent la relation directe en six à sept heures.

De Lyon : Cette relation peut être établie en TGV Inoui ou Ouigo directs ou moyennant une correspondance selon les horaires choisis en gares d'Aix-en-Provence ou Marseille.

De Marseille : Des TER directs font le parcours entre les deux gares en deux heures quarante.

En train de nuit : Depuis Paris-Austerlitz, la gare de Nice est de nouveau desservie par un train de nuit arrivant en début de matinée.

A voir et à faire à Nice

Le tramway
Le réseau est constitué de trois lignes. Les rames sont équipées de batteries de manière à pouvoir réaliser une partie de leur parcours sans avoir besoin d'une ligne aérienne de contact. La longueur des voies totalise vingt-quatre kilomètres.

La promenade des Anglais

Elle doit son nom à sa forte fréquentation passée durant l'hiver par des Anglais. Deux des trois plus grands hôtels de la ville s'y trouvent. C'est une balade longue de sept kilomètres.

Le Vieux Nice

Typiquement méditerranéen, ce quartier est constitué de ruelles ombragées aux façades colorées et volets à persiennes. Chaque matin, sauf le lundi, s'y tient le célèbre marché aux fleurs.

Le parc du château :

Surplombant la vieille ville, il offre de magnifiques points de vue sur la Baie des Anges, le port et les montagnes.

A voir et à faire dans les environs de Nice

Les Chemins de fer de Provence

Desserte ferroviaire régulière présentant un fort intérêt touristique

Exploitée par les Chemins de Fer de Provence, cette ligne permet de relier Nice à Digne et est longue de cent cinquante et un kilomètres. Le départ à Nice se fait depuis une gare distincte de celle de la SNCF située à 10 minutes à pied. Deux types de dessertes sont asssurés. D'une part, péri-urbaines et limitées à Colomars et Plan-du-Var ; il s'agit d'un parcours en milieu urbain, sur lequel les trains sont assez fréquents. Une quinzaine de rotations sont proposées chaque jour jusqu'à Colomars, une trentaine jusqu'à Plan-du-Var. D'autre

Les Chemins de fer de Provence

© DR

part, longues distances jusqu'à Digne. Sur cette liaison les trains se font plus rares, mais il y en a tout de même de quatre à cinq par jour. En raison de travaux de consolidation d'un tunnel, le parcours en train est limité à Saint-André-les-Alpes jusqu'en 2022. Des bus prennent le relais au-delà. Sortie de la périphérie de Nice, peu avant Lingostière, la voie ferrée rejoint le Var, dont elle suivra le cours. Après Saint-Martin-du-Var, le tracé de la ligne commence à se faire plus sinueux. A partir de

là, les ouvrages d'arts vont se multiplier. Il y a seize ponts et viaducs, quinze ponts métalliques et vingt-cinq tunnels. La voie est métrique. Les courbes sont souvent très serrées et les rampes sévères atteignant trente pour mille.

Plusieurs villes et villages méritent que l'on s'y arrête. Puget-Théniers, où se trouve le siège de l'association exploitant le Train des Pignes à Vapeur, Entrevaux, une cité médiévale fortifiée par Vauban, ou encore Annot,

construite en plein milieu d'un paysage de gré. La plupart des arrêts sont facultatifs, il faut signaler à l'agent d'accompagnement le nom de celle où l'on veut descendre, ou faire signe au conducteur si l'on se trouve sur le quai.

06000 Nice
GPS : *43.7089,7.25956*
Ouverture : *Toute l'année*
Durée de la visite : *Compter la journée pour un trajet aller-retour complet*

Le train des Pignes à Vapeur

© DR

Tarifs : *Aller : 24 €. Il peut être intéressant d'acheter la carte*
Site web : *https://www.cpzou.fr/*
Fiche Aiguillages : *855*

Le train des Pignes à Vapeur
Train Touristique

Le Train des Pignes à Vapeur circule de mai à octobre entre Puget-Théniers et Annot et plus occasionnellement au-delà sur la ligne Nice – Digne-les-Bains, exploitée par les Chemins de fer de Provence. C'est une ligne de montagne, à écartement métrique dont le profil difficile, en particulier sur le parcours du Train des Pignes à Vapeur, c'est donc une puissante locomotive Mallet qui en assure le service. Il va sans dire que les paysages traversés au coeur de la Haute Provence sont magnifiques. L'association préserve trois locomotives à vapeur, un autorail et des locotracteurs diesels qu'elle utilise exclusivement pour les manoeuvres en gare. Le départ se fait en gare de Puget-Théniers à 60 km de Nice, ancienne ville frontière entre le Royaume de France et le Comté de Savoie. Le train dessert, en premier lieu, le village d'Entrevaux, cité médiévale fortifiée par Vauban, avant de poursuivre son chemin vers Annot, au pays des Grés. Selon les dates, son parcours se prolonge jusqu'à Fugeret à plus de 800 mètres d'altitude. Il est possible d'emprunter les Chemins de fer de Provence au départ de Nice afin de rejoindre

© DR

le Train des Pignes à Vapeur à Puget-Théniers. Un tarif combiné autorail + vapeur étant proposé..

Dépôt des locomotives Avenue Alexandre Baréty - 06260 Puget-Théniers
GPS : *43. 9563, 6.89583*
Ouverture : *De Mai à Octobre : Tous les dimanches. A partir du 14 juillet les vendredis et dimanches. En août, tous les jeudis, vendredis et dimanches..*
Durée de la visite : *Une journée*
Tarifs : *Parcours aller-retour Puget-Theniers-Annot. Adulte : 23 €. Enfant à partir de 4 ans : 19 €.*
Téléphone : *+33 (0)7 81 92 67 75*
E-Mail : *info@traindespignes.fr*
Site web : *http://www.traindespignes.fr*
Fiche Aiguillages : *851*

L'Ecomusée du Haut-Pays et des Transports
Musée
A quelques centaines de mètres de la gare SNCF, ce musée créé en 1989, est installé dans l'ancien dépôt de la gare de Breil. Il raconte l'histoire de la ligne qui relie la Côte d'Azur au Piémont. La visite commence à l'extérieur par la découverte de locomotives, voitures, autorails, et tramways anciens présentés en plein air et pour certains sous un hangar. A l'intérieur se trouve exposée une locomotive de type 141 R, la 1108 qui fut l'une de celle qui tractait le Mistral, ainsi qu'une collection d'objets ferroviaires et un réseau évoquant la ligne Nice-Cuneo. Des véhicules routiers anciens complètent la collection.

Plateau de la gare - 06540 Breil-sur-Roya
GPS : *43. 9441, 7.51694*
Ouverture : *Tous les jours du 1er mai au 30 septembre.*
Tarifs : *5 €*
Téléphone : *+33(0)6 10 61 28 89*
Site web : *https://cutt.ly/dbERsKd*
Fiche Aiguillages : *860*

Site ferroviaire valant le coup d'œil

La gare de Nice-Ville
Son aspect extérieur n'a pratiquement pas changé depuis son inauguration en 1867. Elle est de style Louis XIII.
06000 Nice
GPS : *43. 7059, 7.26199*
Fiche Aiguillages : *888*

La gare de Nice Ville

© M Strikis / Wiki Commons

unecto
La France Vue du Rail.fr

Sur les rails de vos envies !

À la (re)découverte de notre belle France

Authenticité

Patrimoine

Aventure

Nature

Panorama

contact@unecto.fr

www.lafrancevuedurail.fr

Le Glacier Express (SUISSE)

ESCAPADES FERROVIAIRES EN EUROPE

A l'heure où les frontières semblent vouloir de nouveau s'entrouvrir aux voyageurs au long cours, et où des envies d'aller voir ailleurs nous reviennent, il était tentant d'ajouter à ce guide quelques invitations à des balades ferroviaires hors de l'Hexagone, dans les pays les plus proches du notre. Avec la multiplication des lignes à grande vitesse à travers l'Europe et le retour en grâce des trains de nuit, cette aventure est désormais à la portée de beaucoup d'entre nous. Elle peut même être tentée à l'occasion d'un court séjour, histoire d'y goûter, et peut-être ... d'y revenir ! Dans les pages qui vont suivre, pas question par conséquent de vous proposer la même profusion de détails que dans la première partie de ce guide. La richesse du patrimoine ferroviaire de plusieurs des pays mentionnés mériterait à elle seule un ouvrage à part entière ! Ici, l'idée est de vous montrer comment, grâce notamment aux trains à grande vitesse, qui pourront vous amener en quelques heures au cœur de bon nombre de grandes villes, il est désormais très facile de s'enfoncer à l'intérieur des pays voisins, sans laisser derrière soi une trop grosse empreinte carbone. Un argument qui risque de peser de plus en plus lourd, pour les années à venir, dans nos déplacements longue distance professionnels ou de loisirs. Dans les pages qui suivent, nous vous proposons une sélection d'excursions ferroviaires parmi les plus incontournables dans chacun des neufs pays retenus pour leur proximité avec la France.

ALLEMAGNE

Le pays est doté de l'un des réseaux les plus denses d'Europe, avec un peu plus de 38000 kilomètres de voies ferrées. Celui-ci est principalement exploité par la Deutsche Bahn, ancienne compagnie publique à présent privatisée, qui est née de la fusion de la Deutsche Bundesbahn et de la Deutsche Reichsbahn qui a fait suite en 1994 à la chute du mur de Berlin. L'entreprise fait circuler principalement trois types de trains de voyageurs sur son réseau. Les ICE ou Inter Cités Express, pouvant rouler jusqu'à 320 kilomètres par heure. Leur vocation est de relier au plus vite les plus grandes villes du pays. Les RE ou Regional Express assurent les mêmes missions, mais s'arrêtent dans un plus grand nombre de gares intermédiaires. Enfin les RB ou Régional Bahn sont les plus lents en raison de leur vocation à desservir de nombreuses gares sur les territoires sur lesquels ils opèrent. De nombreuses compagnies privées sont également actives sur le territoire, principalement en région, ou dans le domaine du fret ferroviaire.

Comment venir en train ?

Au départ de Paris, Lyon, Marseille ou encore Strasbourg, ce ne sont pas moins qu'une vingtaine de trains qui assurent des relations quotidiennes avec l'Allemagne. Le pays étant grand, il n'est pas rare que le voyage soit relativement long. Il faut ainsi prévoir toute une journée et une correspondance à Karlsruhe pour rejoindre Berlin, à Mannheim pour rejoindre Munich, ou à Francfort-sur-le-Main pour atteindre Hambourg depuis la capitale française. Ces départs se font depuis la gare de l'Est. Avec Thalys, en revanche l'embarquement est prévu à la gare du Nord, et il ne faut qu'à peine plus de trois heures pour atteindre Cologne, et encore moins si vous comptez vous arrêter dans l'une des gares intermédiaires : Aix-la-Chapelle, Düsseldorf, Essen ou Dortmund. Les billets de train sont réputés assez chers en Allemagne, mais en y passant un peu de temps, il est possible de trouver matière à faire de bonnes affaires. Le "Quer-durchs-land" ticket par exemple permet de voyager toute une journée dans tout le pays pour un prix forfaitaire. Il n'est cependant pas valable sur les ICE. Dans chaque Land, des billets à prix fixe assez bas sont de la même façon accessibles pour de courts trajets en solo ou en groupe.

Quelques idées de destinations

Les grandes villes telles Berlin, Cologne, Dresde, Düsseldorf, Francfort-sur-le-Maine, Hambourg et Munich, sont les plus prisées des touristes pour leur patrimoine culturel ou historique mais aussi pour leur gastronomie. La vallée du Rhin, la Forêt Noire et la Bavière sont trois autres suggestions d'étapes incontournables dans le pays. Si vous disposez d'un peu plus de temps pour votre séjour, le train sera votre meilleur allié pour vous arrêter dans les innombrables petits villages que compte le pays ou partir à la découverte des nombreux châteaux qu'il recèle.

A voir et à faire en Allemagne

▪ Dessertes ferroviaires régulières présentant un fort intérêt touristique ▪

La ligne de la vallée du Rhin (Cologne/ Land de Rhénanie-du-Nord–Westphalie – Mayence/ Land de Rhénanie-Palatinat)
Entre Cologne et Mayence, sur la rive ouest du fleuve, cette ligne traverse les paysages des gorges du Rhin qui ont été classées au

Le passé et l'avenir se rencontrent dans le Hall 1 du DB Museum

© DB Museum/Uwe Niklas

Les chemins de fer du Harz

© Archives HSB/Volker Schadach

Hans-Peter Porsche Traumwerk

© Traumwerk/Iconicturn

patrimoine mondial de l'UNESCO. A travers vignes et châteaux, elle suit sur une grande partie le parcours du fleuve épousant ses méandres, et passe au pied de la célèbre « Lorelei », un rocher de 132 mètres de haut qui le domine tout en empiétant sur son cours. Cette ligne a désormais été doublée par une autre à grande vitesse qui si elle fait gagner une heure sur le trajet, n'offre pas de tels points de vue. Pour faire ce voyage, attention par conséquent à bien faire le choix d'un train desservant l'une des gares de la ligne. Un autre bon plan pour profiter de ces paysages est de monter à bord de l'un des express assurant une relation entre la Suisse et Cologne qui intègrent une voiture panoramique.
https://cutt.ly/5GCF70A

Les Chemins de Fer du Harz (Wernigerode/Land de Saxe-Anhalt)

Historiquement la Compagnie du HSB, Harzer Schmalspur Bahnen, a pris la suite d'entreprises privées qui exploitaient des relations à la limite des deux Allemagne, mais sur le territoire de celle de l'Est. Elle est désormais détenue par un ensemble de collectivités locales et territoriales, et continue d'assurer majoritairement en traction vapeur (elle dispose d'un parc de 25 locomotives), un service régulier de trains de fret et de voyageurs. Son réseau est constitué de trois lignes à voie métrique, totalisant une longueur de 140 km. La destination la plus prisée des touristes est Brocken, le sommet du Harz à 1125 mètres d'altitude.
www.hsb-wr.de/

Le Schwarzwaldbahn (Forêt noire/Land de Bade-Wurtemberg)

Cette ligne est l'une des plus pittoresques d'Allemagne. Elle traverse la Forêt Noire du nord au sud sur 149 km pour relier Offenbourg à Singen. Elle compte un viaduc et une quarantaine de tunnels.

C'est la partie comprise entre Hornberg et St. Georgen qui est la plus intéressante pour les amateurs. Le train doit en effet parcourir un ensemble de boucles et 26 km pour relier ces deux localités qui ne sont distantes que de 11 km, mais qu'une différence de 448 mètres d'altitude sépare. Tout au long du voyage les vues sur la forêt noire sont magnifiques et plusieurs petites villes méritent que l'on s'y arrête. A Hausach par exemple, on peut prendre le temps de visiter le réseau de trains miniatures représentant la ligne. Il se trouve juste en face de la gare ! Depuis Triberg, il est possible de s'engager sur un parcours aventure laissant découvrir l'histoire de la construction de la ligne, ou de monter à bord d'un train à vapeur pour visiter la partie la plus spectaculaire de la ligne. https://cutt.ly/bGCGj4C

▪ Trains touristiques ▪

Le Sauschwänzlebahn
(Blumberg/Land de Bade-Wurtemberg)

Reliant Blumberg à Weizen, non loin de la frontière Suisse, cette ancienne ligne construite à la fin du 19ème siècle est longue de 25 km. Son parcours très sinueux et jalonné de très nombreux ouvrages d'arts, lui a valu son surnom de « sauschwänzlebahn », le chemin de fer en forme de queue de cochon. Elle comprend le seul tunnel hélicoïdal du pays, mais traverse également de nombreux autres ponts, viaducs et tunnels avant d'arriver à destination. Les passagers découvrent successivement les vallées de Kommental, de Wutach et de Mühlbach. Les deux gares desservies ne sont distantes que de moins de 10 km à vol d'oiseau, mais le train doit en parcourir 25 pour s'affranchir de 230 mètres de dénivelé les séparant. Par beau temps, une locomotive à vapeur tire un train constitué de voitures panoramiques ouvertes. Un musée du chemin de fer et un poste d'aiguillage sont visitables les jours de circulation. www.sauschwaenzlebahn.de/

Le Chemin de fer de la Zugspitze
(Garmisch-Partenkirchen/Land de Bavière)

Sur le sommet le plus haut d'Allemagne, depuis Garmisch-Partenkirchen à 710 m, il s'élève à 2588 m pour rejoindre en 35 minutes, le seul glacier que compte le pays. Construite en 1930, sa voie est métrique, à crémaillère, longue de 19 km. Les rampes maximales atteignent les 25%. Un téléphérique prend le relais pour conduire les passagers du train au sommet du Zugspitzplatt. De là, s'ouvre un panorama à 360 degrés sur 400 sommets alpins. www.zugspitze.de

▪ Petits trains ▪

Le Chemin de fer du parc de Dresde
(Dresde/Land de Saxe)

Sa voie de 15 pouces (381 mm) le classe dans la catégorie des chemins de fer à faible écartement. Il s'agit par conséquent d'un vrai train, et non d'un modèle réduit, même si la taille de ses engins moteurs et de ses voitures pourrait le laisser penser. Quelques compagnies de par le monde assurent une desserte régulière sur des rails dotés de cet écartement. Ici, ce ne sont pas moins de 250 000 passagers qui sont transportés chaque année, l'affaire est sérieuse, même s'il ne s'agit que d'une balade de 6 kilomètres qui se fait en une demi-heure dans le « Großer Garten », un jardin paysager s'étendant sur une sur-

Le Chemin de fer de la Zugspitze

© Bayerische Zugspitzbahn / fendstudios.com

face de près de 150 hectares. Cinq gares sont desservies. Le service est assuré par quatre locomotives dont deux à vapeur prénommées « Lisa » et « Moritz »
www.parkeisenbahn-dresden.de/

• Musées •

Le musée de la Deutsche Bahn
(Nuremberg/Land de Bavière, Coblence/Land de Rhénanie-Palatinat et Salle/Land de Saxe-Anhalt)
Le musée de la Deutsche Bahn, l'entreprise publique des chemins de fer allemands est éclaté en trois sites. La collection principale se trouve à Nuremberg, où elle est hébergée au sein du musée des transports. L'exposition permanente raconte 200 ans d'histoire du train dans le pays. Elle est complétée par des expositions temporaires thématiques. Le modélisme y tient une bonne place. Sont exposés plus de 2000 modèles réduits et un réseau de 80 mètres carrés, développant 500 mètres de voies. Un espace ludique de plus de 1000 mètres carrés est réservé aux enfants. A Coblence, une cinquantaine de locomotives et autant de voitures ou de wagons sont présentés et accessibles au public, qui peut monter à bord de la plupart des engins. À Salle, ce sont des locomotives historiques de l'ancienne Allemagne de l'Est qui sont exposées sous une rotonde de la gare.
www.dbmuseum.de/

Le Bahnpark d'Augsbourg
(Augsbourg/Land de Bavière)
Une trentaine de locomotives des états-membres de l'Union Européenne et de Suisse sont exposées sous une rotonde qui a également conservé son pont tournant. Ce sont les locomotives 231 K 22 et CC6503 qui représentent le chemin de fer français. Sur le même site, mais dans d'autres bâtiments, de nombreux autres véhicules ferroviaires sont restaurés sur place pour être exposés. Un grand hall est réservé à deux réseaux en G, l'un évoquant les chemins de fer Rhétiques sur près d'un kilomètre de voie. Enfin, un mini-train en 7 pouces ¼ fait le tour des bâtiments.
www.bahnpark-augsburg.de/

• Réseaux de trains miniatures •

Miniatur Wunderland
(Hambourg/Land de Hambourg)
C'est le plus grand réseau de trains miniatures au monde. Il figure même à ce titre dans le Livre des records ! La maquette s'étend sur plus de 1500 mètres carrés. 1000 trains parcourent 15,4 km de rails. Plusieurs pays sont évoqués à l'échelle du 1/87e, l'Allemagne bien sûr, mais aussi l'Italie, la Suisse, l'Autriche, la Scandinavie … et un petit bout de la France, avec Monaco et la Provence. Outre les trains, de gros bateaux de croisière évoluent en flottant véritablement dans l'eau, un vaste aéroport international est reproduit, et une quarantaine d'avions en décollent ou y atterrissent à un rythme effréné ! 250 véhicules routiers se faufilent dans les rues des villes ou se doublent sur l'autoroute, 250 000 mini-habitants y vivent leur vie, et sont représentés dans des postures du quotidien.
www.miniatur-wunderland.de/

Le Hans-Peter Porsche Traumwerk
(Anger/Land de Bavière)
Installé au cœur du « Traumwerk », lieu créé par Hans-Peter Porsche, petit fils du créateur de la marque pour y exposer ses collections, ce réseau voit circuler 190 trains à travers l'Allemagne, l'Autriche et la Suisse sur cette grande maquette de 370 mètres carrés, développant 2,7 km de voies. Un monde miniature où les journées sont résumées en 17 minutes du lever au coucher du soleil. Les paysages les plus connus des régions traversées sont représentés, ainsi que de nombreuses scènes de la vie quotidienne, jouées par plus de 8000 personnages à l'échelle.
www.traumwerk.de

© Traumwerk/Iconicturn

Hans-Peter Porsche Traumwerk

BELGIQUE

L a relation de la Belgique aux chemins de fer est presque aussi ancienne que le pays lui-même, qui s'est constitué en 1830 en se détachant des Pays-Bas. Cinq ans plus tard, le pays inaugurait un ensemble de lignes au départ de Malines vers Bruxelles, Anvers et Termonde. Les premières sur le continent européen à être exploitées par le secteur public. Le réseau belge compte à l'heure actuelle plus de 3600 kilomètres de voies ferrées, électrifiées pour l'essentiel (3000 kilomètres), et exclusivement à l'écartement standard. Il est exploité principalement par la SNCB (Société Nationale des Chemins de fer Belges), mais d'autres compagnies y sont également présentes. Il compte parmi les plus denses d'Europe, avec pas moins de 35 gares réparties sur le territoire de sa région-capitale, Bruxelles. La SNCB met en service pour l'essentiel quatre types de trains de voyageurs. Les « IC » sont de loin les plus nombreux. Leurs missions les conduisent à relier les principales villes du pays, sur de courtes distances. Certains d'entre eux dépassent les frontières nationales et terminent leurs parcours dans les pays voisins. Les « L » assurent des dessertes locales. Les « P », trains d'heure de pointe, sont mis en service en début de matinée et en fin de journée. Les suburbains « S » ne s'éloignent pas de la périphérie de Bruxelles. Des trains à grande vitesse traversent le pays dont ils desservent les grandes villes, mais terminent leurs parcours en Allemagne, Angleterre, France ou aux Pays-Bas. Ce sont des Eurostars, des ICE, des Thalys, ou des TGV.

Comment venir en train

Le Thalys créé conjointement par la Deutsche Bahn, la SNCB et la SNCF, assure des relations ferroviaires vers la Belgique au départ de la France. Les principales gares desservies sont en dehors de Paris, Avignon, Lille, Lyon et Marseille, mais au total, il est possible d'embarquer pour la Belgique depuis 25 gares françaises, et les allers-retours quotidiens sont relativement nombreux. La capitale Belge n'est qu'à 1h30 de Paris. Pour vos déplacements à l'intérieur du pays, vous pouvez opter pour le Rail Pass. Non nominatif, il vous permettra d'acheter pour un tarif forfaitaire un ensemble de 10 tickets et est valable un an. Pour une incursion ferroviaire courte dans le pays en fin de semaine, les week-end tickets vous permettront de voyager à moins 50%. Vous voulez profiter d'un pont pour prolonger un peu la durée de votre escapade ? La validité de ces titres de transport est allongée sur ces dates particulières.

Quelques idées de destinations

Venant de France, il y a de fortes chances que vous fassiez vos premiers pas en Belgique sur les quais de la gare de Bruxelles Midi, alors autant en profiter pour visiter la capitale. De la Grand-Place à l'Atomium en passant par la statue du Manneken-Pis, il y a de quoi voir. Mais le train pourra vous emmener très rapidement dans d'autres villes. Anvers, Bruges, Gand, Liège, Namur, Louvain sont autant d'étapes qui vous feront apprécier le pays sous ses différentes facettes.

A voir et à faire en Belgique

■ Lignes régulières présentant un fort intérêt touristique ■

La ligne 43
(Liège/Province de Liège – Marloie/Province du Luxembourg)
Cette ligne secondaire qui assure

Centre de Découverte du chemin de fer Vicinal

© Jean-Claude Andrieu

Le Petit Train à Vapeur de Forest

© PTVF

Le Chemin de fer des 3 vallées

© Daniel Maas

Les draisines de la Molignée

© Benjamin Brolet

Les tramways de grottes de Han

© Luc de Martelaer

la liaison entre Liège et la région du Luxembourg est très sinueuse. Elle suit en effet les méandres de l'Ourthe, quand elle ne les coupe pas par le biais d'un tunnel. Le parcours se fait à travers la Famenne, aux portes de l'Ardenne. Ce sont surtout des trains omnibus qui la traversent. Comme elle est assez courte, 62 km seulement, ce type de relation est un excellent prétexte à faire de nombreux arrêts pour découvrir la vallée.

La ligne 130A
(Charleroi/Province du Hainaut – Erquelinnes/Province du Hainaut)
En 30 km seulement, cette ligne qui s'engouffre dans la vallée de la Sambre, parvient à traverser 15 fois la rivière ! Essentiellement dédiée au fret, elle a pour clients les industries sidérurgiques de la région de Charleroi qui exportent leur production vers la France. Elle est aussi desservie par un service omnibus cadencé à l'heure mais limité à la frontière française.

▪ Trains touristiques ▪

Le Chemin de fer du Bocq
(Spontin/Province de Namur)
La balade se fait sur l'une, si ce n'est la plus belle des lignes de Belgique. Au départ de Spontin, le train se dirige dans un premier temps vers Ciney avant de revenir à son point de départ pour partir explorer l'autre partie de la ligne où les ouvrages d'art, viaducs et tunnels se succèdent, vers Bauche. Le voyage

au travers de la vallée du Bocq est commenté. Chaque année les bénévoles de l'association produisent un très gros travail pour se rapprocher de leur objectif : rouvrir l'intégralité de la ligne 128 jusqu'à Yvoire.
www.cfbocq.be/

Le rail Rebecq Rognon
(Rebecq/Province du Brabant wallon)
Ce train touristique en voie de 60 cm parcourt 4 kilomètres de ligne à travers la campagne Rebecquoise. Il longe la Senne et la Vallée des Oiseaux. A mi-distance, un arrêt est aménagé pour une visite des installations de l'association. Les trains sont à traction diesel ou vapeur. Ils circulent les dimanches et jours fériés.
www.rail-rebecq-rognon.eu/

Le chemin de fer de Sprimont
(Sprimont/Province de Liège)
Plus que d'un simple train touristique, il s'agit ici d'un musée vivant dédié à l'archéologie industrielle. L'association qui le gère a préservé de nombreux matériels roulants routiers et ferroviaires qu'elle met en mouvement sur une partie de l'ancienne ligne vicinale Poulseur - Sprimont-Trooz. Une partie de la visite se fait en train, l'autre, en autobus... Parisien !
www.cfs-sprimont.be

Le tramway Touristique de l'Aisne
(Erezée/Province de Luxembourg)
Une balade de 12 km entre Érezée et Dochamps, sur une

voie désaffectée des anciens tramways vicinaux, dans la campagne Ardennaise, pour bonne partie le long de l'Aisne, voilà ce que propose l'un des plus anciens chemins de fer touristiques de Belgique !
www.tta.be/

Le chemin de fer des Trois Vallées
(Marienbourg/Province de Namur)
Tous les week-ends et jours fériés d'avril à novembre, des trains diesels et à vapeur circulent entre Marienbourg et Treignes, la dernière gare avant la frontière française, sur la ligne 132. Une partie du matériel roulant de l'association est abritée sous une ancienne rotonde du dépôt de la gare, la dernière encore en service. La ligne est longue de 14 km. A son terminus de Treignes, il est possible de visiter le musée également exploité par l'association du CF3V.
www.cfv3v.eu

Le Stroom Centreum Madeldegem
(Madeldegem/Province de Flandre-Orientale)
Ce site regroupe la plus grande collection flamande de matériels ferroviaires aux écartements standard et de 60 cm. Les trains circulent de mai à septembre. La plus ancienne locomotive à vapeur date de 1893. Chaque année au mois de mai se déroule sur place un important festival vapeur. L'association organise également régulièrement des repas

Le Chemin de fer des 3 vallées

© Daniel Maas

à bord d'une authentique voiture de l'Orient-Express. « L'Orient Dinning Express » permet ainsi de vivre le mythe des grands express européens, le temps d'un voyage culinaire.
www.stoomtreinmaldegem.be/fr/

Les tramways des grottes de Han
(Han-sur-Lesse/Province de Namur)
Cette ancienne ligne des Tramways vicinaux de Wellin à écartement métrique, est toujours partiellement exploitée pour desservir les grottes de Han-sur-Lesse, le site touristique le plus visité de Belgique, au départ du centre du village. Il y a un départ toutes les demi-heures de 10 heures à 16h30. Curieusement aucune mention n'est faite de l'existence de ce tramway sur le site des grottes, et le site web qui lui était dédié n'est plus en ligne, mais les tramways assuraient toujours leurs rotations au printemps 2022 à l'heure de la rédaction de ces lignes.
https://cutt.ly/QHflEbQ

■ Musées ■

Train World
(Bruxelles/Région de Bruxelles-Capitale)
Au nord-est de Bruxelles, ce musée du chemin de fer Belge, est situé à Schaerbeek, dans une ancienne gare historique entièrement restaurée, qui se trouvait située sur la première ligne de chemin de fer établie dans le pays entre Bruxelles et Malines. Il présente dans un espace scénographié, la collection de matériels roulants que la SNCB a constitué depuis la fin de la traction vapeur et propose des expositions temporaires dont le thème est régulièrement renouvelé.
www.trainworld.be/fr

Rétrotrain
(Saint-Ghislain/Province de Hainaut)
A Saint-Ghislain, occupant d'anciens ateliers de la SNCB situés à quelques pas de la gare, l'association Patrimoine Ferroviaire et Tourisme présente une partie de sa collection de matériels roulants de la SNCB. L'autre se trouvant engagée sur le Chemin de Fer du Bocq. Cet espace est ouvert les premiers samedis du mois, sauf en juillet et en août, pour des visites libres et gratuites. A l'étage sont hébergés des réseaux, exploités dans le cadre des activités de la section modélisme de l'association.
https://cutt.ly/ZHflPmj

Le musée du Transport Urbain Bruxellois
(Bruxelles/Région de Bruxelles-Capitale)
Ce musée abrite une vaste collection de matériels roulants ayant circulé dans la capitale Belge depuis un siècle. Ouvert tous les week-ends et jours fériés d'avril à fin septembre, sa visite peut-être complétée par une balade en autobus ou tramways historiques. Ces derniers s'insèrent dans les circulations régulières de la STIB, sur deux des lignes accessibles à partir du dépôt où ils sont remisés, sur des voies jouxtant celles réservées au service régulier. Un dimanche par mois, il est possible d'embarquer dans un tramway mis en service pour l'exposition universelle de 1935, pour partir à la découverte d'une grande partie de la ville, le temps d'une balade de 4 heures !
trammuseum.brussels/

Le centre de Découverte du chemin de fer Vicinal
(Thuin/Province de Hainaut)
Une trentaine d'anciens véhicules de la SNCV (Société Nationale des Chemins de Fer Vicinaux), retraçant l'histoire du plus grand réseau de tramways vicinaux au monde est exposée sur le site de l'ancienne gare SNCB Thuin-Ouest. Loin d'être prisonniers de leur abri, une bonne partie de ces tramways est régulièrement engagée sur les lignes que préserve l'association, vers Lobbes et Thuin ville-basse.
www.asvi.be

Le musée des transports en commun de Wallonie
(Liège/Province de Liège)
Le musée présente sa collection de véhicules dans un ancien dépôt de tramways réaffecté. Il

© Le train à vapeur de Pairi Daiza

Le train à vapeur de Pairi Daiza

retrace l'histoire des transports depuis le XVIIIe siècle. L'exposition est complétée par des documents et dispositifs interactifs. Une cinquantaine de véhicules de la diligence au tramway y sont présentés aux côtés de 2000 objets.
www.musee-transports.be/

Le musée Ferroviaire de Treignes
(Treignes/Province de Namur)
Bientôt cinquantenaire, le musée présente une collection de matériels roulants ferroviaires de la SNCB comprenant des locomotives, des voitures et des objets répartis dans des vitrines thématiques (képis, lanternes, outils ...).

Un réseau de trains miniatures Märklin est également présenté. Il est ouvert de mars à novembre.
site.cfv3v.eu/site/musee/

▪ Petits trains ▪

Le train à vapeur de Pairi Daiza
(Brugelette/Province de Hainaut)
Circulant au sein du parc zoologique sur une voie de 60 cm, cet authentique train à vapeur réalise un parcours de 2 km, à la vitesse très raisonnable de 7 km/heure ! Trois locomotives assurent le service. Mais ce ne sont pas les seuls matériels qui ont été préservés ici. Le reste est

exposé dans l'entrepôt et l'atelier qui peuvent également être visités, au cours de la balade en train.
https://cutt.ly/ZHfzTrMr

▪ Vélorails ▪

Les draisines de la Molignée
(Falaën/Province de Namur)
Sur cette ancienne voie ferrée empruntant la vallée de la Molignée, trois parcours à faire en vélorails sont proposés. Du plus court au plus long :
• Falaën-Maresdsous (6 km) traverse Sosoye, l'un des plus beaux villages de Wallonie. Le trajet sur les rails peut être prolongé par une balade à pied

d'une vingtaine de minutes pour aller visiter l'Abbaye de Maredsous.
- Warnant – Falaën (8km) à travers bois. L'itinéraire comprend le franchissement de deux tunnels et longe les Ruines de Montaigle, classées patrimoine majeur de Wallonie.
- Warnant – Maredsous (14 km) combine les deux précédents parcours et peut occuper une grande partie d'une journée si on y ajoute la visite de l'abbaye.
www.draisine.be

Les draisines de la Maolignée

© Benjamin Brolet

▪ Mini-trains ▪

Le Petit Train à Vapeur de Forest
(Forest/Région de Bruxelles-Capitale)
C'est l'un des plus grands circuits en Europe, de trains à l'échelle 1/8e. Il compte 2000 mètres de voies au double écartement de 5 pouces et 7 pouces ¼. Il se trouve en plein Bruxelles, dans le parc du Bempt sur la commune de Forest. Créé il y a 30 ans, ses installations n'ont cessées de se développer. Plusieurs parcours sont possibles. Ils sont tracés à partir d'un véritable poste d'aiguillage qui a été installé le long des voies. A ne pas manquer, la fête de la vapeur qui marque la fin de la saison !
ptvf.eu/

Le Petit Train de la Louvière
(La Louvière/Province de Hainaut)
L'association dispose d'un réseau de 1600 mètres à l'écartement de 7 pouces 1/4 sur lequel ses membres font circuler des trains à vapeur ou électriques pouvant transporter 5 passagers chacun.

Elle ouvre au public le 1er dimanche de chaque mois, d'avril à octobre de 10 h à 18h.
www.le-petit-train.be/

▪ Trains de jardin ▪

Mini Europe
(Bruparck/Région de Bruxelles-Capitale)
Le parc représente l'Europe à travers des maquettes animées et la reproduction des monuments les plus connus de chacun des pays évoqués. Des trains de jardin circulent entre ceux-ci sur une voie de 45 mm.
www.minieurope.com/

▪ Hébergements et restauration dans un cadre insolite ▪

Train Vedettes
(Rebecq/Province du Brabant wallon)
Un restaurant aménagé à bord d'une voiture de la SNCB des années 50 garée devant la gare de Rebeq aujourd'hui fermée. La cuisine servie est belge et française.
www.train-vedettes.be/FR/

Train Hostel
(Bruxelles/Région de Bruxelles-Capitale)
Cet hôtel à thème ferroviaire, est installé en plein Bruxelles à deux pas du musée Train World dans un ancien bâtiment ayant appartenu à la SNCB. Il propose de passer la nuit dans des cabines de wagons-lits, des appartements décorés sur le thème ferroviaire, une suite pour deux personnes ou un dortoir collectif. Certaines chambres sont installées dans d'anciennes voitures qui ont été posées sur le toit de l'hôtel !
trainhostel.be/

La gare Hombourg
(Hombourg/Province de Liège)
22 couchettes ont été aménagées dans une ancienne voiture-lits des années 50. Mais 13 chambres sont également disponibles dans le gîte créé dans l'ancien bâtiment de la gare qui peut également accueillir 36 personnes. L'ensemble se situe en bordure de la ligne 38 transformée en voie verte, appelée « Ravel » en Belgique.
https://cutt.ly/3HfzOpO

ESPAGNE

Le réseau ferré espagnol s'est développé à l'écart de celui du reste de l'Europe, le pays ayant choisi un écartement large pour ses voies, le rendant incompatible avec celui de ses voisins. C'est aussi l'un des moins denses du continent. Il ne compte qu'un peu plus de 15000 kilomètres de lignes. Néanmoins, toutes les grandes villes sont desservies par le train. Malgré les différences d'écartement des voies, des échanges ferroviaires avec la France ont pu être mis en place dès les années 60. Ainsi, à partir de 1963, grâce à un système d'essieux à écartement variable, le Talgo, qui assurait la liaison Barcelone-Genève, évitait aux voyageurs de devoir changer de train à la frontière à Hendaye ou à Port-Bou. Dix ans plus tard, c'est un autre système qui était testé. Il consistait à changer à la frontière les bogies des voitures pour leur permettre de poursuivre leur chemin. Consciente du handicap qui l'affublait, la Renfe, la compagnie nationale espagnole se lança par la suite dans un vaste plan de transformation de son réseau, passant par la mise en place d'un double écartement sur les lignes existantes, et la création de nouvelles lignes à grande vitesse établies selon les standards en vigueur chez ses voisins. Elle se retrouve ainsi à la tête du plus long réseau de lignes à grande vitesse au monde, juste derrière la Chine, avec plus de 2500 km. Via Figueres et Narbonne, celui-ci est désormais directement connecté au reste du réseau ferré européen. Sur son territoire, et au-delà de ses frontières, la compagnie nationale espagnole fait rouler des AVE, ses trains à grande vitesse, mais aussi des trains régionaux, les Media Distancia, et enfin des trains interurbains opérant dans les banlieues des grandes villes.

Comment venir en train

A moins d'habiter près de la frontière, la manière la plus simple de rejoindre l'Espagne en train, est le TGV. Des liaisons existent depuis Paris, mais aussi Lyon, Marseille, Montpellier, Narbonne, Nice, Nîmes, Perpignan, Toulouse … Depuis la capitale française les TGV s'élancent vers Barcelone à la gare de Lyon. Le trajet dure environ 6h30. Il est possible de faire correspondance alors pour d'autres destinations ibériques : Madrid, Malaga ou encore Séville. Une autre alternative est de prendre un train de nuit à la gare d'Austerlitz jusqu'à Perpignan, d'où embarquer à bord d'un AVE pour poursuivre votre voyage. Si vous habitez du côté de la côte atlantique, l'accès à l'Espagne peut également se faire en rejoignant la gare d'Hendaye depuis Bordeaux. A noter que dans le cadre de l'ouverture des lignes à grande vitesse à la concurrence, la SNCF a mis en circulation des TGV Ouigo en Espagne. 10 trains traversent ainsi quotidiennement le pays entre Madrid et Barcelone, assurant la desserte de Saragosse et Tarragone. Au printemps 2022 une nouvelle relation Valence-Alicante devait être inaugurée, en attendant l'arrivée des TGV Ouigo à Cordoue, Séville et Malaga en 2023.

Quelques idées de destinations

L'Espagne est connue pour ses joyaux historiques. Cordoue et sa vieille ville, Salamanque, inscrite au patrimoine mondial de l'UNESCO, Séville et sa cathédrale, la plus grande église

Le musée du chemin de fer de Madrid.

© Federico Pérez

Le Musée Basque du Chemin de Fer

© Museo Vasco del Ferrocarril Euskotren

Le Chemin de fer à crémaillère de Montserrat

© DR

gothique au monde, en plein cœur de l'Andalousie, mais aussi Barcelone, la capitale de la Catalogne qui abrite la Sagrada Familia, le rêve toujours en cours de construction de l'architecte Antoni Gaudi. Madrid bien sûr, où une visite du Prado, l'un des plus grands musées au monde s'impose. Mais encore la pointe sud du pays et ses plages, Tolède, la cité médiévale, Valence, le Pays basque ou la Galice.

A voir et à faire en Espagne

▪ Trains Touristiques ▪

Le Train des lacs
(Lleida/Catalogne)
Au départ de Lleida, il est possible de choisir entre un train historique et un train panoramique pour profiter de ce trajet de près de 90 kilomètres à travers la Catalogne qui amène ses passagers aux pieds des Pyrénées. Sur le chemin, le train traverse quatre lacs, mais aussi 40 tunnels et 70 ponts !
https://cutt.ly/FHzJeo8

Le train de Sóller
(Sóller/îles Baléares)
Cette balade ferroviaire sur la plus ancienne ligne de Majorque fait découvrir des paysages inaccessibles par la route. En 27 kilomètres entre Palma et Sóller, à bord de vieux wagons en bois, les vues sur la vallée et la chaîne de montagnes de Son Torrella se laissent apprécier entre deux

tunnels. Le parcours en compte 13 ! À l'arrivée, il est possible de poursuivre son chemin jusqu'au port en empruntant un tramway également historique qui traverse le centre-ville.
https://cutt.ly/6HfO7qA

Le Train d'Arganda
(Arganda/Communauté de Madrid)
Gérée par le Centre d'Initiatives Ferroviaires à Vapeur de Madrid, la rame de ce train est composée de matériels plus que centenaires. Le but des membres de l'association est d'ailleurs de faire revivre aux passagers qui l'empruntent, un voyage en chemins de fer au siècle dernier. Il circule sur une distance de 5 kilomètres tous les dimanches du printemps à l'automne. Le voyage dure une quarantaine de minutes.
www.vapormadrid.org/

Le Train minier de Utrillas
(Utrillas/Aragon)
Sur le site de l'ancienne exploitation minière du Pozo de San-

ta Bárbara, ce train à vapeur plonge le temps d'une visite, ses passagers, dans l'univers des mineurs au début du XXᵉ siècle. La ligne est courte, 3 kilomètres seulement, mais le train s'arrête en divers lieux le temps de laisser à ses passagers celui de les visiter. De ce fait, la balade dure au moins 3 heures.
parquemineroutrillas.com/

Le Train du ciment
(Guardiola de Berguedà/Province de Barcelone)
Ce train centenaire faisait la liaison entre une cimenterie et la ville de Guardiola de Berguedà. Sur un peu plus de 3 kilomètres de ligne, il dessert 4 gares et réalise un parcours en forêt dans le Parc Naturel du Cadí-Moixeró. A La Pobla de Lillet, il est possible de visiter une exposition dédiée aux chemins de fer secondaires, industriels et touristiques dans la vallée du Llobregat, au terminus, le musée du ciment.
https://cutt.ly/SHfO9CH

Le train de Sóller

© Alain Gavillet

La crémaillère de Vall de Núria

(Ribes de Freser/Catalogne)

Unique moyen de transport pour rejoindre la station de sports d'hiver de Vall de Núria, située à 2000 mètres d'altitude, ce train à crémaillère, le plus haut du sud de l'Europe, efface 1000 mètres de dénivelé en un peu plus de 12 kilomètres de ligne. Les vues sur la vallée sont saisissantes ! La station desservie se trouvant aux portes du parc naturel des Capçaleres del Ter i del Freser se veut un espace sans voiture. Ce train circule toute l'année.
https://cutt.ly/8HfPsQq

Le musée du chemin de fer de Madrid.

© Luis G. Legido

Le funiculaire de Gelida

(Gelida/Catalogne)

Récemment restauré, ce funiculaire était beaucoup utilisé par les employés des moulins à papier de la ville. Cette histoire est aujourd'hui racontée dans le Centre d'interprétation du funiculaire installé dans sa station supérieure. Le funiculaire parcourt une distance d'un peu moins de 900 mètres, en une moyenne de 7 minutes.
https://cutt.ly/xHfO6Un

Le Chemin de fer à crémaillère de Montserrat

(Monistrol de Montserrat/Catalogne)

Construit à la fin du XIXᵉ siècle, ce chemin de fer à crémaillère est le seul moyen de transport permettant d'atteindre le sanctuaire de Montserrat. Partant de Monistrol de Montserrat, il alterne circulation en adhérence simple et sections à crémaillère, traverse plusieurs tunnels et offre des points de vue privilégiés tout au long de son parcours. Il atteint

son terminus en une quinzaine de minutes. De là, il est possible de poursuivre son chemin à bord de deux funiculaires présents sur le site. Le funiculaire de San-Joan et celui de la Centa Cova.
https://cutt.ly/yHfPXdT

▪ Vélorails ▪

Ecorail

(Callús/Catalogne)

Une attraction unique en Catalogne, à Callús les week-ends et jours fériés, alors que la ligne est désertée par le train de fret qui la fréquente habituellement, il est possible de faire une balade à bord d'un mini-train ou d'un vélo-rail, sur une distance aller de 7 km. Une manière originale de partir à la découverte de la région viticole du « Pla de Bages ».
https://cutt.ly/sHY9clW

▪ Musées ▪

Le musée du train de Madrid

(Madrid/Communauté de Madrid)

Installé dans l'ancienne gare

de Madrid-Delicias, tête d'une ligne qui poursuivait sa route jusqu'à la frontière Portugaise, ce grand musée retrace l'histoire des chemins de fer Espagnols. Il s'intéresse autant aux matériels roulants, qu'aux infrastructures et présente de nombreuses pièces statiques ou en mouvement. Une pièce est entièrement consacrée au modélisme. Des expositions temporaires thématiques viennent compléter la présentation permanente de la collection.
www.museodelferrocarril.org/

Le musée Basque du chemin de fer

(Azpeitia/Communauté autonome Basque)

Dans l'ancienne gare d'Azpeitia sont présentés de nombreux véhicules ferroviaires anciens, ainsi qu'une très riche collection d'horloges ferroviaires et d'uniformes. On peut également visiter deux lieux qui ont été préservés dans leur état d'origine : L'ancien atelier mécanique et l'ancien poste de transforma-

Le musée basque du chemin de fer

© Luis G. Legido

tion électrique. En saison de Pâques à fin octobre, il est possible de compléter sa visite par une excursion dans un train à vapeur.
https://museoa.euskotren.eus/

Le musée du chemin de fer des Asturies
(Gijón/Asturies)
Le réseau des Asturies était l'un des plus importants d'Espagne. Ce musée en retrace l'histoire. Trois grands bâtiments le constituent. Ils abritent une centaine de matériels roulants à sept écartements différents, mais la collection est au total constituée de plus de 2000 pièces, dont des objets liés aux travaux sur la voie. Des animations thématiques sont proposées tout au long de l'année, dont des journées vapeur, au cours desquelles les visiteurs peuvent effectuer de petits trajets à l'intérieur du musée, à bord de locomotives remises en service pour l'occasion.
https://cutt.ly/AHfPrcC

L'association des amis du chemin de fer et des tramways de Saragosse (Saragosse/Aragon)
Depuis une trentaine d'années, cette association a collecté et préservé une centaine de véhicules ferroviaires historiques ayant circulé en Aragon. Elle porte le projet de la création d'un musée régional des transports et de la communication. En attendant sa création, elle dispose d'un local de 450 mètres carrés dans lequel elle présente une petite partie de sa collection, ainsi que des réseaux à différentes échelles.
https://www.azaft.org/

Le musée du chemin de fer de Móra la Nova (Móra la Nova/Catalogne)
Ce musée s'intéresse aux chemins de fer en Catalogne de 1890 à 1970. Il est installé dans les emprises de l'ancienne gare de la ville. Sa visite permet celle d'un poste d'aiguillage, d'un

pont tournant, et d'un grand hangar dans lequel sont remisés les matériels constituant la collection présentée. L'association qui gère ce lieu a en projet la création d'un train touristique qui circulerait au départ de la gare.
https://museuferrocarril.cat/

Le musée ferroviaire de Catalogne (Vilanova i la Geltrú/Catalogne)
Installé dans l'ancien dépôt de la gare de Villanova, le matériel roulant exposé est présenté autour d'une rotonde de 12 voies qui abrite des locomotives à vapeur, électriques et diesels. Des expositions temporaires complètent la présentation de ces matériels.
www.museudelferrocarril.org/

Le musée du chemin de Galice (Lugo/Province de Lugo)
Abritée dans un ancien dépôt vapeur qui a compté parmi les plus importants d'Espagne, la

collection est présentée sur les 38 voies d'une rotonde desservie par un pont tournant. Une partie de la visite peut se faire à bord d'un mini-train.
https://muferga.es/

▪ Petits Trains ▪

L'Ecomusée minier de la vallée de Samuño
(Langreo/Asturies)
La gare d'El Cadavíu est une reconstitution de celle aujourd'hui disparue de Samuño. On y trouve une exposition sur le monde de la mine, mais surtout le point de départ d'un petit train qui permet de visiter le site en prenant place à bord d'une rame reproduisant celles empruntées par les mineurs autrefois.
www.ecomuseominero.es/

▪ Mini-trains ▪

Le chemin de fer du parc de Catalogne
(Barcelone/Province de Barcelone)
Dans le parc de l'Oreneta cette association a construit un circuit de plus de trois kilomètres évoquant un chemin de fer de montagne. Tout y est : tunnels, viaducs, et bien sûr une gare comprenant un atelier et un dépôt pour la remise du matériel roulant.
http://www.cemfes.org/

Le parc et le musée ferroviaire de Marratxí
(Marratxí/îles Baléares)
Tout près de Majorque, ce réseau en 5 et 7 pouces ¼ est installé sur un terrain de 25 000 mètres carrés. Il est long d'un peu plus d'un kilomètre. Un petit musée est également présent sur le site, l'association ayant préservé du matériel industriel à taille réelle.
http://www.cfvm.es/

Le chemin de fer à vapeur vive d'Alicante-Torrellano
(Torrellano/Province d'Alicante)
Près de la gare de Torrellano, ce circuit de mini-trains reproduit toutes les conditions d'une exploitation ferroviaire classique avec ses différents métiers. Un musée est installé dans l'ancienne halle marchandise de la gare. Il présente des objets ferroviaires et des réseaux.
http://www.aaaf.org/

▪ Sites ferroviaires valant le coup d'œil ▪

La Gare de Canfranc
(Canfranc/Aragon)
A quelques kilomètres de la frontière française, cette gare était lors de son inauguration en juillet 1928, la deuxième plus grande d'Europe. Son bâtiment mesure 241 mètres de long et compte pas moins de 150 portes et 350 fenêtres !
https://cutt.ly/FHfPzZO

La gare de Canfranc

ITALIE

L'Italie compte un peu plus de 16 000 km de voies ferrées sur lesquelles circulent quotidiennement environ 7000 trains. Ils sont pour la plupart mis en ligne par l'entreprise issue de l'opérateur historique Trenitalia sur l'un de ses trois réseaux : à grande vitesse, conventionnel ou régional. Les « Frecce », flèches en italien, sont les plus rapides. Il en existe trois catégories. Les « Frecciarossa » (flèches rouges) qui empruntent dans le pays, mais aussi désormais en France, les Lignes à Grande Vitesse. Les « Frecciargento », (flèches argentées) qui restent dans le pays où elles sont mises en service sur les LGV et le réseau conventionnel, et les « Frecciablanca » (flèches blanches) qui ne fréquentent que le réseau conventionnel. Sur ce dernier, circulent également de nombreux « Intercity », des trains au long court desservant les villes grandes et moyennes à une vitesse plus modérée. Certains s'aventurent au-delà des frontières, en Allemagne, Autriche ou Suisse. Il est possible de traverser l'Italie de nuit, en empruntant un « Intercity Notte ». Pour des déplacements plus locaux, des trains régionaux ont pour mission de desservir les plus petites villes. Les amateurs apprécieront la possibilité de s'offrir des voyages à but purement touristiques, en montant à bord de l'un des trains historiques de la fondation FS Italiane, créée par Ferrovie dello Stato Italiane, l'opérateur historique, Rete Ferroviaria Italiana, le gestionnaire de l'infrastructure ferroviaire et Trenitalia, entreprise chargée de la circulation des trains de voyageurs dans la péninsule. Ces trains sont le plus souvent constitués de voitures anciennes tirées par des locomotives diesels ou à vapeur ayant marqué l'histoire ferroviaire du pays. Plus de 1300 kilomètres de rail à voie étroite sont par ailleurs opérés par des compagnies privées.

Comment venir en train

Depuis la France, le plus court chemin ferroviaire vers l'Italie, passe par la Riviera des deux pays. Il faut moins d'une heure pour relier Nice et Vintimille. Depuis Paris des TGV de la SNCF, mais aussi des « Frecciarossa » de Trenitalia assurent des navettes vers Milan. Il est possible de monter à bord à Lyon. Pour les plus romantiques ou ceux qui rêvent d'assister à son célèbre carnaval, sachez que Venise est également accessible en train. La gare de Santa Lucia se trouve en plein centre de la ville, à deux pas du Grand canal.

Quelques idées de destinations

Milan est l'une des principales portes d'entrée en Italie quand on y arrive par le TGV. La ville de la Scala, capitale de la mode, a su garder le charme des vieilles villes italiennes et mérite qu'on prenne le temps de la visiter avant de poursuivre son périple plus au sud. Florence, berceau de la Renaissance ou Venise sont d'autres étapes assez incontournables. Rome est un livre ouvert sur l'histoire du monde antique, avec ses nombreux monuments grandioses, dont le Colisée. Non loin de là, se trouve la Cité du Vatican, ses musées, et la chapelle Sixtine. A Naples, il ne faut pas manquer de déguster une pizza Napolitaine. Si vous en avez le temps, un saut en Sardaigne, ou en Sicile à la rencontre de l'Etna vaut le détour.

La Ferrovia Circumetnea

Le treno verde

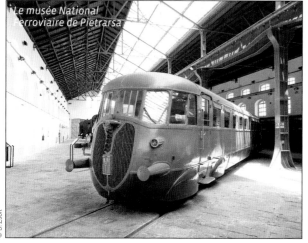

Le musée National Ferroviaire de Pietrarsa

La gare de Corniglia

Manarola, un des villages des Cinque terre

© Waldemar

A voir et à faire en Italie

■ Dessertes ferroviaires régulières présentant un fort intérêt touristique ■

La ligne Gêne-Casella
(Gênes/Ligurie)

Ce chemin de fer géré par la région assure la desserte de l'arrière-pays gênois, via une ligne de 25 kilomètres à forte déclivité. Elle compte des rampes allant jusqu'à 45 pour mille. Le Voyage offre dans ses premiers kilomètres de très belles vues sur la mer, puis le train s'engouffre dans de nombreux courts tunnels et des viaducs pour dépasser l'altitude de 400 mètres à son terminus. Ce parcours peut servir de point de départ à bon nombre de randonnées à faire dans la région.
https://cutt.ly/YHzvjAl

Les Cinque Terre
(La Spezia/Ligurie – Revanto/Ligurie)

Les Cinque Terre, ce sont 5 villages de pêcheurs de la Riviera Italienne qui se laissent découvrir facilement en train : Riomaggiore, Manarola, Cornille, Vernazza et Monterosso. Le voyage peut se faire au départ de La Spezia ou de Revanto. Les vues sur la mer et ses villages accrochés à la montagne sont inoubliables.

■ Trains touristiques ■

L'Archeotreno Campania
(Naples/Campanie)

Depuis Naples, ce train opéré par la Fondation FS Italiane rejoint les zones archéologiques de Pompéi et de Paestum, en laissant apercevoir de très belles vues sur le golfe de Naples et le Vésuve tout au long du parcours.

Le train marque un arrêt à Pietrarsa où se trouve le musée national des chemins de fer.
https://cutt.ly/FHlRSly

Le Pietrarsa Express
(Naples/Campanie)

Depuis la gare de Naples, ce train de la Fondation FS Italiane emmène ses passagers visiter le musée national ferroviaire de Pietrarsa, en empruntant la plus ancienne voie ferrée du pays. Il est tracté par deux locomotives électriques historiques.
https://cutt.ly/IHlR3Wy

Le Chemin de fer touristique du Val d'Orcia
(Sienne/Toscane)

Classés au patrimoine mondial de l'Unesco, les paysages du Val d'Orcia que le train traverse ont inspiré les peintres de la Renaissance. En un peu plus de 50 km la voie relie les villes de Sienne et Grosseto et traverse les plus beaux villages de Toscane. Le train à vapeur qui y circule est mis en service par la Fondation FS Italiane.
https://cutt.ly/XHlRHAo

Le Porrettana Express
(Pistoia/Toscane)

La Fondation FS Italiene propose ce voyage en train au départ de Pistoia et à destination de Porretta-Terme. Cette ligne relie le nord de l'Italie au centre, en traversant les Apennins-Toscans-Emiliens. Le parcours traverse de nombreux tunnels mais aussi des forêts de châtaigniers. Pour contribuer à effacer le dénivelé de 600

mètres qui sépare les deux terminus, le train s'engage dans deux courbes en forme d'épingles à cheveux. Il traverse également le très spectaculaire viaduc de Piteccio.
https://cutt.ly/aHlR03G

Le Reggia Express
(Naples/Campanie)
Autre train historique proposé par la Fondation FS Italiane, le Reggia Express assure un court trajet entre Naples et Caserte. Le voyage se fait à bord de voitures datant des années 30 et 50. Il permet à ses passagers d'aller visiter le Palais Royal de Caserte, également surnommé le « Versailles Italien ».
https://cutt.ly/HHlTigd

Le Sébino Express
(Milan/Lombardie)
De Milan à Paratico-Sarnico ou de Brescia à Pisogne ce train historique à vapeur de la Fondation FS Italiane rejoint les bords du lac d'Iseo. Il comprend des voitures des trois classes, la plus ancienne datant des années 30.
https://cutt.ly/SHlR7Ya

Les Trains historiques du goût
(Catane - Palerme - Messine / Sicile)
Ces trains de la Fondation FS Italiane relient Catane, Palerme, ou Messine à de nombreux villages de l'île. Ils sont mis en service en fonction des différents festivals et événements qui ont lieu dans la région. A bord, des dégustations de produits régionaux sont organisées.
https://cutt.ly/2HlTqpG

Le tour de L'Etna en train
(Catane/Sicile)
Cette ligne à voie étroite exploitée par les Ferrovia CircumEtnea fait pratiquement le tour du volcan en 110 kilomètres. Elle part de la gare de Borgo à Catane pour rejoindre Riposto. C'est surtout sur les premiers kilomètres que les vues sur l'Etna et sur la mer sont les plus intéressantes. Il est par conséquent possible de limiter son trajet à la gare de Randazzo pour en profiter au mieux.
www.circumetnea.it

Le train vert de la Sardaigne
(Sardaigne)
Ce train offre l'une des plus belles manières de découvrir l'île. Avec ses 438 kilomètres de voies, c'est le plus long chemin de fer touristique d'Europe. Il parcourt cinq lignes. De Palau à Tempio, le point culminant du réseau, de Macomer à Bosa, de Mandas à Laconi, de Mandas à Seui, ou d'Arbatax à Gairo.
www.treninoverde.com

▪ Musées ▪

Le musée National Ferroviaire de Pietrarsa
(Pietrarsa/Campanie)
Installé entre Naples et Portici sur le tronçon de la ligne où ont circulé les premiers trains en Italie, le musée se trouve dans le golfe de Naples. Le site se développe sur plus de 36 000 mètres carrés. La collection comprend une cinquantaine de matériels roulants historiques. Une animation multimédia en réalité augmentée redonne vie à la première locomotive ayant circulé en Italie. Dans une grande salle, appelée « la cathédrale » un réseau de trains miniatures est exposé sur une quarantaine de mètres carrés. Il évoque les gares de Firenze Santa Maria Novella et Bologna Centrale.
https://cutt.ly/uHlTruK

Le musée du parc ferroviaire de Porta San Paolo
(Rome/Latium)
Situé dans la gare de San Paolo, il expose sa collection de matériels roulants à l'extérieur et des objets ayant trait aux chemins de fer de la capitale, à l'intérieur.
https://cutt.ly/fHlTp4B

Le musée ferroviaire Piémontais
(Turin/Piémont)
Le musée préserve une soixantaine de véhicules ferroviaires : des locomotives, des voitures et des wagons, et même une grue sur rail et un chasse-neige. Plusieurs ont été restaurés pour être en état de fonctionnement. Une grande maquette offerte par un modéliste est également exposée dans l'une des salles du musée.
https://cutt.ly/dHzj5vJ

Le Musée du Chemin de Fer des Pouilles
(Lecce/Pouilles)
Ce musée retrace l'histoire des transports dans la région. Il comprend une dizaine de salles abritant une trentaine de matériels roulants. Dans l'une d'entre elles, ce sont 450 modèles réduits qui attendent les amateurs.
https://cutt.ly/IHzj33d

LUXEMBOURG

Le plus petit des pays présentés dans cette sélection mérite sa place dans ce guide. Certes le nombre de kilomètres de voies développées au Luxembourg est forcément limité. Pas plus de 275, presque entièrement électrifiés, mais le train permet d'atteindre toutes les moyennes et grandes villes du pays. Ce sont les CFL qui en sont le principal opérateur depuis leur constitution en 1946. Le pays est également traversé et accessible par des trains venus de ses grands voisins, l'Allemagne, la Belgique et la France. A noter que tous les trains luxembourgeois sont accessibles aux vélos. La carte ferroviaire du pays présente de forts déséquilibres entre la partie sud-ouest, où le réseau est dense, et le reste du Luxembourg qui n'est traversé que par deux lignes, l'une vers Liège et l'autre vers Coblence. Fait notable, les trains au Luxembourg, comme chez son proche voisin allemand, roulent à droite, à l'exception du trajet entre la capitale et la Belgique qui se fait sur la voie de gauche, comme dans le reste de l'Europe, en raison du franchissement de la frontière. Deux types de trains circulent sur le réseau ferré du pays. Les « RegionalBahn » (RB) qui s'arrêtent à toutes les gares sur leurs parcours, et les « Regional Express » (RE).

Comment venir en train

Le TGV et les TER Grand-Est sont les deux moyens d'accès au Luxembourg par le rail. Le départ des premiers se fait à la gare de l'Est à Paris. Le temps de voyage est de l'ordre de 2h30 pour les directs. Compter une bonne heure de plus pour les autres. Une quinzaine de trains assurent cette relation. On peut monter à bord des seconds en gare de Metz notamment. Une relation par heure est assurée vers Luxembourg. Petite nouveauté et non des moindres, depuis 2020, les transports publics dans le pays sont gratuits en deuxième classe ! Une gratuité qui au-delà du train s'étend aux bus, tramways, et aux funiculaires.

Le musée de l'Ardoise

© Le musée de l'Ardoise

Quelques idées de destinations

La ville de Luxembourg se laisse découvrir à pied dans son centre historique aux rues pavées datant du Xe siècle, perché sur un éperon rocheux. En empruntant le chemin de la corniche, le long des anciens remparts on jouit de très belles perspectives. La ville abrite 7 musées et 13 restaurants étoilés ! Le quartier du Grund, au fond de la vallée de la Pétrusse, est le plus pittoresque. Les casemates du Bock, sont un dédale de 23 km de tunnels qui autrefois abritaient des canons assurant la défense de la ville.

A l'extérieur de la capitale, de nombreux sentiers de randonnées sont aménagés, notamment dans la Petite Suisse Luxembourgeoise qui s'étale dans le Mullerthal. Depuis la ville de Clairvaux, il est possible de rejoindre plusieurs des châteaux qui sont la fierté du pays. Le plus incroyable est celui de Vianden installé sur un piton rocheux dominant de 60 mètres la rivière qui coule à ses pieds. Près de la frontière allemande, se trouve l'abbaye d'Echternach fondée en 698. Enfin, il serait dommage de conclure une visite de ce pays sans avoir pris le temps d'une escapade dans la vallée de la Moselle où sont cultivées les vignes donnant naissance à d'excellents vins blancs, le riesling et le pinot gris.

A voir et à faire au Luxembourg

▪ Trains touristiques ▪

AMTF Train 1900
(Pétange/Canton d'Esch-sur-Alzette)
En gare de Pétange, ce train dispose aux côtés des circulations régulières des CFL, de son propre quai pour embarquer ses passagers en direction du Fond-de-Gras. La ligne empruntée a été construite en 1874 par la Compagnie de Chemins de Fer et Minières Prince Henri. C'est d'ailleurs tout ce qui subsiste de ce réseau. Cette ligne était dédiée au transport du minerai de fer. L'association qui l'exploite a préservé une douzaine de locomotives à vapeur et diesel et deux autorails. *www.train1900.lu/*

▪ Petits trains ▪

Le train Minier du Musée National des Mines de Fer Luxembourgeoises
(Rumelange/Canton d'Esch-sur-Alzette)
Ce train parcourt un circuit de 4 km dont 3 en galerie. Il conduit les visiteurs à l'intérieur de la mine. Le trajet dure une vingtaine de minutes et permet d'avoir une vue du site que même les mineurs n'ont jamais eu ! *www.mnm.lu/index.php?lang=fr*

Le train minier Minièresbunn
(Fond-de-Gras/Canton d'Esch-sur-Alzette)
Il circule entre le Fond-de-Gras et Lasauvage. Il est à voie de 700 mm. L'association qui le gère dispose d'un très important parc de locomotives, à vapeur, électriques ou diesels. Elles étaient utilisées à l'époque pour sortir les wagonnets chargés de minerai de la mine. Le premier tronçon est parcouru par une locomotive à vapeur. Le reste du voyage se fait à l'arrière d'une locomotive électrique qui assure le trajet en galerie. La dernière partie de la visite débouche en France à Saulnes en Meurthe et Moselle, un ancien site minier et sidérurgique. *www.fond-de-gras.lu/*

Le train minier Minièresbunn
© Pusla pictures

Tramsmusée
(Luxembourg/Canton de Luxembourg)
Ce musée est consacré aux tramways et bus de la ville de Luxembourg dont l'histoire a commencé avec des tramways hippomobiles en 1875. La collection présentée est constituée de matériels réels et de maquettes au 1/8e. Le musée conserve deux motrices de tramways en état de marche. *https://cutt.ly/dHzcLnL*

Le musée de l'Ardoise
(Haut-Martelange/Canton de Redange)
Ici un petit train industriel qui vient tout juste d'être rénové permet de compléter la visite du musée dédié à l'exploitation de l'ardoise dans la région. Il est la mémoire d'un chemin de fer secondaire à voie métrique surnommé le « Jhangeli » qui fut actif entre Martelange et Noerdange de 1890 à 1953. L'une de ses gares est encore visible sur le site du musée. *www.ardoise.lu/wp/*

▪ Mini-trains ▪

Lankelz trains miniatures
(Esch-sur-Alzette/Canton d'Esch-sur-Alzette)
Tous les dimanches après-midi du 1er mai au 15 octobre ce circuit est ouvert au public à qui il propose une balade d'une quinzaine de minutes à bord de trains à l'échelle 1/3 parcourant deux circuits, l'un de 350 mètres et l'autre d'un kilomètre.

LES PAYS-BAS

Avec près de 3000 km de lignes dont les deux tiers sont électrifiés et la plus grande partie au moins à double voie, les Pays-Bas disposent d'un réseau ferroviaire très développé, à la hauteur de la densité de la population du pays qui est la plus élevée d'Europe. Les moyennes et grandes villes se répartissent sur l'ensemble du territoire, et sont assez proches les unes des autres. Il en résulte une desserte ferroviaire assez décentralisée. Comme dans les autres pays ayant été sous l'influence germanique, les trains roulent à droite, sauf exception à l'approche de certaines frontières. L'intégralité des circulations se fait selon un horaire cadencé, c'est-à-dire que les tous les trains pour une destination particulière partent toujours à la même minute de chaque heure, voire demi-heure le plus souvent. Pour améliorer les correspondances, ces horaires sont également réglés sur ceux des trains en provenance des pays voisins. Le réseau est exploité par les Nederlandse Spoorvegen (NS), l'opérateur historique dont l'Etat détient toujours 100% des parts, et quelques entreprises privées cantonnées aux dessertes locales. Thalys et Eurostar sont également présentes dans le pays. Le territoire des Pays-Bas n'étant pas très étendu, il faut le plus souvent moins de deux heures pour rallier l'une des 400 gares se trouvant sur le réseau ferré. Des trains circulent toute la nuit autour de la capitale, mais également sur d'autres lignes, seulement le week-end néanmoins. Le pays ne compte que 130 km de LGV. Sur ses lignes classiques, circulent deux types de trains : les "Sprinters" qui marquent des arrêts fréquents dans les villes les plus importantes, et les Intercity qui permettent d'arriver plus rapidement à destination.

Comment venir en train

Au départ de la gare du Nord à Paris, il faut moins de 3 heures pour rejoindre Rotterdam après avoir traversé la Belgique à bord d'un train des NS. Ils sont 9 par jour à assurer une telle desserte. Thalys s'arrête à Amsterdam et Rotterdam. Eurostar enfin a commencé récemment des trajets vers les Pays-Bas au départ de Lille à destination d'Amsterdam et Rotterdam. Les autres villes accessibles au départ de la capitale française sont Eindoven, La Haye, Maastricht et Utrecht. Sur place, il est possible d'opter pour une OV-chipkaart, une forme d'abonnement valable de quelques jours à quelques semaines ou mois selon la formule choisie, donnant accès à de substantielles économies pour son porteur et ses accompagnants. Autre offre avantageuse, le « Holland Travel Ticket » est un billet valable sur l'ensemble des réseaux de transports publics du pays : métros, tramways, bus, ferries et trains. Il se décline en « Travel Ticket Amsterdam » et « Travel Ticket Amsterdam et région », des titres de transport utilisables pour un, deux ou trois jours dans les mêmes conditions.

Quelques idées de destinations

Amsterdam bien sûr, la Venise Hollandaise, capitale flamande, abritant le musée Van Gogh ou la maison d'Anne Franck, mais également La Haye, la cité royale bercée par la mer du Nord. Maastrict ses remparts et autres vestiges de son passé médiéval. Utrecht fondée par les romains il y a plus de 2000 ans

La Compagnie du train
à vapeur du Veluwsche

© Veluwsche Stoomtrein MIj

ou Rotterdam le plus grand port d'Europe. Mais pourquoi ne pas partir à la découverte du Gouda dans sa ville, de l'art de la faïence à Delft, des tulipes dans les environs de Keukenhof, ou des moulins autour de Kiderdijk ?

A voir et à faire aux Pays-Bas

▪ Musées ▪

Le musée national des chemins de fer néerlandais
(Utrecht/Province de Utrecht)
Ce musée est installé dans une ancienne gare de la ville, celle

© Spoorwegmuseum

Le musée national des chemins de fer néerlandais

de Maliebaan depuis 1954, mais c'est dès 1927 qu'il a été créé, pour préserver le patrimoine ferroviaire du pays. Il est accessible directement en train, depuis la gare centrale d'Utrecht. Ses collections présentent le matériel roulant qui a marqué l'histoire des chemins de fer du pays. Elles sont réparties en quatre mondes : Les premières années du XIXe siècle, les jours de gloire, les monstres d'acier et l'atelier. Le musée est ouvert toute l'année, du mardi au dimanche. *www.spoorwegmuseum.nl/fr/*

▪ Musées vivants ▪

La Compagnie du train à vapeur du Veluwsche
(Apeldoorn/Province de Gueldre)
Sur une partie d'une ligne construite en 1887 pour assurer une desserte mixte fret et voyageurs aujourd'hui abandonnée, ce train touristique circule le long du canal d'Apeldoorn, et dans la forêt de Weluwsche. Au

cours du voyage, le train s'arrête à la gare-musée de Beekberger. Il s'agit du dépôt où est entretenu le parc roulant géré par l'association. Une dizaine de grosses locomotives à vapeur d'origines allemande, polonaise ou autrichienne et 5 diesels. Le jour de l'ascension et le premier week-end complet du mois de septembre se tiennent un important festival vapeur avec plusieurs trains en circulation et des animations à la gare-musée. Un train restaurant circule également régulièrement. Il est possible de déjeuner à bord d'une ancienne voiture restaurant de la Compagnie des Wagons Lits, datant de 1927. En juillet et août, un repas de crêpes est servi à table. *stoomtrein.org/*

La Compagnie du train à vapeur du sud du Limbourg
(Simpelveld/Province du Limbourg)
Ce train touristique circule sur une partie de l'ancienne ligne internationale Aix-la-Chapelle –

Le Train à vapeur Goes-Borsele

© Reinier Zondervan

Maastricht. Cet axe constituait la voie de communication la plus rapide entre l'Allemagne et le port d'Anvers en Belgique. Le poste frontière était installé dans la gare de Simpelveld. L'association préserve une demi-douzaine de locomotives à vapeur, ainsi que 8 diesels, 1 autorail et une motrice de tramway. Dans le bâtiment de la gare datant de 1908 sont installés une brasserie et un petit musée présentant une collection d'objets ferroviaires. Dans les ateliers attenants, il est possible de visiter le chantier de restauration des matériels roulants. Les trains circulent de Pâques à fin octobre.
www.miljoenenlijn.nl/

Le S.T.A.R
(Stadskanaal/Province de Groningue)
Une dizaine de locomotives à vapeur ou diesels circulent sur la ligne Stadskanaal-Ter Apel-Rijksgrens (STAR) ouverte en 1905. La ville de Stadskanaal constituait dans l'entre-deux-guerres

un noeud ferroviaire important tant pour le transport des voyageurs que pour le fret et sa gare fut équipée en conséquence. Elle a notamment longtemps desservi les usines Philips. Après sa fermeture, une association de passionnés l'a reprise pour la remettre en état et lancer un train touristique. De Pâques à octobre, elle exploite désormais la plus longue ligne touristique du pays.
www.stadskanaalrail.nl/

Le Train à vapeur Katwijk Leiden
(Katwijk/Province de Hollande méridionale)
Ici, c'est le règne du train à vapeur à voie étroite. Tout est fait pour replonger le visiteur 100 ans en arrière. De l'accueil en gare, à l'attente du train, sans compter le voyage lui-même qui se fait sur des banquettes en bois. La balade commence par un parcours en train à vapeur, le long du lac de Valkenburg, et se poursuit derrière une locomotive diesel

qui emmène les passagers de son train dans le musée de l'association, où l'histoire de l'époque de la vapeur dans le pays, leur est racontée. Un effort particulier a été fait pour rendre l'exposition ludique et adaptée aux enfants.
stoomtreinkatwijkleiden.nl/

Le Train à vapeur Goes-Borsele
(Goes/Province de Zélande)
C'est l'un des plus anciens musées vivants des Pays-Bas. Il a été créé en 1971. La balade se fait en deux temps. A bord du train à vapeur, qui comprend des voitures de première, deuxième et troisième classe, ou d'un autorail, puis dans le musée. Celui-ci explique en particulier, le transport des marchandises par le train. Sur le site, l'atelier de restauration est accessible aux visiteurs. Juste à côté de la gare circule un train en 7 pouces ¼.
www.destoomtrein.nl/

Le Buurtspoorweg
(Haaksbergen/Province d'Overijssel)
Cette association a repris une ligne du Geldersch-Overijsselse Lokaal-Spoorwegmaatschappij (GOLS) ouverte en 1884 pour en faire un musée dédié aux chemins de fer secondaires. Elle restaure, entretien et fait rouler une importante collection de matériels. Son musée est réparti en deux sites à Boekelo et Haaksbergen, et raconte l'histoire des chemins de fer locaux, catégorie dans laquelle cette ligne se classe.
https://cutt.ly/xHznlix

Le musée du tramway à vapeur (Hoorn/Province de Hollande-Septentrionale)
A travers la Frise occidentale, sur une voie datant de 1887, ce train à vapeur parcourt la ligne de Hoorn à Medemblik. La balade peut être complétée de différentes manières. D'abord par la visite du musée de l'association qui présente un poste d'aiguillage en état de marche et un ensemble d'objets relatifs aux tramways à vapeur dont l'histoire est présentée au travers d'une exposition chronologique. Mais aussi en prolongeant le parcours en train par une mini-croisière à bord d'un bateau-musée.
www.stoomtram.nl/

Le musée du train à vapeur (Rotterdam/ Hollande-Méridionale)
Le Stoom Stichting Nederland (SSN) qui peut se traduire par « Fondation du train à vapeur Néerlandais » a été créé dans le but de refaire circuler sur le réseau ferré national des Pays-Bas des trains à vapeur après leur disparition du service régulier. Au fil du temps, il a fait l'acquisition et remis en état 6 locomotives. Outre monter à bord des trains que l'association met en circulation, il est possible de visiter son dépôt vapeur et ses ateliers toute l'année les mercredis et samedis.
https://www.stoomstichting.nl/

Le musée du tramway RTM (Ouddorp/Province de Hollande-Méridionale)
La RTM est la Compagnie des Tramways de Rotterdam, l'entreprise qui a assuré les transports régionaux pendant un demi-siècle entre la ville et les

Miniworld à Rotterdam

© Mini World Rotterdam

îles. Elle exploitait alors 235 km de voies à l'écartement de 1067 mm. De nos jours ses tramways continuent à circuler à titre patrimonial autour du musée qui a été créé en 1989. La collection comprend des locomotives à vapeur et diesels, mais aussi des autobus et des bateaux.
rtm-ouddorp.nl/

■ Mini Trains ■

Le chemin de fer de Maasoever (Barendrecht/Province de Hollande Méridionale)
L'association fête en 2022 ses 40 ans d'existence et les 30 ans d'exploitation de son réseau en 5 et 7 pouces ¼, d'un kilomètre de long, installé dans une zone naturelle de loisirs. Ses trains sont mis en circulation d'avril à fin octobre, les mercredis, samedis et dimanches, tous les jours pendant les vacances scolaires.
www.maasoeverspoorweg.nl/nl/

Le Train miniature de Velsen-Sud (Velsen/Province de Hollande-Septentrionale)
L'association gère plusieurs circuits de mini-trains en 45 mm, 3,5 5 et 7 pouces ¼. Le parc est

ouvert tous les dimanches où il fait beau, d'avril à septembre.
www.mbv-hety.nl/

■ Réseaux de trains miniatures ■

Miniworld Rotterdam
La plus grande maquette s'étale sur 350 mètres carrés et évoque des paysages reconnaissables des Pays-Bas, dont la ville, le port et le centre de Rotterdam. Un second monde, de près de 200 mètres carrés est en cours de construction sur le thème de la Grande-Bretagne.
https://cutt.ly/8Hznggf

■ Hébergements et restauration dans un cadre insolite ■

Le train du dîner (Amsterdam/Province de Hollande septemtrionale)
Cette table ambulante accueille ses convives à bord d'un train comptant 4 voitures restaurant modernes. Le voyage se fait autour de la ville d'Amsterdam.
dinnertrain.eu/amsterdam/

PORTUGAL

Objectivement, le Portugal n'est pas le pays qui a le plus privilégié son réseau ferroviaire ces dernières années. En termes d'infrastructures, les financements européens en matière de transports ont plutôt été orientés vers la construction de routes et d'autoroutes, et la tendance comme dans beaucoup d'autres pays a été à la fermeture d'un certain nombre de relations jugées non rentables. Il n'en reste pas moins qu'une partie au moins du pays peut-être visitée par le train. Au Portugal, on peut le prendre pour se déplacer autour de Lisbonne, ou faire le voyage depuis la capitale vers Coimbra-Guarda, Faro ou Porto. Comme en Espagne, l'écartement majoritaire est le grand gabarit. Pas de Lignes à Grande Vitesse dans le pays, mais un train utilisant la technologie pendulaire, « l'Alfa Pendular » qui peut rouler jusqu'à 220 km/h. Il assure la relation de l'extrême sud (Faro) au nord du pays (Braga), en passant par Lisbonne, Coimbra et Porto. Les trains les plus rapides sont les « Intercidades », le réseau le plus étendu est celui des « Regionais/Urbano ». Enfin, des dessertes omnibus sont assurées par les « Inter-Regionais ». Le réseau ferré portugais compte 2500 km de voies, établies principalement selon un axe nord-sud. Trois liaisons avec l'Espagne ont été aménagées. L'ouest du pays, près de la côte, est mieux loti que l'intérieur des terres. C'est l'opérateur historique Comboios de Portugal (CP) qui assure l'essentiel des relations par voie ferrée dans le pays.

Comment venir en train ?

Depuis la France, vu la situation géographique du pays, pas d'autre choix que de passer par l'Espagne ! Le principal itinéraire se fait par Hendaye que l'on peut rejoindre en TGV depuis la gare Montparnasse à Paris. Le voyage se poursuit ensuite nécessairement en train de nuit, le « Trenhotel Surexpreso Irun-Lisbonne ».
Pour se rendre à Porto, il faut alors descendre à Coimbra et prendre une correspondance pour rejoindre en une heure de trajet, sa destination finale. Les autres possibilités consistent à rejoindre le Portugal à partir de Vigo en Galice, ou même de Madrid. A considérer en fonction du nombre de trajets en train envisagés dans le pays, l'acquisition d'un « Portugal Rail Pass » vendu par les CP dans toutes les gares. Autres forfaits intéressants, tout spécialement pour visiter Lisbonne, la « Tourist Travel Card » également proposée par les CP qui donne la possibilité d'emprunter durant un ou plusieurs jours en illimité tous les moyens de transport de la capitale et de ses environs, ou la « Lisboa Card » qui inclut des entrées gratuites dans les musées et monuments de la ville.

Quelques idées de destinations

Lisbonne, ses tramways et sa Tour de Bélem, joyau architectural inscrit au patrimoine mondial de l'Unesco. Porto, sa vieille ville, son quartier de la Ribeira, la bibliothèque Lello considérée comme l'une des plus belles du monde. Coimbra, son centre historique et son université, l'une des plus anciennes d'Europe. Faro, porte d'entrée de l'Algarve, région la plus visitée du pays.

Le Funiculaire de Lavra à Lisbonne.

© fredskitchen

A voir et à faire au Portugal

■ Dessertes ferroviaires régulières présentant un fort intérêt touristique ■

Les tramways historiques de Lisbonne

(Lisbonne/Région de Lisbonne)
Le grand classique du tourisme dans la capitale du Portugal ! La ligne la plus connue est l'Eléctrico 28 dont le parcours a pour origine le centre historique et qui traverse les rues médiévales étroites de la ville. Ce sont toujours les tramways anciens qui opèrent sur cette ligne car leur gabarit est adapté à l'étroitesse des lieux traversés dans le centre médiéval.
https://cutt.ly/sHzEOkw

Les funiculaires de Lisbonne

(Lisbonne/Région de Lisbonne)
Ils sont au nombre de 3. Celui de Gloria est le plus utilisé par les touristes. Son parcours est long de 275 mètres. Celui de Bica est le seul à avoir conservé son entrée intégrée à un hall d'immeuble. Celui de Lavra est le plus ancien toujours en fonctionnement. Son parcours n'est

Train de La plage du Barril

© Pedras d'el Rei

long que de 188 mètres, mais il permet de franchir un dénivelé de 45 en suivant une pente à près de 24%.
https://cutt.ly/SHzEAZB

■ Ligne régulière présentant un fort intérêt touristique ■

La ligne du Douro
(Porto/Région Nord)
Elle relie Porto à Pocinho, à l'est du pays, en empruntant la rive droite du Douro dont la vallée est classée au patrimoine mondial de l'UNESCO. Un train touristique à vapeur en parcourt une partie au départ de Peso da Régua. Il est vivement conseillé en chemin, de marquer un arrêt dans la très belle gare de Pinhão.
https://cutt.ly/3HzEFuN

■ Petits trains ■

Le train de La plage du Barril
(Tavira/Région de l'Algarve)
Ce petit train touristique gratuit permet de rejoindre la plage. Sa ligne à voie étroite de 1,5 km servait auparavant à transporter le poisson frais vers le village.
https://cutt.ly/LHzEHAY

■ Musées ■

Le Musée National Ferroviaire
(Entroncamento/ Région Centre)
Le site principal de ce musée retraçant 160 ans d'histoire du chemin de fer au Portugal se trouve à Entroncamento, mais ses collections sont éclatées sur plusieurs sites. Pour une vision complète de celles-ci, une visite s'impose dans ses antennes de Cabeceiras de Basto (région Nord), Bragance (région Nord), Chaves (région Nord), Lousado (région Nord), Vouga (région Centre), Lagos (région de l'Algarve), Valença (région Nord). Tous sont situés dans des gares, ou à proximité de celles-ci.
www.fmnf.pt/pt

Le musée du rail
(Lisbonne/Région de Lisbonne)
Au travers d'une collection de bus et tramways, et d'objets ferroviaires, ce musée raconte l'histoire des transports publics dans la capitale Portugaise depuis 1872. Il s'intéresse également à celle du métro. Il est ouvert toute l'année du lundi au samedi. Le

Le pont Maria Pia

© Aoamen

La collection du musée Carris à Lisbonne

© Bapt45

de la ville de Porto. Sa collection comprend une vingtaine de véhicules, des tramways électriques mais aussi des véhicules dédiés à l'entretien des lignes. De nombreux objets contribuant à raconter cette histoire sont également présentés.
https://cutt.ly/uHzECvA

▪ Sites Ferroviaires valant le coup d'œil ▪

Le pont Maria Pia
Ce grand viaduc ferroviaire a été construit par Gustave Eiffel avant qu'il ne se lance dans l'édification de celui de Garabit. Il permettait aux trains de franchir la vallée du Douro. Désaffecté depuis 1991, il a été remplacé par un viaduc plus moderne.
https://cutt.ly/yHzEBhu

site est composé de deux grands espaces. On peut passer de l'un à l'autre en empruntant un tramway historique.
https://cutt.ly/uHzEZzy

Le musée du tramway électrique
(Porto/Région Nord)
Ce musée est dédié à l'histoire des transports urbains sur rails

ROYAUME-UNI

Ce pays est le berceau mondial du chemin de fer! C'est là que le transport sur rails a été inventé et que les premières locomotives à vapeur ont été mises en service, ce qui allait provoquer la révolution industrielle qui marquera profondément le XIXe siècle. Nées de l'initiative privée, les compagnies exploitant les chemins de fer du pays n'ayant pas réussi à trouver l'équilibre financier, ont été nationalisées et réunies sous la bannière « British Railway », avant que la privatisation de celle-ci ne soit décidée dans les années 90. Une vingtaine d'exploitants privés se sont alors partagé l'exploitation du réseau, un mode d'organisation bien vite remis en cause par la dégradation de l'état des voies sur bien des lignes, souffrant d'un manque d'entretien, et de la qualité de service rendu malgré une forte augmentation des tarifs.

L'Etat étant amené à subventionner massivement ces entreprises pour leur éviter de tomber en faillite, on assiste à l'heure actuelle à une forme de renationalisation des infrastructures ferroviaires du pays. De nos jours ce réseau est constitué d'un peu plus de 16 000 km de voies. Il fait partie des plus fréquentés d'Europe.

Comment venir en train ?

Il n'y a qu'un seul chemin qui mène en train au Royaume-Uni, le tunnel sous la Manche ! Par conséquent c'est en Eurostar que ce voyage peut-être réalisé. Il se prend à la gare du Nord à Paris, ou à Lille. Le trajet dure 2h15 au départ de la capitale française, 1h20 depuis la capitale nordiste. Le franchissement du tunnel prend de 20 à 30 minutes. L'arrivée se fait à Londres, en gare de Saint-Pancras. Le Royaume-Uni ne faisant plus partie ni de l'Union-Européenne, ni de l'espace Shenghen, des formalités douanières sont à remplir au départ de Lille et à l'arrivée à Londres. A partir de là, vous pourrez soit décider de visiter la capitale anglaise, soit de poursuivre votre chemin au-delà en reprenant un autre train dans l'une des 7 gares principales que compte la ville. Si tel est le cas, l'achat d'un pass « BritRail » peut-être envisagé. Pour un tarif forfaitaire, il autorise un nombre illimité de déplacements en train dans tout le pays, ou une région ciblée. Ce pass étant réservés aux étrangers, il n'est pas vendu sur place. Il faut en faire l'acquisition avant de partir.

Quelques idées de destinations

Le Royaume-Uni est un vaste territoire ! L'explorer peut demander pas mal de temps. Les amateurs de chemins de fer y seront condamnés à une double peine, car en plus de l'embarras du choix en termes de destinations, il n'y a pratiquement pas une ville ou des rails n'aient été posées par des passionnés, soit pour y faire rouler des trains touristiques bien souvent à vapeur, soit des mini-trains, soit encore pour exposer du matériel roulant dans un musée. Les lieux de villégiatures les plus prisés par les touristes sont la capitale Londres, mais aussi Edimbourg ou Glasgow en Ecosse, ou encore Belfast en Irlande, sans oublier la Riviera anglaise, la côte sud et ses falaises du Devon. Ce qui est certain, c'est qu'après avoir fait vos premiers pas dans le pays, vous ne rêverez que d'une chose, y revenir au plus vite, pour poursuivre vos explorations !

Le Gloucester
Warwickshire
Steam Railway

Le musée des
Chemins de fer
d'Écosse

Le Chemin de fer
de Keighley à Worth

North Yorkshire
Moors Railway

Le National Railway Museum à York

Le musée à ciel ouvert de Beamish

A voir et à faire au Royaume-Uni

■ Dessertes ferroviaires régulières présentant un fort intérêt touristique ■

En Angleterre

Le Caledonian Express
(Londres/Comté de la Cité du et du Grand Londres/Angleterre)
Le plus fameux train de nuit en Grande-Bretagne permet de rejoindre l'Ecosse au petit matin. Du simple siège inclinable à la cabine classique avec ses lits superposés, club, avec sa salle de bains privative ou double équipée d'un vrai lit, il existe plusieurs niveaux de confort (et de prix !) pour vivre cette expérience. Ce train dessert Aberdeen, Edinbourg et Glasgow.
www.sleeper.scot/

En Ecosse

La West Highlands Line
(Glasgow/Comté de Glasgow)
L'un des plus beaux trajets à parcourir en train dans le monde ! Une balade incontournable à faire en Ecosse, sur les traces d'Harry Potter à travers le parc national du Loch Lomon, qui comprend la traversée du viaduc de Glenfinnan, que l'on voit dans le premier film racontant l'histoire du petit sorcier. Les paysages sont constitués de montagnes, de lochs et de landes. Le train circule dans un véritable désert de verdure, tellement peu habité, que peu de routes y ont été construites. Il passe auprès du Ben Nevis, le plus haut sommet de Grande-Bretagne, et par Corrour, une gare célèbre pour son isolement. On ne peut y venir qu'à pied, ou en train ! La ligne comprenant deux branches, il est possible de poursuivre jusqu'à Orban ou Fort William et Mallaig.
https://cutt.ly/ZGCExHI

Le train à vapeur Le Jacobite
(Fort William/Comté de Glasgow)
Circulant en saison sur une partie de la West Highlands Line décrite ci-dessus, ce train à vapeur relie Fort-William à Mallaig, en passant sur le viaduc de Glenfinnan.
https://cutt.ly/cGCEncL

Le Borders Railway
(Edimbourg/Comté d'Edimbourg)
Le chemin de fer dit « des frontières » traverse l'Ecosse depuis sa capitale Édimbourg, jusqu'à la ville de Tweedbank. C'est le plus long voyage en train que l'on puisse faire à travers ce pays, pour autant, il se parcourt en une heure environ. Il offre de magnifiques perspectives sur les vallées qui ont fait la renommée de cette région. Il est particulièrement recommandé d'emprunter cette ligne à l'heure du coucher du soleil pour profiter d'une lumière et de vues incroyables !
https://cutt.ly/MGCEWVZ

La ligne de l'extrême nord
(Inverness/Comté des Highlands)
A travers l'Ecosse la plus sauvage et isolée, ce train prend la direction de Thurso et de Wick. La première, est la gare la plus au nord des îles Britanniques. La seconde était autrefois, un grand port de pêche, consacré à celle du hareng. Mais la région est aussi le pays de la tourbe, des rivières à saumon, et des distilleries de whisky ...
https://cutt.ly/yGCETea

La ligne de Inverness à Kyle of Lochalsh
(Inverness/Comté des Highlands)
Cette ligne-là relie deux océans, tout en traversant les paysages montagneux et sauvages des Highlands, des landes et des lochs. Tout au long du voyage, les perspectives qui défilent au travers de la fenêtre sont parmi les plus spectaculaires d'entre celles que peut offrir un voyage en train.
https://cutt.ly/KGCEPpN

La ligne de Carlisle
(Glasgow/Comté de Glasgow)
Un voyage sur cette ligne permet un retour vers le sud, et traverse même la frontière avec l'Angleterre pour rejoindre la vielle ville de Carlisle et son château du XI ème siècle. Il passe par la petite ville de Gretna Green où plus de 5000 mariages sont célébrés chaque année, selon une tradition séculaire qui poussait les amoureux anglais à passer la frontière pour venir convoler en justes noces en Ecosse, où les lois sur le mariage leur étaient plus favorables.
https://cutt.ly/KGCEIne

La ligne de Stranraer
(Glasgow/Comté de Glasgow)
Au départ de Glasgow, c'est un autre grand voyage vers le sud que propose cette ligne, au travers des paysages qui ont inspiré le poète Robert Burns. On peut d'ailleurs visiter en passant le musée qui lui est dédié à Ayr, sa ville de naissance, avant de rejoindre le terminus de Stranraer, ville portuaire fortifiée, d'où il est possible d'embarquer à bord d'un ferry pour l'Irlande.
https://cutt.ly/PGCESRK

Au pays de Galles

Les Ffestiniog & Welsh Highland Railways
(Porthmadog/Comté de Gwynedd/Pays de Galles)
Au cœur de la région du Snowdonia, cette association exploite deux lignes historiques. Le Chemin de fer de Ffestiniog, le plus ancien à voie étroite du monde, dont la naissance a été due à l'exploitation de carrières d'ardoise, et le Welsh Highland Railway, le plus long train touristique du Royaume-Uni. Sur cette ligne qui entre cette année dans sa centième année d'existence, le voyage se fait à bord des voitures les plus luxueuses du parc de matériel historique du pays.

En Irlande du Nord

La ligne de Londonderry à Coleraine
(Londonderry/Comté du Derry)
S'il n'est qu'une ligne à faire en train en Irlande du Nord, ce serait bien celle-ci ! Le parcours offre de magnifiques vues panoramiques sur la côte et côtoie la formation volcanique de la « Chaussée des géants » appartenant au patrimoine mondial de l'UNESCO. Assez court pour que le trajet puisse se faire en une quarantaine de minutes seulement, il est possible néanmoins de s'arrêter dans les 4 gares intermédiaires pour prolonger le plaisir de cette visite. A noter, l'écartement spécifique à l'Irlande de cette ligne, de 1,6 mètre.
https://cutt.ly/lHzIKmb

▪ Trains touristiques ▪

En Angleterre

Le Chemin de fer du Yorkshire et des Moors
(Pickerin/Comté du Yorkshire du Nord)
Cette grosse association qui compte une centaine de salariés permanents, en plus d'une cinquantaine de saisonniers

La gare de Goathland
© Gordon Tosbell

exploite les lignes de Pickering à Grosmont et Grosmont à Whitby, au cœur du parc national des North York Moors. C'est le plus important des chemins de fer historiques du pays tant en nombre de km parcourus, qu'en nombre de passagers embarqués. Ses gares ont été restaurées pour évoquer différentes époques que l'histoire de ces lignes traverse.
www.nymr.co.uk/

Le Romney, Hythe & Dymchurch Railway
(New Romney/Comté du Kent)
Avec ses airs de train miniature, il circule sur une voie de 38 cm seulement, il fut pourtant à l'origine une ligne de chemin de fer régulière à part entière ! Connu pour être le plus petit chemin de fer au monde, il attira très vite les touristes venus des quatre coins de la planète. Sa ligne desservant quatre gares intermédiaires constitue une excellente manière de découvrir la région. Qui plus est, situé non loin de la sortie du tunnel sous la Manche, il est probablement le chemin de fer touristique britanique le plus proche de la France !
www.rhdr.org.uk/

Le Midland Railway
(Butterley/Comté du Derbyshire)
A la fois ligne historique et musée, ce train touristique propose une balade dans la campagne du Derbyshire. Sur le chemin du retour, il est possible de s'arrêter à Sanwick Junction pour découvrir la collection de matériels préservés par l'association. Ce site comprend de nombreux bâtiments ferroviaires préservés, mais aussi une église, construite par la compagnie pour son personnel ! On trouve également sur place un poste d'aiguillage, où des démonstrations sont proposées, un mini-train et un train de jardin. On peut y faire correspondance avec le Golden Valley Light Railway, un chemin de fer à voie étroite en voie de 60 cm.
https://cutt.ly/cHY7aZ1

Le Chemin de fer de la vallée de la Severn
(Kidderminster/Comté du Worcestershire)

Ce chemin de fer touristique dessert 6 gares et propose l'une des meilleures façons de visiter la vallée de la Severn et les différents villages qui la jalonnent. Son musée expose les voitures, wagons et locomotives préservées, ayant appartenu à la GWR.
www.svr.co.uk/

Le Great Central Railway
(Loughborough/Comté de Leicestershire)

La particularité de ce chemin de fer touristique ? Il est le seul de Grande-Bretagne à exploiter une ligne à double voies ! De ce fait, il est possible de voir plusieurs locomotives en tête de leurs trains s'y croiser comme à la grande époque de la vapeur.
www.gcrailway.co.uk/

Le North Norfolk Railway
(Sheringham/Comté du Norfolk)

Longeant la côte du comté du Norfolk, ce train quitte la station balnéaire de Sheringham pour emmener ses passagers près de Holt. Son parcours est surnommé « La ligne des coquelicots ». Court, il est réalisé en une vingtaine de minutes aller.
www.nnrailway.co.uk/

Le Chemin de fer de Ravenglass et Eskdale
(Ravenglass/Comté de Cumbria)

C'est l'un des plus longs et plus anciens chemins de fer à voie étroite du pays. Il a été établi à voie de 38 cm. Le trajet à bord offre des vues sur les plus hautes montagnes de Grande-Bretagne au loin. Il dure une quarantaine de minutes aller et se déroule dans deux sites classés au patrimoine mondial de l'Unesco.
ravenglass-railway.co.uk/

Le Chemin de fer de Swanage
(Swanage/Comté du Dorset)

Sur l'île de Purbeck, ce chemin de fer a été reconstruit pour faire rouler des locomotives à vapeur et diesels préservées. La ligne est longue de 16 km. Elle se fraye un chemin dans la zone de remarquable beauté naturelle du Dorset. L'association organise de nombreuses journées spéciales thématiques. Des repas peuvent être pris à bord des trains à vapeur.
www.swanagerailway.co.uk/

Le chemin de fer de l'île de Wight
(Ryde/Île de Wight)

Il n'y a qu'une seule ligne sur l'île de Wight. Elle relie la ville de Ryde à celle de Shanklin. Un train à vapeur y circule. Sa plus ancienne locomotive date de 1876. La gare principale de ce train est située à Havenstreet, au milieu de la ligne, où se trouve également un musée présentant l'histoire du train sur l'île.
iwsteamrailway.co.uk/

Le Chemin de fer de Keighley à Worth
(Keighley/Compté du Yorkshire-et-Humber)

Voilà une courte ligne (8 km) à voie étroite, qui compte néanmoins six gares et vous plongera dans l'univers des soeurs Brontë, et de leur célèbre roman, « Les Hauts de Hurlevent ». A Ingrow West, l'une des gares de la ligne, se trouvent deux musées ferroviaires, regroupés sous le nom de « Rail Story ». A celle de Haworth, il est possible de visiter les ateliers où sont remisées et entretenue les locomotives en service sur la ligne.
kwvr.co.uk/

Le Chemin de fer de Gloucester et du Warwickshire
(Winchcombe/Compté de Gloucester)

Gloucester Warwickshire Steam Railway

Sur une portion de 45 kilomètres de l'ancienne ligne principale de la Great Western Railway qui reliait Birmingham à Cheltenham, ce train touristique met en service les rames tractées par des locomotives diesels ou à vapeur. A la gare de Toddington, il est possible de faire correspondance avec le Chemin de fer à voie étroite du même nom. A celle de Winchcombe, de visiter un réseau de trains miniatures installé dans un ancien wagon.
www.gwsr.com/

Le West Somerset Railway (Minehead/Comté du Somerset)

Circulant sur l'une des lignes secondaires du Great Western Railway, il dessert une dizaine de gares, offrant des vues sur le sud du Pays de Galles qui se laisse deviner au loin. Des journées thématiques ainsi que des festivals vapeur sont régulièrement programmés sur le réseau.
https://cutt.ly/hHY7IoD

Le Bluebell Railway (Sheffield/Comté du Yorkshire du Sud)

Ce train à vapeur traverse les paysages du Sussex, sur l'une des premières lignes à avoir été préservées dans le pays. Il possède l'une des plus grandes collections de locomotives, voitures et wagons, ayant commencé ses activités de préservation dès l'année 1960. Le personnel opère en tenues historiques, dans les 4 gares restaurées dans leur état à différentes époques de leur existence, entre les années 1930 et 1950.
www.bluebell-railway.com/

En Ecosse

Le Strathspey Railway (Aviemore/Comté des Highlands)

Ce chemin de fer à vapeur fête en 2022 les 40 ans de sa conversion en train touristique. Il circule au milieu des Highlands en Ecosse à destination de Broomhill. Pour agrémenter son voyage, il est possible de le faire en louant un compartiment de première classe, en commandant un déjeuner à midi, ou encore un thé dans l'après-midi. So british ! Ces repas sont servis à la place.
www.strathspeyrailway.co.uk/

En Irlande du Nord

Le Downpatrick and County Down Railway (Downpatrick/Comté de Down)

De Downpatrick à l'abbaye de Inch, le trajet en train à vapeur ne dure que 10 minutes. Mais sur place, il y a tout un ensemble d'activités ferroviaires dont les visiteurs peuvent profiter. La visite du musée qui se trouve dans la gare de Donwpatrick qui retrace l'histoire des chemins de fer en Irlande du Nord, celle de l'exposition de véhicules roulants, dans un bâtiment dédié, et la découverte du réseau de trains miniatures créé par les membres de l'association.
www.downrail.co.uk/

Le Chemin de fer de la Chaussée de géants (Bushmills/Comté d'Antrim)

Permettant d'atteindre le célèbre site de la « Chaussée des géants » au départ de la ville de Bushmills, ce chemin de fer touristique est au gabarit de la voie étroite Irlandaise, soit : 0,915 cm. Sa ligne s'étend sur environ 3 km, sur l'ancienne plateforme exploitée par un tramway fermé en 1949.
https://cutt.ly/bHzOZc8

▪ Musées ▪

En Angleterre

Le National Railway Museum (York/Comté du Yorkshire du Nord)

Ce musée dont l'entrée est gratuite, a été créé en 1975. Il rassemble les collections de plusieurs anciens musées qui avaient pris en charge la préservation du patrimoine ferro-

Le National Railway Museum

viaire du pays, bien plus tôt. Il est devenu ainsi l'un des plus grands musées ferroviaires du monde. Avec son annexe de Shildon, il a en projet une très grosse réorganisation de la présentation de ses collections prévue pour 2025.
www.railwaymuseum.org.uk/

Le musée de la locomotion (Shildon/Comté de Durham)

Shildon s'enorgueillit d'avoir été la première ville ferroviaire au monde. Le chemin de fer des origines y est encore très présent. On le découvre dans les bâtiments du musée, ou en se baladant sur les sentiers pédestres balisés qui permettent de partir à la rencontre des vestiges des toutes premières lignes établies. La collection présentée compte 70 véhicules ferroviaires. Le musée prépare la commémoration du 200e anniversaire de l'ouverture du chemin de fer Stockton & Darlington en 2025, à l'occasion duquel il inaugurera le nouveau bâtiment destiné à abriter le matériel roulant les objets préservés.
www.locomotion.org.uk/home

Le Musée des transports de Londres
(Londres/Comté de la Cité et du Grand Londres)

Ce musée raconte 200 ans d'histoire des transports dans la capitale britannique. Ses collections sont présentées au travers de plusieurs espaces d'expositions thématiques : Les transports à l'ère Victorienne, le métro, les transports de surface ... ainsi que des expositions temporaires. Mais le musée organise aussi des visites sur site du Londres caché : tunnels perdus, stations désaffectées ... et des visites virtuelles de lieux qui ne sont pas accessibles au public.
www.ltmuseum.co.uk/

Le musée à ciel ouvert de Beamish
(Beamish/Comté de Durham)

Ce lieu reconstitue la vie dans le nord-est de l'Angleterre à plusieurs époques : 1820, 1900,1920, 1950, au travers de l'exploration de différents sites. Plusieurs d'entre eux retiendront plus particulièrement l'attention des amateurs de trains. La gare de Rowley dont les bâtiments et le poste d'aiguillage ont été déplacés pour être reconstruits sur le site du musée. Le dépôt et la ligne de tramways sur laquelle

Le musée à ciel ouvert de Beamish

entre quatre et six véhicules circulent simultanément pour reconstituer l'exploitation d'un tel service au début du 20ème siècle.
www.beamish.org.uk

Le musée du chemin de fer
(Darlington/Comté de Durham)

Berceau du chemin de fer la ville de Darlington se devait bien de posséder son propre musée dédié à l'épopée du rail. Baptisé Head of steam, celui-ci présente une gare reconstituée des années 1840 dont certains éléments comme les quais sont d'origine, ainsi que la toute première locomotive de Stephenson. Sur place également, un très important centre documentaire.
https://cutt.ly/SHzOeqO

Le Steam
(Swidon/Comté du Wiltshire)

C'est le musée du Great Western Railway. A l'aide de l'exposition de matériels statiques, de reconstitutions et de diverses animations interactives, il s'attache à retracer l'histoire de la compagnie des origines à son apogée avant la première guerre mondiale. Dans les ateliers de la ville qui ont été recréés, étaient alors produites jusqu'à trois locomotives par semaine. L'atmosphère qui y régnait y est évoquée par la vue, les sons, mais aussi les odeurs !

Le Didcot Railway Center
(Didcot/Comté de l'Oxfordshire)

Organisé autour d'une remise datant des années 30, ce musée

expose une vingtaine de locomotives à vapeur parmi les plus anciennes de la GWR (Great Western Railway). Il rappelle également les principes de la voie large d'abord adoptée sur le réseau. Musée vivant, une bonne partie de son matériel est régulièrement mise en chauffe pour des évolutions sur le site.
www.didcotrailwaycentre.org.uk/

En Ecosse

Le Riverside Museum
(Glasgow/Comté de Glasgow)

Implanté près du confluent des rivières Kelvin et Clyde, c'est un musée récent, qui a été ouvert en 2011 pour recevoir entre autres collections, les objets retraçant l'histoire des chemins de fer autour de Glasgow, dont plusieurs locomotives remarquables datant du 19ème siècle. S'intéressant aussi aux nouvelles technologies, il présente une maquette grandeur nature de la cabine de conduite du Nova 2, nouvellement mis en service dans la région.
https://cutt.ly/THzO5vG

Le Musée des chemins de fer d'Ecosse
(Bo'ness/Comté du Falkirk)

Situé non loin d'Edimbourg ou de Glasgow, ce musée est le plus grand d'Ecosse sur le thème du ferroviaire. Il est animé par la Scottish Railway Preservation Society qui gère également le train touristique circulant au départ du musée, le chemin de fer Bo'ness & Kinneil, sur lequel

Le Musée des chemins de fer d'Ecosse

© P. Backhouse

ses membres font circuler le matériel qu'ils préservent. Trois anciens bâtiments ferroviaires ont été restaurés. Ils abritent le matériel roulant et une importante collection de photos retraçant l'histoire de l'exploitation des chemins de fer en Ecosse, de leur construction à nos jours.
www.bkrailway.co.uk/

En Irlande du Nord

www.downrail.co.uk/

Le musée du rail Irlandais
(Whitehead/Canton d'Antrim)
Siège de la Royal Preservation Society of Ireland, ce musée a été créé en 1964 pour préserver le matériel roulant historique du pays et l'exploiter sur ses lignes. Actuellement deux locomotives à vapeur de ligne et une de manoeuvre sont opérationnelles, mais une bonne douzaine d'autres est en cours de restauration. Le reste de son parc comprend des voitures, wagons, des grues des plaques tournantes et un poste d'aiguillage.
www.steamtrainsireland.com/

Le musée des chasseurs de tête
(Enniskillen/Comté de Fermanagh)
Ce musée-là est très particulier, et même unique au monde ! Il a été créé par une famille de coiffeurs, également passionnés de trains, et est donc installé ... dans un salon de coiffure !
Sa collection regroupe des objets ayant appartenu aux trois compagnies qui ont opéré dans le comté de Fermanagh : Le Great Northern Railway, Le Sligo, Leitrim & Northern Counties Railway et le Clogher Valley Railway. L'entrée au musée est gratuite. La coupe de cheveux au salon de coiffure n'est pas obligatoire !
www.headhuntersmuseum.com/

Le musée du chemin de fer de la vallée du Foyle
(Derry/Comté de LondonDerry)
Les collections de ce musée évoquent l'histoire des compagnies ferroviaires qui opéraient autour de la ville. Le matériel roulant est présenté sur le quai reconstitué d'une ancienne gare. Une locomotive à vapeur à l'écartement de 3 pieds (914 mm) est exposée. Un train à traction diesel propose aux visiteurs une balade de 3 kilomètres le long de la rivière.
https://cutt.ly/3HzIE6r

■ Sites ferroviaires valant le coup d'œil ■

En Angleterre

Le Viaduc de Ribblehead
(Carnforth/Comté du Lancashire/Angleterre)
D'une longueur de 402 mètres, et haut de 32 c'est un ouvrage en courbe spectaculaire ne comptant pas moins de 80 arches.
https://cutt.ly/pHY5zMu

En Ecosse

Le Viaduc de Glenfinnan
(Glenfinnan/Comté de Glasgow)
Situé sur la West Highlands Line, ce viaduc fut à l'époque de sa construction parmi les plus longs ouvrages d'art utilisant le béton non armé. Il compte 21 arches. C'est lui que l'on voit dans le premier épisode de la saga Harry Potter, et qu'emprunte le désormais célèbre « Poudlard Express ».
https://cutt.ly/qHzPp6O

Le pont de Forth
(Queensferry/Comté d'Edimbourg)
Situé à une 15 aine de kilomètres d'Edimbourg, c'est le deuxième plus long pont à poutres en porte-à-faux ferroviaire du monde. En 2,5 kilomètres, il relie le comté d'Edimbourg à celui de Fife, sur l'autre rive de la rivière Forth.
https://cutt.ly/wHzIQZq

SUISSE

La Suisse? Tous les amateurs de la chose ferroviaire vous le diront, c'est l'un des paradis du train avec le Japon! Mais ce pays a le mérite d'être beaucoup plus facilement accessible depuis la France que ne l'est l'empire du soleil levant. Comparé à d'autres, le pays n'est pas très grand, mais compte 29 000 kilomètres de voies ferrées. On peut le visiter dans tous ses moindres recoins, en prenant le train. Surtout, le système ferroviaire helvète est réglé comme une horloge! Grâce aux horaires cadencés, les trains partent toujours à la même minute de chaque heure, ou de chaque demi-heure, et toujours du même quai pour la même destination. Lorsque l'on planifie un déplacement en train dans le pays, on connaît ainsi à l'avance le numéro de quai sur lequel il sera reçu en gare, et celui à atteindre pour faire une correspondance. Voilà qui simplifie considérablement et agrémente par la même occasion le voyage. Il est très rare d'ailleurs, à ce sujet, d'avoir à attendre plus d'une demi-heure entre deux trains. Le réseau est exploité principalement par les CFF, les Chemins de Fer Fédéraux, contrôlés par l'Etat. Mais des entreprises privées opèrent à ses côtés. Les trois principales sont le BLS (Chemins de Fer du Lötschberg) dans la région de Berne, les RhB (Chemins de Fer Rhétiques) dont le siège se trouve à Coire et qui exploitent un réseau à voie métrique dans le canton des Grisons jusqu'à Brigue. Enfin le MGB (Matterorn-Gotthard-Banh) prend le relais au-delà jusqu'à Zermatt. Il existe encore de nombreuses compagnies régionales réalisant des parcours sur de plus courtes distances.

Comment venir en train ?

La Suisse est assez facilement accessible en train depuis de nombreuses villes en France. Au départ de la capitale, « Lyria » propose des relations quotidiennes vers Bâle et Zurich, Genève et Lausanne en à peine plus de 3 heures. Les TGV pour Genève sont accessibles en gare de Bourg-en-Bresse, et Bellegarde, ceux vers Lausanne à Dijon, Mouchard, Frasne et Vallorbe, ceux vers Zurich à Dijon, Belfort-Montbéliard et Mulhouse. Enfin depuis le quart sud-est de la France, ce sont les gares d'Avignon, Marseille, Lyon-Part-Dieu et Bellegarde qui sont desservies. Sans compter les possibilités de rejoindre Genève par les TER Auvergne-Rhône-Alpes, ou la possibilité de profiter du Léman-Express pour pénétrer sur le territoire Suisse depuis les communes des départements de l'Ain ou de la Haute-Savoie. Pour les visiteurs étrangers restant quelques jours dans le pays, le « Swiss Travel Pass » est un sésame intéressant. Il permet de voyager en illimité sur tout le réseau de transport public, incluant trains, transports urbains, bateaux, funiculaires .... et des entrées gratuites dans les musées. Seuls d'éventuels suppléments seront à acquitter dans les trains à réservation obligatoire, et pour certains modes de transport tels des téléphériques exploités par des entreprises privées n'ayant pas souhaité adhérer au pass, mais elles ne sont pas nombreuses.

Quelques idées de destinations

La Suisse se divise en plusieurs régions linguistiques. Si vous ne parlez que le français, la région dite « romande » vous sera la plus facilement accessible. Elle inclut Genève, Lausanne, Neuchâtel ... La Suisse alémanique occupe la

Le Bernina Express

© Andrea Michael Badrutt / Rhätische Bahn

Le Musée Blonay Chamby

© Alain Candelloro

Le Gornergrat Bahn

© Gornergrat Bahn

© Alexandre de Pover

Le Train à vapeur
des Franches-Montagnes

Le glacier Express

© S. Schlumpf Glacier Express

© Loris Quaglia

Le mini train de Pully

© Musée du tram

Le musée du Tram

© Swissminiatur

Swiss Miniatur

© Swiss Vapeur Parc

Le Swiss Vapeur Parc

plus grande partie du territoire. Elle comprend les villes de Bâle, Berne, Lucerne, Zurich, on y parle le Suisse-Allemand. Fribourg est un cas un peu particulier, l'allemand y étant pratiqué dans une moitié de la ville, le Français dans l'autre. Dans le canton des Grisons, le Romanche est pratiqué aux côtés de l'Allemand et de l'Italien. Enfin, dans le canton du Tessin, proche de l'Italie, c'est l'Italien qui est la langue officielle. Les Suisses étant très accoutumés à cette diversité culturelle, et mieux préparés que nous ne le sommes en France à la pratique de langues étrangères, vous pouvez également compter sur quelques mots d'anglais pour vous débrouiller, mais vous ne devriez jamais vous retrouver dans une totale incapacité à communiquer avec les autochtones, quelle que soit leur langue de prédilection.

A voir et à faire en Suisse

■ Dessertes ferroviaires régulières présentant un fort intérêt touristique ■

Le Bernina Express
(Coire/Canton des Grisons)
Au départ de Coire, Saint-Moritz ou Valposchiavo et à destination de Tirano juste de l'autre côté de la frontière Italienne, en passant par les célébrissimes viaducs de Landwasser et de Brussio, ce voyage consiste en une traversée des Alpes Suisses. La ligne est à voie étroite, sans crémail-lère malgré le franchissement de nombreuses rampes sévères pour un train. Elle culmine à plus de 2000 mètres d'altitude, là où elle se fraye un chemin parmi les glaciers. Ce petit train rouge est doté de voitures panoramiques permettant de profiter pleinement des paysages traversés.
rhb.ch/fr/panoramic-trains/bernina-express

Le Glacier Express
(Saint-Moritz/Canton des Grisons)
Entre Saint-Moritz et Zermatt, le plus lent de tous les express du monde fait d'abord jusqu'à Coire ligne commune avec le Bernina Express, empruntant lui aussi le viaduc de Landwasser. Après quoi il suit sur quelques kilomètres les gorges du Rhin, avant de monter s'aventurer dans les Alpes Suisses dont il franchit le col de l'Oberlap et où il passe dans un tunnel, sous celui de la Furka, tutoyant les glaciers sur son chemin. La balade peut paraître longue, elle dure huit heures, mais l'on peut prendre son petit-déjeuner et son déjeuner à bord, et le temps file très vite, tant le spectacle est extraordinaire à quasiment chaque kilomètre du parcours. Celui-ci se termine à Zermatt, au pied du mont Cervin.
www.glacierexpress.ch/fr/

Le Gornergrat Bahn
(Zermatt/Canton du Valais)
Le village de Zermatt est interdit aux voitures. On ne peut y accéder qu'à pied ou en train. A deux pas de la gare principale d'où des trains assurent des relations avec Brigue, se trouve celle du Gornergrat. Cette ligne à crémaillère donne accès au haut de la montagne qui porte son nom, d'où un panorama à couper le souffle s'ouvre sur le Cernin et 400 autres sommets alpins. La gare d'arrivée est la plus haute d'Europe à l'air libre. Le train y atteint l'altitude de 3109 mètres.
www.gornergrat.ch/fr/

Le Montreux Oberland Bernois
(Montreux/Canton de Vaud)
Le MOB relie Montreux sur la riviera vaudoise à Zweisimmen et Lenk im Simmental dans l'Oberland Bernois. Son point culminant le col de Saanenmöse s'élève à 1241 mètres d'altitude. Jusqu'à ce jour, cette relation suppose néanmoins une correspondance entre deux trains en gare de Zweisimmen, en raison d'une différence d'écartement des voies. Métrique en amont de cette gare, standard au-delà. Une contrainte qui devrait être levée fin 2022 avec l'inauguration de nouvelles rames dotées de bogies à écartement variable. Une première mondiale pour un passage de la voie métrique à la voie normale !
mob.ch/

Le Mont Blanc Express
(Martigny/Canton du Valais)
Ce train relie la Suisse à la France, en passant par Vallorcine et Chamonix, desservant par la même occasion de très nombreux points d'intérêts touristiques.

Il est à voie métrique, équipée d'une crémaillère sur une partie de son parcours en Suisse. Pour agrémenter le voyage, ses voitures panoramiques sont dotées de très grandes baies vitrées, laissant apprécier la majesté des paysages traversés, dont de nombreux points de vue sur la chaîne du Mont-Blanc, et le plus haut sommet d'Europe lui-même. https://cutt.ly/VGCUmMh

▪ Trains touristiques ▪

Le Train à vapeur des Franches-Montagnes (Montfaucon/Canton du Jura)
Une douzaine de jours par an, entre les mois de juillet et de septembre, des trains à vapeur circulent au milieu des dessertes régionales régulières au départ de la gare de Pré-Petitjean, à proximité de laquelle se trouve le dépôt du matériel roulant géré par l'association. A certaines de ces dates, des trains restaurants sont mis en service, et le train peut se faire attaquer par d'impitoyables indiens. D'autres circulations à thème sont également organisées régulièrement sur la ligne. www.la-traction.ch/

Le Vapeur Val de Travers (St-Sulpice/Canton de Vaud)
Tout au long de sa saison, ce train touristique circule entre le Val de Travers, près de la frontière française et les bords du lac de Neuchâtel, proposant à l'occasion de nombreux trains à thème, et dîners à bord. Régulièrement des trains spéciaux sont organisés sur le réseau ferré national Suisse, ayant des destinations plus lointaines. A Saint-Sulpice, il est possible de visiter ses installations dans lesquelles sont remisées plusieurs locomotives à vapeur et diesels. www.vvt.ch

Le Train Nostalgique du Trient (Salvan/Canton du Valais)
Cette association s'est donnée comme objectif de sauvegarder le matériel roulant historique du Mont-Blanc Express. Ses trains circulent sur le tronçon Martigny-Vernayaz de la ligne. Son dépôt installé à Martigny se visite. Il abrite plusieurs automotrices, voitures-pilotes et wagons préservés par l'association. www.trainostalgique-trient.ch

La Compagnie du Train à Vapeur de la Vallée de Joux (Le Brassus/Canton de Vaud)

La Compagnie du Train à Vapeur de la Vallée de Joux

Cette association fait circuler ses trains à vapeur et ses trains fondue dans la vallée de Joux, entre deux passages de trains régionaux réguliers. Son parc matériel est constitué de deux locomotives à vapeur et de deux locotracteurs diesels ou diesels-électriques, ainsi que de voitures voyageurs et restaurant. www.ctvj.ch

La Junfrauban (Kleine Scheidegg/Canton de Berne)
Jungfraujoch, la gare la plus haute d'Europe, établie à 3454 mètres d'altitude, peut-être rejointe à partir de celle de Kleine Scheidegg en empruntant cette ligne construite pour l'essentiel en tunnel afin de préserver l'environnement. Des ouvertures permettent néanmoins de profiter de quelques points de vues au cours de l'ascension. La longueur de la ligne est d'un peu plus de 9 km. Elle est à crémaillère au vu de l'importance des rampes qui atteignent la valeur maximale de 25 pour cent. https://www.jungfrau.ch/fr-ch/

La Ligne sommitale de la Furka (Realp/Canton d'Uri)
Condamné à la suite du percement du tunnel que les trains empruntent désormais pour passer sous le col, sans avoir à le franchir, le tracé historique de la ligne a été restauré par des passionnés qui entretiennent le souvenir des ascensions souvent difficiles que les trains y ont réalisé. Avec des locomotives d'époque, ils font de nouveau rouler mais désormais uniquement à la belle saison des trains jusqu'au sommet de la Furka, en suivant le cours du Rhône qui n'est à cet endroit encore qu'un torrent. La ligne est équipée d'une crémaillère sur l'essentiel de son parcours qui comprend 5 tunnels dont un hélicoïdale. https://cutt.ly/RGCYw4l

▪ Musées ▪

Le Musée Suisse des transports (Lucerne/Canton de Lucerne)
En 2022, sont célébrés en Suisse les 175 ans du transport ferro-

viaire, la « Spanisch-Brötli-Bahn » ayant été mise en service en 1847. A cette occasion, le Musée Suisse des transports propose une exposition spéciale pour retracer cette épopée. Au sein de ses collections permanentes le musée consacre l'un de ses grands halls aux transports ferroviaires dans le pays.
www.verkehrshaus.ch/fr/page-daccueil.html

Le Musée Blonay Chamby

Le Musée Blonay Chamby
© Alain Candelloro

(Blonay/Canton de Vaud)
La meilleure façon de rejoindre ce musée, est de prendre le train. Il est possible de le faire au départ de Vevey, sur les bords du lac Léman, où l'une des rames de ce musée vivant du chemin de fer descend pour récupérer ses visiteurs. Sa collection comprend près de 80 véhicules ferroviaires ce qui en fait l'une des plus importantes d'Europe à voie métrique. Chaque année à l'occasion du week-end de la Pentecôte, un important festival vapeur est organisé sur le site.
www.blonay-chamby.ch/

L'Association Genevoise du Musée des Tramways
(Veyrier/Canton de Genève)
L'association préserve un ensemble de tramways historiques

L'Association Genevoise du Musée des Tramways
© Florian Rahm

qu'elle met en circulation un dimanche par mois, d'avril à octobre, entre la gare de Cornavin, Plainpalais, Carouge et Lancy via le centre-ville. Le reste de ses activités est consacré aux travaux de restauration à réaliser sur le matériel roulant qui stationne dans ses locaux.
www.agmt.ch/

Le Musée du Tram
(Boudry/Canton de Neuchâtel)
Près de Neuchâtel, l'ANAT, Association Neuchâteloise des Amis du Tramway a sauvegardé d'anciennes motrices et remorques de tramways de la ville. Les jours d'ouverture de son musée ceux-ci sont mis en service spécial sur la ligne toute proche, entre les circulations régulières. La balade se fait pour bonne partie, en bordure du lac, ce qui ne gâche rien !
museedutram.ch/

Le Musée de la Bernina
(Bergün/Canton des Grisons)
Pour visiter ce musée, il suffit de prendre la peine de descendre du train. Son entrée se trouve quasiment sur le quai de la gare ! Les expositions présentées relatent la construction de la ligne de l'Albula dont la section comprise entre Thusis et Ti-

rano est classée au patrimoine mondial de l'UNESCO, en raison de la hardiesse de son parcours et des ouvrages d'art construits pour frayer au train un passage dans la montagne.
www.bahnmuseum-albula.ch/de

■ Mini-trains ■

Le Swiss Vapeur Parc

Le Swiss Vapeur Parc
© Swiss Vapeur Parc

(Le Bouveret/)
La référence absolue pour tous les amateurs de mini-trains ! Sur un terrain de plus de 19 000 mètres carrés, 2 km de voies ont été construits pour permettre la circulation de très nombreux trains à vapeur ou électriques à l'échelle ¼. Les trains s'arrêtent en gare, traversent des tunnels, ou encore un long viaduc surplombant un mini-lac. Les bâtiments reproduits évoquent différents aspects de la Suisse, la signalisation est fonctionnelle et proche de la réalité. On peut même embarquer à bord d'un mini-train fonctionnant réellement à l'aide d'une crémaillère !
www.swissvapeur.ch/

Le Mini-Train de Pully
(Pully/Canton de Vaud)
Idéalement situé en bordure du

Lac Léman, non loin de Lausanne, ce circuit a été créé il y a plus de 30 ans, par un ancien ingénieur des CFF. Ici, on fait confiance aux enfants, qui peuvent être formés à la conduite des trains dès l'âge de 11 ans ! La longueur du circuit est de 420 mètres. Il est à l'écartement de 7 pouces ¼. Les machines sont stockées dans une véritable rotonde miniature. Le Mini-train de Pully est ouvert de début avril à fin octobre.
www.mntpully.ch/

Les Iles Vapeur Parc
(Sion/Canton du Valais)
Un sympathique mini-train installé par un passionné dans un grand parc de la ville, très largement fréquenté par ses habitants, le Domaine des îles. La gare est située à quelques mètres du lac artificiel qui y a été aménagé. Le circuit est constitué de deux boucles dessinant un huit. Elle est longue de 930 mètres et traverse plusieurs tunnels et un pont ferroviaire construit à partir d'une ancienne passerelle déjà présente sur le site de l'ancienne gravière dont le parc a pris la place. La traction des trains est assurée par une locomotive à vapeur.
lesilesvapeurparc.wifeo.com/

■ **Trains de Jardin** ■

Swiss Miniature
(Melide/Canton du Tessin)
Sur les rives du lac de Lugano, ce parc est une représentation de la Suisse et de ses modes de transports à l'échelle ¼. Une voie ferrée de 3 km 500 le traverse. Elle est parcourue par 18 trains. Plusieurs funiculaires sont également mis en action.
www.swissminiatur.ch/?lang=fr

Swiss Miniatur
© Swissminiatur

■ **Réseaux de trains miniatures** ■

Les Chemins de Fer du Kaeserberg
(Granges-Paccot/Canton de Fribourg)
Ce réseau à l'échelle HO transporte ses visiteurs quelque part en Suisse, dans le canton des Grisons, un vendredi d'automne à 11 heures. Il s'étend sur 610 mètres carrés et trois niveaux. 3 compagnies y font circuler leurs trains sur 4 lignes. Il aura fallu 17 ans pour que cette maquette soit construite. Le souci du détail, de la précision, et la recherche de la perfection

Les Chemins de Fer du Kaeserberg
© D. Buraud

auront guidé ses concepteurs tout au long de leur travail, et le résultat est largement à la hauteur. Cette maquette est un petit bijou !
www.kaeserberg.ch/

■ **Hébergements et restauration dans un cadre insolite** ■

La Buvette du Petit Train du Gotteron
(Fribourg/Canton de Fribourg)
La discrétion de l'endroit est à la hauteur de sa sympathie. Pratiquement tout au bout de la vallée du Gotteron, ce lieu est unique ! D'abord buvette où l'on peut venir prendre un verre, il propose deux espaces insolites où venir se restaurer. Une grotte et … un wagon-restaurant. Dehors, un passionné a construit un circuit de mini-trains sur lesquels il est possible de venir faire un tour entre deux plats ou après le dessert. Ce site est ouvert de la mi-mai à septembre, dès lors qu'il fait beau ou que le temps, même couvert le permet ! Il est urgent d'en profiter, car en raison de menaces d'éboulement dans la falaise, la ville de Fribourg vient de décider au printemps 2022 d'ordonner sa fermeture dans les toutes prochaines semaines.
www.le-petit-train.ch/

Le Chemin de Fer du Haut Forez

© Chemin de Fer du Haut Forez

TABLE DES MATIÈRES

AUVERGNE RHÔNE-ALPES

TABLE DES MATIÈRES

BOURGOGNE FRANCHE-COMTÉ

Petit Train Castelneuvois

© Petit Train Castelneuvois

BRETAGNE

TABLE DES MATIÈRES

Le Parc des combes

© Parc des combes

CENTRE-VAL DE LOIRE

CORSE

TABLE DES MATIÈRES

GRAND-EST

HAUTS-DE-FRANCE

Le train touristique de la Vallée du Loir

© TTVL

TABLE DES MATIÈRES

NORMANDIE

Train à vapeur des Cévennes

© Train à vapeur des Cévennes

TABLE DES MATIÈRES

NOUVELLE-AQUITAINE

Chemin de fer de la Voie Sacrée

© Chemin de fer de la Voie Sacrée

OCCITANIE

TABLE DES MATIÈRES

Vélorail et train touristique d'Etretat

© Vélorail et train touristique d'Etretat

TABLE DES MATIÈRES

PROVENCE-ALPES-CÔTE D'AZURE

ESCAPADES FERROVIAIRES EN EUROPE 353

Le Ptit train de la Haute Somme

© Le Ptit train de la Haute Somme

TABLE DES MATIÈRES

Imprimé par espaceGrafic (grupo Zuir)
Juin 2022